Thomas Theis

Einstieg in Kotlin

Apps entwickeln mit Android Studio

Rheinwerk
Computing

Liebe Leserin, lieber Leser,

Sie möchten mit Kotlin programmieren lernen und Android-Apps entwickeln – dann halten Sie das richtige Buch in den Händen.

Thomas Theis führt Sie ganz klassisch, Schritt für Schritt, in die Programmiergrundlagen und alle Sprachfeatures von Kotlin ein. Wenn auch die App-Entwicklung für Sie neu ist, werden Sie diesen Aufbau schätzen und das Buch von vorne nach hinten durcharbeiten.

Falls Sie bereits Android-Apps entwickelt haben und lediglich auf Kotlin umsteigen, sollte die klare Struktur es Ihnen leicht machen, zügig zu erfassen, was Sie noch brauchen und wie Kotlin verschiedene Aufgaben und Probleme löst.

Dieses Buch enthält sehr viele, und dafür überschaubare, Codebeispiele. So können Sie es gut zum Nachschlagen nutzen: Möchten Sie z. B. eine App schreiben, mit der Nutzer Audiodateien abspielen können? Dann schauen Sie sich direkt im Projekt *SystemAudio* das Codebeispiel für die Klasse `MediaPlayer` an.

Eins noch, in eigener Sache: Dieses Buch wurde mit viel Sorgfalt geschrieben, lektoriert und produziert. Sollte dennoch etwas einmal nicht so funktionieren wie erwartet, wenden Sie sich gerne an uns. Auch sonst nehmen wir Fragen und konstruktive Kritik aller Art gerne entgegen.

Viel Spaß mit Kotlin wünscht

Ihre Patricia Schiewald
Lektorat Rheinwerk Computing

patricia.schiewald@rheinwerk-verlag.de
www.rheinwerk-verlag.de
Rheinwerk Verlag · Rheinwerkallee 4 · 53227 Bonn

Auf einen Blick

Wir hoffen, dass Sie Freude an diesem Buch haben und sich Ihre Erwartungen erfüllen. Ihre Anregungen und Kommentare sind uns jederzeit willkommen. Bitte bewerten Sie doch das Buch auf unserer Website unter **www.rheinwerk-verlag.de/feedback**.

An diesem Buch haben viele mitgewirkt, insbesondere:

Lektorat Patricia Schiewald
Korrektorat Isolde Kommer, Großerlach
Herstellung Nadine Preyl
Typografie und Layout Vera Brauner
Einbandgestaltung Silke Braun
Satz Typographie & Computer, Krefeld
Druck Beltz Grafische Betriebe, Bad Langensalza

Dieses Buch wurde gesetzt aus der TheAntiquaB (9,35/13,7 pt) in FrameMaker.
Gedruckt wurde es auf chlorfrei gebleichtem Offsetpapier (90 g/m²).
Hergestellt in Deutschland.

Bibliografische Information der Deutschen Nationalbibliothek:
Die Deutsche Nationalbibliothek verzeichnet diese Publikation in der Deutschen Nationalbibliografie; detaillierte bibliografische Daten sind im Internet über *http://dnb.dnb.de* abrufbar.

ISBN 978-3-8362-8533-9

2., aktualisierte Auflage 2021

Informationen zu unserem Verlag und Kontaktmöglichkeiten finden Sie auf unserer Verlagswebsite **www.rheinwerk-verlag.de**. Dort können Sie sich auch umfassend über unser aktuelles Programm informieren und unsere Bücher und E-Books bestellen.

Inhalt

Anhang 481

Materialien zum Buch

Auf der Webseite zu diesem Buch stehen folgende Materialien für Sie zum Download bereit:

- **alle Beispielprogramme**

Gehen Sie auf *https://www.rheinwerk-verlag.de/einstieg-in-kotlin-apps-entwickeln-mit-android-studio*. Klicken Sie auf den Reiter MATERIALIEN. Sie sehen die herunterladbaren Dateien samt einer Kurzbeschreibung des Dateiinhalts. Klicken Sie auf den Button HERUNTERLADEN, um den Download zu starten. Je nach Größe der Datei (und je nach Ihrer Internetverbindung) kann es einige Zeit dauern, bis der Download abgeschlossen ist.

Kapitel 1
Einführung

Kotlin ist strukturiert, funktional, objektorientiert und leicht zu erlernen.

Kotlin ist eine kompakte und vielseitige Sprache, die auch für Einsteiger geeignet ist. Die erste stabile Version von Kotlin erschien im Februar 2016. Als junge Sprache bietet Kotlin den Vorteil, moderne Entwicklungen innerhalb der Programmiersprachen umsetzen zu können, ohne den Ballast einer Abwärtskompatibilität berücksichtigen zu müssen.

1.1 Kotlin und Android

Im Jahr 2017 erklärte Google Kotlin zu einer offiziellen Sprache für die Entwicklung von Apps für das Betriebssystem Android. Im Mai 2019 erfolgte der Aufstieg zur bevorzugten Sprache für diese Zwecke.

Laut Google verwendet im Mai 2019 bereits über die Hälfte der Android-Entwicklerinnen und -Entwickler Kotlin. Im Vergleich zur bisher bevorzugten Sprache Java wird weniger Code benötigt, um dieselbe Aufgabe zu lösen. Kotlin bietet zahlreiche Möglichkeiten, Android-Apps übersichtlicher und sicherer zu entwickeln.

Im Kotlin-Code kann direkt auf Java-Bibliotheken zugegriffen werden, was es u. a. ermöglicht, vorhandene Java-Projekte schrittweise und zügig auf Kotlin umzurüsten. Zudem wurden die Java-Bibliotheken für Kotlin um viele Funktionen erweitert.

Sie erlernen zunächst die *strukturierte* Programmierung in Kotlin mithilfe von kleinen, übersichtlichen Programmen. Die Prinzipien der *funktionalen* Programmierung verhelfen Ihnen zu kompaktem und dennoch leicht verständlichem Code. Es folgt der Übergang zur *objektorientierten* Programmierung, die sich für größere Projekte eignet. Gut gerüstet widmen wir uns dann der Erstellung von *Android-Apps* mit Kotlin.

1.2 Aufbau dieses Buchs

In diesem Buch wird mit zwei frei verfügbaren und weit verbreiteten Entwicklungsumgebungen gearbeitet: zunächst mit IntelliJ IDEA und anschließend mit dem darauf basierenden Android Studio.

1.2.1 Der Einstieg in Kotlin

Nach der Installation der Entwicklungsumgebung *IntelliJ IDEA Community Edition* von JetBrains wird mit den Grundlagen der strukturierten Programmierung in Kotlin begonnen, also Variablen, Datentypen, Operatoren und Kontrollstrukturen. Funktionale Anweisungen, die alternativ genutzt werden können, vermitteln bereits einen ersten Eindruck von der funktionalen Programmierung.

Darüber hinaus lernen Sie die besonderen Mittel von Kotlin zur Vermeidung von Programmabstürzen kennen. Außerdem setzen Sie Zufallsgeneratoren ein, die häufig in Spiel- und Trainingsprogrammen benötigt werden.

Anschließend geht es um die vielfältige Definition und Nutzung von Funktionen im Rahmen der Modularisierung Ihrer Programme. Mit den *anonymen Funktionen* gelingt der Einstieg in die funktionale Programmierung. Zudem wird die komfortable Fehlerfindung mithilfe des Debuggens erläutert.

Es folgt der Einsatz von vorgefertigten Klassen, Eigenschaften und Methoden zur Bearbeitung von mathematischen Berechnungen, Zeichenketten und Zeitangaben. Verschiedene Typen von Datenstrukturen dienen zur Verarbeitung von großen Datenmengen.

Die objektorientierte Programmierung und damit die Erstellung von eigenen Klassen, Objekten, Interfaces, abstrakten Klassen sowie die Prinzipien der Vererbung werden als Nächstes beschrieben. Damit vertieft sich auch das Verständnis für die vielen vorgefertigten Elemente, die Sie bereits einsetzen.

1.2.2 Apps mit dem Android Studio

Nach dem gründlichen Einstieg in Kotlin startet die Entwicklung von Android-Apps. Zunächst installieren und konfigurieren Sie die Entwicklungsumgebung *Android Studio* von Google. Anschließend lernen Sie die einzelnen Teile von Android-Apps und der zugehörigen Projekte kennen. Sie arbeiten mit realen und virtuellen Geräten, setzen verschiedene Ressourcen ein und gestalten Ihre Apps mit unterschiedlichen Layouts.

Sie lassen Ihre Apps auf Ereignisse und Aktionen der Benutzerinnen und Benutzer reagieren und setzen dabei verschiedene Formen von *Listenern* ein. Anschließend werden vielfältige Views beschrieben, die zur Bedienung Ihrer Benutzeroberflächen dienen.

Es folgen Elemente zur Automatisierung von Abläufen, wie sie in Spiel- und Trainingsprogrammen benötigt werden. Danach wird gezeigt, auf welche Weise die verschiedenen Teile einer komplexen App untereinander Daten austauschen. Sie lernen, wie die Benutzerinnen und Benutzer Ihre Apps mithilfe von Gesten, Dialogen und Menüs steuern. Die Benutzeroberflächen Ihrer Apps können sich während des Ablaufs mithilfe von Transformationen und Animationen verändern.

Sollen Ihre Apps Daten speichern, die beim nächsten Start wieder benötigt werden? Kotlin bietet dazu Datenbanken und andere Möglichkeiten. Viele Sensoren liefern Daten, die zur Steuerung Ihrer Apps eingesetzt werden können. Sie lernen diese und andere Systemzugriffe zusammen mit den dazu erforderlichen Berechtigungen kennen.

Anhand von größeren Beispielprojekten zeige ich, wie die verschiedenen Elemente, die Sie in diesem Buch kennengelernt haben, verknüpft werden können. Der Anhang bietet Informationen zur Erstellung unterschiedlicher virtueller Geräte zum Testen Ihrer Apps und beschreibt, wie Sie Ihre Apps veröffentlichen. Zudem werden die Installationen unter Ubuntu Linux und macOS beschrieben.

1.2.3 Optimierung des Codes

Ich lege Wert darauf, dass die Leserinnen und Leser ein Verständnis für die Zusammenhänge entwickeln. Daher benötigen meine Programme besonders zu Anfang des Buchs mehr Code als notwendig. Den bereits fortgeschrittenen Programmiererinnen und Programmierern unter Ihnen wird das auffallen. Außerdem macht sich das in den Code-Editoren der beiden Entwicklungsumgebungen bemerkbar. Daher werden an einigen Stellen Vorschläge zur Optimierung des Codes gemacht. Mit wachsenden Kenntnissen in der Sprache Kotlin wird der Code immer kompakter.

1.3 Installation von IntelliJ IDEA

Nachfolgend beschreibe ich die Installation der Entwicklungsumgebung IntelliJ IDEA von JetBrains. Es wird die frei verfügbare Community Edition in der im August 2021 aktuellen Version 2021.2 für Windows verwendet. Die Installationen unter Ubuntu Linux und macOS werden in Anhang C beziehungsweise Anhang D erläutert.

Über die Adresse *https://www.jetbrains.com/de-de/idea* kommen Sie zu der Seite, auf der Sie IntelliJ IDEA herunterladen können. Dort finden Sie im Bereich COMMUNITY den Button HERUNTERLADEN (siehe Abbildung 1.1). Wählen Sie die exe-Version der Installationsdatei.

Abbildung 1.1 IntelliJ IDEA herunterladen

Speichern Sie die Installationsdatei auf Ihrem PC (siehe Abbildung 1.2).

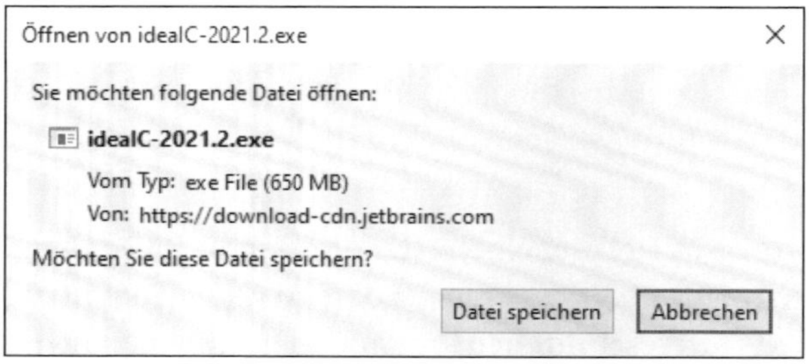

Abbildung 1.2 Installationsdatei speichern

Rufen Sie die Datei auf und übernehmen Sie den Standard-Installationspfad. Abhängig von Ihrem PC soll die 32-Bit-Version oder die 64-Bit-Version gestartet werden. Sowohl Java- als auch Kotlin-Dateien sollen anhand ihrer Dateiendungen erkannt werden (siehe Abbildung 1.3).

Starten Sie IntelliJ IDEA nach der Installation über das Icon auf dem Desktop. Es erscheint die Startseite von IntelliJ IDEA (siehe Abbildung 1.4). Über den Menüpunkt CUSTOMIZE gelangen Sie auf eine Seite, auf der Sie verschiedene Einstellungen vornehmen können. Ich habe in der Liste COLOR THEME den Eintrag INTELLIJ LIGHT für eine helle Darstellung gewählt.

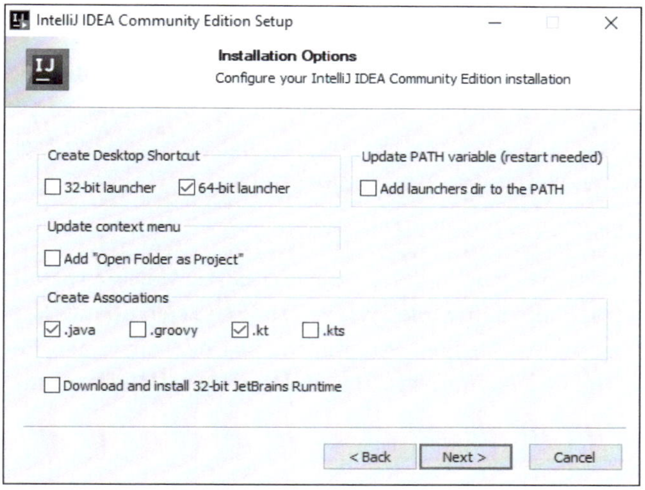

Abbildung 1.3 Installationsoptionen

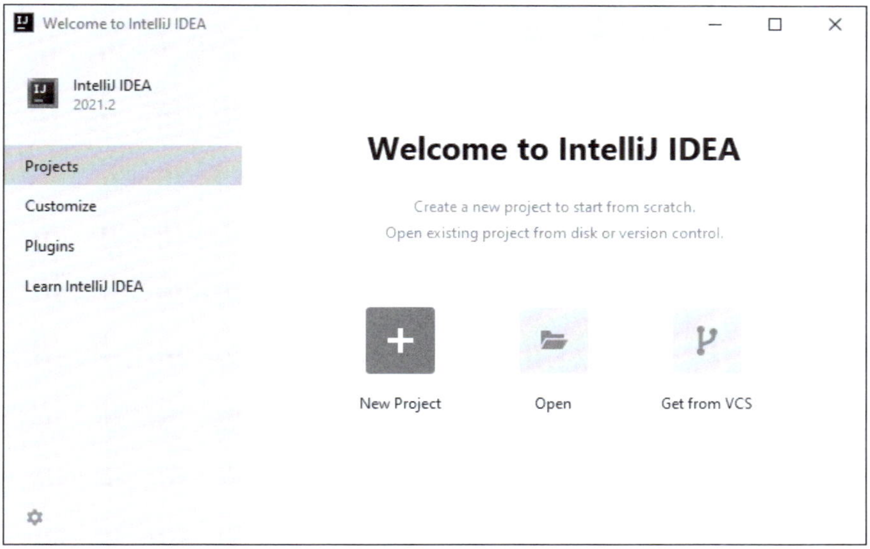

Abbildung 1.4 Startseite von IntelliJ IDEA

Links unten können Sie über das Menü EINSTELLUNGEN, erkennbar am Zahnradsymbol, den Menüpunkt CHECK FOR UPDATES aufrufen, um Ihr IntelliJ IDEA auf den neuesten Stand zu bringen. Das sollten Sie unmittelbar nach der Installation auf jeden Fall durchführen. Nach einem Update starten Sie IntelliJ IDEA neu.

1.4 Das erste Projekt

Zum Erzeugen des ersten Projekts betätigen Sie auf der Startseite von IntelliJ IDEA den Button NEW PROJECT. Im Dialogfeld NEW PROJECT (siehe Abbildung 1.5) wählen Sie auf der linken Seite den Eintrag KOTLIN aus. Als Name des Projekts habe ich *HalloWelt* gewählt. Der Name des Verzeichnisses wird entsprechend eingestellt.

Der Eintrag lautet bei mir *D:\IntelliJ_Idea_Projekte\HalloWelt*.

Wir starten mit Konsolen-Projekten, daher wird der Eintrag CONSOLE APPLICATION in der Liste PROJECT TEMPLATE gewählt. Bei dem *Build System* handelt es sich um das System zur automatisierten Erzeugung des fertigen Programms aus den einzelnen Bestandteilen. Hier genügt es, das eigene System INTELLIJ in der Liste BUILD SYSTEM auszuwählen.

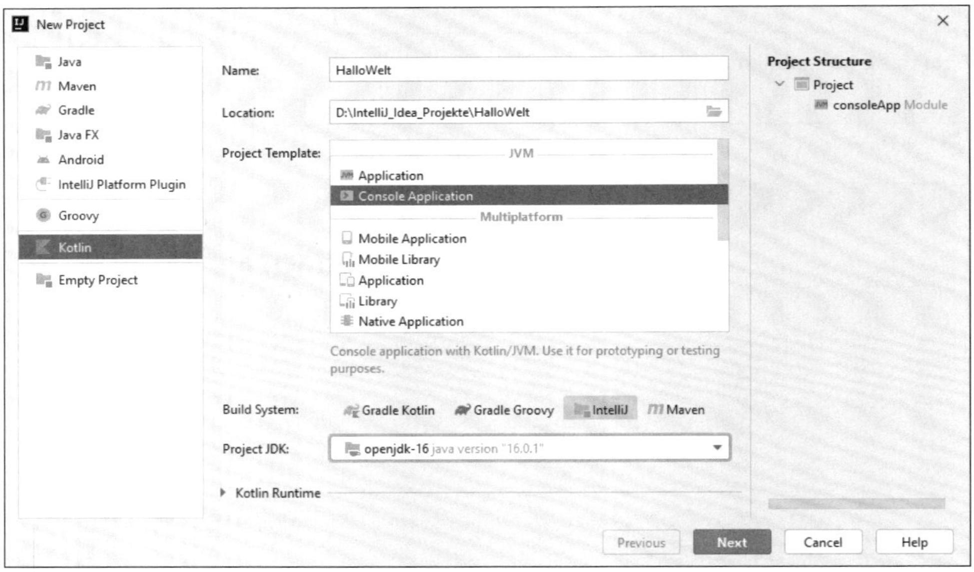

Abbildung 1.5 Projekt konfigurieren

In der Liste PROJECT JDK wird zunächst der Eintrag DOWNLOAD JDK gewählt. Im Dialogfeld DOWNLOAD JDK kann die vorgeschlagene Auswahl ORACLE OPEN JDK bestätigt werden (siehe Abbildung 1.6). Nach dem einmaligen Herunterladen und Installieren des JDK sieht es anschließend aus wie in Abbildung 1.5. In den späteren Projekten muss das *Oracle Open JDK* nur noch in der Liste PROJECT JDK ausgewählt werden.

JDK steht für *Java Development Kit*. Dabei handelt es sich um eine Sammlung von Werkzeugen und Bibliotheken zur Entwicklung von Software, die auf Java basiert und zurückgreift.

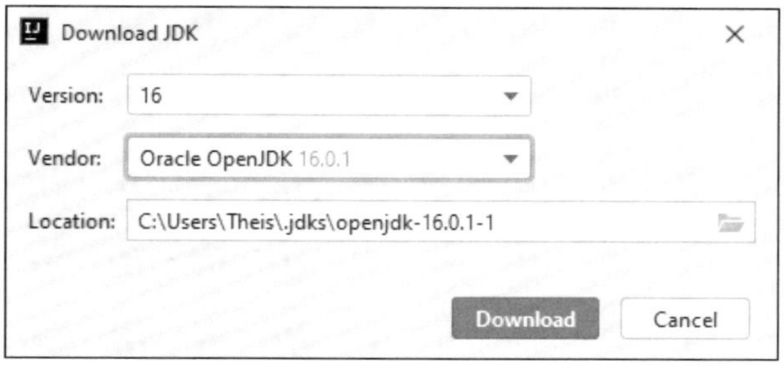

Abbildung 1.6 Herunterladen eines JDK

Nach dem Betätigen der Buttons NEXT und FINISH wird das Projekt erstellt (siehe Abbildung 1.7). Bei diesem ersten Projekt wird eine längere Phase der Konfiguration und Synchronisation durchlaufen. Das ist während dieser Zeit an der Anzeige rechts unten zu erkennen.

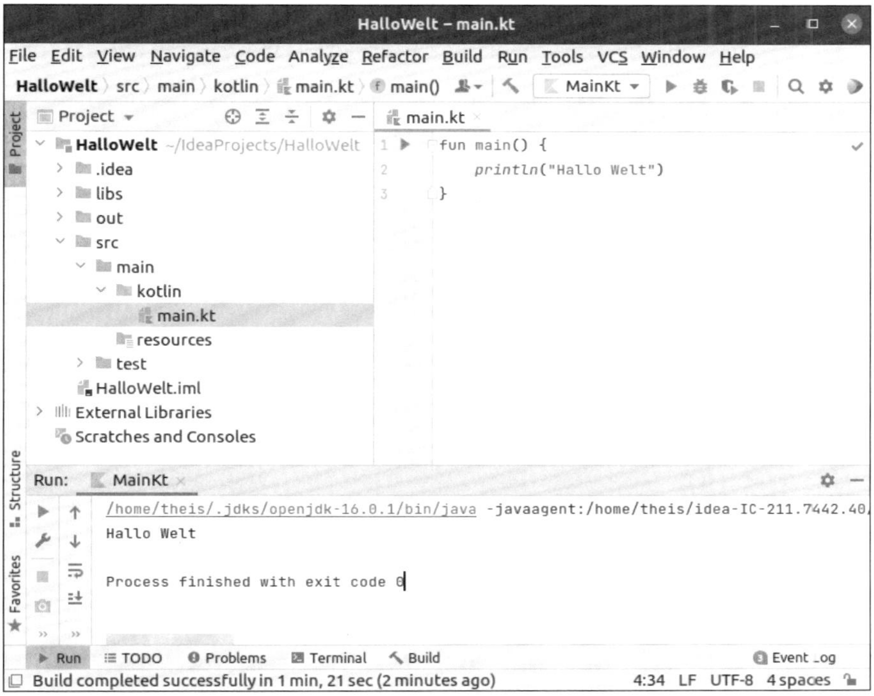

Abbildung 1.7 Erstes Projekt »HalloWelt«

Klappen Sie anschließend im Projektfenster auf der linken Seite den Verzeichnispfad bis zur Datei *src/main/kotlin/main.kt* auf. Nach einem Doppelklick auf diese Datei erscheint ihr Inhalt rechts im Codefenster, und zwar das Kotlin-Programm mit der Funktion `main()`.

Der Code der Funktion wird wie folgt geändert:

```
fun main() {
    println("Hallo Welt")
}
```

Listing 1.1 Projekt »HalloWelt«, Datei »main.kt«

Nach dem Betätigen des Menüpunkts RUN • RUN und des Eintrags MAINKT wird das Programm übersetzt und gestartet. Das Ergebnis des Programms sehen Sie unten im Ausgabefenster in Abbildung 1.7. Mehr zum Kotlin-Code folgt in Abschnitt 2.1.

1.4.1 Die Arbeit mit Projekten

Während der Entwicklung können Sie das gesamte Projekt mithilfe des Menüpunkts FILE • SAVE ALL (Tastenkombination [Strg] + [S], Mac: [Cmd] + [S]) speichern. Über den Menüpunkt FILE • CLOSE PROJECT schließen Sie das Projekt. Dabei werden alle geänderten Projektdateien automatisch gespeichert.

Ein bereits vorhandenes Projekt können Sie vom Startbildschirm von IntelliJ IDEA aus öffnen. Dazu wählen Sie den betreffenden Eintrag aus der Liste aus. Alternativ betätigen Sie den Button OPEN. Im darauf erscheinenden Dialogfeld OPEN FILE OR PROJECT wählen Sie das Projektverzeichnis aus dem Feld LOCATION in Abbildung 1.5 aus.

Bei mir ist das *D:\IntelliJ_Idea_Projekte\HalloWelt*.

Die Auswahl wird vorgenommen, indem Sie die Verzeichnishierarchie Ebene für Ebene über den Pfeil neben dem jeweiligen Verzeichnisnamen aufklappen. Zum Öffnen des Projekts markieren Sie das betreffende Projektverzeichnis und betätigen den Button OK. Ein Doppelklick auf das Projektverzeichnis würde nur das Verzeichnis aufklappen, aber nicht das Projekt öffnen.

Alle Projekte in den ersten Kapiteln werden auf die in diesem Abschnitt beschriebene Weise erzeugt.

Kapitel 2
Variablen, Datentypen und Operatoren

Sie arbeiten mit Texten, Zahlen, logischen Werten und den besonderen Datentypen von Kotlin zur Vermeidung von Programmabstürzen.

Die Grundlagen der Sprache Kotlin umfassen Variablen verschiedener Datentypen sowie Operatoren zum Rechnen, Vergleichen und Verknüpfen.

2.1 Das erste Programm

Sie haben in Abschnitt 1.4 das erste Projekt *HalloWelt* erzeugt. Jetzt kommt der erste eigene Kotlin-Code hinzu. Öffnen Sie das Projekt *HalloWelt* erneut und ändern Sie das Listing wie folgt:

```
fun main() {
    println("Hallo Welt")
    print("Das ")
    print("ist die ")        // Kommentar bis zum Zeilenende
    println("zweite Zeile")
    /* Längerer Kommentar,
       der auch über mehrere Zeilen gehen kann */
    println("Das steht in\nzwei Zeilen")
}
```

Listing 2.1 Projekt »HalloWelt«, Datei »main.kt«

Beim Aufruf eines Programms wird zunächst die Funktion `main()` durchlaufen. Eine *Funktion* besteht aus einem Funktionskopf und einem Funktionskörper. Der Funktionskopf beginnt mit dem Schlüsselwort `fun`, gefolgt vom Namen der Funktion und runden Klammern. Der Name einer Funktion sollte gemäß Konvention mit einem kleinen Buchstaben beginnen,

Der Funktionskörper besteht aus einzelnen Anweisungen, die nacheinander ausgeführt werden. Sie stehen innerhalb eines *Blocks*, der mithilfe von geschweiften Klammern gebildet wird. Gemäß Konvention wird die öffnende Klammer nach dem Funktionskopf notiert und die schließende Klammer nach der letzten Anweisung in einer neuen Zeile. Auf diese Weise wird die Struktur der Funktion (und allgemein die Struktur von Blöcken) besser erkennbar.

Sie könnten bei dem Aufruf eines Programms bestimmte Werte übergeben, die im Programm verarbeitet werden. Diese würden in dem Parameter `args` gesammelt werden, der standardmäßig innerhalb der runden Klammern nach dem Namen `main` steht. Dieser Parameter ist optional und wird hier nicht benötigt. Daher können die Klammern leer bleiben.

Jede *Anweisung* steht in einer eigenen Zeile. Ist eine Anweisung zu lang, zum Beispiel für die Darstellung in diesem Buch, kann sie auf mehrere Zeilen verteilt werden. Allerdings ist nicht jede Stelle zur Auftrennung der Anweisung geeignet. Eine falsche Auftrennung zeigt der Editor deutlich an.

Ein Semikolon am Ende einer Anweisung ist nur erforderlich, wenn Sie mehrere Anweisungen in einer Zeile notieren möchten.

In einer Anweisung kann eine *vorgefertigte Funktion* aufgerufen werden:

- Die vorgefertigte Funktion `println()` gibt Inhalte auf dem Bildschirm aus, gefolgt von einem Zeilenumbruch. Bei dem Inhalt kann es sich um einen Text handeln. Texte werden zwischen doppelte Hochkommata gesetzt.
- Die vorgefertigte Funktion `print()` macht dasselbe, allerdings ohne Zeilenumbruch. Daher wird die zweite Zeile der Ausgabe mithilfe von drei einzelnen Anweisungen zusammengesetzt.
- Die Steuerzeichenfolge `\n` erzeugt einen zusätzlichen Zeilenumbruch. Dabei steht das »n« für *new line*. Daher werden mithilfe der letzten Anweisung zwei Zeilen ausgegeben.

Programme sollten in ausreichender Form kommentiert werden. Diese *Kommentare* werden nicht ausgeführt und dienen nur der Erläuterung des betreffenden Programmteils. Das erweist sich als sehr nützlich bei einer späteren Änderung des Codes durch dieselbe oder eine andere Person.

Längere Kommentare können sich über mehrere Zeilen erstrecken und werden zwischen den Zeichenfolgen /* und */ eingebettet. Kürzere Kommentare werden nach der Zeichenfolge // notiert und gehen nur bis zum Ende der jeweiligen Zeile.

Das Programm erzeugt die folgende Ausgabe:

```
Hallo Welt
Das ist die zweite Zeile
Das steht in
zwei Zeilen
```

2.2 Zeichenketten

Beim Ablauf eines Programms werden häufig Texte erzeugt und für die Benutzerinnen und Benutzer sichtbar dargestellt. Im Zusammenhang mit der Programmierung werden Texte auch *Zeichenketten* genannt. In einem Kotlin-Programm werden sie in Variablen des Datentyps `String` gespeichert.

Erstellen Sie das neue Projekt *Texte* und im weiteren Verlauf die anderen Projekte, wie es in Abschnitt 1.4 beschrieben wird. Die Projekte enthalten standardmäßig die Codedatei *main.kt* mit der Funktion `main()`.

Im Projekt *Texte* wird der Umgang mit `String`-Variablen anhand einiger Beispiele erläutert. Es enthält das nachfolgende Programm:

```
fun main() {
    val textEins = "Hallo Welt"
    var textZwei = "Guten Morgen"
    println(textEins + "\n" + textZwei)

    var textDrei: String
    textDrei = "Guten Abend"

    var textVier = textZwei
    val textFuenf = ", wie"
    textVier += textFuenf
    textVier += " geht es?"
    println("$textDrei\n$textVier")
}
```

Listing 2.2 Projekt »Texte«, Datei »main.kt«

Variablen, in denen Werte gespeichert werden, müssen Sie dem Programm vorher bekannt machen. Diesen Vorgang nennt man *Deklaration*.

Mithilfe des Schlüsselworts `val` wird eine *unveränderliche* Variable deklariert. Im Unterschied dazu wird mithilfe des Schlüsselworts `var` eine *veränderliche* Variable deklariert, die im weiteren Verlauf des Programms noch mehrmals einen anderen Wert erhalten kann.

Bei der Deklaration müssen Variablen entweder einen Datentyp erhalten oder es muss ihnen einen Wert zugewiesen werden, aus dem der Datentyp ermittelt werden kann.

Mithilfe des Operators `=` wird der unveränderlichen Variablen `textEins` die Zeichenkette »Hallo Welt« als Wert zugewiesen. Damit wird die Variable zu einer `String`-Variablen. Das Gleiche geschieht bei der veränderlichen Variablen `textZwei`. Es folgt eine Ausgabe der Werte der beiden Variablen mithilfe der Funktion `println()`. Der Operator `+` kann zur Verkettung von Texten dienen. Damit können längere Ausgaben stückweise aus Variablen und Zeichenketten zusammengesetzt werden.

Der Editor bemerkt, dass die veränderliche Variable `textZwei` im weiteren Programmverlauf keinen neuen Wert mehr erhält. Sie könnte daher auch als unveränderliche Variable deklariert werden. Wie bereits in Abschnitt 1.2.3 erwähnt, lege ich aber Wert auf das Verständnis für die Zusammenhänge und notiere besonders zu Anfang des Buchs mehr Code als notwendig. Daher werden diese und weitere nützliche Vorschläge zur Optimierung meines Codes für Einsteiger gemacht.

Die veränderliche Variable `textDrei` wird als `String`-Variable deklariert. Dabei wird der Datentyp nach einem Doppelpunkt notiert. Einen Wert erhält die Variable erst später.

Die Variable `textVier` erhält zunächst per Zuweisung den Wert der Variablen `textZwei` und wird damit ebenfalls zu einer `String`-Variablen. Später wird sie mithilfe des Operators `+=` verlängert. Es werden also weitere Zeichenketten oder Werte von `String`-Variablen angehängt.

Mithilfe des Zeichens `$` unmittelbar vor einer Variablen kann ihr Wert in einer Zeichenkette *eingebettet* werden. Damit wird die Erstellung von längeren Ausgaben mit mehreren Variablen erleichtert. Diese komfortable Schreibweise wird vom Editor empfohlen und in den meisten Fällen auch in diesem Buch genutzt.

Das Programm erzeugt die folgende Ausgabe:

```
Hallo Welt
Guten Morgen
Guten Abend
Guten Morgen, wie geht es?
```

Hinweise

Jede Variable eines Kotlin-Programms muss einen *eindeutigen Namen* besitzen. Dieser darf große und kleine Buchstaben, Ziffern und das Zeichen _ (Unterstrich) beinhalten. Er darf weder einen der deutschen Umlaute noch das Zeichen Eszett (ß) beinhalten und nicht mit einer Ziffer beginnen.

Es wird empfohlen, sich an die *lowerCamelCase*-Schreibweise zu halten. Das bedeutet: Der Name beginnt mit einem Kleinbuchstaben und jeder Namensteil beginnt mit einem Großbuchstaben. Einige Beispiele: `textEins`, `zahlFuenf`, `wertMontagMorgen`, `wertMontag-Abend`.

2.3 Ganze Zahlen

Ganze Zahlen werden in Variablen des Datentyps `Int` gespeichert. Benötigen Sie ganze Zahlen, die über den Zahlenbereich des Datentyps `Int` hinausgehen, steht der Datentyp `Long` zur Verfügung. Im Projekt *ZahlGanz* wird mit ganzen Zahlen sowie `Int`- und `Long`-Variablen gearbeitet.

2.3.1 Datentyp »Int«

Zur besseren Übersicht wird das Projekt-Programm in vier Teilen dargestellt und erläutert. Zunächst folgt Teil 1:

```
fun main() {
    val zahlEins = 12
    var zahlZwei: Int
    zahlZwei = 17

    println(zahlEins + zahlZwei)
    println(zahlEins.toString() + " " + zahlZwei)
    println("Text: " + zahlEins + " " + zahlZwei)
    println("Ganze Zahlen: $zahlEins $zahlZwei\n")
    ...
}
```

Listing 2.3 Projekt »ZahlGanz«, Teil 1 von 4

Der unveränderlichen Variablen `zahlEins` wird der Wert 12 zugewiesen. Damit wird sie zu einer `Int`-Variablen. Die veränderliche Variable `zahlZwei` wird als `Int`-Variable deklariert. Ihr wird erst später ein Wert zugewiesen.

Sie haben bereits den Operator + zur Verkettung von Texten kennengelernt. Abhängig von den Operanden, auf die er sich bezieht, kann er aber auch als Operator zur Addition von Zahlen dienen. Betrachten wir die vier Ausgaben:

- Bei der ersten Ausgabe werden die Werte der beiden ganzzahligen Variablen addiert und das Ergebnis wird ausgegeben.
- In der zweiten Ausgabe wird der Zahlenwert der Variablen `zahlEins` mithilfe der Methode `toString()` explizit in eine Zeichenkette umgewandelt. In diesem Fall dient das nachfolgende Pluszeichen automatisch zur Verkettung und nicht zur Addition. Zunächst wird ein Leerzeichen angehängt, danach wird der Wert der Zahlenvariablen `zahlZwei` implizit in eine Zeichenkette umgewandelt und angehängt.
- Die dritte Ausgabe beginnt mit einer Zeichenkette. In diesem Fall wird der Wert der nachfolgenden Zahlenvariablen wiederum implizit in eine Zeichenkette umgewandelt und angehängt.
- In der vierten Ausgabe werden die Werte von Zahlenvariablen mithilfe des Zeichens `$` unmittelbar in der Zeichenkette eingebettet. Diese komfortable Form der Ausgabe wird häufig verwendet.

Dieser erste Programmteil erzeugt die folgende Ausgabe:

```
29
12 17
Text: 12 17
Ganze Zahlen: 12 17
```

Hinweise

Eine Variable des Datentyps `Int` entspricht einem Verweis auf ein Objekt der Klasse `Int`. In dieser Klasse sind die Eigenschaften und das Verhalten von `Int`-Objekten definiert. Methoden sind Funktionen, die für Objekte von Klassen aufgerufen werden.

Die Methode `toString()` liefert für ein Objekt die Darstellung dieses Objekts in Form einer Zeichenkette. Mehr zur objektorientierten Programmierung finden Sie in Kapitel 8.

Eine explizite Umwandlung wird ausdrücklich vom Entwickler bzw. von der Entwicklerin vorgenommen, zum Beispiel durch Aufruf einer Umwandlungsmethode. Eine implizite Umwandlung geschieht automatisch aufgrund von bestimmten Bedingungen.

2.3.2 Datentyp »Long«

Es folgt der zweite Teil des Programms:

```
fun main() {
    ...
    val zahlDrei = 3_000_000_000
    var zahlVier: Long
    zahlVier = -3500L
    println("Lange ganze Zahlen: $zahlDrei $zahlVier\n")
    ...
}
```

Listing 2.4 Projekt »ZahlGanz«, Teil 2 von 4

Der unveränderlichen Variablen `zahlDrei` wird der Wert 3 Milliarden zugewiesen, also die Zahl 3000000000. Dieser Wert überschreitet den Zahlenbereich für den Datentyp `Int`. Die Variable wird damit zu einer `Long`-Variablen.

Zur besseren Lesbarkeit kann das Zeichen _ (Unterstrich) an beliebigen Stellen einer Ziffernfolge eingefügt werden. Das ist besonders sinnvoll für lange Ziffernfolgen, zum Beispiel alle drei Ziffern.

Die veränderliche Variable `zahlVier` wird als `Long`-Variable deklariert. Anschließend wird ihr ein Wert zugewiesen. Soll eine Zahl als `Long`-Wert gekennzeichnet werden, muss ein großes `L` angefügt werden.

Es folgt die Ausgabe für diesen Teil des Programms:

```
Lange ganze Zahlen: 3000000000 -3500
```

2.3.3 Grenzen der Zahlenbereiche

Der dritte Teil des Programms sieht wie folgt aus:

```
fun main() {
    ...
    println("Int: ${Int.MAX_VALUE} ${Int.MIN_VALUE}")
    println("Long: ${Long.MAX_VALUE} ${Long.MIN_VALUE}\n")
    ...
}
```

Listing 2.5 Projekt »ZahlGanz«, Teil 3 von 4

Die Klasse Int beinhaltet die vordefinierten Konstanten MIN_VALUE und MAX_VALUE, in denen die untere und die obere Grenze des Zahlenbereichs für Objekte dieser Klassen gespeichert ist. Bei der Zuweisung eines Werts, der außerhalb dieses Zahlenbereichs liegt, würde ein Fehler auftreten.

Auch ein komplexerer Ausdruck, wie zum Beispiel Int.MIN_VALUE, kann mithilfe des Zeichens $ in eine Zeichenkette eingebettet werden. Dabei muss der Ausdruck in geschweifte Klammern gesetzt werden.

Die Klasse Long beinhaltet ebenfalls die Konstanten MIN_VALUE und MAX_VALUE mit den Grenzen des Zahlenbereichs.

Die Ausgabe dieses Programmteils:

```
Int: 2147483647 -2147483648
Long: 9223372036854775807 -9223372036854775808
```

Hinweise

Viele Klassen beinhalten vordefinierte Konstanten. Zudem können Sie eigene Konstanten anlegen (siehe Abschnitt 5.10). Bestimmte Werte, die an mehreren Stellen eines Projekts zum Einsatz kommen, werden auf diese Weise unter einem Namen gespeichert, der sich leicht merken lässt.

Vergleichbar zur Klasse Int entspricht eine Long-Variable einem Verweis auf ein Objekt der Klasse Long. Neben diesen beiden Klassen gibt es noch weitere Klassen für ganzzahlige Werte. Sie haben kleinere Zahlenbereiche (Short, Byte) oder ausschließlich positive Zahlenbereiche (UInt, ULong, UShort, UByte) und werden seltener genutzt. Das »U« zu Beginn steht für unsigned, also vorzeichenlos.

2.3.4 Hexadezimal- und Dualzahlen

Es folgt der vierte und letzte Teil des Programms:

```
fun main() {
    ...
    val zahlFuenf = 0xb2f
    println("Hexadezimale Zahl: $zahlFuenf")

    val zahlSechs = 0b101110
    println("Duale Zahl: $zahlSechs")
}
```

Listing 2.6 Projekt »ZahlGanz«, Teil 4 von 4

Sie können ganzzahlige Werte nicht nur im Dezimalsystem, sondern auch im Dualsystem oder im Hexadezimalsystem notieren. Nach dem Präfix `0x` oder `0X` folgen hexadezimale Ziffern von `0` bis `9` und von `a` bis `f`. Dabei entsprechen die Buchstaben von `a` bis `f` (bzw. von `A` bis `F`) den dezimalen Werten 10 bis 15. Nach dem Präfix `0b` oder `0B` folgen duale Ziffern, also `0` oder `1`:

- Aus `0xb2f` ergibt sich: $11 \times 16^2 + 2 \times 16^1 + 15 \times 16^0 = 11 \times 256 + 2 \times 16 + 15 = 2816 + 32 + 15 = 2863$.
- Aus `0b101110` ergibt sich: $1 \times 2^5 + 0 \times 2^4 + 1 \times 2^3 + 1 \times 2^2 + 1 \times 2^1 + 0 \times 2^0 = 32 + 8 + 4 + 2 = 46$.

Die Ausgabe sieht wie folgt aus:

```
Hexadezimale Zahl: 2863
Duale Zahl: 46
```

2.4 Zahlen mit Nachkommastellen

Zahlen mit Nachkommastellen, auch *Fließkommazahlen* genannt, werden in Variablen des Datentyps `Float` oder in Variablen des Datentyps `Double` gespeichert. `Float`-Variablen sind nicht so genau wie `Double`-Variablen. Zudem verfügt der Datentyp `Float` über einen kleineren Zahlenbereich. Allerdings benötigen `Float`-Variablen weniger Speicherplatz.

Bei der Ausgabe werden die Nachkommastellen standardmäßig mithilfe des (englischen) Dezimalpunkts abgetrennt. Im Projekt *ZahlKomma* werden `Float`- und `Double`-Variablen anhand einiger Beispiele erläutert.

2.4.1 Datentyp »Float«

Es folgt zunächst Teil 1 des Projekt-Programms:

```
fun main() {
    val f1 = 2.375f
    var f2: Float
    f2 = 1.0f / 7.0f
    println("Float: $f1 $f2")
    println("Grenzen: ${Float.MAX_VALUE} ${Float.MIN_VALUE}\n")
    ...
}
```

Listing 2.7 Projekt »ZahlKomma«, Teil 1 von 4

Der unveränderlichen Variablen f1 wird der Float-Wert 2.375f zugewiesen. Die Nachkommastellen und das Zeichen f am Ende sorgen dafür, dass sie zu einer Float-Variablen wird. Die veränderliche Variable f2 wird als Float-Variable deklariert. Sie erhält später ihren Wert als Ergebnis der Division der beiden Float-Werte 1.0f und 7.0f.

Die Klasse Float beinhaltet ebenso die Konstanten MIN_VALUE und MAX_VALUE mit den Grenzen des Zahlenbereichs.

Die Ausgabe dieses Programmteils:

```
Float: 2.375 0.14285715
Grenzen: 3.4028235E38 1.4E-45
```

Anhand der Ausgabe sehen Sie, dass Float-Werte nur mit einer Genauigkeit von sechs bis sieben Stellen nach dem Komma gespeichert werden. Zum Rechnen mit einer größeren Genauigkeit werden Double-Variablen benötigt.

Sehr große oder sehr kleine Werte werden im Exponentialformat ausgegeben. Die Angabe 1.5e9 würde der Zahl $1{,}5 \times 10^9$ entsprechen, also der Zahl 1.500.000.000. Die Angabe 1.5e-9 würde der Zahl $1{,}5 \times 10^{-9}$ entsprechen, also der Zahl 0,0000000015. Die beiden Werte in der Ausgabe repräsentieren die Zahlen $3{,}4028235 \times 10^{38}$ bzw. $1{,}4 \times 10^{-45}$.

2.4.2 Datentyp »Double«

Nachfolgend Teil 2 des Programms:

```
fun main() {
    ...
    val d1 = 2.375
    var d2: Double
    d2 = 1.0 / 7.0
    println("Double: $d1 $d2")
    println("Grenzen: ${Double.MAX_VALUE} ${Double.MIN_VALUE}\n")
    ...
}
```

Listing 2.8 Projekt »ZahlKomma«, Teil 2 von 4

Der unveränderlichen Variablen d1 wird der Double-Wert 2.375 zugewiesen, ohne f am Ende. Die Nachkommastellen sorgen dafür, dass sie zu einer Double-Variablen wird. Die veränderliche Variable d2 wird als Double-Variable deklariert. Sie erhält später ihren Wert als Ergebnis der Division der beiden Double-Werte 1.0 und 7.0.

Auch hier beinhaltet die zugehörige Klasse `Double` die Konstanten `MIN_VALUE` und `MAX_VALUE` mit den Grenzen des Zahlenbereichs.

Die Ausgabe dieses Programmteils:

```
Double: 2.375 0.14285714285714285
Grenzen: 1.7976931348623157E308 4.9E-324
```

Sie sehen, dass `Double`-Werte mit einer Genauigkeit von 15 bis 16 Stellen nach dem Komma gespeichert werden. Zudem ist der Zahlenbereich wesentlich größer.

Versuchen Sie, einen Wert zuzuweisen, der oberhalb des Zahlenbereichs liegt, erscheint eine Warnung, und es wird der Wert *Infinity* (dt.: *unendlich*) angenommen. Mit diesem Wert können Sie keine Berechnungen mehr vornehmen. Versuchen Sie, einen Wert zuzuweisen, der unterhalb des Zahlenbereichs liegt, erscheint eine Warnung, und es wird der Wert `0` angenommen.

2.4.3 Exponentialwerte

Wie bereits erwähnt, bieten Exponentialwerte die Möglichkeit, mit sehr großen oder sehr kleinen Werten zu arbeiten, ohne viele Nullen vor oder nach dem Komma anzugeben. Ihre Werte werden im Code mithilfe eines `e` oder `E` gekennzeichnet. Es folgt Teil 3 des Programms:

```
fun main() {
    ...
    val e1 = 1.5e9
    val e2 = 1.5e-9
    println("Exponential: $e1 $e2\n")
    ...
}
```

Listing 2.9 Projekt »ZahlKomma«, Teil 3 von 4

Die Ausgabe dieses Programmteils:

```
Exponential: 1.5E9 1.5E-9
```

2.4.4 Formatierung

Soll eine Zahl mit Nachkommastellen formatiert, also auf eine bestimmte Anzahl an Nachkommastellen gerundet werden, haben Sie verschiedene Möglichkeiten.

Zunächst der vierte und letzte Teil des Programms:

```
import java.text.NumberFormat
import java.util.Locale
import kotlin.math.*

fun main() {
    ...
    val nfg = NumberFormat.getInstance()
    nfg.maximumFractionDigits = 3
    println("DE-Format: " + nfg.format(d2))

    val nfu = NumberFormat.getInstance(Locale.US)
    nfu.maximumFractionDigits = 3
    println("US-Format: " + nfu.format(d2))

    println("Runden:    " + round(d2 * 1e3) / 1e3)
}
```

Listing 2.10 Projekt »ZahlKomma«, Teil 4 von 4

Das Schlüsselwort `import` wird benötigt, um einem Programm zusätzliche Klassen oder Paketinhalte zur Verfügung zu stellen. Die Klasse `NumberFormat` aus dem Paket `java.text` bietet Möglichkeiten zur Formatierung von Zahlen.

Wird die statische Methode `getInstance()` der Klasse `NumberFormat` ohne Parameter aufgerufen, liefert sie ein Objekt der Klasse `NumberFormat` mit den im aktuellen System genutzten Formatangaben, hier also den deutschen Formatangaben. Diese beinhalten zum Beispiel ein Komma zur Abtrennung von Dezimalstellen einer Zahl.

Mithilfe der Eigenschaft `maximumFractionDigits` können Sie für ein solches `NumberFormat`-Objekt die maximale Anzahl an Nachkommastellen festlegen, auf die mithilfe dieser Formatangabe gerundet werden kann.

Die Methode `format()` liefert für ein `NumberFormat`-Objekt eine Zeichenkette. Diese beinhaltet den Wert, der als Parameter übergeben wird, im zuvor festgelegten Format.

Hinweis

Die Eigenschaft `maximumFractionDigits` dient in Kotlin zur Vereinfachung der Nutzung der beiden Methoden `setMaximumFractionDigits()` zum Festlegen der genannten Anzahl und `getMaximumFractionDigits()` zum Ermitteln der genannten Anzahl. Solche Eigenschaften stehen in Kotlin für viele Methoden zur Verfügung.

Statische Methoden werden nicht für ein bestimmtes Objekt einer Klasse ausgeführt, sondern für die gesamte Klasse. Mehr zur objektorientierten Programmierung sehen Sie in Kapitel 8.

Ein Objekt der Klasse `Locale` aus dem Paket `java.util` repräsentiert eine bestimmte Region inklusive der in dieser Region genutzten Formatangaben. Die gewünschte Region wird mithilfe einer Konstanten dieser Klasse festgelegt. Die Konstante `US` steht für die USA als Region.

Wird die Methode `getInstance()` mit einem `Locale`-Objekt als Parameter aufgerufen, liefert sie ein `NumberFormat`-Objekt mit den zugehörigen Formatangaben. Diese beinhalten zum Beispiel einen Punkt zur Abtrennung von Dezimalstellen einer Zahl.

Mit `import kotlin.math.*` werden alle Eigenschaften und Methoden des Pakets `kotlin.math` zur Verfügung gestellt. Die Methode `round()` dient zum Auf- und Abrunden einer Zahl mit Nachkommastellen auf eine ganze Zahl. In diesem Fall soll auf eine bestimmte Anzahl `x` an Nachkommastellen gerundet werden. Zu diesem Zweck wird die Zahl zunächst mit 10^x multipliziert, anschließend gerundet, danach wieder durch 10^x dividiert.

Die Ausgabe dieses letzten Programmteils:

```
DE-Format: 0,143
US-Format: 0.143
Runden:    0.143
```

2.4.5 Hilfestellung von IntelliJ IDEA

An dieser Stelle erfolgt ein wichtiger thematischer Einschub. In Projekten müssen häufig zusätzliche Elemente importiert werden. Der Editor von IntelliJ IDEA (und später auch von Android Studio) hilft Ihnen dabei. Das wird am Beispiel des Programmteils aus Abschnitt 2.4.4 gezeigt.

Nehmen wir an, Sie haben noch keine `import`-Anweisung erstellt und notieren die nachfolgende Anweisung:

```
val nfg = NumberFormat.getInstance()
```

Der Begriff `NumberFormat` ist für den Editor noch unbekannt und wird daher in roter Schrift angezeigt. Ziehen Sie die Maus über den Begriff. Nach kurzer Zeit erscheint ein Hinweis (siehe Abbildung 2.1). Betätigen Sie den Link IMPORT. Damit wird die `import`-

Anweisung `import java.text.NumberFormat` oberhalb des Programms erstellt und der Begriff `NumberFormat` wird nicht mehr in roter Schrift angezeigt.

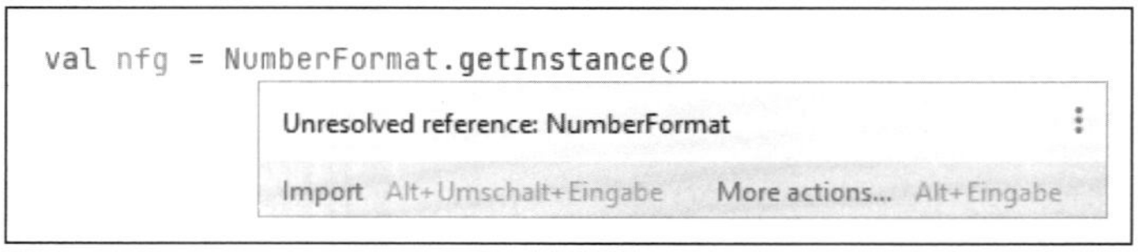

Abbildung 2.1 Hinweis mit Link »Import«

Einige Zeilen später notieren Sie die nachfolgende Anweisung:

```
val nfu = NumberFormat.getInstance(Locale.US)
```

Diesmal ist der Begriff `Locale` für den Editor noch unbekannt. Ziehen Sie die Maus darüber. Es erscheint wiederum ein Hinweis (siehe Abbildung 2.2). Betätigen Sie auch hier den Link IMPORT.

Damit wird die `import`-Anweisung `import java.util.*` oberhalb des Programms erstellt. Auf diese Weise stehen alle Klassen des Pakets `java.util` zur Verfügung. Alternativ ist auch die `import`-Anweisung `import java.util.Locale` möglich. Sie stellt nur die Klasse `Locale` bereit.

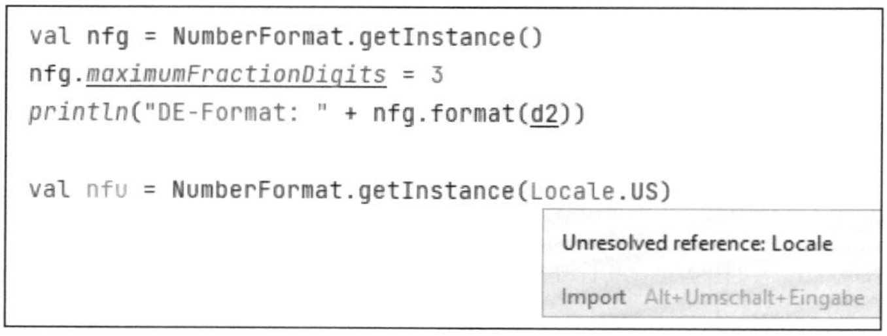

Abbildung 2.2 Hinweis für »Locale«

Wiederum einige Zeilen später notieren Sie die nachfolgende Anweisung:

```
println("Runden:     " + round(d2 * 1e3) / 1e3)
```

Diesmal ist der Begriff `round` für den Editor noch unbekannt. Ziehen Sie die Maus darüber und betätigen Sie den Link IMPORT (siehe Abbildung 2.3).

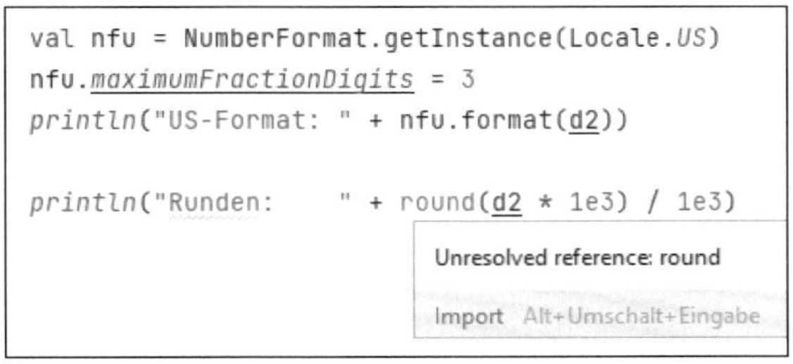

Abbildung 2.3 Hinweis für »round«

Diesmal erscheint eine Auswahl von Möglichkeiten (siehe Abbildung 2.4). Wählen Sie das Paket `kotlin.math` aus, das optimierte mathematische Funktionen für Kotlin-Programme bereitstellt.

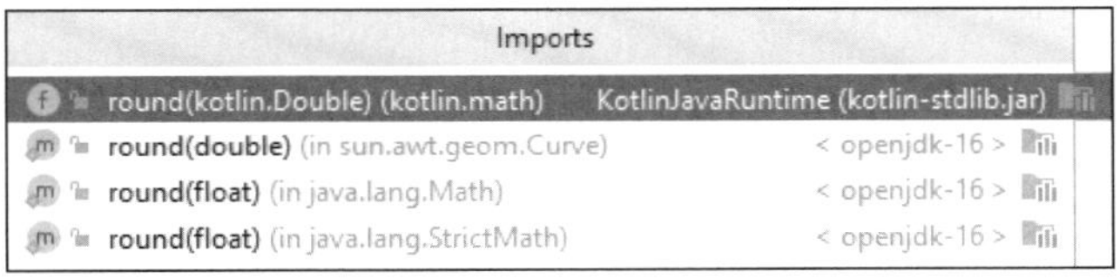

Abbildung 2.4 Auswahl von Import-Möglichkeiten

Damit wird die `import`-Anweisung `import kotlin.math.round` oberhalb des Programms erstellt. Alternativ ist auch die `import`-Anweisung `import kotlin.math.*` möglich.

2.5 Rechenoperatoren

Kotlin bietet eine Reihe von Operatoren zur Durchführung von Berechnungen mit ganzen Zahlen und Zahlen mit Nachkommastellen. Anhand des Projekts *Rechenoperatoren* erläutere ich den Umgang mit diesen Operatoren.

2.5.1 Rechenregeln

Wenn Sie im Code Berechnungen durchführen, müssen Sie die Regeln beachten, die Sie aus der Schulmathematik kennen. Im nachfolgenden Programm werden zwei unterschiedliche Ergebnisse berechnet:

```
fun main() {
    val a1 = 5 + 8 * 4 - 2
    val a2 = (5 + 8) * (4 - 2)
```

```
    println("Ergebnisse: $a1 $a2")
    ...
}
```

Listing 2.11 Projekt »Rechenoperatoren«, Teil 1 von 4

Es gilt: Punkt- vor Strichrechnung, Klammern haben Vorrang. Bei der ersten Berechnung wird zunächst die Multiplikation durchgeführt. Bei der zweiten Berechnung werden erst die Ergebnisse der Ausdrücke innerhalb der Klammern berechnet, anschließend wird die Multiplikation durchgeführt.

Die Ausgabe sieht wie folgt aus:

```
Ergebnisse: 35 26
```

2.5.2 Division

Bei der Division wird zwischen der mathematisch richtigen Division und der Division von ganzen Zahlen unterschieden. Es folgt Teil 2 des Programms:

```
fun main() {
    ...
    val b1 = 11.0 / 4
    println("Division: $b1")
    val b2 = 11 / 4
    val b_rest = 11 % 4
    println("Ganzzahl-Division: $b2 Rest $b_rest\n")
    ...
}
```

Listing 2.12 Projekt »Rechenoperatoren«, Teil 2 von 4

Eine mathematisch richtige Division wird durchgeführt, falls mindestens eine der beiden Zahlen Nachkommastellen besitzt. Die Division sollte also wie folgt lauten: `11.0/4`, `11/4.0` oder `11.0/4.0`. Das Ergebnis ist ein `Double`-Wert. Steht am Ende von allen beteiligten Zahlen mit Nachkommastellen ein `f`, ist das Ergebnis ein `Float`-Wert.

Bei der Division von zwei ganzen Zahlen werden die Stellen nach dem Komma abgeschnitten. Das Ergebnis ist ein (mathematisch falscher) ganzzahliger Wert.

Der Operator `%` (gesprochen: Modulo) berechnet den Rest der Division von zwei Zahlen. Handelt es sich dabei um zwei ganze Zahlen, ergibt sich ein ganzzahliger Rest. Die ganzzahlige Berechnung »11 durch 4« ergibt »2 Rest 3«. Die Ausgabe sieht wie folgt aus:

```
Division: 2.75
Ganzzahl-Division: 2 Rest 3
```


2.5.3 Kombinierte Zuweisungen

Die kombinierten Zuweisungsoperatoren kombinieren eine Rechenoperation mit einer Zuweisung. Es folgt Teil 3 des Programms:

```
fun main() {
    ...
    var c = 2.5;     println("Zahl: $c")
    c += 3.2;        println("+= 3.2: $c")
    c -= 0.3;        println("-= 0.3: $c")
    c *= 4;          println("*= 4: $c")
    c /= 3;          println("/= 3: $c")
    c %= 1.5;        println("%= 1.5: $c\n")
    ...
}
```

Listing 2.13 Projekt »Rechenoperatoren«, Teil 3 von 4

Zur besseren Übersicht beinhalten die Codezeilen dieses Programmteils mehr als eine Anweisung. Dabei muss nach allen Anweisungen außer der letzten ein Semikolon notiert werden.

Der kombinierte Zuweisungsoperator `+=` dient der Addition eines Werts zum bisherigen Wert einer Variablen. `x += [Wert]` steht also für `x = x + [Wert]`. Entsprechend arbeiten die Operatoren `-=`, `*=`, `/=` und `%=`.

Wird einer der beiden Operatoren `%` oder `%=` auf Zahlen mit Nachkommastellen angewandt, besitzt das Ergebnis ebenfalls Nachkommastellen. Hier wird das Zwischenergebnis 7.2 durch 1.5 dividiert. Es ergibt sich »4 Rest 1.2«, denn 4 × 1.5 + 1.2 ergibt den Wert 7.2.

Die Ausgabe dieses Programmteils:

```
Zahl: 2.5
+= 3.2: 5.7
-= 0.3: 5.4
*= 4: 21.6
/= 3: 7.2
%= 1.5: 1.2000000000000002
```

Anhand der letzten Ausgabe sehen Sie, dass Zahlen mit Nachkommastellen im Unterschied zu ganzen Zahlen nicht beliebig genau sind.

2.5.4 Inkrement und Dekrement

Der *Inkrement*-Operator ++ dient der Addition des Werts 1 zum Wert einer Variablen. Er steht also für die Berechnung x = x + 1. Der *Dekrement*-Operator -- steht für die Berechnung x = x - 1.

Es folgt der vierte und letzte Teil des Programms:

```
fun main() {
    ...
    var d = 3
    d++
    d--
    ++d
    --d
    println("Inkrement und Dekrement: $d")

    var x = 3
    val y = 6.0 / x++
    println("Postfix: $x $y")

    var p = 3
    val q = 6.0 / ++p
    println("Prefix:  $p $q")
}
```

Listing 2.14 Projekt »Rechenoperatoren«, Teil 4 von 4

Beide Operatoren können sowohl vor (*Prefix-Notation*) als auch nach (*Postfix-Notation*) einer Variablen notiert werden. Besteht eine Anweisung nur aus der Anwendung eines dieser Operatoren auf eine einzelne Variable, ist das Ergebnis offensichtlich.

In einem längeren Rechenausdruck haben diese beiden Operatoren Vorrang vor anderen Operatoren. Das Ergebnis hängt in diesem Fall von der Art der Notation ab:

- Im Postfix-Beispiel wird 6.0 durch den Wert von x (= 3) geteilt, dann wird x von 3 auf 4 erhöht.
- Im Prefix-Beispiel wird zuerst p von 3 auf 4 erhöht, dann wird 6.0 durch den neuen Wert von p (= 4) geteilt.

Es folgt die Ausgabe des letzten Programmteils:

```
Inkrement und Dekrement: 3
Postfix: 4 2.0
Prefix:  4 1.5
```

2.6 Logische Werte

Logische Werte können in Variablen des Datentyps `Boolean` gespeichert werden und ergeben sich aus Vergleichen und Bedingungen. Sie werden zur Steuerung von Programmen mithilfe von Verzweigungen (siehe Abschnitt 3.1) und Schleifen (siehe Abschnitt 3.3) genutzt. Mögliche Werte für `Boolean`-Variablen sind die beiden Wahrheitswerte `true` (dt.: *wahr*) und `false` (dt.: *falsch*).

Im Projekt *LogischeWerte* werden Wahrheitswerte und Bedingungen anhand einiger Beispiele erläutert.

2.6.1 Boolean-Variablen

Es folgt der erste Teil des Programms:

```
fun main() {
    val a1 = true
    var a2: Boolean
    a2 = false
    println("Logische Werte: $a1 $a2\n")
    ...
}
```

Listing 2.15 Projekt »LogischeWerte«, Teil 1 von 4

Der unveränderlichen Variablen `a1` wird der Wert `true` zugewiesen. Die veränderliche Variable `a2` wird als `Boolean`-Variable deklariert. Sie erhält später einen Wert. Die Ausgabe sieht wie folgt aus:

```
Logische Werte: true false
```

2.6.2 Vergleichsoperatoren

Sowohl Zahlen als auch Zeichenketten können mithilfe von *Vergleichsoperatoren* verglichen werden.

Es folgt der zweite Teil des Programms:

```
fun main() {
    ...
    val x = 12; val y = 7; val z = 12
    val b1 = (x > y)
    val b2 = (x >= z)
    val b3 = (x == z)
    val b4 = (x != z)
    println("Zahlenvergleich: $b1 $b2 $b3 $b4")

    val s = "Guten Morgen"; val t = "Hallo Welt"
    val b5 = (s == t)
    val b6 = (s != t)
    println("Textvergleich: $b5 $b6\n")
    ...
}
```

Listing 2.16 Projekt »LogischeWerte«, Teil 2 von 4

Zunächst werden einige Variablen mit Werten deklariert, damit nachfolgend ein Vergleich der Werte vorgenommen werden kann.

Es gibt die Operatoren `>` (größer als), `<` (kleiner als), `>=` (größer oder gleich), `<=` (kleiner oder gleich), `==` (gleich) und `!=` (ungleich). Für den Vergleich von Zeichenketten genügen zunächst die beiden Operatoren `==` und `!=`. Weitere Möglichkeiten zum Vergleich von Zeichenketten finden Sie in Abschnitt 6.3.

Das Ergebnis eines Vergleichs ist ein logischer Wert. Er kann einer `Boolean`-Variablen zugewiesen werden. Die Klammern auf der rechten Seite der Zuweisungen sind nicht notwendig und stehen hier nur zur Verbesserung der Lesbarkeit.

Es folgt die Ausgabe dieses Programmteils:

```
Zahlenvergleich: true true true false
Textvergleich: false true
```

2.6.3 Zahlenbereiche

Sie können einen Bereich (engl.: *range*) von Zahlen definieren und mithilfe des Operators `in` prüfen, ob sich bestimmte Werte innerhalb oder außerhalb dieses Zahlenbereichs befinden. Es folgt der dritte Programmteil:

```
fun main() {
    ...
    val x = 12; val y = 7; val z = 12
    ...
    val zahlGanzBereich = 10 .. 17
    val c1 = (x in zahlGanzBereich)
    val c2 = (y in zahlGanzBereich)
    val c3 = (z !in zahlGanzBereich)
    println("Ganzzahliger Bereich: $c1 $c2 $c3")

    val zahlKommaBereich = 10.8 .. 16.2
    val c4 = (12.35 in zahlKommaBereich)
    println("Kommazahlenbereich: $c4\n")
    ...
}
```

Listing 2.17 Projekt »LogischeWerte«, Teil 3 von 4

Die Variable `zahlGanzBereich` verweist auf ein Objekt der Klasse `IntRange`. Dieses Objekt steht für die Abfolge der ganzen Zahlen von 10 bis 17, jeweils inklusive der beiden Grenzen 10 und 17. Sie können für einen `Int`- oder einen `Long`-Wert prüfen, ob er Teil dieser Abfolge ist.

Die Variable `zahlKommaBereich` verweist auf ein Objekt der Klasse `ClosedFloatingPoint-Range`. Dieses Objekt steht für den Zahlenbereich von `10.8` bis `16.2`, jeweils inklusive der beiden Grenzen `10.8` und `16.2`. Sie können für einen `Float`- oder einen `Double`-Wert prüfen, ob er sich in diesem Zahlenbereich befindet.

Die Prüfung wird mithilfe der Operatoren `in` (innerhalb) und `!in` (außerhalb) durchgeführt. Auch hier dienen die Klammern auf der rechten Seite der Zuweisungen nur der Verbesserung der Lesbarkeit.

Die Ausgabe dieses Programmteils sieht wie folgt aus:

```
Ganzzahliger Bereich: true false false
Kommazahlenbereich: true
```

2.6.4 Logische Operatoren

Logische Operatoren dienen der Verknüpfung von mehreren Vergleichen beziehungsweise dem Umdrehen des Ergebnisses eines Vergleichs.

Es folgt der vierte und letzte Teil des Programms:

```
fun main() {
    ...
    val x = 12; val y = 7; val z = 12
    ...
    val d1 = (x > y && x > z)
    val d2 = (x > y && z > y)
    val d3 = (y > x && x > z)
    println("Logisches Und: $d1 $d2 $d3")

    val d4 = (x > y || x > z)
    val d5 = (y > x || z > y)
    val d6 = (y > x || x > z)
    println("Logisches Oder: $d4 $d5 $d6")

    val d7 = !(x > y)
    val d8 = (x > y && !(x > z))
    val d9 = !(x > y || x > z)
    println("Logisches Nicht: $d7 $d8 $d9")
}
```

Listing 2.18 Projekt »LogischeWerte«, Teil 4 von 4

Der logische Operator && steht für das *logische Und*. Der gesamte Vergleich ist wahr, falls alle einzelnen Vergleiche wahr sind:

- Der Wert von d1 ist false. Der erste Vergleich ergibt zwar den Wert true, aber nicht der zweite.
- Der Wert von d2 ist true, weil beide Vergleiche den Wert true ergeben.
- Der Wert von d3 ist false. Der erste Vergleich ergibt den Wert false. Der zweite Vergleich wird nicht mehr durchgeführt, weil der gesamte Vergleich nicht mehr den Wert true ergeben kann.

Der logische Operator || steht für das *logische Oder*. Der gesamte Vergleich ist wahr, falls einer der einzelnen Vergleiche wahr ist.

- Der Wert von d4 ist true. Der erste Vergleich ergibt bereits den Wert true. Der zweite Vergleich wird daher nicht mehr durchgeführt.
- Der Wert von d5 ist ebenfalls true. Der erste Vergleich ergibt zwar den Wert false, aber der zweite Vergleich den Wert true.
- Der Wert von d6 ist false, weil beide Vergleiche den Wert false ergeben.

Der logische Operator `!` steht für das *logische Nicht*. Damit wird der Wahrheitswert eines Vergleichs umgedreht: Aus wahr wird falsch, aus falsch wird wahr. Der betreffende Vergleich muss in Klammern gesetzt werden.

- Der Wert von `d7` ist `false`. Der Wert innerhalb der Klammern ist `true` und wird umgedreht.
- Der Wert von `d8` ist `true`. Der Wert des ersten Vergleichs ist `true`. Der Wert des Vergleichs in Klammern ist `false` und wird umgedreht.
- Der Wert von `d9` ist `false`. Der Wert des ersten Vergleichs ist bereits `true`. Daher ergibt der gesamte Vergleich den Wert `true`. Sein Wert wird umgedreht.

Die Ausgabe dieses vierten und letzten Programmteils:

```
Logisches Und: false true false
Logisches Oder: true true false
Logisches Nicht: false true false
```

2.7 Nullbare Datentypen

Kommen wir zu einem der Elemente, die Kotlin besonders bekannt und sicher gemacht haben: zu den *nullbaren Datentypen*.

Nehmen wir einmal an, Sie möchten eine Android-App schreiben, die Daten vom Temperatursensor Ihres Smartphones benötigt. Dabei wird versucht, über eine Variable auf ein vordefiniertes Objekt zuzugreifen, das wiederum auf den Sensor zugreift. Jetzt gibt es zwei Möglichkeiten:

- Ihr Gerät besitzt einen solchen Sensor, der Zugriff auf das Objekt gelingt, die Variable verweist auf den Sensor und Sie können auf seine Daten zugreifen.
- Ihr Gerät besitzt keinen solchen Sensor, der Zugriff auf das Objekt misslingt und die Variable verweist auf einen *Null-Zeiger*, anders ausgedrückt, auf *nichts*. Bei der weiteren Nutzung dieser Variablen würde eine sogenannte Null-Zeiger-Ausnahme (engl.: *null pointer exception*, abgekürzt *NPE*) und als Folge ein unkontrollierter Abbruch des Programms auftreten.

Das NPE-Problem beschäftigt Programmiererinnen und Programmierer bereits seit Langem, unabhängig von der genutzten Sprache. Es hat in der praktischen Anwendung zu vielen Fehlern und großen Schäden geführt. Die Einführung des Null-Zeigers wird von manchen Fachleuten als einer der größten Fehler innerhalb der Computerwissenschaften bezeichnet.

Die Sprache Kotlin bietet nullbare Datentypen. Einer Variablen eines solchen Datentyps kann ein Null-Zeiger gefahrlos zugewiesen werden. Zudem bietet Kotlin einige sichere Operatoren, die den Schutz vor NPEs stark verbessern.

Diese Datentypen und Operatoren werden anhand von Objekten der Klasse `String` im Projekt *NullbareDatentypen* erläutert.

2.7.1 Nicht-nullbare Datentypen

Zum Vergleich wird zunächst das Verhalten für Variablen eines Standarddatentyps erläutert. Einer solchen Variablen darf kein Null-Zeiger zugewiesen werden. Daher gehört der zugehörige Datentyp zu den *nicht-nullbaren Datentypen*.

Es folgt der erste Teil des Programms:

```
fun main() {
    println("Nicht nullbar:")
    val a1:String
    a1 = "Hallo Welt"
    val la1 = a1.length
    println("$a1 $la1\n")

    val a2:String
    // a2 = null
    // val la2 = a2.length
    // println("Nicht nullbar: $a2 $la2\n")
    ...
}
```

Listing 2.19 Projekt »NullbareDatentypen«, Teil 1 von 5

Die Variable `a1` wird als `String`-Variable deklariert. Anders ausgedrückt: Die Variable `a1` ist ein Verweis auf ein Objekt der Klasse `String`. Der Variablen wird eine Zeichenkette zugewiesen, sie verweist anschließend also auf diese Zeichenkette.

Auf die Eigenschaften und Methoden von Objekten eines nicht-nullbaren Datentyps wird mithilfe des Operators `.` zugegriffen. Die Eigenschaft `length` beinhaltet die Länge eines `String`-Objekts als ganze Zahl, also die Anzahl der Zeichen der Zeichenkette.

Die Variable `a2` wird ebenfalls als `String`-Variable deklariert. Der Variablen wird (hier auskommentiert) der Zeiger `null` zugewiesen, also ein Null-Zeiger. Die Variable verweist auf nichts. Beim weiteren Zugriff, zum Beispiel auf die Eigenschaft `length`, käme es zu einer NPE. Daher sind diese Zuweisung und weitere Zugriffe auf `a2` in Kotlin nicht erlaubt.

Die Ausgabe dieses Programmteils:

```
Nicht nullbar:
Hallo Welt 10
```

2.7.2 Nullbare Datentypen

Zum Vergleich wird das Verhalten für Variablen des zugehörigen nullbaren Datentyps erläutert. Der zweite Teil des Programms sieht wie folgt aus:

```
fun main() {
    ...
    println("Nullbar:")
    val b1:String?
    b1 = "Hallo Welt"
    val lb1 = b1?.length
    println("$b1 $lb1")

    val b2:String?
    b2 = null
    val lb2 = b2?.length
    println("$b2 $lb2\n")
    ...
}
```

Listing 2.20 Projekt »NullbareDatentypen«, Teil 2 von 5

Die Variablen `b1` und `b2` werden jeweils als Variable des Datentyps `String?` deklariert. Dabei handelt es sich um einen *nullbaren Datentyp*. Dieser unterscheidet sich vom zugehörigen nicht-nullbaren Datentyp durch das angehängte Zeichen `?`. Den Variablen von nullbaren Datentypen dürfen sowohl Werte des zugehörigen nicht-nullbaren Datentyps als auch Null-Zeiger zugewiesen werden.

Auf die Eigenschaften und Methoden von Objekten eines nullbaren Datentyps wird standardmäßig mithilfe des Operators `?.` zugegriffen.

Es muss nicht geprüft werden, ob auf ein Objekt oder auf einen Null-Zeiger verwiesen wird. Dennoch kommt es auch nach der Zuweisung nicht zu einem unkontrollierten Abbruch des Programms.

Der Editor der Entwicklungsumgebung liefert zusätzlich einige Hinweise:

- Im Fall von `b1?.length` wird angemerkt, dass der Zugriff mithilfe des Operators `?.` auf unnötig sichere Weise erfolgt. Das liegt daran, dass zuvor eine Zeichenkette zugewiesen wurde. Der Zugriff könnte vereinfacht mit `b1.length` erfolgen.
- Im Fall von `b2?.length` wird angemerkt, dass die Variable immer auf einen Null-Zeiger verweist. Das liegt daran, dass zuvor `null` zugewiesen wurde.

Die Ausgabe dieses Programmteils:

```
Nullbar:
Hallo Welt 10
null null
```

2.7.3 Smart-Casts

Stellen Sie mithilfe einer Verzweigung fest, dass eine nullbare Variable nicht auf `null` zeigt, können Sie für diese Variable einen *Smart-Cast* durchführen. Dabei handelt es sich um die Umwandlung des nullbaren Datentyps zum entsprechenden nicht-nullbaren Datentyp. Weitere Zugriffe im Programm werden dadurch einfacher.

Es folgt der dritte Teil des Programms:

```
fun main() {
    ...
    println("Smart-Cast:")
    val c1:String? = "Hallo Welt"
    val lc1 = if(c1 == null) 0 else c1.length
    println("$c1 $lc1")

    val c2:String? = null
    val lc2 = if(c2 == null) 0 else c2.length
    println("$c2 $lc2\n")
    ...
}
```

Listing 2.21 Projekt »NullbareDatentypen«, Teil 3 von 5

Die beiden Variablen `c1` und `c2` werden wiederum als nullbare `String`-Variablen deklariert. Wird der `else`-Teil der (hier funktionalen) Verzweigung erreicht, wird der Datentyp per Smart-Cast geändert. Die Variable wird in eine nicht-nullbare `String`-Variable umgewandelt. Das gelingt mit den zugewiesenen Werten nur für die Variable `c1`.

Die Ausgabe dieses dritten Teils des Programms:

```
Smart-Cast:
Hallo Welt 10
null 0
```

2.7.4 Elvis-Operator »?:«

Der Elvis-Operator ?: ermöglicht Ihnen, einer Variablen eines nicht-nullbaren Datentyps einen Wert des entsprechenden nullbaren Datentyps zuzuweisen. Zeigt die Variable des nullbaren Datentyps auf null, wird ein passender Ersatzwert zugewiesen. Ebenso wird mithilfe des Elvis-Operators bei Bedarf ein Ersatzwert für die Eigenschaft eines Objekts eines nullbaren Datentyps zugewiesen.

Der vierte Teil des Programms sieht wie folgt aus:

```
fun main() {
    ...
    println("Elvis-Operator:")
    val d1:String? = "Hallo Welt"
    val d1_kopie = d1 ?: "Verweis auf null"
    val ld1 = d1?.length ?: 0
    println("$d1 $d1_kopie $ld1")

    val d2:String? = null
    val d2_kopie = d2 ?: "Verweis auf null"
    val ld2 = d2?.length ?: 0
    println("$d2 $d2_kopie $ld2\n")
    ...
}
```

Listing 2.22 Projekt »NullbareDatentypen«, Teil 4 von 5

Die beiden Variablen d1 und d2 werden wiederum als nullbare String-Variablen deklariert. Mithilfe des Elvis-Operators wird den beiden nicht-nullbaren String-Variablen d1_kopie und d2_kopie auf jeden Fall eine Zeichenkette zugewiesen, entweder die Originalzeichenkette oder eine Ersatzzeichenkette. Den beiden Int-Variablen ld1 und ld2 wird auf jeden Fall ein Wert zugewiesen, entweder die Länge der Zeichenkette oder ein Ersatzwert.

Die Ausgabe dieses Programmteils:

```
Elvis-Operator:
Hallo Welt Hallo Welt 10
null Verweis auf null 0
```

2.7.5 Nicht-Null-Operator »!!«

Der Nicht-Null-Operator `!!` macht Ihr Programm potenziell unsicher und sollte daher möglichst nicht eingesetzt werden.

Er ermöglicht Ihnen, eine Variable eines nullbaren Datentyps in eine Variable des entsprechenden nicht-nullbaren Datentyps umzuwandeln. Zeigt die Variable auf `null`, kann es bei ihrem Einsatz zu einer NPE kommen! Bei Einsatz des Operators sollten Sie absolut sicher sein, dass die Variable nicht auf `null` zeigt.

Es folgt der fünfte und letzte Teil des Programms:

```
fun main() {
    ...
    println("Unsicher:")
    val e1:String? = "Hallo Welt"
    val le1 = e1!!.length
    println("$e1 $le1")

    val e2:String? = null
    // val le2 = e2!!.length
    // println("$e2 $le2")
}
```

Listing 2.23 Projekt »NullbareDatentypen«, Teil 5 von 5

Die beiden Variablen `e1` und `e2` werden wiederum als nullbare `String`-Variablen deklariert. Für den Zugriff auf die Eigenschaft `length` werden sie mithilfe des Nicht-Null-Operators in nicht-nullbare `String`-Variablen umgewandelt. Im Fall der zweiten Variablen kommt es zu einer NPE. Daher sind diese Zuweisung und weitere Zugriffe in Kotlin nicht erlaubt.

Die Ausgabe des letzten Programmteils:

```
Unsicher:
Hallo Welt 10
```

Kapitel 3
Kontrollstrukturen

Sie konstruieren Verzweigungen und Schleifen, behandeln Ausnahmen und nehmen Eingaben des Benutzers bzw. der Benutzerin entgegen.

Kontrollstrukturen wie Verzweigungen und Schleifen dienen zur Steuerung Ihrer Programme. Erste funktionale Anweisungen vermitteln bereits einen Eindruck der funktionalen Programmierung. Zudem kommen in diesem Kapitel Zufallsgeneratoren zum Einsatz, wie sie in Spiel- und Trainingsprogrammen benötigt werden. Die Behandlung von Ausnahmen dient zur Vermeidung von Programmabbrüchen.

3.1 Verzweigungen mit »if«

In Abhängigkeit von Bedingungen, die mithilfe von Vergleichen gebildet werden, werden unterschiedliche Zweige eines Programms durchlaufen. Die Verzweigungen werden entweder mithilfe der Schlüsselwörter `if` und `else` oder mithilfe des Schlüsselworts `when` formuliert.

Im Projekt *VerzweigungenIf* wird der Einsatz von `if` und `else` anhand eines einheitlichen Beispiels erläutert. Es werden zwei Zahlen miteinander verglichen, wobei die erste Zahl größer ist als die zweite Zahl.

Nach dem Bearbeiten des Abschnitts können Sie einmal zu Testzwecken den Wert der zweiten Zahl ändern, sodass sie größer ist als die erste Zahl. Überlegen Sie anschließend, welche Zweige durchlaufen werden, und vergleichen Sie Ihre Überlegungen mit dem Ergebnis.

3.1.1 Block von Anweisungen

Der erste Programmteil sieht wie folgt aus:

```
fun main() {
    val x = 12; val y = 7
```

```
    if(x > y) {
        print("x ist ")
        println("größer als y")
    }
    else {
        print("x ist ")
        println("nicht größer als y")
    }
    ...
}
```

Listing 3.1 Projekt »VerzweigungenIf«, Teil 1 von 4

Zunächst werden zwei Variablen mit Werten deklariert, damit nachfolgend ein Vergleich der Werte vorgenommen werden kann.

Nach dem Schlüsselwort `if` steht eine Bedingung innerhalb von runden Klammern. Im vorliegenden Beispiel ergibt die Bedingung den Wahrheitswert `true`. Daher wird der erste Block von Anweisungen durchlaufen, der mithilfe von geschweiften Klammern gebildet wird.

Würde die Bedingung den Wahrheitswert `false` ergeben, würde der zweite Block nach dem Schlüsselwort `else` durchlaufen werden.

Nach einem `if` muss kein `else` folgen, falls die Logik des Programms keines erfordert. Ein `else` (dt.: *ansonsten*) darf allerdings nie ohne ein zugehöriges `if` formuliert werden.

Die Ausgabe dieses Programmteils:

```
x ist größer als y
```

3.1.2 Einzelne Anweisung

Es folgt der zweite Teil des Programms:

```
fun main() {
    val x = 12; val y = 7
    ...
    if(x > y)
        println("x ist größer als y")
    else
```

```
        println("x ist nicht größer als y")
    ...
}
```

Listing 3.2 Projekt »VerzweigungenIf«, Teil 2 von 4

Wird in einem Teil der Verzweigung nur eine einzelne Anweisung durchlaufen, muss an dieser Stelle kein Block gebildet werden. Sie können also die geschweiften Klammern weglassen. Das trifft, unabhängig voneinander, sowohl für eine Anweisung nach dem `if` als auch für eine Anweisung nach dem `else` zu.

Die Ausgabe dieses Programmteils ist wiederum:

```
x ist größer als y
```

3.1.3 Mehrfache Verzweigung

Es lassen sich auch drei und mehr Zweige eines Programms bilden. Die einzelnen Zweige können unabhängig voneinander aus einer einzelnen Anweisung oder einem Block von Anweisungen in geschweiften Klammern bestehen. Der dritte Teil des Programms:

```
fun main() {
    val x = 12; val y = 7
    ...
    if(x < y)
        println("x ist kleiner als y")
    else if(x > y)
        println("x ist größer als y")
    else
        println("x und y sind gleich groß")
    ...
}
```

Listing 3.3 Projekt »VerzweigungenIf«, Teil 3 von 4

Nach dem Schlüsselwort `else` kann wiederum das Schlüsselwort `if` gefolgt von einer Bedingung notiert werden. Diese Abfolge kann sich mehrfach wiederholen. Gibt es ein letztes `else` ohne `if`, werden die danach folgenden Anweisungen ausgeführt, sofern keine der vorherigen Bedingungen den Wert `true` ergibt.

Die Ausgabe dieses Programmteils:

```
x ist größer als y
```

3.1.4 Funktionales »if«

Mithilfe des Schlüsselworts if kann auch eine *funktionale Anweisung* formuliert werden. Das ermöglicht eine kompaktere Schreibweise der Verzweigung und kann die Lesbarkeit eines Programms verbessern.

Es folgt der vierte und letzte Teil des Programms:

```
fun main() {
    val x = 12; val y = 7
    ...
    val ausgabe = if (x > y) "x > y" else "x <= y"
    println(ausgabe)

    println(if (x > y) "x > y" else "x <= y")

    println(if (x > y) {
        "x > y"
    }
    else {
        "x <= y"
    })

    println(if (x < y) "x < y" else if (x > y) "x > y" else "gleich")
}
```

Listing 3.4 Projekt »VerzweigungenIf«, Teil 4 von 4

Eine funktionale if-Anweisung liefert ein Ergebnis, das

- entweder in einer Variablen gespeichert wird, die weiterverarbeitet werden kann, oder
- unmittelbar ausgegeben wird.

Beide Vorgehensweisen werden hier gezeigt.

Bei der ersten funktionalen if-Anweisung wird der Wert der Variablen später ausgegeben. Nach einem funktionalen if muss ein else folgen, damit in jedem Fall ein Wert geliefert wird. Beachten Sie, dass in den beiden Blöcken noch keine Ausgabe erfolgt, sondern nur der Ergebnis-Ausdruck notiert wird, hier eine Zeichenkette.

Die zweite funktionale if-Anweisung liefert ebenso eine Zeichenkette. Sie dient unmittelbar als Parameter der Funktion println().

Bei der dritten funktionalen `if`-Anweisung wurde bewusst mit Blöcken von Anweisungen gearbeitet, die im vorliegenden Fall nicht notwendig wären. Es soll aber gezeigt werden, dass eine funktionale Anweisung auch einen komplexeren Aufbau haben kann. Beachten Sie besonders die Klammersetzung.

Als Letztes folgt eine mehrfache funktionale `if`-Anweisung. Ähnlich wie die mehrfache `if`-Verzweigung aus Abschnitt 3.1.3 kann sie drei oder mehr Ergebnisse liefern. Die Ausgabe des letzten Teils des Programms:

```
x > y
x > y
x > y
x > y
```

3.2 Verzweigungen mit »when«

Das Schlüsselwort `when` eignet sich besonders gut für bestimmte Fälle von mehrfachen Verzweigungen. Im Projekt *VerzweigungenWhen* wird der Einsatz von `when` anhand einiger Beispiele erläutert.

3.2.1 Klassisches »when«

Nach dem Schlüsselwort `when` folgt ein Wert in runden Klammern und anschließend ein Block mit Vergleichswerten.

Es folgt der erste Teil des Programms:

```
fun main() {
    val x = 14

    when(x) {
        3 -> println("Wert 3")
        7, 14, 21 -> println("Wert 7 oder 14 oder 21")
        !in 1 .. 30 -> println("Nicht zwischen 1 und 30")
        5 -> {
            print("Wert ")
            println("5")
        }
        else -> println("Anderer Wert")
```

```
        }
        ...
}
```

Listing 3.5 Projekt »VerzweigungenWhen«, Teil 1 von 2

Bei den Vergleichswerten kann es sich um einen einzelnen Wert oder um mehrere durch Kommata getrennte Werte handeln. In diesen Fällen wird auf Gleichheit der Werte geprüft. Zudem ist mithilfe der Operatoren `in` und `!in` der Vergleich mit einem Zahlenbereich möglich. Vergleichsoperatoren wie bei der Verzweigung mit `if` können allerdings nicht eingesetzt werden.

Führt die Prüfung zum Erfolg, wird eine einzelne Anweisung oder ein Block von Anweisungen in geschweiften Klammern ausgeführt, die/der nach dem Operator -> folgt.

Es kann einen `else`-Fall geben. Wie bei der mehrfachen Verzweigung mit `if` wird eine einzelne Anweisung oder ein Block von Anweisungen in geschweiften Klammern ausgeführt, wenn keiner der vorherigen Vergleiche zum Erfolg führt.

Die Ausgabe:

```
Wert 7 oder 14 oder 21
```

3.2.2 Funktionales »when«

Wie beim Schlüsselwort `if` kann auch mithilfe des Schlüsselworts `when` eine funktionale Anweisung formuliert werden. Auch hier ergibt sich eine kompaktere Schreibweise.

Es folgt der zweite Teil des Programms:

```
fun main() {
    val x = 14
    ...
    val ausgabe = when(x) {
        -5, 5 -> "Wert -5 oder 5"
        in 22 .. 28 -> "Zwischen 22 und 28"
        else -> "Anderer Wert"
    }
    println(ausgabe)

    println(when(x) {
        8 -> "Wert 8"
        in 12 .. 17 -> "Zwischen 12 und 17"
```

```
        else -> "Anderer Wert"
    })
}
```

Listing 3.6 Projekt »VerzweigungenWhen«, Teil 2 von 2

Die funktionale `when`-Anweisung muss in jedem Fall einen Wert liefern, daher muss es einen `else`-Fall geben. Im vorliegenden Beispiel wird für jeden möglichen Fall eine Zeichenkette geliefert. Der gelieferte Wert kann entweder in einer Variablen gespeichert oder unmittelbar ausgegeben werden. Es folgt die Ausgabe dieses Programmteils:

```
Anderer Wert
Zwischen 12 und 17
```

3.3 Schleifen mit Bedingungen

Bestimmte Anweisungen eines Programms können mithilfe einer Schleife mehrfach durchlaufen werden. Eine Möglichkeit zur Steuerung von Schleifen sind Bedingungen mit Vergleichen, deren Einsatz Sie bereits bei den Verzweigungen mit `if` gesehen haben.

Im nachfolgenden Projekt *SchleifenBedingung* führe ich zudem »zufällige« Zahlen ein. Sie sind nicht im mathematischen Sinne zufällig, genügen aber für viele Spiel-, Trainings- oder Simulationsprogramme.

3.3.1 Zufallszahlen

Es folgt der erste Teil des Programms, in dem verschiedene Arten von zufälligen Zahlen erzeugt werden:

```
import kotlin.random.Random
fun main() {
    val d1 = Random.nextDouble()
    val d2 = Random.nextDouble(7.5)
    val d3 = Random.nextDouble(-0.5, 0.5)
    println("Zufall, Double: $d1 $d2 $d3")

    val i1 = Random.nextInt()
    val i2 = Random.nextInt(10)
    val i3 = Random.nextInt(-10, 11)

    val wu = (1 .. 6).random()
```

```
    println("Zufall, Int: $i1 $i2 $i3 $wu")
    ...
}
```

Listing 3.7 Projekt »SchleifenBedingung«, Teil 1 von 6

Zunächst wird die Klasse `Random` aus dem Paket `kotlin.random` eingebunden. Ein Objekt dieser Klasse ermöglicht den Aufruf der beiden Methoden `nextDouble()` und `nextInt()` zur Erzeugung zufälliger Zahlen.

Beide Methoden sind überladen. Das bedeutet, dass sie mit unterschiedlichen Parametern aufgerufen werden können: ohne Parameter, mit einem Parameter oder mit zwei Parametern.

Die möglichen Aufrufe für die Methode `nextDouble()`:

- Wird sie ohne Parameter aufgerufen, also mit leeren Klammern nach dem Funktionsnamen, liefert sie einen zufälligen `Double`-Wert, der größer oder gleich 0.0 und kleiner als 1.0 ist.
- Wird sie mit einem Parameter aufgerufen, dient dieser als obere Grenze. Die Methode liefert einen `Double`-Wert, der größer oder gleich 0.0 und kleiner als die Grenze ist.
- Wird sie mit zwei Parametern aufgerufen, wird ein Bereich definiert. Die Methode liefert einen `Double`-Wert, der größer oder gleich dem ersten Parameter ist und kleiner als der zweite Parameter.

Die möglichen Aufrufe für die Methode `nextInt()`:

- Wird sie ohne Parameter aufgerufen, liefert sie einen zufälligen Wert aus dem Zahlenbereich der Klasse `Int` (siehe Abschnitt 2.3.1).
- Wird sie mit einem Parameter aufgerufen, dient dieser als obere Grenze. Die Methode liefert einen `Int`-Wert, der größer oder gleich 0 und kleiner als die Grenze ist. Der Aufruf `Random.nextInt(10)` liefert also einen zufälligen Wert von 0 bis 9.
- Wird sie mit zwei Parametern aufgerufen, wird ein Bereich definiert. Die Methode liefert einen `Int`-Wert, der größer oder gleich dem ersten Parameter ist und kleiner als der zweite Parameter. Der Aufruf `Random.nextInt(-10, 11)` liefert also einen zufälligen Wert von –10 bis +10.

Unabhängig von der Klasse `Random` kann für ganzzahlige Zahlenbereiche die Methode `random()` aufgerufen werden. Sie liefert einen zufälligen Wert aus dem definierten Zahlenbereich. Der Aufruf `(1 .. 6).random()` liefert also das Ergebnis eines Würfels.

Eine mögliche Ausgabe dieses Programmteils:

```
Zufall, Double:
0.17424193333376325
3.3918985041590237
-0.12047658186574983
Zufall, Int: 764178717 5 7
Würfel: 4
```

Bei jedem Aufruf des Programms werden neue Zufallszahlen ermittelt. Der Zufallsgenerator, der sie erzeugt, arbeitet gemäß einer Gleichverteilung. Das bedeutet, dass die Wahrscheinlichkeit für jeden der möglichen Werte gleich groß ist. Mithilfe von Arrays oder anderen Datenstrukturen können Sie auch individuelle Verteilungen für Wahrscheinlichkeiten festlegen (siehe Abschnitt 7.1.1).

3.3.2 Schleifen mit »while«

Mithilfe des Schlüsselworts `while` erstellen Sie eine kopfgesteuerte Schleife. Es folgt der zweite Teil des Programms:

```
fun main() {
    ...
    print("while: ")
    var summe = 0
    while(summe < 25) {
        summe += (1 .. 6).random()
        print("$summe ")
    }
    println()
    ...
}
```

Listing 3.8 Projekt »SchleifenBedingung«, Teil 2 von 6

Im Kopf der Schleife, also zu Beginn, wird nach dem Schlüsselwort `while` eine Bedingung in runden Klammern formuliert. Solange sie den Wert `true` ergibt, wird der nachfolgende Block durchlaufen. Wird in der Schleife nur eine Anweisung ausgeführt, könnten die geschweiften Klammern weggelassen werden.

Im Programm werden die Werte eines Würfels addiert, solange die Summe der Werte kleiner als 25 ist. Eine mögliche Ausgabe dieses Programmteils:

```
while: 1 7 12 14 20 24 29
```

3.3.3 Schleifen mit »do-while«

Eine fußgesteuerte Schleife erstellen Sie mithilfe der Schlüsselwörter do und while. Der dritte Teil des Programms:

```
fun main() {
    ...
    print("do-while: ")
    summe = 0
    do {
        summe += (1 .. 6).random()
        print("$summe ")
    }
    while(summe < 25)
    println()
    ...
}
```

Listing 3.9 Projekt »SchleifenBedingung«, Teil 3 von 6

Am Beginn der Schleife steht das Schlüsselwort do. Im Fuß der Schleife, also am Ende, wird nach dem Schlüsselwort while eine Bedingung in runden Klammern formuliert. Der Block wird ein weiteres Mal durchlaufen, solange die Bedingung den Wert true ergibt. Auch hier könnten die geschweiften Klammern weggelassen werden, falls in der Schleife nur eine Anweisung ausgeführt wird.

Würde der Wert der Summe zu Beginn bereits 25 betragen, würde die while-Schleife aus Abschnitt 3.3.2 niemals durchlaufen werden. Die do-while-Schleife würde jedoch mindestens einmal durchlaufen werden.

Es folgt eine mögliche Ausgabe für diesen Teil des Programms:

```
do-while: 1 4 10 11 17 19 20 26
```

Typischer Einsatzzweck für eine do-while-Schleife wäre die Eingabe eines Werts, der in einem bestimmten Bereich liegen soll. Es würde mindestens eine Eingabe erfolgen. Liegt sie nicht im gewünschten Bereich, würde eine weitere Eingabe erfolgen usw.

3.3.4 Schleifen abbrechen

Das Schlüsselwort break dient dem unmittelbaren Abbruch einer Schleife, meist als Folge einer besonderen Bedingung.

Es folgt der vierte Teil des Programms:

```
fun main() {
    ...
    print("break: ")
    summe = 0
    while(true) {
        summe += (1 .. 6).random()
        print("$summe ")
        if (summe >= 25)
            break
    }
    println()
    ...
}
```

Listing 3.10 Projekt »SchleifenBedingung«, Teil 4 von 6

Bei dieser Schleife handelt es um eine Endlosschleife. Der Ausdruck in den runden Klammern nach dem Schlüsselwort `while` ist immer wahr. Eine solche Schleife kann nur beendet werden, indem sie mithilfe des Schlüsselworts `break` abgebrochen wird.

Erreicht oder überschreitet die Summe den Wert 25, erfolgt der Abbruch der Schleife. Eine mögliche Ausgabe dieses Programmteils:

```
break: 3 4 8 13 18 22 28
```

3.3.5 Schleifen fortsetzen

Das Schlüsselwort `continue` sorgt dafür, dass der aktuelle Durchlauf der Schleife unmittelbar beendet und die Schleife mit dem nächsten Durchlauf fortgesetzt wird. Der fünfte Teil des Programms sieht aus wie folgt:

```
fun main() {
    ...
    print("continue: ")
    summe = 0
    while(summe < 85) {
        summe += (1 .. 6).random()
        if(summe < 60)
            continue
        print("$summe ")
```

```
    }
    println()
    ...
}
```

Listing 3.11 Projekt »SchleifenBedingung«, Teil 5 von 6

Bei dieser Schleife wird die Ausgabe erst ab dem Wert 60 gezeigt. Für die anderen Werte wird sie mithilfe des Schlüsselworts `continue` übersprungen. Eine mögliche Ausgabe dieses Programmteils:

```
continue: 61 66 72 76 79 83 88
```

3.3.6 Schleife abbrechen oder fortsetzen mit »when«

Die Schlüsselwörter `break` und `continue` wirken auch aus einer `when`-Verzweigung heraus in eine umgebende Schleife.

Es folgt der sechste und letzte Teil des Programms:

```
fun main() {
    ...
    print("when mit break und continue: ")
    summe = 0
    while(true) {
        val zahl = (1 .. 6).random()
        when(zahl) {
            1, 4 -> continue
            6 -> break
        }
        summe += zahl
        print("$summe ")
    }
    println()
}
```

Listing 3.12 Projekt »SchleifenBedingung«, Teil 6 von 6

Die Würfelwerte 1, 4 und 6 werden nicht zur Berechnung der Summe genutzt. Die endlose Schleife wird abgebrochen, sobald sich der Würfelwert 6 ergeben hat. Eine mögliche Ausgabe dieses Programmteils:

```
when mit break und continue: 5 10 13 16 18 21
```

3.4 Schleifen über Bereiche

Eine for-in-Schleife dient dem Durchlauf einer regelmäßigen Abfolge von Werten. Eine solche Abfolge kann zum Beispiel mithilfe eines ganzzahligen Zahlenbereichs gebildet werden (siehe Abschnitt 2.6.3). Im Projekt *SchleifenBereich* wird der Einsatz der for-in-Schleife anhand einiger Beispiele erläutert.

In Abschnitt 5.9.4 finden Sie zudem die Funktion repeat(), die ebenfalls den mehrfachen Durchlauf von Anweisungen ermöglicht.

3.4.1 Schleifen für ganze Zahlen

Es folgt der erste Teil des Programms:

```
fun main() {
    print("for-in: ")
    for(zahl in 5 .. 13) {
        print("$zahl ")
    }

    print("\nstep: ")
    for(zahl in 5 .. 13 step 2)
        print("$zahl ")

    print("\nuntil: ")
    for(zahl in 5 until 13)
        print("$zahl ")

    print("\nuntil, step: ")
    for(zahl in 5 until 13 step 2)
        print("$zahl ")

    print("\ndownTo: ")
    for(zahl in 13 downTo 5)
        print("$zahl ")

    print("\ndownTo, step: ")
    for(zahl in 13 downTo 5 step 2)
        print("$zahl ")
    ...
}
```

Listing 3.13 Projekt »SchleifenBereich«, Teil 1 von 2

Eine Schleife, die mithilfe von `for` und `in` gebildet wird, lesen Sie wie folgt: »Führe die Anweisungen für alle Zahlen des Bereichs aus.« Die Variable `zahl` steht dabei nacheinander für die einzelnen ganzzahligen Werte des Bereichs.

Die erste Schleife führt zur Ausgabe der Zahlen von 5 bis 13. Wird nur eine einzelne Anweisung in der Schleife ausgeführt, können die geschweiften Klammern weggelassen werden.

Das Schlüsselwort `step` steht für eine ganzzahlige Schrittweite. Der Bereich umfasst also bei der zweiten Schleife nur die ungeraden Werte.

Mithilfe des Schlüsselworts `until` schließen Sie den letzten Wert aus einem Bereich aus. Daher läuft die dritte Schleife nur bis 12.

Die Schlüsselwörter `until` und `step` können bei der Erstellung eines Bereichs miteinander kombiniert werden (siehe vierte Schleife).

Die bisherigen Bereiche beinhalten die ganzen Zahlen eines Bereichs, aufsteigend von der ersten bis zur letzten Zahl. Mithilfe des Schlüsselworts `downTo` können Sie Bereiche bilden, die ebenfalls die ganzen Zahlen des Bereichs beinhalten, aber absteigend von der ersten Zahl bis zur letzten Zahl (siehe fünfte Schleife).

Die Schlüsselwörter `downTo` und `step` können ebenfalls miteinander kombiniert werden, wie Sie bei der sechsten Schleife sehen. Dabei wird ein positiver Wert für die (eigentlich) negative Schrittweite genutzt.

Achten Sie darauf, keine leeren Bereiche zu bilden. Diese würden Sie zum Beispiel mithilfe der Bereichsangabe `15 .. 3` oder mithilfe der Bereichsangabe `5 downTo 13` erzeugen.

Die Ausgabe des ersten Programmteils:

```
for-in: 5 6 7 8 9 10 11 12 13
step: 5 7 9 11 13
until: 5 6 7 8 9 10 11 12
until, step: 5 7 9 11
downTo: 13 12 11 10 9 8 7 6 5
downTo, step: 13 11 9 7 5
```

3.4.2 Schleifen für Zahlen mit Nachkommastellen

Es folgt der zweite Programmteil:

```
import java.text.NumberFormat
import java.util.Locale
fun main() {
```

```
    ...
    val nf = NumberFormat.getInstance(Locale.US)
    nf.maximumFractionDigits = 1

    print("\nfor-in:    ")
    for(zahl in 5 .. 13) {
        val zahlDouble = zahl / 10.0
        print(nf.format(zahlDouble) + " ")
    }

    print("\nwhile:  ")
    var zahlDouble = 0.5
    while(zahlDouble < 1.35) {
        print(nf.format(zahlDouble) + " ")
        zahlDouble += 0.1
    }
}
```

Listing 3.14 Projekt »SchleifenBereich«, Teil 2 von 2

Zum Durchlauf einer regelmäßigen Abfolge von Fließkommazahlen haben Sie zwei Möglichkeiten:

- Sie nutzen eine `for-in`-Schleife und berechnen die gewünschten Werte aus den ganzen Zahlen eines Bereichs.
- Sie verwenden eine `while`-Schleife mit geeigneten Werten. Achten Sie darauf, die Bedingung der Schleife mithilfe eines Werts zu formulieren, der zwischen dem letzten erlaubten und dem ersten nicht mehr erlaubten Wert liegt.

Zur Ausgabe der Zahlen mit dem gewünschten Format werden Objekte der Klassen `NumberFormat` und `Locale` benötigt (siehe Abschnitt 2.4.4).

Die Ausgabe des zweiten Programmteils:

```
for-in: 0.5 0.6 0.7 0.8 0.9 1 1.1 1.2 1.3
while:  0.5 0.6 0.7 0.8 0.9 1 1.1 1.2 1.3
```

3.5 Ausnahmebehandlung

Der Editor der Entwicklungsumgebung liefert Ihnen bereits während der Entwicklung Hinweise, Warnungen und Fehlermeldungen zu möglichen Verbesserungen Ihres Programms. Es gibt aber auch Fehler, die erst zur Laufzeit der App bemerkt werden, sogenannte *Ausnahmen* (engl.: *exceptions*). Wird eine Ausnahme nicht von Ihrem Programm behandelt, führt sie zu einem Abbruch Ihres Programms.

Sie haben die Möglichkeit, eine Ausnahme abzufangen, indem Sie eine Ausnahmebehandlung (engl.: *exception handling*) mithilfe eines `try`-`catch`-Blocks programmieren. Dabei konzentrieren Sie sich auf diejenigen Bereiche Ihres Projekts, in denen es zu einer Ausnahme kommen könnte.

Im Projekt *Ausnahmebehandlung* wird mit einem einfachen Beispiel gearbeitet: der Division einer Zahl durch 0. Sie ruft eine Ausnahme hervor. In diesem Fall warnt Sie bereits der Editor der Entwicklungsumgebung vor dem Problem. Die Werte könnten aber zum Beispiel auch aus Eingaben des Benutzers bzw. der Benutzerin, aus Dateien oder aus Datenbanken stammen. Dann könnte der Editor Sie nicht mehr warnen.

3.5.1 Klassische Ausnahmebehandlung

Zunächst der erste Teil des Programms:

```
fun main() {
    val zaehler = 48
    val nenner = 3 * 8 - 4 * 6
    // val bruch = zaehler / nenner
    // println("Ohne Ausnahmebehandlung: $bruch")

    try {
        val bruch = zaehler / nenner
        println("Ergebnis: $bruch")
    }
    catch (ex:Exception){
        println("Ausnahme: $ex")
    }
    ...
}
```

Listing 3.15 Projekt »Ausnahmebehandlung«, Teil 1 von 2

Nach der Zuweisung von Zähler und Nenner folgt der Teil des Programms, der zu einem Abbruch führen würde, falls er nicht auskommentiert wäre.

Anschließend folgt die verbesserte Lösung mit der Ausnahmebehandlung. Nach den beiden Schlüsselwörtern `try` und `catch` muss jeweils ein Block von Anweisungen folgen.

Nach try folgt der kritische Teil des Programms, hier die Division. Kommt es zu einer Ausnahme, wird der Block nach dem catch durchlaufen.

Dabei wird ein Verweis auf ein Objekt übergeben, das Informationen über die aufgetretene Ausnahme beinhaltet. Zur Übernahme dieser Informationen muss ein Parameter innerhalb der runden Klammern nach dem Schlüsselwort catch notiert werden, hier mit dem Namen ex. Dieser Parameter muss den Datentyp einer der Klassen für Ausnahmen besitzen. Die allgemeinste Klasse hat den Namen Exception.

Die Methode toString() liefert für ein Objekt die Darstellung dieses Objekts in Form einer Zeichenkette. Für das Objekt einer Exception-Klasse ist das eine Information über die Art der Ausnahme. Im vorliegenden Beispiel wird diese Zeichenkette ausgegeben. Stattdessen könnten Sie auch eine eigene Fehlermeldung ausgeben.

Im vorliegenden Fall handelt es sich um eine Ausnahme des Typs ArithmeticException. Die Ausgabe dieses Programmteils:

```
Ausnahme: java.lang.ArithmeticException: / by zero
```

Das Programm gibt den Grund für die Ausnahme aus und läuft weiter.

3.5.2 Funktionale Ausnahmebehandlung

Ähnlich wie bei einer Verzweigung gibt es auch die funktionale Form einer Ausnahmebehandlung. Es folgt der zweite Teil des Programms:

```
fun main() {
    val zaehler = 48
    val nenner = 3 * 8 - 4 * 6
    ...
    val ausgabe = try {
            val bruch = zaehler / nenner
            "Ergebnis: $bruch"
        }
        catch (ex:Exception){
            "Ausnahme: $ex"
        }
    println(ausgabe)

    println(try {
        val bruch = zaehler / nenner
        "Ergebnis: $bruch"
```

```
    }
    catch (ex:Exception){
        "Ausnahme: $ex"
    })
}
```

Listing 3.16 Projekt »Ausnahmebehandlung«, Teil 2 von 2

Die funktionale Ausnahmebehandlung kann ein Ergebnis liefern, das

- entweder in einer Variablen gespeichert wird, die weiterverarbeitet werden kann, oder
- unmittelbar ausgegeben wird.

Beide Vorgehensweisen werden hier gezeigt.

Bei der ersten Ausnahmebehandlung wird der Wert der Variablen später ausgegeben. Sowohl der `try`-Block als auch der `catch`-Block liefern als Ergebnis eine Zeichenkette. Beachten Sie, dass in den beiden Blöcken noch keine Ausgabe erfolgt, sondern nur der Ergebnis-Ausdruck notiert wird.

Die zweite Ausnahmebehandlung liefert ebenso eine Zeichenkette. Sie dient unmittelbar als Parameter der Funktion `println()`. Beachten Sie besonders die Klammersetzung.

Die Ausgabe sieht in beiden Fällen wieder aus wie zuvor:

```
Ausnahme: java.lang.ArithmeticException: / by zero
Ausnahme: java.lang.ArithmeticException: / by zero
```

3.6 Eingaben des Benutzers

Bei Konsolenprogrammen hat der Benutzer bzw. die Benutzerin die Möglichkeit, Werte einzugeben. Dabei kann es zu Ausnahmen kommen, weil die Werte nicht zum erwarteten Datentyp passen.

Im nachfolgenden Programm des Projekts *KonsoleEingabe* sollen nacheinander ein Text, eine ganze Zahl und eine Zahl mit Nachkommastellen eingegeben werden.

3.6.1 Eingabe eines Textes

Zunächst der erste Teil des Programms:

```
fun main() {
    print("Text eingeben: ")
    val eingabe = readLine()
    val lg = eingabe?.length
    println("Eingabe: $eingabe $lg\n")
    ...
}
```

Listing 3.17 Projekt »KonsoleEingabe«, Teil 1 von 3

Bei Konsolenprogrammen dient die Funktion `readLine()` zum Lesen einer Zeile von der Standardeingabestelle. Hier ist das die Tastatur der Benutzerin bzw. des Benutzers. Als Ergebnis liefert die Funktion den Inhalt der Zeile als nullbare Zeichenkette. Es kann Fälle geben, in denen der Wert `null` geliefert wird. Die Zeichenkette wird in der Variablen `eingabe` gespeichert. Ihre Länge wird ermittelt. Anschließend werden die Zeichenkette und ihre Länge ausgegeben.

Nach dem Übersetzen und Aufrufen des Programms in der Entwicklungsumgebung erscheint zunächst der Text »Text eingeben:« im Ausgabefenster. Der Benutzer bzw. die Benutzerin setzt den Cursor mithilfe der Maus hinter diese Eingabeaufforderung. Anschließend wird die Eingabe vorgenommen und die Taste [↵] betätigt. Es erscheint die Ausgabe, zum Beispiel wie folgt:

```
Text eingeben: Hallo Welt
Eingabe: Hallo Welt
```

3.6.2 Eingabe einer ganzen Zahl

Es folgt der zweite Teil des Programms:

```
fun main() {
    ...
    print("Ganze Zahl eingeben: ")
    val zahlGanzEingabe = readLine()
    val zahlGanz = try {
        zahlGanzEingabe?.toInt()
    }
    catch(ex:Exception) {
        0
```

```
    }
    println("Ganze Zahl: $zahlGanz\n")
    ...
}
```

Listing 3.18 Projekt »KonsoleEingabe«, Teil 2 von 3

Die Eingabe des Benutzers bzw. der Benutzerin wird in der nullbaren Zeichenkette `zahlGanzEingabe` gespeichert. Für diese Zeichenkette wird die Methode `toInt()` zur Umwandlung der Zeichenkette in einen `Int`-Wert aufgerufen.

Kann die Eingabe nicht in einen `Int`-Wert umgewandelt werden kann, tritt eine Ausnahme des Typs `NumberFormatException` auf. Diese wird mithilfe einer Ausnahmebehandlung abgefangen, die für die Variable `zahlGanz` entweder den umgewandelten ganzzahligen Wert oder den Wert 0 liefert.

Nach dem Durchlaufen des ersten Programmteils steht der Cursor bereits an der richtigen Stelle und muss vom Benutzer oder der Benutzerin nicht mehr hinter die Eingabeaufforderung gesetzt werden. Der Benutzer nimmt wiederum eine Eingabe vor und betätigt die Taste [↵].

Zu diesem Programmteil erscheint zum Beispiel die folgende Ausgabe:

```
Ganze Zahl eingeben: 4711
Ganze Zahl: 4711
```

Nach einer ungültigen Eingabe würde es zum Beispiel wie folgt aussehen:

```
Ganze Zahl eingeben: abc
Ganze Zahl: 0
```

3.6.3 Eingabe einer Zahl mit Nachkommastellen

Der dritte und letzte Teil des Programms:

```
fun main() {
    ...
    print("Zahl mit Nachkommastellen eingeben: ")
    val zahlKommaEingabe = readLine()
    val zahlKomma = try {
        zahlKommaEingabe?.toDouble()
    }
    catch(ex:Exception) {
```

```
        0.0
    }
    println("Zahl mit Nachkommastellen: $zahlKomma")
}
```

Listing 3.19 Projekt »KonsoleEingabe«, Teil 3 von 3

Im Unterschied zum vorherigen Abschnitt wird die Methode `toDouble()` zur Umwandlung der Zeichenkette in einen `Double`-Wert aufgerufen. Die Variable `zahlKomma` erhält entweder den umgewandelten Zahlenwert oder den Wert 0.0.

Die Ausgabe zu diesem Programmteil sieht zum Beispiel wie folgt aus:

```
Zahl mit Nachkommastellen eingeben: 4.75
Zahl mit Nachkommastellen: 4.75
```

Kapitel 4

Daten strukturieren und speichern

Sie strukturieren größere Datenmengen in Ihren Programmen mithilfe verschiedener Datenstrukturen und legen sie dauerhaft in Dateien ab.

Zur Speicherung von größeren Datenmengen bietet Kotlin verschiedene Datenstrukturen mit unterschiedlichen Eigenschaften. Sie beinhalten meist Daten desselben Typs, also zum Beispiel nur `Int`-Werte, nur `Double`-Werte oder nur `String`-Werte. In diesem Kapitel werden einige Möglichkeiten der beiden Datenstrukturen *Array* und *ArrayList* vorgestellt. In Kapitel 7 werden die Kenntnisse zu den Datenstrukturen vertieft.

Es schließt sich die Speicherung von Daten in Textdateien an.

4.1 Array

Ein Array stellt eine einfache Datenstruktur dar. Kotlin bietet allgemeine Arrays, die für jeden Datentyp geeignet sind. Für bestimmte Datentypen stehen eigene Typen von Arrays mit zugeschnittenen Eigenschaften und Methoden zur Verfügung. Falls vorhanden, sollten diese bevorzugt werden.

Arrays bieten im Vergleich zu anderen Datenstrukturen eine schnelle Bearbeitung der Daten. Im Projekt *StrukturArray* folgt eine Einführung.

4.1.1 Allgemeine Arrays

Es folgt der erste Teil des Programms:

```
fun main() {
    val a1 = arrayOf(7, -15, 23, 8)
    println("Array<Int>: " + a1.joinToString())

    val a2 = arrayOf(4.7, -9.8, 13.2)
```

```
    println("Array<Double>: " + a2.joinToString() + "\n")
    ...
}
```

Listing 4.1 Projekt »StrukturArray«, Teil 1 von 4

Die Funktion `arrayOf()` liefert einen allgemeinen Array. Die einzelnen Werte innerhalb eines Arrays heißen Elemente. Die Parameter der Funktion werden zu den Elementen des Arrays. Haben sie alle denselben Typ, entsteht ein allgemeiner Array dieses Typs. Die Variable `a1` verweist auf einen allgemeinen Array aus `Int`-Werten. Dabei handelt es sich um ein Objekt der Klasse `Array<Int>`.

Die Methode `joinToString()` kann auf unterschiedliche Datenstrukturen angewandt werden. Sie verbindet die einzelnen Elemente mithilfe einer Trennzeichenfolge zu einer Zeichenkette, die für eine einfache Ausgabe geeignet ist. Die Trennzeichenfolge, auch Separator genannt, besteht standardmäßig aus einem Komma und einem Leerzeichen. Sie können der Methode `joinToString()` auch einen anderen Separator als Parameter übergeben.

Die Variable `a2` verweist auf einen allgemeinen Array aus `Double`-Werten. Dabei handelt es sich um ein Objekt der Klasse `Array<Double>`.

Die Ausgabe dieses Programmteils:

```
Array<Int>: 7, -15, 23, 8
Array<Double>: 4.7, -9.8, 13.2
```

Bei `Array<Int>` und `Array<Double>` handelt es sich um sogenannte generische Klassen. Sie bieten einheitliche Eigenschaften und Methoden für Variablen des angegebenen Datentyps.

4.1.2 Besondere Typen von Arrays

Nachfolgend sehen Sie den zweiten Teil des Programms:

```
fun main() {
    ...
    val b = intArrayOf(3, -28, 12, -4, 7)
    println("IntArray: " + b.joinToString())
    println("Anzahl der Elemente: " + b.size)
    b[4] = -11
```

```
    println("Einzelne Elemente: ${b[0]} ${b[4]}")
    print("for-in mit Index: ")
    for (x in b.indices)
        print("$x:${b[x]} ")
    println("\n")
    ...
}
```

Listing 4.2 Projekt »StrukturArray«, Teil 2 von 4

Die Funktion `intArrayOf()` liefert ein Objekt der Klasse `IntArray`. Ein solcher Array ist besonders für `Int`-Werte geeignet. Die Eigenschaft `size` beinhaltet die Größe eines Arrays, also die Anzahl seiner Elemente.

Die Elemente eines Arrays werden mithilfe des sogenannten Index nummeriert. Die Nummerierung beginnt bei 0 und ist fortlaufend. Der Index innerhalb von rechteckigen Klammern ermöglicht den Zugriff auf ein einzelnes Element. Die Variable `b` verweist auf einen Array mit fünf Elementen. Das erste Element wird mit `b[0]`, das letzte mit `b[4]` erreicht.

Hier wird ein komplexerer Ausdruck, zum Beispiel `b[0]`, mithilfe des Zeichens `$` in eine Zeichenkette eingebettet. Dabei muss der Ausdruck in geschweifte Klammern gesetzt werden.

Sie können einzelnen Elementen eines Arrays neue Werte zuweisen. Lassen Sie sich nicht davon irritieren, dass die Variable `b` unveränderlich ist. Das bedeutet nur, dass Sie dieser Variablen kein neues Array zuweisen können. Die einzelnen Elemente des Arrays können verändert werden.

Dies gilt allgemein für Variablen, die auf Objekte einer Klasse verweisen: Handelt es sich um eine unveränderliche Variable, können Sie dieser kein neues Objekt zuweisen. Sie können aber einzelne Eigenschaften des Objekts verändern.

Die `for-in`-Schleife eignet sich für den Zugriff auf alle Elemente eines Arrays. Die Eigenschaft `indices` liefert einen Zahlenbereich vom ersten bis zum letzten Index.

Es folgt die Ausgabe des zweiten Programmteils:

```
IntArray: 3, -28, 12, -4, 7
Anzahl der Elemente: 5
Einzelne Elemente: 3 7
for-in mit Index: 0:3 1:-28 2:12 3:-4 4:7
```

4.1.3 Arrays bestimmter Größe

Es folgt der dritte Teil des Programms:

```
fun main() {
    ...
    val c = IntArray(10)
    for (x in c.indices)
        c[x] = (1 .. 6).random()
    println("Mit Größe erzeugt: " + c.joinToString())
    ...
}
```

Listing 4.3 Projekt »StrukturArray«, Teil 3 von 4

Ein Objekt der Klasse `IntArray` kann mithilfe eines Konstruktors erstellt werden, dem die gewünschte Größe des Arrays übergeben wird. Die Variable `c` verweist auf ein Objekt der Klasse `IntArray` mit 10 Elementen. Alle Elemente besitzen zu Beginn den Wert 0. Mithilfe der Methode `random()` erhalten sie in der `for-in`-Schleife einen zufälligen Würfelwert.

Die Ausgabe des dritten Teils des Programms:

```
Mit Größe erzeugt: 6, 2, 2, 6, 3, 5, 6, 2, 6, 5
```

4.1.4 Arrays vergrößern

Es folgt der vierte und letzte Teil des Programms:

```
fun main() {
    ...
    var d = intArrayOf()
    for (x in 1 .. 10)
        d += (1 .. 6).random()
    println("Umspeicherung: ${d.joinToString()}")
}
```

Listing 4.4 Projekt »StrukturArray«, Teil 4 von 4

Bleiben die Klammern beim Aufruf der Funktion `intArrayOf()` leer, wird ein leeres Objekt der Klasse `IntArray` ohne Elemente erzeugt.

Wird auf einen Array mit einer veränderlichen Variablen verwiesen, können Sie ihn mithilfe des Operators `+=` um einzelne Elemente vergrößern. Hier wird das innerhalb einer

Schleife durchgeführt, die zehnmal durchlaufen wird. Anschließend besitzt das Array d zehn Elemente.

Sie können auch den Aufruf einer Methode, die einen Wert liefert, mithilfe des Zeichens $ unmittelbar in eine Zeichenkette einbetten. Dabei müssen ebenfalls geschweifte Klammern verwendet werden.

Die Vorgehensweise in diesem Abschnitt hat einen großen Nachteil. Der Operator += vermittelt den Eindruck, dass der Array veränderbar wäre. Das trifft nicht zu. Stattdessen wird viel Aufwand betrieben: Es wird ein neuer Array erzeugt und gespeichert, der aus den Inhalten des alten Arrays und einem weiteren Element besteht.

Benötigen Sie eine veränderbare Datenstruktur mit ähnlichen Eigenschaften wie ein Array, sollten Sie stattdessen eine ArrayList verwenden (siehe nachfolgender Abschnitt).

4.2 ArrayList

Eine ArrayList bietet ähnliche Zugriffsmöglichkeiten wie ein Array, ist aber flexibler. Sie ist dazu konzipiert, Elemente hinzufügen oder entfernen zu lassen. In diesem Abschnitt sehen Sie im Projekt *StrukturArrayList* einige Möglichkeiten von ArrayLists.

4.2.1 Elemente hinzufügen

Es folgt der Code des ersten Programmteils:

```
fun main() {
    val a = arrayListOf(5, -12)
    println("Original: $a")

    a += 8
    println("mit +=: $a")
    a.add(13)
    println("add() am Ende: $a")
    a.add(1, 26)
    println("add() in Liste: $a")
    val b = arrayListOf(8, 17)
    a.addAll(b)
    println("addAll(): $a")
    ...
}
```

Listing 4.5 Projekt »StrukturArrayList«, Teil 1 von 2

Mithilfe der Funktion `arrayListOf()` und ganzzahligen Parametern erstellen Sie ein Objekt der allgemeinen Klasse `ArrayList<Int>`. Der Operator `+=` dient dem Hinzufügen eines Elements am Ende der ArrayList.

Mithilfe der Methode `add()` können Sie ebenfalls Elemente hinzufügen. Sie ist etwas flexibler und kann auf zwei verschiedene Arten aufgerufen werden:

- Hat sie nur einen Parameter, handelt es sich dabei um den Wert, der am Ende der ArrayList angehängt wird.
- Hat sie zwei Parameter, wird mit dem ersten Parameter der Index desjenigen Elements angegeben, vor dem der zweite Parameter als neuer Wert in der ArrayList eingefügt wird.

Eine Funktion oder Methode, die auf mehrere Arten aufgerufen werden kann, wird *überladen* genannt (mehr dazu in Abschnitt 5.1.6). Mithilfe der Methode `addAll()` können Sie sämtliche Elemente einer anderen ArrayList am Ende der aktuellen ArrayList hinzufügen.

Die Ausgabe dieses Programmteils:

```
Original: [5, -12]
mit +=: [5, -12, 8]
add() am Ende: [5, -12, 8, 13]
add() in Liste: [5, 26, -12, 8, 13]
addAll(): [5, 26, -12, 8, 13, 8, 17]
```

Wie für Arrays gibt es die Methode `joinToString()` zur Verbindung der Elemente zu einer Zeichenkette, die ausgegeben wird. Allerdings kann eine ArrayList auch unmittelbar in einer lesbaren Form ausgegeben werden. Sie wird dabei in rechteckige Klammern eingebettet.

Im vorliegenden Programm verweist eine unveränderliche Variable auf die ArrayList. Das bedeutet, dass Sie dieser Variablen keine neue ArrayList zuweisen können. Allerdings können Sie die Elemente der ArrayList ändern. Ebenso können Sie Elemente hinzufügen oder entfernen.

4.2.2 Elemente entfernen

Es folgt der zweite Teil des Codes:

```
fun main() {
    ...
```

```
    a.remove(8)
    println("\nremove(): $a")
    a.removeAt(3)
    println("removeAt(): $a")
    a -= 26
    println("mit -=: $a")

    if(a.isNotEmpty())
        println("Nicht leer")
    a.clear()
    println("clear(): $a")
    if(a.isEmpty())
        println("Leer")
}
```

Listing 4.6 Projekt »StrukturArrayList«, Teil 2 von 2

Die Methode `remove()` entfernt das erste Element aus der ArrayList, das den angegebenen Wert besitzt. Mithilfe der Methode `removeAt()` entfernen Sie das Element mit dem angegebenen Index. Die Methode `clear()` entfernt alle Elemente der ArrayList. Die Methoden `isEmpty()` und `isNotEmpty()` prüfen, ob eine ArrayList leer beziehungsweise nicht leer ist.

Die Ausgabe des zweiten Programmteils:

```
remove(): [5, 26, -12, 13, 8, 17]
removeAt(): [5, 26, -12, 8, 17]
mit -=: [5, -12, 8, 17]
Nicht leer
clear(): []
Leer
```

4.3 Speichern und Lesen in Textdateien

Objekte der Klasse `File` ermöglichen das dauerhafte Speichern von Daten in Textdateien und das Lesen von Daten aus Textdateien. Im Projekt *KonsoleSpeichern* lernen Sie verschiedene Methoden zum Speichern und Lesen kennen.

4.3.1 Speichern in Textdateien

Es folgt Teil 1 des Programms:

```
import java.io.*
fun main() {
    val datei = File("datei.txt")
    datei.writeText("Das ist weg\n")
    datei.writeText("Erste Zeile\n")
    datei.appendText("abc 123 äöü ÄÖÜ ß\n")
    for(i in 1 .. 8)
        datei.appendText("$i ")
    datei.appendText("\n")
    for(i in 1 .. 8)
        datei.appendText("" + i/10.0 + " ")
    datei.appendText("\n")
    ...
}
```

Listing 4.7 Projekt »KonsoleSpeichern«, Teil 1 von 2

Objekte von Klassen werden standardmäßig mithilfe von besonderen Methoden erzeugt, den Konstruktor-Methoden (kurz: Konstruktoren). Viele Klassen bieten mehrere Konstruktoren an. Damit ist die Erstellung eines Objekts auf mehrere Arten möglich. Mehr zu Klassen und Objekten folgt in Kapitel 8.

Ein Objekt der Klasse `File` aus dem Paket `java.io` dient zum Schreiben von Daten in eine Datei und zum Lesen von Daten aus einer Datei. Die Datei wird standardmäßig UTF-8-kodiert. Damit können zum Beispiel auch deutsche Umlaute oder das Eszett gespeichert werden. Ein Konstruktor der Klasse `File` erwartet eine Zeichenkette, die den Namen einer Datei beinhaltet. Wird kein Pfad angegeben, befindet sich die Datei im Hauptverzeichnis des Kotlin-Projekts.

Nach der Erstellung des Objekts der Klasse `File` können Sie mithilfe der Methode `writeText()` Daten in die Datei schreiben. Die Methode erwartet eine Zeichenkette. Existiert die Datei bereits, wird der alte Inhalt vollständig entfernt und mit den neuen Daten überschrieben. Im Unterschied dazu hängt die Methode `appendText()` Daten ans Ende der Datei an. Die bereits vorhandenen Daten werden in diesem Fall ergänzt.

Hier werden folgende Daten in der Datei gespeichert:

- Text mit Buchstaben, Ziffern, deutschen Umlauten und dem Eszett
- Zeilenumbrüche

- eine Reihe von ganzen Zahlen
- eine Reihe von Zahlen mit Nachkommastellen

In Abbildung 4.1 sehen Sie den Inhalt der Datei in einem Texteditor.

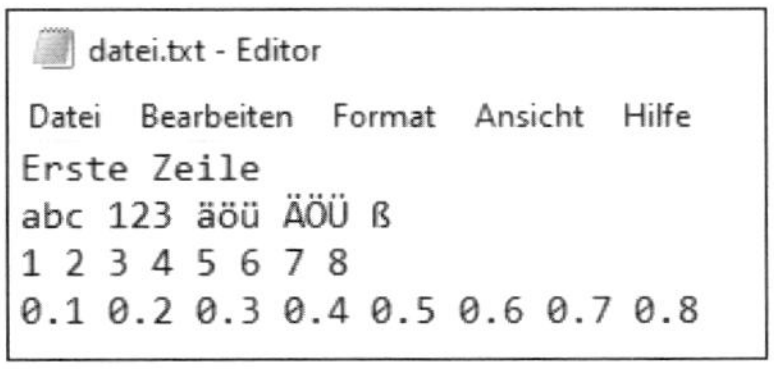

Abbildung 4.1 Inhalt der Textdatei

4.3.2 Lesen aus Textdateien

Es folgt Teil 2 des Programms:

```
fun main() {
    ...
    println("Gesamte Datei:")
    val inhalt = datei.readText()
    println(inhalt)

    println("Liste mit einzelnen Zeilen:")
    val liste = datei.readLines()
    println("Anzahl: " + liste.size)
    for(x in liste.indices)
        println("$x: ${liste[x]}")
}
```

Listing 4.8 Projekt »KonsoleSpeichern«, Teil 2 von 2

Die Methode `readText()` liest den gesamten Inhalt der Datei und speichert sie inklusive der Zeilenumbrüche in einer einzelnen `String`-Variablen. Diese wird hier anschließend ausgegeben.

Die Methode `readLines()` liest ebenfalls alle Zeilen der Datei und speichert sie in einer Datenstruktur des Typs `List<String>`, also einer Liste von Strings, und zwar ohne die Zeilenumbrüche. Die Eigenschaft `size` beinhaltet die Anzahl der Zeilen. Hier wird jede Zeile mit Index mithilfe einer `for-in`-Schleife und der Eigenschaft `indices` ausgegeben.

Die Ausgabe dieses Programmteils:

```
Gesamte Datei:
Erste Zeile
abc 123 äöü ÄÖÜ ß
1 2 3 4 5 6 7 8
0.1 0.2 0.3 0.4 0.5 0.6 0.7 0.8

Liste mit einzelnen Zeilen:
Anzahl: 4
0: Erste Zeile
1: abc 123 äöü ÄÖÜ ß
2: 1 2 3 4 5 6 7 8
3: 0.1 0.2 0.3 0.4 0.5 0.6 0.7 0.8
```

Kapitel 5
Funktionen

Sie teilen Ihre Projekte mithilfe von eigenen benannten oder anonymen Funktionen in übersichtliche Teile auf.

Programmteile, die Sie mehrmals benötigen, können Sie mithilfe von *Funktionen* auslagern. Diese werden einmalig definiert und können anschließend beliebig oft ausgeführt werden. Programme werden mithilfe von Funktionen übersichtlicher und sind einfacher zu entwickeln.

Funktionen, die für bestimmte Objekte ausgeführt werden, heißen *Methoden*. Für den täglichen Einsatz stehen Ihnen zahlreiche vordefinierte Funktionen und Methoden zur Verfügung. Neben den benannten Funktionen gibt es die anonymen Funktionen, die besonders im Zusammenhang mit der funktionalen Programmierung eingesetzt werden.

Das Debugging eines Programms erleichtert die Fehlerfindung.

5.1 Grundlagen

Im Projekt *Funktionen* werden die Definition und der Aufruf erster eigener Funktionen mithilfe von Beispielen erläutert.

5.1.1 Einfache Funktionen

Die Funktion `gibAus()` dient als Beispiel für den einfachsten Funktionstyp. Sie besitzt keine Parameter, führt nach jedem Aufruf dasselbe aus und liefert keinen Wert zurück. Nachfolgend sehen Sie im ersten Teil des Programms die Definition der Funktion und einen Aufruf der Funktion:

```
fun gibAus() {
    println("Hallo Welt")
}
...
```

```
fun main() {
    print("Einfach: ")
    gibAus()
    ...
}
```

Listing 5.1 Projekt »Funktionen«, Teil 1 von 7

In diesem Projekt gibt es erstmals weitere Funktionen neben der Funktion `main()`. Es gilt weiterhin, dass beim Aufruf eines Programms zunächst die Funktion `main()` durchlaufen wird.

Die Definition der Funktion `gibAus()` ist so aufgebaut wie die Definition der Funktion `main()`: Nach dem Schlüsselwort `fun` steht der Name der Funktion. Es folgen runde Klammern, in denen ggf. die Parameter der Funktion stehen. Die Anweisungen der Funktion werden innerhalb von geschweiften Klammern notiert.

In der Funktion `main()` erfolgt zunächst eine Ausgabe, anschließend der Aufruf der Funktion `gibAus()`. Zu diesem Zweck wird der Name der Funktion genannt, gefolgt von den runden Klammern.

Die Ausgabe dieses ersten Programmteils:

```
Einfach: Hallo Welt
```

5.1.2 Funktionen mit Parametern

Die Funktion `addiereUndGibAus()` dient dazu, drei `Double`-Werte zu addieren und das Ergebnis auszugeben. Sie ist ein Beispiel für eine Funktion mit Parametern. Der Wert, der in der Funktion berechnet und ausgegeben wird, hängt von den Werten der jeweils übermittelten Parameter ab.

Im zweiten Teil des Programms folgen die Definition und ein Aufruf:

```
fun addiereUndGibAus(x:Double, y:Double, z:Double) {
    val summe = x + y + z
    println(summe)
}
...
fun main() {
    ...
    print("Mit Parametern: ")
    val a = 2.4
```

```
    val b = 5.1
    addiereUndGibAus(a, b, 0.7)
    ...
}
```

Listing 5.2 Projekt »Funktionen«, Teil 2 von 7

Innerhalb der runden Klammern nach dem Namen der Funktion stehen ihre Parameter. Sie werden jeweils mit Namen und Datentyp deklariert und mithilfe eines Kommas voneinander getrennt. Sie sind in Kotlin immer unveränderlich, daher kann und muss die Angabe des Schlüsselworts `val` entfallen.

Die vorliegende Funktion erwartet drei Parameter des Datentyps `Double` In der Funktion wird mit den übergebenen `Double`-Werten gearbeitet. Sie werden addiert und das Ergebnis wird ausgegeben.

In der Funktion `main()` wird die Funktion `addiereUndGibAus()` aufgerufen. Dabei werden diejenigen Werte oder Variablen an die Funktion übergeben, die aktuell addiert werden sollen. Achten Sie beim Aufruf auf die richtige Anzahl und den passenden Datentyp der Parameter.

Standardmäßig ist auch die übereinstimmende Position der Parameter innerhalb der Liste zu beachten. Der Wert von `a` wird an `x` übergeben, der Wert von `b` an `y` und der Wert `0.7` an `z`.

Die Ausgabe des zweiten Programmteils:

```
Mit Parametern: 8.2
```

5.1.3 Funktionen mit Rückgabewert

Die Funktion `addiere()` dient ebenfalls der Addition von drei `Double`-Werten. Allerdings wird das Ergebnis zur aufrufenden Stelle zurückgeliefert. Dort haben Sie die Möglichkeit, das Ergebnis zu speichern und später zu verwenden oder es unmittelbar auszugeben. Viele Funktionen liefern solche Rückgabewerte.

Nachfolgend sehen Sie die Definition und zwei Aufrufe der Funktion:

```
fun addiere(x:Double, y:Double, z:Double):Double {
    val summe = x + y + z
    return summe
}
...
fun main() {
```

```
    ...
    val c = addiere(a, b, 0.7)
    println("Nach Rückgabe: $c")
    println("Ohne Speicherung: " + addiere(a, b, 0.7))
    ...
}
```

Listing 5.3 Projekt »Funktionen«, Teil 3 von 7

Auch diese Funktion erwartet drei Parameter des Datentyps `Double`. Nach den runden Klammern folgen ein Doppelpunkt und der Datentyp des Rückgabewerts der Funktion. Dieser Datentyp kennzeichnet wiederum den Datentyp der Funktion selbst. Die Funktion muss mithilfe des Schlüsselworts `return` einen `Double`-Wert zurückliefern.

Beim ersten Aufruf der Funktion wird das zurückgelieferte Ergebnis in der Variablen `c` gespeichert. Deren Wert wird später ausgegeben. Beim zweiten Aufruf der Funktion wird das Ergebnis nicht zwischengespeichert, sondern unmittelbar ausgegeben.

Die Ausgabe dieses dritten Teils des Programms:

```
Nach Rückgabe: 8.2
Ohne Speicherung: 8.2
```

Im Standardfall liefert eine Funktion nur einen Wert zurück. Sollen mehrere Ergebnisse ermittelt und übergeben werden, können Sie diese in einem Objekt speichern und dieses zurückliefern (siehe Abschnitt 5.1.7 und Abschnitt 5.7).

5.1.4 Benannte Parameter

Bei den bisherigen Funktionsaufrufen wurde mit positionsbasierten Parametern gearbeitet. Das heißt, die Reihenfolge der Parameter beim Aufruf richtete sich nach ihrer Position in der Liste bei der Definition.

Mit benannten Parametern haben Sie die Möglichkeit, die Lesbarkeit Ihrer Programme zu verbessern:

- Verwenden Sie nur benannte Parameter, ist die Reihenfolge beliebig.
- Nutzen Sie sowohl positionsbasierte als auch benannte Parameter,
  - müssen die positionsbasierten Parameter vorne stehen oder
  - muss die Reihenfolge der Parameter eingehalten werden.

Nachfolgend sehen Sie drei weitere Aufrufe der Funktion `addiere()`:

```
fun main() {
    ...
    println("\nNur benannt: " + addiere(z=0.7, y=b, x=a))
    println("Positionsbasiert vorne: " + addiere(a, z=0.7, y=b))
    println("In Reihenfolge: " + addiere(a, y=b, 0.7))
    ...
}
```

Listing 5.4 Projekt »Funktionen«, Teil 4 von 7

Ein benannter Parameter wird mit seinem Namen angegeben, gefolgt von einem Gleichheitszeichen. Die Ausgabe dieses Programmteils:

```
Nur benannt: 8.2
Positionsbasiert vorne: 8.2
In Reihenfolge: 8.2
```

5.1.5 Verkürzte Definition

Lässt sich der Rückgabewert einer Funktion mithilfe eines einzigen Ausdrucks ermitteln, kann ihre Definition verkürzt werden, kompakt und dennoch gut lesbar. Nachfolgend ein Beispiel mit Definition und Aufruf:

```
fun addiereKurz(x:Double, y:Double, z:Double) = x + y + z
...
fun main() {
    ...
    println("Kurzform: " + addiereKurz(a, b, 0.7))
    ...
}
```

Listing 5.5 Projekt »Funktionen«, Teil 5 von 7

Die Funktion `addiereKurz()` bewirkt dasselbe wie die Funktion `addiere()`. Statt der Ermittlung des Rückgabewerts und der Rückgabe mithilfe des Schlüsselworts `return` in einem Block von Anweisungen folgt lediglich die Zuweisung eines Ausdrucks mithilfe eines Gleichheitszeichens.

Der Datentyp der Funktion ergibt sich aus der Zuweisung und muss nicht angegeben werden. Die Ausgabe sieht wie folgt aus:

```
Kurzform: 8.2
```

5.1.6 Funktionen überladen

Sie können Funktionen überladen. Das heißt, Sie definieren mehrere Funktionen, die denselben Namen, aber eine andere *Signatur* haben. Die Signatur einer Funktion wird durch die Anzahl und die Datentypen ihrer Parameter festgelegt.

Mit überladenen Funktionen erhöhen Sie wiederum die Lesbarkeit Ihrer Programme: Der Name einer Funktion lässt ihre einheitliche Aufgabe und ihre Arbeitsweise erkennen, unabhängig von den übermittelten Parametern.

Im vorliegenden Beispiel wird die Funktion addiere() mehrfach überladen. Sie kann jetzt auch zur Addition von drei Int-Werten oder von zwei Int-Werten genutzt werden. Der Datentyp des Rückgabewerts (und damit der Funktion) muss entsprechend geändert werden.

Nachfolgend sehen Sie die beiden Definitionen und jeweils einen Aufruf:

```
fun addiere(x:Int, y:Int, z:Int):Int {
    val summe = x + y + z
    return summe
}

fun addiere(x:Int, y:Int):Int {
    val summe = x + y
    return summe
}
...
fun main() {
    ...
    println("\nÜberladung mit drei Int: " + addiere(2, 17, -5))
    println("Überladung mit zwei Int: " + addiere(-6, 14))
    ...
}
```

Listing 5.6 Projekt »Funktionen«, Teil 6 von 7

Bei den einzelnen Aufrufen der Funktion addiere() wird anhand der Anzahl und der Datentypen der Parameter erkannt, welche der verschiedenen Funktionen mit demselben Namen durchlaufen werden muss.

Die Ausgabe sieht wie folgt aus:

```
Überladung mit drei Int: 14
Überladung mit zwei Int: 8
```

5.1.7 Objekte als Parameter oder als Rückgabewert

Sie können einer Funktion nicht nur Variablen der einfachen Datentypen übergeben, sondern auch Variablen, die auf Objekte von Klassen verweisen. Auch bei dem Rückgabewert einer Funktion kann es sich um einen Verweis auf ein Objekt einer Klasse handeln.

Im nachfolgenden Beispiel werden einer Funktion zwei Verweise auf Objekte der Klasse `IntArray` übergeben. Sie liefert einen Verweis auf ein weiteres Objekt der Klasse `IntArray` zurück.

In der Funktion werden jeweils die Elemente der beiden Arrays, die denselben Index besitzen, addiert. Ihre Summe wird in einem dritten Array gespeichert. Dieser wird anschließend zurückgeliefert.

Die Funktion trägt hier wiederum den Namen `addiere()`. Sie stellt also eine weitere Überladung der Funktion dar.

Es folgen die Definition und ein Aufruf:

```
fun addiere(a:IntArray, b:IntArray):IntArray {
    val lg = if(a.size < b.size) a.size else b.size
    val c = IntArray(lg)
    for(x in 0 until lg)
        c[x] += a[x] + b[x]
    return c
}
...
fun main() {
    ...
    val x = intArrayOf(7, -5, 3, 6)
    val y = intArrayOf(-2, 8, 4)
    val z = addiere(x, y)
    println("Überladung mit Int-Array: " + z.joinToString())
}
```

Listing 5.7 Projekt »Funktionen«, Teil 7 von 7

Die Funktion wird mit zwei Arrays aufgerufen; der erste hat vier Elemente, der zweite drei Elemente. Zurückgeliefert und ausgegeben wird ein Array mit drei Elementen.

In der Funktion wird zunächst die Länge des kleineren Arrays ermittelt. Anschließend wird ein neues Array mit dieser Länge erstellt. Die Elemente dieses Arrays werden durch Addition der zugehörigen Elemente der beiden übergebenen Arrays ermittelt. Ein Verweis auf das neue Array wird zurückgeliefert. Sowohl die beiden Parameter als auch der Rückgabewert sind vom Typ `IntArray`.

Die Ausgabe des letzten Programmteils:

```
Überladung mit drei Int: 14
Überladung mit zwei Int: 8
```

5.2 Vorgabewerte

Sie können Vorgabewerte für einzelne oder alle Parameter einer Funktion vergeben. Mit einer solchen Zuweisung von Standardwerten erhöhen Sie die Möglichkeiten des Aufrufs einer Funktion. Im Projekt *FunktionenVorgabe* wird eine Funktion mit Vorgabewerten definiert und auf verschiedene Arten aufgerufen. Es folgt das Programm:

```
fun addiere(a:Int, b:Int, c:Int=0, d:Int=0):Int {
    val ergebnis = a + b + c + d
    return ergebnis
}

fun main() {
    println("Alle vier: "+ addiere(3, -7, 2, 4))
    println("Nur zwei: "+ addiere(12, -3))
    println("Nur benannt: "+ addiere(d=8, b=-6, a=28))
    println("Gemischt: "+ addiere(4, d=-1, b=12))
}
```

Listing 5.8 Projekt »FunktionenVorgabe«

Die beiden letzten Parameter erhalten jeweils mithilfe einer Zuweisung einen Vorgabewert. Werden beim Aufruf der Funktion keine Werte für diese Parameter übergeben, wird mit diesen Vorgabewerten gerechnet. Parameter mit Vorgabewerten sollten die letzten Parameter der Liste sein.

Wie in Abschnitt 5.1.4 sind Aufrufe möglich, die nur aus positionsbasierten Parametern, nur aus benannten Parametern oder aus einer Mischung von Parametern beider Arten bestehen.

Nachfolgend die Ausgabe der vier verschiedenen Aufrufe der Funktion:

```
Alle vier: 2
Nur zwei: 9
```

```
Nur benannt: 30
Gemischt: 15
```

5.3 Variable Parameterlisten

Eine variable Parameterliste ermöglicht Ihnen, beliebig viele Parameter an eine Funktion zu übergeben. Bei dieser Liste kann es sich um den einzigen Parameter der Funktion handeln. Sie kann aber auch mit weiteren Parametern mit und ohne Vorgabewerte kombiniert werden. Im Projekt *FunktionenVariableListe* erläutere ich einige Möglichkeiten.

5.3.1 Nur variable Liste

Nachfolgend sehen Sie die Definition und zwei Aufrufe einer Funktion, die als einzigen Parameter eine variable Liste besitzt:

```
fun addiere(vararg zahlen:Int):Int {
    var ergebnis = 0
    for(z in zahlen)
        ergebnis += z
    return ergebnis
}

fun main() {
    val ar = intArrayOf(6, 4)
    println("Beliebig: " + addiere(8, -3, 6))
    println("Array: " + addiere(*ar))
    ...
}
```

Listing 5.9 Projekt »FunktionenVariableListe«, Teil 1 von 2

Der Parameter wird mithilfe des Schlüsselworts `vararg` als variable Liste gekennzeichnet. Eine `for-in`-Schleife kann zum Durchlaufen der Liste dienen. Hier werden alle Werte der Liste addiert.

Beim Aufruf kann eine beliebige Menge von Werten des passenden Datentyps übergeben werden. Bei der alternativen Übergabe eines Arrays muss der Operator `*` vor den Namen des Arrays gesetzt werden.

Die Ausgabe dieses Programmteils:

```
Beliebig: 11
Array: 10
```

5.3.2 Kombination mit variabler Liste

Es folgt die Definition einer Funktion, die mehrere Parameter besitzt, darunter auch eine variable Liste:

```
fun addiereKombi(x:Int, vararg zahlen:Int, y:Int, z:Int=0):Int {
    var ergebnis = x + y + z
    for(zahl in zahlen)
        ergebnis += zahl
    return ergebnis
}

fun main() {
    ...
    println("Minimal: " + addiereKombi(5, y=12))
    println("Mit Array: " + addiereKombi(8, *ar, y=-4))
    println("Alle: " + addiereKombi(3, 17, -8, z=2, y=19))
}
```

Listing 5.10 Projekt »FunktionenVariableListe«, Teil 2 von 2

Zusätzlich zu der variablen Liste gibt es weitere Parameter. Parameter mit Vorgabewerten sollten am Ende stehen. Alle Parameter werden addiert, unter anderem mithilfe einer Schleife zum Durchlaufen der variablen Liste.

Beim ersten Aufruf wird nur die minimale Anzahl von Parametern übergeben. Der erste Wert wird positionsbasiert an den ersten Parameter x übergeben. Der zweite Wert wird über den Namen des Parameters y übermittelt. Die variable Liste ist leer. Für den letzten Parameter z wird der Vorgabewert genutzt.

Der zweite Aufruf entspricht zunächst dem ersten Aufruf. Zusätzlich wird das Array mithilfe des Operators * an die variable Liste übergeben.

Beim dritten Aufruf werden alle Parameter eingesetzt. Der erste Wert wird positionsbasiert an den ersten Parameter x übergeben. Die nächsten beiden Werte sind für die variable Liste bestimmt. Die beiden letzten Werte werden jeweils über den Namen z und y an die zugehörigen Parameter übergeben.

Die Ausgabe dieses Programmteils:

```
Minimal: 17
Mit Array: 14
Alle: 33
```


5.4 Externe Funktionen

Ein Projekt in der Entwicklungsumgebung IntelliJ IDEA kann neben der Datei *main.kt* noch weitere Dateien mit Kotlin-Code umfassen. In diesen Dateien können externe Elemente eines Projekts definiert werden, die allen Teilen eines Projekts zur Verfügung stehen sollen.

Dabei kann es sich um weitere Funktionen handeln, aber auch um Klassen, Objekte oder Interfaces (dt.: *Schnittstellen*). Im nachfolgenden Projekt *ExterneFunktionen* erläutere ich ein Beispiel.

5.4.1 Neue Datei erstellen

Zur Erzeugung einer Datei mit Kotlin-Code machen Sie zunächst im Projektfenster den Pfad bis zur Datei *main.kt* sichtbar (siehe Abbildung 5.1).

Abbildung 5.1 Pfad bis zur Datei »main.kt«

Öffnen Sie das Kontextmenü auf dem Verzeichniseintrag KOTLIN und wählen Sie den Menüpunkt NEW • KOTLIN CLASS/FILE. Es erscheint das entsprechende Dialogfeld (siehe Abbildung 5.2). Wählen Sie den Eintrag FILE aus, tragen Sie in das Eingabefeld den Namen der neuen Datei ohne Endung ein und betätigen Sie die Taste [↵].

Anschließend erscheint im ausgewählten Verzeichnis die neue Datei *weitere.kt*. Die Endung *kt* wird dabei automatisch angehängt.

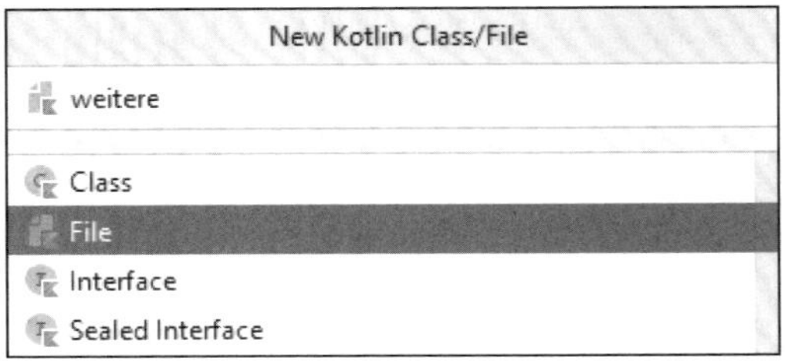

Abbildung 5.2 Name und Typ der Datei

> **Hinweis**
>
> Das Dialogfeld dient allgemein der Erzeugung neuer Kotlin-Dateien für ein Projekt. In der Liste sollte der jeweils passende Eintrag gewählt werden:
>
> - für Dateien mit weiteren Funktionen der Eintrag `File`,
> - für neue Klassen der Eintrag `Class`,
> - für neue Interfaces der Eintrag `Interface` und
> - für neue Objekte der Eintrag `Object`.

5.4.2 Neue Datei nutzen

Die neue Datei *weitere.kt* wird unmittelbar bei ihrer Erzeugung im Codefenster geöffnet. Darin wird die Funktion `addiereExtern()` definiert:

```
fun addiereExtern(a:Int, b:Int):Int {
    val ergebnis = a + b
    return ergebnis
}
```

Listing 5.11 Projekt »FunktionenExtern«, Datei »weitere.kt«

In der Datei *main.kt* erfolgt der Aufruf der Funktion:

```
fun main() {
    println("Extern: " + addiereExtern(-12, 4))
}
```

Listing 5.12 Projekt »FunktionenExtern«, Datei »main.kt«

Das Programm startet wie gewohnt mit der Funktion `main()` in der Datei *main.kt*. Die Ausgabe sieht wie folgt aus:

```
Extern: -8
```

5.5 Rekursive Funktionen

Funktionen können sich selbst aufrufen. Dieser Vorgang wird *Rekursion* genannt. Eine rekursive Funktion muss eine Verzweigung beinhalten, die die Rekursion wieder beendet, da es sonst zu einer endlosen Kette von Selbstaufrufen kommt. Viele Problemstellungen lösen Sie programmiertechnisch am elegantesten durch eine Rekursion.

Im nachfolgenden Projekt *FunktionenRekursiv* wird eine Zahl so lange halbiert, bis ein bestimmter Grenzwert erreicht oder unterschritten wird.

Es folgt der Code des Programms:

```
fun halbiere(z:Double) {
    var zahl = z
    print("$zahl ")
    zahl /= 2
    if(zahl > 0.2)
        halbiere(zahl)
    else
        println()
}

fun main() {
    print("Rekursion: ")
    halbiere(3.5)
}
```

Listing 5.13 Projekt »FunktionenRekursiv«

Nach dem Start des Programms wird die Funktion `halbiere()` zum ersten Mal aufgerufen, und zwar mit dem Startwert `3.5`. Nach der Ausgabe wird der Wert halbiert.

Liegt der halbierte Wert noch oberhalb des Grenzwerts `0.2`, ruft sich die Funktion `halbiere()` selbst wieder auf, diesmal mit dem halbierten Wert. Das setzt sich mehrmals fort. Nach Erreichen des Grenzwerts endet die Kette der Selbstaufrufe. Die Ausgabe sieht wie folgt aus:

```
Rekursion: 3.5 1.75 0.875 0.4375 0.21875
```

5.6 Erweiterungsmethoden

Sie können die Fähigkeiten von vorhandenen Klassen mit individuellen Methoden erweitern. Diese Erweiterungsmethoden werden als Funktionen in zusätzlichen Dateien definiert. Diese werden wie in Abschnitt 5.4.1 erzeugt.

Im Projekt *FunktionenErweiterungen* wird die Klasse `Double` um zwei einfache Beispielmethoden erweitert. Es folgt die Definition der Erweiterungsmethoden in der zusätzlichen Datei *weitere.kt*.

```
fun Double.kehrwert():Double {
    val ergebnis = 1 / this
    return ergebnis
}

fun Double.durch(divisor:Double):Double {
    val ergebnis = this / divisor
    return ergebnis
}
```

Listing 5.14 Projekt »FunktionenErweiterungen«, Datei »weitere.kt«

Vor dem Namen der Methode steht der Name der Klasse, die durch diese Methode erweitert wird, hier also `Double`. Die Methoden werden für bestimmte Objekte aufgerufen. Innerhalb der Methode steht das aktuelle Objekt, für das die Methode aufgerufen wurde, mithilfe des Schlüsselworts `this` zur Verfügung.

Die Methode `kehrwert()` besitzt keinen Parameter. Der mathematische Kehrwert des `Double`-Objekts wird berechnet und zurückgeliefert. Die Methode `durch()` besitzt einen Parameter. Das `Double`-Objekt wird durch diesen Parameter geteilt. In der Datei *main.kt* erfolgt jeweils ein Aufruf der beiden Erweiterungsmethoden:

```
fun main() {
    println("Kehrwert: " + 0.4.kehrwert())
    val x = 15.5
    println("Durch: " + x.durch(3.2))
}
```

Listing 5.15 Projekt »FunktionenErweiterungen«, Datei »main.kt«

Die Methode `kehrwert()` wird für den `Double`-Wert `0.4` aufgerufen. Die Methode `durch()` wird für die `Double`-Variable x aufgerufen.

Die Ausgabe des Programms sieht wie folgt aus:

```
Kehrwert: 2.5
Durch: 4.84375
```


5.7 Rückgabewerte destrukturieren

Im Standardfall liefert eine Funktion nur einen Wert zurück. Sollen mehrere Ergebnisse ermittelt und übergeben werden, können Sie diese in einem Objekt speichern und dieses zurückliefern, wie es in Abschnitt 5.1.7 mit einem Objekt des Typs Array gemacht wurde.

In diesem Abschnitt wird im Projekt *FunktionenDestrukturierung* mit Objekten des Typs `Pair` und `Triple` gearbeitet, die im Zusammenhang mit der Destrukturierung eine weitere Möglichkeit bieten.

5.7.1 Destrukturierung eines Arrays

Es folgt der erste Teil des Programms:

```
fun main() {
    val a = intArrayOf(3, -28, 12, -4, 7)
    val (x, y, z) = a
    println("Array zu Variablen: $x $y $z")
    ...
}
```

Listing 5.16 Projekt »FunktionenDestrukturierung«, Teil 1 von 3

Bei einer destrukturierenden Deklaration werden mehrere Variablen in runden Klammern zusammengefasst. Ihnen können die zugehörigen ersten Elemente eines Arrays zugewiesen werden. Überschreitet die Anzahl der Variablen die Anzahl der Elemente des Arrays, wird ein Fehler gemeldet.

Die Ausgabe dieses Programmteils:

```
Array zu Variablen: 3 -28 12
```

5.7.2 Pair-Objekte

Objekte der generischen Klasse Pair dienen zum Zusammenfassen von zwei Werten bestimmter Datentypen. Sie eignen sich zum Beispiel für die Rückgabe von zwei Werten aus einer Funktion.

Der zweite Teil des Programms sieht wie folgt aus:

```
fun summe_produkt(x:Int, y:Int):Pair<Int, Int> {
    val s = x + y
    val p = x * y
    return Pair(s, p)
}

fun main() {
    ...
    val (summe, produkt) = summe_produkt(3, 7)
    println("Zwei Rückgabewerte: $summe $produkt")
    ...
}
```

Listing 5.17 Projekt »FunktionenDestrukturierung«, Teil 2 von 3

Die Funktion summe_produkt() erwartet zwei Int-Werte und liefert ein Pair-Objekt mit zwei Int-Werten mithilfe von return zurück. Das erste Element des Pair-Objekts beinhaltet die Summe der beiden übergebenen Werte, das zweite Element deren Produkt.

In der Funktion main() werden zwei Variablen mithilfe einer destrukturierenden Deklaration erstellt. Sie erhalten ihre Werte aus dem zurückgelieferten Pair-Objekt. Die Ausgabe sieht wie folgt aus:

```
Zwei Rückgabewerte: 10 21
```

5.7.3 Triple-Objekte

Die beiden generischen Klassen Pair und Triple unterscheiden sich nur in der Anzahl der beinhalteten Werte. Es folgt der dritte Teil des Programms:

```
fun statistik(z:IntArray):Triple<Int, Int, Double> {
    var minimum = z[0]
    var maximum = z[0]
    var mittelwert = 0.0
```

```
    for(x in z) {
        if (x < minimum)
            minimum = x
        if (x > maximum)
            maximum = x
        mittelwert += x
    }
    mittelwert /= z.size
    return Triple(minimum, maximum, mittelwert)
}

fun main() {
    val a = intArrayOf(3, -28, 12, -4, 7)
    ...
    val (minimum, maximum, mittelwert) = statistik(a)
    println("Drei Rückgabewerte: $minimum $maximum $mittelwert")
}
```

Listing 5.18 Projekt »FunktionenDestrukturierung«, Teil 2 von 3

Die Funktion `statistik()` erwartet einen `IntArray` und liefert ein `Triple`-Objekt zurück, das aus zwei `Int`-Werten und einem `Double`-Wert besteht. In der Funktion werden der kleinste Wert, der größte Wert und der arithmetische Mittelwert der Elemente des Arrays ermittelt. Sie werden am Ende zu einem `Triple`-Objekt zusammengesetzt.

In der Funktion `main()` werden drei Variablen mithilfe einer destrukturierenden Deklaration erstellt. Sie erhalten ihre Werte aus dem zurückgelieferten `Triple`-Objekt. Die Ausgabe sieht wie folgt aus:

```
Drei Rückgabewerte: -28 12 -2.0
```

5.8 Anonyme Funktionen

Bisher wird mit benannten Funktionen gearbeitet. Diese Funktionen erhalten bei ihrer Definition einen eindeutigen Namen und werden über diesen Namen direkt aufgerufen.

Neben den benannten Funktionen gibt es die anonymen Funktionen. Sie erhalten bei ihrer Definition keinen Namen, ermöglichen Ihnen eine flexiblere und kompaktere Programmierung und können sowohl ohne Verweis als auch mit Verweis definiert werden:

- Gibt es einen Verweis auf die anonyme Funktion, kann sie innerhalb der Gültigkeit des Verweises mehrfach aufgerufen werden.

- Bei der Kotlin-Programmierung für Android kommt es häufig vor, dass eine Funktion nur zu einem bestimmten Zweck an genau einer Stelle des Programms benötigt wird. In diesem Fall ist eine anonyme Funktion ohne Verweis sinnvoll.

Zudem können anonyme und benannte Funktionen als Parameter beim Aufruf einer anderen Funktion verwendet werden. Dazu mehr in Abschnitt 5.9. Im nachfolgenden Projekt *FunktionenAnonym* werden erste anonyme Funktionen eingeführt.

5.8.1 Einfache anonyme Funktionen

Es folgt der Code des ersten Programmteils:

```
val hallo = {
    println("Hallo Welt")
}

fun main() {
    hallo()
    ...
}
```

Listing 5.19 Projekt »FunktionenAnonym«, Teil 1 von 2

Es wird eine einfache anonyme Funktion definiert, in der der Text »Hallo Welt« ausgegeben wird. Sie besitzt keine Parameter und keinen Rückgabewert. Die Anweisungen der Funktion stehen wie gewohnt in einem Block aus geschweiften Klammern. Die Variable `hallo` dient als Verweis auf die anonyme Funktion und ermöglicht ihren Aufruf.

Dieser Aufruf erfolgt durch Nennung des Namens der Variablen, gefolgt von runden Klammern. Die Ausgabe dieses Programmteils lautet:

```
Hallo Welt
```

5.8.2 Anonyme Funktionen mit Parameter und Rückgabewert

Der Code des zweiten Programmteils sieht wie folgt aus:

```
val addiere = { a:Int, b:Int ->
    val ergebnis = a + b
    ergebnis
}
```

```
val groesster = { a:Int, b:Int ->
    if(a > b)
        a
    else
        b
}
val maximum = groesster

fun main() {
    ...
    println("Summe: " + addiere(5, 11))
    println("Größter Wert: " + groesster(12, 7))
    println("Maximum: " + maximum(8, 14))
    ...
}
```

Listing 5.20 Projekt »FunktionenAnonym«, Teil 2 von 2

Die Variable addiere verweist auf eine anonyme Funktion mit zwei Parametern. Nach der öffnenden geschweiften Klammer folgt die Liste der Parameter, wie gewohnt mit Datentyp. Anschließend folgen der Operator -> und die Anweisungen der Funktion.

Hat eine anonyme Funktion wie in diesem Fall einen Rückgabewert, wird er nicht mithilfe des Schlüsselworts return geliefert. Er entspricht stattdessen dem Wert des letzten Ausdrucks, der innerhalb der möglichen Zweige einer Funktion erreicht werden kann. Diese Schreibweise haben Sie bereits bei der funktionalen Verzweigung oder der funktionalen Ausnahmebehandlung kennengelernt.

Nach dem Start des Programms wird die anonyme Funktion über den Verweis aufgerufen. Die Parameter werden übermittelt und der Rückgabewert wird verarbeitet, wie beim Aufruf einer benannten Funktion.

Die Variable groesster verweist ebenfalls auf eine anonyme Funktion. Der Rückgabewert wird hier mithilfe einer Verzweigung ermittelt. Es handelt sich entweder um den Wert des Ausdrucks im if-Zweig oder um den Wert des Ausdrucks im else-Zweig. Wie bei der funktionalen Verzweigung muss es einen else-Zweig geben, damit die Funktion einen Wert zurückliefert.

Die Variable groesster wird der Variablen maximum zugewiesen. Damit steht ein zweiter Verweis auf die anonyme Funktion zur Verfügung.

Die Ausgabe dieses Programmteils sieht wie folgt aus:

```
Summe: 16
Größter Wert: 12
Maximum: 14
```

5.9 Callback-Funktionen

Bei Callback-Funktionen (deutsch: Rückruffunktionen) handelt es sich um benannte oder anonyme Funktionen, die einer anderen Funktion als Parameter übergeben werden.

Im nachfolgenden Projekt *FunktionenCallback* werden zunächst der Aufbau von Callback-Funktionen und die Zusammenarbeit mit eigenen Funktionen erläutert. Anschließend folgen einige Beispiele für die Vielfalt der vorgefertigten Methoden, die Callback-Funktionen nutzen.

5.9.1 Eigene Funktionen

Zunächst der erste Programmteil:

```
fun doppelt(x:Int):Int {
    return x * 2
}

fun ausgabe(von:Int, bis:Int, schritt:Int, fkt:(Int) -> Int) {
    for(i in von until bis step schritt)
        print(" " + fkt(i))
    println()
}

fun main() {
    print("Benannt:")
    ausgabe(5, 14, 2, ::doppelt)
    print("Anonym:")
    ausgabe(5, 14, 2) { x: Int -> x * 3 }
    print("It:")
    ausgabe(5, 14, 2) { it * 4 }
    ...
}
```

Listing 5.21 Projekt »FunktionenCallback«, Teil 1 von 4

Die eigene, benannte Funktion `ausgabe()` soll eine Reihe von Werten ausgeben. Der Funktion werden insgesamt vier Parameter übergeben. Die ersten drei Parameter sorgen dafür, dass eine Schleife mit den Werten von `5` bis `13` mit einer Schrittweite von `2` durchlaufen wird.

Bei dem vierten Parameter handelt es sich um die Variable `fkt`, die auf eine weitere Funktion verweist. Eine solche Funktion wird auch Callback-Funktion genannt. Die hier vorliegende Callback-Funktion erwartet einen `Int`-Parameter und liefert einen `Int`-Rückgabewert. In der Funktion `ausgabe()` wird die Callback-Funktion mehrmals aufgerufen. Bei jedem Aufruf ermittelt die Callback-Funktion einen Wert und liefert diesen zurück. In der Funktion `ausgabe()` wird dieser Wert ausgegeben.

Als Callback-Funktion können sowohl benannte als auch anonyme Funktionen dienen. In Abhängigkeit von der jeweiligen Callback-Funktion werden unterschiedliche Werte ermittelt, an die Funktion `ausgabe()` zurückgeliefert und dort ausgegeben.

Die Callback-Funktionen müssen so aufgebaut sein, wie es bei der Definition der Funktion `ausgabe()` vorgegeben wird: Sie müssen einen `Int`-Parameter erwarten und einen `Int`-Rückgabewert liefern.

Beim ersten Aufruf der Funktion `ausgabe()` wird die benannte Funktion `doppelt()` als Callback-Funktion übergeben. Zur Übergabe einer benannten Funktion als Parameter wird der Scope-Operator `::` benötigt. Die Funktion `doppelt()` liefert für jeden übergebenen Wert das Doppelte des Werts zurück.

Beim zweiten Aufruf der Funktion `ausgabe()` wird eine anonyme Funktion als Callback-Funktion übergeben. Sie liefert für jeden übergebenen Wert das Dreifache des Werts zurück.

Handelt es sich bei der Callback-Funktion um eine anonyme Funktion und gleichzeitig um den letzten Parameter einer Parameterliste, erlaubt und empfiehlt Kotlin die Auslagerung dieses Parameters hinter die runden Klammern der Parameterliste. Diese anschauliche Schreibweise wird uns noch sehr häufig begegnen.

Handelt es sich bei der Callback-Funktion um eine anonyme Funktion und gleichzeitig um den letzten Parameter einer Parameterliste, erlaubt und empfiehlt Kotlin die Auslagerung dieses Parameters hinter die runden Klammern der Parameterliste. Auf den ersten Blick wirkt diese Schreibweise verwirrend, weil man den Eindruck hat, dass ein Parameter fehlt. Das gilt besonders für den Fall, dass die Funktion nur einen einzigen Parameter besitzt und es sich dabei um eine anonyme Funktion handelt. In diesem Fall dürfen auch die runden Klammern nach dem Funktionsnamen fehlen. Nach kurzer Zeit hat man sich aber an diese anschauliche Schreibweise gewöhnt. Wir werden ihr noch sehr häufig begegnen.

Beim dritten Aufruf der Funktion ausgabe() wird wiederum eine anonyme Funktion als Callback-Funktion übergeben. Besitzt eine anonyme Funktion nur einen einzigen Parameter, kann dieser weggelassen werden. Der Operator -> wird dann ebenfalls nicht mehr benötigt. Der einzige Parameter ist mithilfe des vorgegebenen Parameters mit dem Namen it erreichbar.

Die Ausgabe des letzten Programmteils:

```
Benannt: 10 14 18 22 26
Anonym: 15 21 27 33 39
It: 20 28 36 44 52
```

5.9.2 Vorgefertigte Methoden für Arrays

In diesem Abschnitt werden einige häufig genutzte vorgefertigte Methoden für Arrays erläutert, die mit anonymen Callback-Funktionen arbeiten. Sie sind auch auf ArrayLists anwendbar.

Es folgt der zweite Teil des Programms:

```
fun main() {
    ...
    val a = intArrayOf(3, 18, 7, -24, 12)
    println("\nOriginal: " + a.joinToString())

    print("forEach:")
    a.forEach { print(" " + it * 2) }
    println()

    val aGemappt = a.map { it * 3 }
    println("map: " + aGemappt.joinToString())

    val aGefiltert = a.filter { it > 5 }
    println("filter: " + aGefiltert.joinToString())

    val aMaximum = a.reduce { x, y -> if (x > y) x else y }
    println("reduce, Maximum: $aMaximum")

    val aSumme = a.reduce { x, y -> x + y }
    println("reduce, Summe: $aSumme")
    ...
}
```

Listing 5.22 Projekt »FunktionenCallback«, Teil 2 von 4

Zunächst wird ein IntArray mit einigen Elementen erstellt.

Die Methode forEach() führt die Callback-Funktion für jedes Element des Arrays aus. Hier handelt es sich um eine anonyme Funktion, die jeweils den doppelten Wert des Elements ausgibt. Der Parameter it steht darin für das aktuelle Element des Arrays.

Die Methode map() führt die Callback-Funktion für jedes Element des Arrays aus und liefert ein Objekt der allgemeinen Klasse List<Int> zurück. Diese Liste besitzt die gleiche Größe wie das Array. Der Wert jedes Elements der Liste entspricht hier dem Dreifachen des zugehörigen Elements des Arrays. Bei dem Typ List<> handelt es sich um eine nicht änderbare ArrayList.

Die Methode filter() führt ebenfalls die Callback-Funktion für jedes Element des Arrays aus und liefert ein Objekt der allgemeinen Klasse List<Int> zurück. Diese Liste beinhaltet nur noch diejenigen Elemente des Arrays, die der Bedingung entsprechen.

Auch die Methode reduce() führt die Callback-Funktion für alle Elemente des Arrays aus. Die Elemente des Arrays werden allerdings nicht einzeln betrachtet, sondern paarweise. Die paarweise Betrachtung findet mithilfe der beiden Parameter x und y statt und liefert ein einzelnes Ergebnis. Zunächst werden das erste und das zweite Element betrachtet. Anschließend wird das Ergebnis dieser paarweisen Betrachtung genommen und gemeinsam mit dem dritten Element betrachtet usw. Das Gesamtergebnis der Methode reduce() ist ein einzelner Wert.

- Der erste Aufruf der Methode reduce() vergleicht die Elemente paarweise und liefert jeweils den größeren der beiden Werte. Das Gesamtergebnis ist der größte Wert aller Elemente.
- Der zweite Aufruf der Methode reduce() addiert die Elemente paarweise und liefert jeweils die Summe der beiden Werte. Das Gesamtergebnis ist die Summe aller Elemente.

Die Ausgabe dieses Programmteils:

```
Original: 3, 18, 7, -24, 12
forEach: 6 36 14 -48 24
map: 9, 54, 21, -72, 36
filter: 18, 7, 12
reduce, Maximum: 18
reduce, Summe: 16
```

5.9.3 Vorgefertigte Methoden für ArrayLists

Bekanntlich bieten ArrayLists gegenüber Arrays den Vorteil, dass Elemente hinzugefügt oder entfernt werden können. Auch hier kann unter anderem eine anonyme Callback-Funktion eingesetzt werden.

Der dritte Teil des Programms sieht wie folgt aus:

```
fun main() {
    ...
    val b = arrayListOf(3, 18, 7, -2, 12, -5)
    println("\nOriginal: $b")

    b.removeAll { it < 0 }
    println("removeAll: $b")

    b.removeAll(arrayListOf(9, 12, 18))
    println("removeAll: $b")
    ...
}
```

Listing 5.23 Projekt »FunktionenCallback«, Teil 3 von 4

Die Methode `removeAll()` kann auf zwei Arten aufgerufen werden. Zum einen entfernt sie alle Elemente, die der Bedingung in der Callback-Funktion entsprechen. Hier betrifft das alle Elemente mit einem Wert, der kleiner als 0 ist. Zum anderen entfernt sie alle Elemente, die in derjenigen Liste vorkommen, die ihr als Parameter übergeben wird.

Die Ausgabe dieses Teils des Programms:

```
Original: [3, 18, 7, -2, 12, -5]
removeAll: [3, 18, 7, 12]
removeAll: [3, 7]
```

5.9.4 Eine Funktion zur Wiederholung

Mithilfe der Funktion `repeat()` kann eine bestimmte Anzahl an Aufrufen einer Callback-Funktion erfolgen. Damit ähnelt sie einer Schleife.

Es folgt der letzte Teil des Programms:

```
fun main() {
    ...
    print("\nrepeat:")
```

```
    repeat(5) { print(" " + it * 2) }
    println()
}
```

Listing 5.24 Projekt »FunktionenCallback«, Teil 4 von 4

Der (erste) Parameter der Funktion `repeat()` gibt die gewünschte Anzahl an. Der zweite (ausgelagerte) Parameter ist die Callback-Funktion.

Die Ausgabe sieht wie folgt aus:

```
repeat: 0 2 4 6 8
```

5.10 Gültigkeit und Konstanten

Variablen (beziehungsweise Verweise auf Objekte) werden jeweils innerhalb eines Blocks deklariert. Sie sind in diesem Block und in den darin eingebetteten Blöcken gültig. Es kann sich zum Beispiel um Blöcke für Schleifen, Verzweigungen, Ausnahmebehandlungen, Funktionen, Klassen oder Objekte handeln.

Es ist möglich, denselben Namen für unterschiedliche Variablen in verschiedenen Blöcken zu vergeben. Dabei sollten Sie Folgendes beachten: Eine Variable eines umgebenden Blocks wird von einer gleichnamigen Variablen innerhalb eines darin eingebetteten Blocks shadowed (deutsch: abgedeckt) und ist damit nicht mehr erreichbar. Das sollte vermieden werden. Daher macht der Editor der Entwicklungsumgebung auf diese Stellen aufmerksam.

Bestimmte Werte, die an mehreren Stellen eines Projekts benötigt werden, können in zentralen Konstanten gespeichert werden. Der Name einer Konstanten lässt sich leichter merken als der zugehörige Wert.

Im Projekt *Gueltigkeit* werden die Regeln für die Gültigkeit und für die Abdeckung von Variablen sowie der Einsatz von Konstanten anhand einiger Beispiele verdeutlicht. Es folgt der Code des Projekts:

```
const val E = 2.7182818

fun main() {
    println("E: $E")

    val a = 1
    println("main(): $a")
```

```
    print("Schleife: ")
    for(a in 10 .. 13) {
        for (x in 1 .. 2) {
            print("$a ")
        }
        val a = 2
        print("$a ")
    }
    println()

    print("Block: ")
    if(E > 0) {
        val a = 3
        print("$a ")
    }
    println()

    hallo(42)
}

fun hallo(a:Int) {
    println("Nach Übergabe: $a")
    val a = 4
    println("Neu in Funktion: $a")
}
```

Listing 5.25 Projekt »Gueltigkeit«

Konstanten können nur außerhalb von Klassen oder innerhalb von Objekten deklariert werden. Die Deklaration wird mithilfe von `const val` durchgeführt. Sie müssen unmittelbar einen Wert erhalten. Gemäß Konvention besteht ihr Name nur aus Großbuchstaben.

Die Variable `a` mit dem Wert `1` ist in der gesamten Funktion `main()` gültig, außer in den Blöcken, in denen eine gleichnamige Variable deklariert wird.

Die Schleifenvariable `a` blendet die Variable `a` der Funktion `main()` innerhalb der Schleife aus. Sie gilt innerhalb der äußeren und der inneren Schleife, und zwar jeweils bis zu der Anweisung, an der die Variable `a` mit dem Wert `2` erstellt wird.

Die Variable `a` mit dem Wert `3` innerhalb der Verzweigung blendet ebenfalls die Variable `a` der Funktion `main()` innerhalb der Verzweigung aus. Sie gilt innerhalb der Verzweigung.

Die Parameter-Variable a der Funktion hallo() ist unveränderlich. Sie gilt innerhalb der Funktion bis zu der Anweisung, an der die Variable a mit dem Wert 4 erstellt wird.

Die Ausgabe des Programms:

```
E: 2.7182818
main(): 1
Schleife: 10 10 2 11 11 2 12 12 2 13 13 2
Block: 3
Nach Übergabe: 42
Neu in Funktion: 4
```


5.11 Debugging

Bereits während der Entwicklung Ihrer Programme gibt Ihnen der Editor der Entwicklungsumgebung viele Hinweise und markiert etwaige Fehler.

Darüber hinaus können Ihre Programme logische Fehler enthalten, die zu unerwarteten Abläufen oder Ergebnissen führen.

Bei der Suche nach den Ursachen solcher Fehler kann das Debugging helfen. Dabei können Sie den Ablauf eines Programms Zeile für Zeile beobachten und die jeweils aktuellen Werte der Variablen prüfen.

Sowohl in IntelliJ IDEA als auch im Android Studio arbeiten Sie standardmäßig mit der Debug-Version Ihres Projekts. Sie umfasst unter anderem viele Daten, die Sie nur während Ihrer Tests benötigen. Zur Veröffentlichung erstellen Sie die Release-Version, die deutlich weniger Daten umfasst (siehe auch Anhang B).

Im Projekt *ProgrammDebuggen* werden einige Möglichkeiten des Debuggens erläutert.

5.11.1 Ablauf ohne Debugging

Betrachten wir zunächst den Ablauf des Programms:

```
fun main() {
    print("Einfach: ")
    for(zahl in 1 .. 6) {
        if (zahl % 2 == 0)
            print("g ")
        else
            print("u ")
    }
```

```
    println()

    print("Mit Funktion: ")
    for(zahl in 1 .. 6)
        ausgeben(zahl)
}

fun ausgeben(z:Int) {
    if(z % 2 == 0)
        ausgebenGerade()
    else
        ausgebenUngerade()
}

fun ausgebenGerade() {
    print("g ")
}

fun ausgebenUngerade() {
    print("u ")
}
```

Listing 5.26 Projekt »ProgrammDebuggen«

In beiden Teilen des Programms werden jeweils die ganzen Zahlen von 1 bis 6 untersucht. Für jede Zahl wird ausgegeben, ob es sich um eine gerade oder eine ungerade Zahl handelt. Die Ausgabe sieht wie folgt aus:

```
Einfach: u g u g u g
Mit Funktion: u g u g u g
```

Der Unterschied zwischen den beiden Programmteilen:

- In Abschnitt 5.11.2 wird der erste Teil des Programms erläutert: ein einfacher Ablauf, ohne den Aufruf weiterer Funktionen.
- Im zweiten Teil des Programms, der in Abschnitt 5.11.3 beschrieben wird, werden zusätzlich die Funktionen ausgeben(), ausgebenGerade() und ausgebenUngerade() aufgerufen.

5.11.2 Haltepunkte und Einzelschritte

Sie können Haltepunkte (engl.: *breakpoints*) in verschiedenen Zeilen Ihres Programms setzen. Während eines Debugging-Vorgangs hält das Programm in den betreffenden Zeilen an und gibt Ihnen die Gelegenheit zur Beobachtung des aktuellen Zustands.

Zum Setzen eines Haltepunkts platzieren Sie den Cursor in die gewünschte Zeile und rufen den Menüpunkt RUN • TOGGLE BREAKPOINT • LINE BREAKPOINT auf (Tastenkombination `Strg` + `F8`). Anschließend wird die Zeile optisch hervorgehoben und es erscheint am Rand des Codefensters ein roter Punkt neben der Nummer der betreffenden Zeile (siehe Abbildung 5.3). Durch einen erneuten Aufruf desselben Menüpunkts entfernen Sie den Haltepunkt wieder.

```
main.kt
fun main() {
    print("Einfach: ")
    for(zahl in 1 .. 6) {
        if (zahl % 2 == 0)
            print("g ")
        else
            print("u ")
    }
    println()
```

Abbildung 5.3 Haltepunkt

Alternativ können Sie zum Setzen beziehungsweise Entfernen eines Haltepunkts mit der Maus rechts neben die Zeilennummer klicken.

Bei einem normalen Start des Programms über den Menüpunkt RUN • MAINKT wird ein Haltepunkt nicht beachtet. Das Debugging eines Programms starten Sie über den Menüpunkt RUN • DEBUG MAINKT (Tastenkombination `⇧` + `F9`) oder über das zugehörige Symbol mit dem stilisierten Käfer ganz rechts in Abbildung 5.4. Warum ist es ein Käfer? Der englische Begriff *Bug* kann sowohl mit Fehler als auch mit Käfer übersetzt werden.

Abbildung 5.4 Debugging starten

Nach dem Start des Programms erscheint im unteren Bereich statt des Fensters RUN mit den Ausgaben des Programms das Fenster DEBUG. Das Programm bleibt in der Zeile des

Haltepunkts stehen. Die Zeile wird markiert und die aktuellen Werte der Variablen sind zu erkennen (siehe Abbildung 5.5).

```
main.kt
fun main() {
    print("Einfach: ")
    for(zahl in 1 .. 6) {  zahl: 1
        if (zahl % 2 == 0)  zahl: 1
            print("g ")
        else
            print("u ")
    }
    println()
```

Abbildung 5.5 Halt beim Haltepunkt

Mithilfe des Menüpunkts RUN • DEBUGGING ACTIONS • STEP OVER (Funktionstaste F8) lassen Sie das Programm ab dieser Zeile in Einzelschritten ablaufen und beobachten dabei die sich ändernden Werte der Variablen. Kommen Sie zum Aufruf einer Funktion, wird diese in einem Zug durchlaufen, und das Programm steht bei der nächsten Anweisung nach dem Aufruf.

Mithilfe des Menüpunkts RUN • DEBUGGING ACTIONS • RESUME (Funktionstaste F9) läuft Ihr Programm ohne Einzelschritte weiter, entweder bis zum nächsten Haltepunkt, den Sie gesetzt haben, oder bis zum Ende des Programms. Über den Menüpunkt RUN • STOP MAINKT (Tastenkombination Strg + F2) können Sie den Programmablauf vorzeitig beenden.

5.11.3 Ablauf mit Funktionen

Werden während des Programmablaufs Funktionen aufgerufen, können Sie entscheiden, ob Sie auch diese Funktionen in Einzelschritten durchlaufen möchten. Zur Verdeutlichung wird ein Haltepunkt vor den ersten Aufruf der Funktion `ausgeben()` gesetzt (siehe Abbildung 5.6).

```

    print("Mit Funktion: ")
    for(zahl in 1 .. 6)
        ausgeben(zahl)
}

```

Abbildung 5.6 Haltepunkt vor Funktionsaufruf

Nach dem Start des Debuggings können Sie das Programm ab dieser Zeile wiederum in Einzelschritten durchlaufen. Rufen Sie in einer Zeile mit einem Funktionsaufruf den Menüpunkt Run • Debugging Actions • Step Into (Funktionstaste F7) auf, springen Sie in die jeweilige Funktion hinein. Die Einzelschritte des Debuggings durchlaufen dann auch die aufgerufene Funktion.

Während des Debuggings können Sie zwischen dem Ablauf in Einzelschritten und dem Sprung in eine Funktion wechseln, also den Ablaufmodus jederzeit ändern.

Innerhalb einer Funktion verlassen Sie den Einzelschrittmodus mithilfe des Menüpunkts Run • Step Out (Tastenkombination ⇧ + F8). In diesem Fall werden die restlichen Schritte der Funktion ohne Anhalten durchlaufen.

Kapitel 6
Zahlen, Texte und Zeit

Einige Klassen mit ihren Eigenschaften und Methoden werden für die praktische Programmierung häufig benötigt.

6

In diesem Kapitel geht es um Klassen zur Bearbeitung von mathematischen Berechnungen, Zeichenketten und Zeitangaben.

6.1 Mathematik

Das Paket `kotlin.math` bietet eine Reihe von mathematischen Konstanten, Eigenschaften, Methoden und Erweiterungsmethoden, die auf Zahlen und Variablen der verschiedenen Datentypen für Zahlen angewendet werden können. Im Projekt *Mathematik* sehen Sie einige Beispiele, die eine ähnliche Funktionalität wie bei einem Taschenrechner ermöglichen.

6.1.1 Mathematische Konstanten

Zunächst geht es um zwei mathematische Konstanten, und zwar die Eulersche Zahl *e* und die Kreiszahl *pi*, die mithilfe der beiden Klassenkonstanten E und PI bereitgestellt werden.

Es folgt der erste Teil des Programms:

```
import kotlin.math.*
fun main() {
    println("E: $E")
    println("PI: $PI")
    ...
}
```

Listing 6.1 Projekt »Mathematik«, Teil 1 von 4

Die Ausgabe sieht aus wie folgt:

```
E: 2.718281828459045
PI: 3.141592653589793
```

6.1.2 Betrag, Vorzeichen, Extremwerte und Rundung

Die Eigenschaft `absoluteValue` beinhaltet den Betrag einer Zahl, also die Zahl ohne das Vorzeichen. Die Eigenschaft `sign` beinhaltet das Vorzeichen einer Zahl. Für eine positive Zahl besitzt sie den Wert `1` und für eine negative Zahl den Wert `-1`. Die Funktionen `max()` und `min()` liefern die größere beziehungsweise kleinere von zwei Zahlen.

Die Funktion `round()` rundet eine Zahl kaufmännisch zur nächsten ganzen Zahl. Für eine positive Zahl gilt: Bis `.4999...` wird zur nächstkleineren ganzen Zahl abgerundet, ab `.5` wird zur nächstgrößeren Ganzzahl aufgerundet. Für eine negative Zahl gilt: Bis `.4999...` wird zur nächstgrößeren Ganzzahl aufgerundet, ab `.5` wird zur nächstkleineren ganzen Zahl abgerundet.

Mithilfe der Funktion `truncate()` ermitteln wir eine ganze Zahl, indem die Nachkommastellen abgeschnitten werden. Die Funktion `ceil()` rundet sowohl eine positive als auch eine negative Zahl zur nächstgrößeren Ganzzahl. Die Funktion `floor()` rundet sowohl eine positive als auch eine negative Zahl zur nächstkleineren ganzen Zahl.

Mithilfe der Funktion `round()` kann die Ausgabe einer Zahl mit Nachkommastellen auf eine gewünschte Stellenzahl erreicht werden.

Es folgt der zweite Teil des Programms:

```
fun main() {
    ...
    val r1 = 4.75
    val r2 = -4.75
    println("Werte: $r1 $r2")

    println("absoluteValue: " + r1.absoluteValue + " " + r2.absoluteValue)
    println("sign: " + r1.sign + " " + r2.sign)
    println("max(): " + max(r1,r2))
    println("min(): " + min(r1,r2))

    println("round(): " + round(r1) + " " + round(r2))
    println("truncate(): " + truncate(r1) + " " + truncate(r2))
    println("ceil(): " + ceil(r1) + " " + ceil(r2))
    println("floor(): " + floor(r1) + " " + floor(r2))
```

```
    val siebtel = 1.0 / 7
    println("Drei Stellen: " + round(siebtel * 1000) / 1000)
    println("Zehn Stellen: " + round(siebtel * 1e10) / 1e10)
    ...
}
```

Listing 6.2 Projekt »Mathematik«, Teil 2 von 4

Die Ausgabe dieses Programmteils sieht aus wie folgt:

```
Werte: 4.75 -4.75
absoluteValue: 4.75 4.75
sign: 1.0 -1.0
max(): 4.75
min(): -4.75

round(): 5.0 -5.0
truncate(): 4.0 -4.0
ceil(): 5.0 -4.0
floor(): 4.0 -5.0
Drei Stellen: 0.143
Zehn Stellen: 0.1428571429
```

6.1.3 Winkelfunktionen

Zur Berechnung von Sinus, Kosinus und Tangens eines Winkels muss dieser zunächst von Grad in Bogenmaß umgerechnet werden:

```
fun main() {
    ...
    val w = 30.0
    val wbm = w * PI / 180
    println("sin(): " + sin(wbm))
    println("cos(): " + cos(wbm))
    println("tan(): " + tan(wbm))
    ...
}
```

Listing 6.3 Projekt »Mathematik«, Teil 3 von 4

Die Umrechnung erfolgt mithilfe des Faktors `pi/180`. Verwendet werden die Funktionen `sin()`, `cos()` und `tan()` für den Winkel 30 Grad.

Es folgt die Ausgabe dieses Programmteils:

```
sin(): 0.49999999999999994
cos(): 0.8660254037844387
tan(): 0.5773502691896257
```

6.1.4 Wurzel, Exponential- und Logarithmusfunktionen

Es folgen weitere Funktionen bzw. Erweiterungsmethoden:

- `pow()` zur Exponentialrechnung mit beliebiger Basis
- `log()` zur Logarithmusrechnung zu einer beliebigen Basis
- `sqrt()` zur Berechnung der Quadratwurzel
- `ln()` zur Berechnung des natürlichen Logarithmus
- `exp()` zur Exponentialrechnung mit der Basis e (Eulersche Zahl)

Der zugehörige Programmteil:

```
fun main() {
    ...
    println("pow(): " + 5.2.pow(3.5))
    println("log(): " + log(320.6, 5.2))
    println("ln(): " + ln(100.0))
    println("exp(): " + exp(4.6))
    println("sqrt(): " + sqrt(6.25))
    println("Dritte Wurzel: " + 15.625.pow(1.0/3))
    ...
}
```

Listing 6.4 Projekt »Mathematik«, Teil 4 von 4

Das Ergebnis von $5.2^{3.5}$ ist ungefähr 320.6. Umgekehrt entspricht der Logarithmus von 320.6 zur Basis 5.2 ungefähr 3.5. Achten Sie beim Einsatz der Erweiterungsmethode `pow()` darauf, dass sie nur für Zahlen mit Nachkommastellen definiert ist. Der natürliche Logarithmus von 100 ist ungefähr 4.6. Umgekehrt ist $e^{4.6}$ ungefähr 100.

Für die Kubikwurzel oder dritte Wurzel einer Zahl gibt es keine eigene Funktion. Dieses Problem lässt sich mit einem »Umweg« über die Funktion `pow()` lösen. Es folgt die Ausgabe des letzten Programmteils:

```
Wurzel, Exponentialfunktion und Logarithmus:
pow(): 320.63557234467925
```

```
log(): 3.4999327032421017
ln(): 4.605170185988092
exp(): 99.48431564193378
sqrt(): 2.5
Dritte Wurzel: 2.5
```

6.2 Zahlensysteme und Bit-Operationen

Bit-Operationen ermöglichen die Arbeit mit Zahlen auf Bit-Ebene. Im Projekt *BitOperationen* werden verschiedene Operatoren und Methoden auf Bit-Ebene auf zwei ganze Zahlen angewendet.

6.2.1 Zahlensysteme

Im ersten Teil des Programms geht es zunächst um die Darstellung von ganzen Zahlen in unterschiedlichen Zahlensystemen:

```
fun main() {
    val a = 28
    println("Dual: $a = " + a.toString(2))
    println("Oktal: $a = " + a.toString(8))
    println("Hexadezimal: $a = " + a.toString(16))
    val b = 14
    println("Dual: $b = " + b.toString(2))
    ...
}
```

Listing 6.5 Projekt »BitOperationen«, Teil 1 von 5

Int-Werte werden mit 4 Byte = 32 Bit gespeichert. In einem Bit kann einer der beiden binären Werte 0 oder 1 gespeichert werden. Jeder Int-Wert entspricht also einer Abfolge von 32 binären Werten.

Die Methode toString() kann ganze Zahlen nicht nur dezimal ausgeben, sondern auch in anderen Zahlensystemen. Dazu muss die Basis des gewünschten Zahlensystems als Parameter angegeben werden, zum Beispiel 2 für Dualzahlen, 8 für Oktalzahlen und 16 für Hexadezimalzahlen (siehe auch Abschnitt 2.3.4). Bei der Ausgabe werden die führenden Nullen weggelassen.

Die Ausgabe des ersten Programmteils:

```
Dual: 28 = 11100
Oktal: 28 = 34
Hexadezimal: 28 = 1c
Dual: 14 = 1110
```

6.2.2 Verknüpfungs-Operatoren

Im folgenden Programmteil werden die beiden ganzen Zahlen auf Bit-Ebene mithilfe der drei Bit-Operatoren `and`, `or` und `xor` miteinander verknüpft:

```
fun main() {
    ...
    val c = a and b
    println("\nUnd: $c = " + c.toString(2))
    val d = a or b
    println("Oder: $d = " + d.toString(2))
    val e = a xor b
    println("Exklusiv-Oder: $e = " + e.toString(2))
    ...
}
```

Listing 6.6 Projekt »BitOperationen«, Teil 2 von 5

Der Operator `and` führt eine bitweise Und-Verknüpfung aus. Jedes Bit des Ergebnisses wird auf 1 gesetzt, falls beide zugehörigen Bits der beiden Operanden den Wert 1 haben.

Der Operator `or` führt eine bitweise Oder-Verknüpfung aus. Jedes Bit des Ergebnisses wird auf 1 gesetzt, falls eines oder beide der zugehörigen Bits der Operanden den Wert 1 haben.

Der Operator `xor` führt eine bitweise Exklusiv-Oder-Verknüpfung aus. Jedes Bit des Ergebnisses wird auf 1 gesetzt, falls nur eines der beiden zugehörigen Bits der beiden Operanden den Wert 1 hat.

Die Ausgabe des Programms, jeweils in dezimaler und dualer Form:

```
Und: 12 = 1100
Oder: 30 = 11110
Exklusiv-Oder: 18 = 10010
```

6.2.3 Shift-Operatoren

Shift-Operatoren dienen zum Verschieben der Bits um eine gewünschte Stellenzahl nach links oder nach rechts. Es folgt der dritte Programmteil:

```
fun main() {
    ...
    val f = a shl 3
    println("Links-Shift: $f = " + f.toString(2))
    val g = a shr 3
    println("Rechts-Shift: $g = " + g.toString(2))
    ...
}
```

Listing 6.7 Projekt »BitOperationen«, Teil 3 von 5

Der Operator `shl` führt eine bitweise Links-Verschiebung um die angegebene Stellenzahl aus. Die Zahl wird von rechts mit Bits aufgefüllt, die den Wert 0 haben. Jede Verschiebung um eine Stelle entspricht einer Verdopplung der Zahl. Aus 28 wird 56, dann 112, dann 224.

Der Operator `shr` führt eine bitweise Rechts-Verschiebung um die angegebene Stellenzahl aus. Die Zahl wird von links mit Bits aufgefüllt, die den Wert 0 haben. Jede Verschiebung um eine Stelle entspricht einer ganzzahligen Halbierung der Zahl. Aus 28 wird 14, dann 7, dann 3.

Die Ausgabe dieses Programmteils:

```
Links-Shift: 224 = 11100000
Rechts-Shift: 3 = 11
```

6.2.4 Inversion

Die Methode `inv()` wird zur Inversion einer Zahl auf Bit-Ebene angewandt. Dabei werden die einzelnen Bits invertiert, d. h., aus 0 wird 1 und aus 1 wird 0. Es folgt der vierte Teil des Programms:

```
fun main() {
    ...
    val h = a.inv()
    println("\nInversion: $h = " + h.toString(2))
    val i = Int.MAX_VALUE
    println("Größter Int-Wert: $i = " + i.toString(2))
```

```
    val j = i.inv()
    println("Inversion: $j = " + j.toString(2))
    ...
}
```

Listing 6.8 Projekt »BitOperationen«, Teil 4 von 5

Mit 32 Bit können 4.294.967.296 verschiedene Zahlen gespeichert werden. Der Zahlenbereich von `Int` geht bekanntlich von –2.147.483.648 bis +2.147.483.647. Ein Bit ist für das Vorzeichen des `Int`-Werts vorgesehen, die restlichen 31 Bit für den Betrag des `Int`-Werts.

Bei der Inversion eines positiven `Int`-Werts wird dezimal der Wert 1 addiert. Anschließend kommt ein negatives Vorzeichen hinzu. Bei der Darstellung einer negativen Dualzahl mithilfe der Methode `toString()` wird das Vorzeichen zur Verdeutlichung hinzugefügt.

Die Ausgabe dieses Programmteils:

```
Inversion: -29 = -11101
Größter Int-Wert: 2147483647 = 1111111111111111111111111111111
Inversion: -2147483648 = -10000000000000000000000000000000
```

6.2.5 Analyse von Dualzahlen

Einige Methoden helfen bei der Analyse von Dualzahlen. Sie können besonders bei langen Bitfolgen hilfreich sein.

Es folgt der fünfte und letzte Teil des Programms:

```
fun main() {
    ...
    println("\n'1' zählen: " + a.countOneBits())
    println("'0' zu Beginn zählen: " + a.countLeadingZeroBits())
    println("'0' am Ende zählen: " + a.countTrailingZeroBits())
    println("Wert der höchsten '1': " + a.takeHighestOneBit())
    println("Wert der niedrigsten '1': " + a.takeLowestOneBit())
}
```

Listing 6.9 Projekt »BitOperationen«, Teil 5 von 5

Die Methoden `countLeadingZeroBits()` und `countTrailingZeroBits()` zählen, mit wie vielen zusammenhängenden Bits mit dem Wert 0 die binäre Darstellung einer Zahl beginnt bzw. endet.

Die Methoden takeHighestOneBit() und takeLowestOneBit() liefern den dezimalen Wert des ersten bzw. des letzten Bits mit dem Wert 1 der binären Darstellung einer Zahl.

Die Ausgabe dieses Programmteils:

```
'1' zählen: 3
'0' zu Beginn zählen: 27
'0' am Ende zählen: 2
Wert der höchsten '1': 16
Wert der niedrigsten '1': 4
```


6.3 Zeichenketten

In diesem Abschnitt erläutere ich Ihnen anhand des Projekts *Zeichenketten* eine Reihe von Eigenschaften und Methoden, die auf Zeichenketten und String-Objekte angewendet werden können.

6.3.1 Länge, Zeichen und Teile

Die Eigenschaft length stellt die Anzahl der Zeichen einer Zeichenkette zur Verfügung. Auf die einzelnen Zeichen einer Zeichenkette kann wie bei einem Array mithilfe des Index in rechteckigen Klammern zugegriffen werden. Einzelne Zeichen einer Zeichenkette haben den Datentyp Char.

Achten Sie darauf, dass sich der Index innerhalb der erlaubten Grenzen bewegt. Die Eigenschaft lastIndex beinhaltet den letzten erlaubten Index.

Einzelne Zeichen müssen innerhalb von einfachen Hochkommata notiert werden. Mit ihnen lässt sich ein Bereich definieren, der zum Beispiel für eine for-in-Schleife verwendet werden kann.

Die Methode substring() liefert einen Teil einer Zeichenkette. Sie kann auf drei Arten aufgerufen werden:

- Mit einem Parameter, dann wird der Teil ab dem genannten Index geliefert.
- Mit zwei Parametern, dann wird der Teil ab dem ersten Index bis vor den zweiten Index geliefert.
- Mit einem Zahlenbereich, dann wird der Teil geliefert, der durch den Bereich angegeben wird.

Auch hier müssen Sie darauf achten, dass sich der Index innerhalb der erlaubten Grenzen bewegt. Der zugehörige Teil des Codes:

```
fun main() {
    val tx = "Hallo Welt"
    println("Gesamte Zeichenkette: $tx")
    println("Länge: " + tx.length)

    val z1:Char = tx[0]
    val z2 = tx[1]
    val z3 = tx[tx.lastIndex]
    println("Einzelne Zeichen: $z1 $z2 $z3")

    print("Bereich mit Zeichen:")
    for(z in 'g' .. 'm')
        print(" " + z)
    println()

    println("Teil von bis: " +  tx.substring(3, 8))
    println("Teil aus Bereich: " + tx.substring(3 .. 8) + "\n")
    ...
}
```

Listing 6.10 Projekt »Zeichenketten«, Teil 1 von 4

Es folgt die Ausgabe dieses Programmteils:

```
Gesamte Zeichenkette: Hallo Welt
Länge: 10
Einzelne Zeichen: H a t
Bereich mit Zeichen: g h i j k l m
Teil von bis: lo We
Teil aus Bereich: lo Wel
```

6.3.2 Prüfen, suchen und ersetzen

Die Methoden `contains()`, `startsWith()` und `endsWith()` liefern jeweils einen `Boolean`-Wert. Sie können eine Zeichenkette bezüglich einer anderen Zeichenkette prüfen und feststellen,

- ob sie die andere Zeichenkette an beliebiger Stelle enthält,
- ob sie mit der anderen Zeichenkette beginnt oder
- ob sie mit der anderen Zeichenkette endet.

Die Methode `indexOf()` liefert den Index der ersten Position, an der ein bestimmtes Zeichen innerhalb einer Zeichenkette gefunden wird. Wird das Zeichen nicht gefunden, wird `-1` zurückgeliefert. Mithilfe eines zweiten Parameters können Sie festlegen, dass erst ab einer bestimmten Position innerhalb der Zeichenkette gesucht wird. Mithilfe einer `while`-Schleife können Sie nach allen Vorkommen eines Zeichens suchen.

Die Methode `lastIndexOf()` liefert die letzte gefundene Position eines Zeichens innerhalb einer Zeichenkette.

Statt nach einem einzelnen Zeichen können Sie mit beiden Methoden auch nach einer Zeichenkette suchen. Im Erfolgsfall wird die Position des ersten Zeichens der gefundenen Zeichenkette geliefert.

Mithilfe der Methode `replace()` können Sie alle Vorkommen eines bestimmten Zeichens durch ein anderes Zeichen ersetzen. Ebenso können Sie alle Vorkommen einer bestimmten Zeichenkette durch eine andere Zeichenkette ersetzen.

Der zugehörige Teil des Codes:

```
fun main() {
    ...
    if(tx.contains("We"))
        println("Enthält 'We'")
    if(tx.startsWith("Ha"))
        println("Beginnt mit 'Ha'")
    if(tx.endsWith("elt"))
        println("Endet mit 'elt'")

    print("\nPositionen von 'l':")
    var pos = tx.indexOf('l')
    while(pos != -1) {
        print(" $pos")
        pos = tx.indexOf('l', pos + 1)
    }
    println("\nLetzte Position: " + tx.lastIndexOf('l'))

    println("\nErsetzen: " + tx.replace('l','n'))
    println("Ersetzen: " + tx.replace("all","ipp"))
    ...
}
```

Listing 6.11 Projekt »Zeichenketten«, Teil 2 von 4

Die Ausgabe dieses Programmteils sieht wie folgt aus:

```
Enthält 'We'
Beginnt mit 'Ha'
Endet mit 'elt'

Positionen von 'l': 2 3 8
Letzte Position: 8

Ersetzen: Hanno Went
Ersetzen: Hippo Welt
```

6.3.3 Unicode, Umwandlung und Vergleich

Die Methode codePointAt() liefert den Codepoint, also die Nummer des ausgewählten Zeichens einer Zeichenkette innerhalb des Unicodes. Die vorliegende Beispielzeichenkette verdeutlicht die Bereiche der Kleinbuchstaben, Großbuchstaben und Ziffern und beinhaltet die deutschen Umlaute und das Zeichen Eszett (ß).

Die Methoden upperCase() und lowerCase() wandeln alle Zeichen einer Zeichenkette in die entsprechenden Groß- beziehungsweise Kleinbuchstaben um. Die Regeln für die Umwandlung basieren auf der lokalen Spracheinstellung. Ein Objekt der Klasse Locale aus dem Paket java.util repräsentiert eine bestimmte Region inklusive der in dieser Region genutzten Sprache. Die Methode getDefault() liefert einen Verweis auf das aktuelle Locale-Objekt.

Mithilfe der Methode equals() vergleichen Sie, ob zwei Zeichenketten übereinstimmen. Im Standardfall wird auf Groß- und Kleinschreibung geachtet. In diesem Fall kann auch alternativ der Operator == zum Vergleich eingesetzt werden. Geben Sie für den zweiten, optionalen Parameter den Wert true an, wird nicht auf Groß- und Kleinschreibung geachtet.

Die Methode compareTo() dient dazu, die lexikalische Reihenfolge von zwei Strings festzustellen, und zwar basierend auf den Codepoints der einzelnen Zeichen innerhalb des Unicodes. Auch hier gilt: Geben Sie für den zweiten, optionalen Parameter den Wert true an, wird nicht auf Groß- und Kleinschreibung geachtet.

Der zugehörige Teil des Codes:

```
fun main() {
    ...
    val ta = "azAZ09äöüÄÖÜß"
    println("\n$ta")
```

```
    for(i in ta.indices)
        print(" " + ta.codePointAt(i))
    println()

    println("Groß: " + ta.uppercase(Locale.getDefault()))
    println("Klein: " + ta.lowercase(Locale.getDefault()) + "\n")

    if("Hallo".equals("hallo"))
        println("Strings sind gleich, mit Prüfung groß/klein")
    if("Hallo".equals("hallo", true))
        println("Strings sind gleich, ohne Prüfung groß/klein")

    if("Hallo".compareTo("Halli") > 0)
        println("Reihenfolge, Hallo nach Halli")
    else if("Hallo".compareTo("Halli") < 0)
        println("Reihenfolge, Hallo vor Halli")
    else
        println("Gleich")

    if("Hallo".compareTo("hallo", true) == 0)
        println("Gleich, ohne Prüfung groß/klein")
    ...
}
```

Listing 6.12 Projekt »Zeichenketten«, Teil 3 von 4

Es folgt die Ausgabe dieses Programmteils:

```
azAZ09äöüÄÖÜß
 97 122 65 90 48 57 228 246 252 196 214 220 223
Groß: AZAZ09ÄÖÜÄÖÜSS
Klein: azaz09äöüäöüß

Strings sind gleich, ohne Prüfung groß/klein
Reihenfolge, Hallo nach Halli
Gleich, ohne Prüfung groß/klein
```

6.3.4 Leerzeichen, trennen und verbinden

Die Methode `trim()` dient zum Entfernen aller Leerzeichen, die am Anfang oder am Ende einer Zeichenkette stehen.

Mithilfe der Methode split() teilen Sie eine Zeichenkette anhand von einer oder mehreren Trennzeichenfolgen auf. Hier ist es nur eine einzelne, die ein Leerzeichen beinhaltet. Das Ergebnis ist ein Objekt des Typs List<String>, also eine Liste von Zeichenketten. Darin stehen die einzelnen Teile der Zeichenkette, jeweils ohne die Trennzeichenfolge.

Auf Arrays, ArrayLists, Listen und andere Strukturen können Sie die Methode joinToString() anwenden. Sie verbindet die einzelnen Elemente zu einer Zeichenkette, in der standardmäßig ein Komma zwischen den einzelnen Elementen eingefügt wird. Optional können Sie eine Trennzeichenfolge angeben, die statt des Kommas genutzt wird.

Es folgt der vierte und letzte Programmteil:

```
fun main() {
    ...
    val gm = "  Guten Morgen  "
    println("\nTrim: |$gm| |" + gm.trim() + "|")

    val tb = "Das ist ein kurzer Satz"
    print("Split:")
    val tbListe = tb.split(" ")
    for(x in tbListe.indices)
        print(" $x:${tbListe[x]}")
    println()

    val tc = tbListe.joinToString(" ")
    println("Join: $tc")
}
```

Listing 6.13 Projekt »Zeichenketten«, Teil 4 von 4

Es folgt die Ausgabe dieses Programmteils:

```
Trim: |  Guten Morgen  | |Guten Morgen|
Split: 0:Das 1:ist 2:ein 3:kurzer 4:Satz
Join: Das ist ein kurzer Satz
```

Zur Verdeutlichung werden die Zeichenkette gm und das Ergebnis der Methode trim() für die Ausgabe jeweils in senkrechte Striche eingebettet.

6.4 Zeitangaben mit der Klasse Calendar

Zur Speicherung und zum Rechnen mit Angaben für Datum und Uhrzeit wird häufig eine der beiden folgenden Möglichkeiten verwendet:

- die abstrakte Klasse `Calendar` oder
- eine der Klassen `LocalDateTime`, `LocalDate` und `LocalTime`, die ich hier vereinfacht Local-Klassen nenne

Die bewährte Klasse `Calendar` wird in diesem Abschnitt mithilfe des Projekts *ZeitCalendar* vorgestellt. Die Verwendung der Local-Klassen folgt in Abschnitt 6.5.

Ein Objekt der Klasse `Calendar` aus dem Paket `java.util` beinhaltet einen Zeitpunkt. Dabei handelt es sich um die Differenz zwischen diesem Zeitpunkt und dem 01.01.1970 um 00:00 Uhr UTC (*Universal Time, Coordinated*, früher GMT = *Greenwich Mean Time*) in Millisekunden. Zur Darstellung der Zeitangaben können Sie die Klassen `Date`, `Locale` und `SimpleDateFormat` nutzen.

Hinweis

Von einer abstrakten Klasse können keine Objekte erstellt werden. Sie dient mit ihren Methoden nur als gemeinsame Vorlage für andere Klassen, die von ihr abgeleitet werden. Mehr zu abstrakten Klassen in Abschnitt 9.3.

6.4.1 Speichern und ausgeben

Die Methode `getInstance()` der Klasse `Calendar` liefert ein Objekt dieser Klasse mit den aktuellen Zeitangaben. Die Eigenschaft `time` der Klasse `Calendar` stellt wiederum ein Objekt der Klasse `Date` mit diesen Zeitangaben zur Verfügung.

Die Klasse `SimpleDateFormat` aus dem Paket `java.text` wird zur Formatierung von Zeitangaben genutzt. Ein Objekt der Klasse wird mithilfe von zwei Parametern erzeugt: einer Formatierungszeichenkette und einem Verweis auf ein `Locale`-Objekt (Locale mit »e« am Ende), das eine bestimmte Region inklusive der in dieser Region genutzten Formate repräsentiert (siehe Abschnitt 2.4.4). Mögliche Angaben innerhalb der Formatierungszeichenkette sind: Tag im Monat (`d`), Monat (`M`), Jahr (`y`), Stunde (`H`), Minute (`m`), Sekunde (`s`), Millisekunden (`S`) und Tag im Jahr (`D`).

Die Methode `format()` der Klasse `SimpleDateFormat` liefert eine Zeichenkette. Diese stellt ein Objekt der Klasse `Date` in der jeweils eingestellten Formatierung dar.

Es folgt der erste Teil des Programms:

```
import java.util.Calendar
import java.text.SimpleDateFormat
import java.util.Locale
fun main() {
    val kal = Calendar.getInstance()
    val datum = kal.time
    println("Standard-Format: $datum}")

    val sdf = SimpleDateFormat("dd.MM.yyyy HH:mm:ss",
        Locale.getDefault())
    println("Eigenes Format: " + sdf.format(datum))

    val sdf_tag = SimpleDateFormat("D", Locale.getDefault())
    println("Tag im Jahr: " + sdf_tag.format(datum) + "\n")
    ...
}
```

Listing 6.14 Projekt »ZeitCalendar«, Teil 1 von 4

Die Ausgabe sieht wie folgt aus:

```
Standard-Format: Sun May 30 08:37:24 CEST 2021}
Eigenes Format: 30.05.2021 08:37:24
Tag im Jahr: 150
```

Der Begriff *CEST* steht für *Central European Summer Time* (deutsch: mitteleuropäische Sommerzeit).

6.4.2 Setzen und ändern

Die Methode `set()` der Klasse `Calendar` ermöglicht das Setzen eines `Calendar`-Objekts auf einen bestimmten Wert.

Eine der Überladungen der Methode `set()` benötigt sechs Parameter, und zwar nacheinander die Werte für Jahr, Monat, Tag, Stunde, Minute und Sekunde. Der Monat wird mit einem Wert von 0 (= Januar) bis 11 (= Dezember) angegeben.

Eine weitere Überladung der Methode `set()` ermöglicht das Setzen einzelner Teile der Zeitangabe eines `Calendar`-Objekts:

- Der zu ändernde Teil wird als erster Parameter mithilfe einer Konstanten angegeben, die eine Feldnummer repräsentiert. Es gibt zum Beispiel: `Calendar.YEAR`, `Calen-`

dar.MONTH, Calendar.DAY_OF_MONTH, Calendar.HOUR_OF_DAY, Calendar.MINUTE und Calendar.SECOND.

- Als zweiter Parameter folgt der neue positive oder negative Wert. Es werden automatisch passende Umrechnungen vorgenommen. Hier führt das Setzen der Sekunde auf –70 dazu, dass von der Uhrzeit 18:32:00 eine Minute und zehn Sekunden abgezogen werden.

Die Methode add() ermöglicht die Addition (oder Subtraktion) von Werten zu einzelnen Teilen der Zeitangabe eines Calendar-Objekts. Der erste Parameter ist wiederum eine der Konstanten. Als zweiter Parameter folgt der zu addierende Wert. Auch hier werden passende Umrechnungen vorgenommen. Im vorliegenden Beispiel führt die Addition von –70 Minuten dazu, dass von der vorherigen Uhrzeit 18:30:50 eine Stunde und zehn Minuten abgezogen werden.

Die Methode roll() arbeitet wie die Methode add(), allerdings ohne die Korrekturen mithilfe der passenden Umrechnungen. Es wird also nur der gewünschte Teil der Zeitangabe geändert, ohne Auswirkungen auf die anderen Teile der Zeitangabe. Im vorliegenden Beispiel führt das Rollen von –70 Minuten zum selben Ergebnis wie das Rollen von –10 Minuten: Aus der Uhrzeit 17:20:50 wird die Uhrzeit 17:10:50.

Der zweite Teil des Programms sieht wie folgt aus:

```
fun main() {
    ...
    kal.set(Calendar.MONTH, 0)
    kal.set(Calendar.SECOND, -70)
    println(sdf.format(kal.time) + " set(), einzeln")

    kal.add(Calendar.MINUTE, -70)
    println(sdf.format(kal.time) + " add()")

    kal.roll(Calendar.MINUTE, -70)
    println(sdf.format(kal.time) + " roll()")
    ...
}
```

Listing 6.15 Projekt »ZeitCalendar«, Teil 2 von 4

Die Ausgabe sieht wie folgt aus:

```
15.11.2021 18:32:55 set(), alle
15.01.2021 18:30:50 set(), einzeln
```

```
15.01.2021 17:20:50 add()
15.01.2021 17:10:50 roll()
```

6.4.3 Messen

Nachfolgend wird die Zeit gemessen, die benötigt wird, um eine `while`-Schleife 150 Millionen Mal zu durchlaufen. Zu diesem Zweck wird die Differenz von zwei Zeitangaben berechnet, die vor und nach dem Durchlauf der Schleife gespeichert werden. Die Eigenschaft `timeInMillis` beinhaltet die Zeitangabe in Millisekunden als `Long`-Wert.

Es folgt der dritte Teil des Programms:

```
fun main() {
    ...
    val kalBeginn = Calendar.getInstance()
    var a = 0
    while (a < 1.5e8)
        a++
    val kalEnde = Calendar.getInstance()
    val diffMessung = kalEnde.timeInMillis - kalBeginn.timeInMillis

    val sdf_uhrzeit = SimpleDateFormat("HH:mm:ss,SSS",
        Locale.getDefault())
    println("\nBeginn: " + sdf_uhrzeit.format(kalBeginn.time))
    println("Ende:   " + sdf_uhrzeit.format(kalEnde.time))
    println("Differenz in Millisek.: $diffMessung")
    ...
}
```

Listing 6.16 Projekt »ZeitCalendar«, Teil 3 von 4

Die Ausgabe sieht in Abhängigkeit von der Leistung und der aktuellen Auslastung des Rechners zum Beispiel wie folgt aus:

```
Beginn: 11:19:27,887
Ende:   11:19:28,126
Differenz in Millisek.: 239
```

6.4.4 Alter ermitteln

Mithilfe einer Differenz von Zeitangaben wird nachfolgend das Alter einer Person in Tagen berechnet:

```
import kotlin.math.*
fun main() {
    ...
    val kalGeburt = Calendar.getInstance()
    kalGeburt.set(1980, 11, 5)
    val kalHeute = Calendar.getInstance()
    val diffAlter = round((kalHeute.timeInMillis -
            kalGeburt.timeInMillis) / 1000.0 / (60 * 60 * 24))
    println("Alter in Tagen: $diffAlter")
}
```

Listing 6.17 Projekt »ZeitCalendar«, Teil 4 von 4

Die betreffende Person wurde am 05.12.1980 geboren. Heute ist der 30.05.2021. Es folgt die Ausgabe:

```
Alter in Tagen: 14786.0
```

6.5 Zeitangaben mit den Local-Klassen

Die Klasse `LocalDateTime` und die verwandten Klassen `LocalDate` und `LocalTime` (hier von mir vereinfacht Local-Klassen genannt) aus dem Paket `java.time` werden in diesem Abschnitt mithilfe des Projekts *ZeitLocal* vorgestellt. Die alternative Nutzung der Klasse `Calendar` wird in Abschnitt 6.4 beschrieben.

6.5.1 Speichern und ausgeben

Die statische Methode `now()` einer Local-Klasse liefert einen Zeitpunkt. Dabei handelt es sich um ein Objekt der betreffenden Klasse mit der aktuellen Zeitangabe, bezogen auf die lokale Zeitzone. Einzelne Teile der Zeitangabe stehen über Eigenschaften des Objekts zur Verfügung, zum Beispiel: `year`, `month`, `dayOfMonth`, `hour`, `minute`, `second` oder `dayOfYear`.

Die Klasse `DateTimeFormatter` aus dem Paket `java.time.format` wird zur Formatierung von Zeitangaben genutzt. Die statische Methode `ofPattern()` dieser Klasse liefert mithilfe einer Formatierungszeichenkette ein Objekt dieser Klasse. Mögliche Angaben darin sind: Tag im Monat (`d`), Monat (`M`), Jahr (`y`), Stunde (`H`), Minute (`m`), Sekunde (`s`) und Bruchteile von Sekunden (`S`).

Die Methode `format()` der Klasse `DateTimeFormatter` liefert eine Zeichenkette. Diese kann ein Objekt einer Local-Klasse in der gewählten Formatierung darstellen.

Es folgt der erste Teil des Programms:

```
import java.time.*
import java.time.format.DateTimeFormatter
fun main() {
    val z1 = LocalDateTime.now()
    println("Standard-Format: $z1")
    println("Tag im Jahr: " + z1.dayOfYear)

    val dtf = DateTimeFormatter.ofPattern("dd.MM.yyyy HH:mm:ss")
    println("Eigenes Format: " + dtf.format(z1))

    val d = LocalDate.now()
    val dtf_datum = DateTimeFormatter.ofPattern("dd.MM.yyyy")
    println("Datum: " + dtf_datum.format(d))

    val u = LocalTime.now()
    val dtf_uhrzeit = DateTimeFormatter.ofPattern("HH:mm:ss,SSS")
    println("Uhrzeit: " + dtf_uhrzeit.format(u))
    ...
}
```

Listing 6.18 Projekt »ZeitLocal«, Teil 1 von 3

Die Ausgabe sieht wie folgt aus:

```
Standard-Format: 2021-05-30T09:00:06.699050100
Tag im Jahr: 150
Eigenes Format: 30.05.2021 09:00:06
Datum: 30.05.2021
Uhrzeit: 09:00:06,711
```

6.5.2 Setzen und ändern, Zeiträume ermitteln

Die statische Methode `parse()` einer Local-Klasse erstellt ein Objekt der betreffenden Klasse mithilfe einer Formatierungszeichenkette. Die statische Methode `of()` macht das Gleiche mithilfe einzelner Angaben, hier für Jahr, Monat, Tag im Monat, Stunde, Minute und Sekunde. Der Monat wird mit einem Wert von 1 (= Januar) bis 12 (= Dezember) angegeben.

Ein Objekt der Klasse `Duration` steht für einen Zeitraum in Sekunden und Bruchteilen von Sekunden. Die statische Methode `between()` der Klasse `Duration` erstellt ein Objekt dieser Klasse, indem sie die Differenz zwischen zwei Zeitpunkten ermittelt. Diese beiden Zeitpunkte können zum Beispiel als Objekte einer Local-Klasse angegeben werden.

Die Methoden der Klasse `Duration`, deren Namen mit `to` beginnen, liefern den Wert des Objekts in einer bestimmten Zeiteinheit als `Long`-Wert. Die Methode `toMinutes()` liefert zum Beispiel den Wert des Objekts in Minuten.

Die Methoden einer Local-Klasse, deren Namen mit `plus` oder `minus` beginnen, liefern die Kopie eines Objekts der betreffenden Klasse. Die Kopie beinhaltet den Wert des Originals, zuzüglich oder abzüglich eines Werts in einer bestimmten Zeiteinheit. Zwei Beispiele: Beim Aufruf der Methode `plusSeconds()` wird ein Wert in Sekunden addiert, beim Aufruf der Methode `minusDays()` ein Wert in Tagen subtrahiert.

Es folgt der zweite Teil des Programms:

```
fun main() {
    ...
    val dtf = DateTimeFormatter.ofPattern("dd.MM.yyyy HH:mm:ss")
    ...
    val s2 = "15.11.2021 18:32:55"
    val z2 = LocalDateTime.parse(s2, dtf)
    println("\nAus Zeichenkette: " + dtf.format(z2))
    val z3 = LocalDateTime.of(2021, 11, 15, 20, 22, 55)
    println("Aus Einzeldaten: " + dtf.format(z3))

    val du1 = Duration.between(z2, z3)
    println("Differenz in Minuten: " + du1.toMinutes())

    val z4 = z3.plusSeconds(500)
    println("Addition 500 Sek.: " + dtf.format(z4))
    val z5 = z3.minusDays(100)
    println("Subtraktion 100 Tage: " + dtf.format(z5))
    ...
}
```

Listing 6.19 Projekt »ZeitLocal«, Teil 2 von 3

Die Ausgabe sieht wie folgt aus:

```
Aus Zeichenkette: 15.11.2021 18:32:55
Aus Einzeldaten: 15.11.2021 20:22:55
Differenz in Minuten: 110
Addition 500 Sek.: 15.11.2021 20:31:15
Subtraktion 100 Tage: 07.08.2021 20:22:55
```

6.5.3 Messen

Wie in Abschnitt 6.4.3 wird der Zeitraum gemessen, der benötigt wird, um eine while-Schleife 150 Millionen Mal zu durchlaufen. Hierfür wird die Differenz von zwei Zeitpunkten berechnet, die in einem Objekt der Klasse Instant gespeichert werden. Die statische Methode now() der Klasse Instant liefert ein Objekt dieser Klasse mit dem aktuellen Zeitpunkt.

Die statische Methode ofInstant() einer Local-Klasse erstellt ein Objekt der betreffenden Klasse mithilfe eines Instant-Objekts und eines Objekts der Klasse ZoneId. Ein ZoneId-Objekt repräsentiert eine Zeitzone. Die statische Methode systemDefault() der Klasse ZoneId liefert ein ZoneId-Objekt, das die lokale Zeitzone repräsentiert. Das Objekt der Local-Klasse kann anschließend in gewohnter Formatierung ausgegeben werden.

Die Methode toMillis() liefert den Wert eines Duration-Objekts als Long-Wert in Millisekunden. Der dritte und letzte Teil des Programms sieht wie folgt aus:

```
fun main() {
    ...
    val dtf_uhrzeit = DateTimeFormatter.ofPattern("HH:mm:ss,SSS")
    ...
    val i6 = Instant.now()
    var a = 0
    while (a < 1.5e8)
        a++
    val i7 = Instant.now()
    val du2 = Duration.between(i6, i7)

    val z6 = LocalDateTime.ofInstant(i6, ZoneId.systemDefault())
    println("\nBeginn: " + dtf_uhrzeit.format(z6))
    val z7 = LocalDateTime.ofInstant(i7, ZoneId.systemDefault())
    println("Ende:   " + dtf_uhrzeit.format(z7))
    println("Differenz in Millisek.: " + du2.toMillis())
}
```

Listing 6.20 Projekt »ZeitLocal«, Teil 3 von 3

Die Ausgabe kann zum Beispiel wie folgt aussehen:

```
Beginn: 11:07:38,867
Ende:   11:07:39,104
Differenz in Millisek.: 236
```

Kapitel 7
Datenstrukturen

Zur Speicherung und gemeinsamen Bearbeitung von größeren Datenmengen bietet Kotlin verschiedene Datenstrukturen mit unterschiedlichen Eigenschaften.

Sie haben bereits einige Möglichkeiten von Arrays in Abschnitt 4.1 und ArrayLists in Abschnitt 4.2 kennengelernt. In diesem Kapitel werden diese Kenntnisse ausgebaut. Zudem werden die besonderen Fähigkeiten und Einsatzgebiete von Sets und Maps erläutert.

7.1 Arrays, weitere Möglichkeiten

In diesem Abschnitt werden mithilfe des Projekts *StrukturArrayWeiteres* zusätzliche Möglichkeiten zur Arbeit mit Arrays erläutert. Zunächst geht es um eindimensionale Arrays, am Ende kommen mehrdimensionale Arrays hinzu.

7.1.1 Index und Zufall

Die Methode `withIndex()` eines Arrays stellt die Elemente des Arrays zusammen mit ihrem Index als eigene Datenstruktur zur Verfügung. Jedes Element dieser Datenstruktur besteht aus einem Element des Arrays und seinem Index.

Damit haben Sie eine weitere Möglichkeit für eine `for-in`-Schleife. Bei jedem Durchlauf der Schleife können das Element und sein Index mithilfe einer destrukturierenden Deklaration (siehe Abschnitt 5.7) einzeln ermittelt werden.

Die Methode `random()` liefert ein zufälliges Element eines Arrays (siehe auch Abschnitt 3.3.1). Dabei ist die zufällige Wahrscheinlichkeit für jedes Element gleich. Ist der Array leer, tritt eine Ausnahme auf.

Benötigen Sie für bestimmte Werte unterschiedlich hohe zufällige Wahrscheinlichkeiten, müssen Sie zunächst einen Array erstellen, in dem die Elemente jeweils in der gewünschten Häufigkeit vorkommen. Anschließend ziehen Sie mithilfe der Methode `random()` zufällige Elemente aus diesem Array. Es folgt der erste Teil des Programms:

```
fun main() {
    val a = intArrayOf(2, 8, 1, -5, -17, 8)
    println("Original: " + a.joinToString())

    print("for-in mit Destrukturierung: ")
    for ((x, wert) in a.withIndex())
        print("$x:$wert ")
    println()

    print("10mal ein zufälliges Element:")
    for (x in 1 .. 10)
        print(" " + a.random())
    println()

    print("Mit Wahrscheinlichkeit:")
    val b = intArrayOf(3, 3, 3, 3, 7)
    for (i in 1 .. 15)
        print(" " + b.random())
    println("\n")
    ...
}
```

Listing 7.1 Projekt »StrukturArrayWeiteres«, Teil 1 von 6

Die Ausgabe sieht wie folgt aus:

```
Original: 2, 8, 1, -5, -17, 8
for-in mit Destrukturierung: 0:2 1:8 2:1 3:-5 4:-17 5:8
10mal ein zufälliges Element: 2 -17 -17 1 -5 8 8 -5 2 8
Mit Wahrscheinlichkeit: 7 7 7 3 7 3 3 3 7 3 3 3 3 3 7
```

7.1.2 Analyse und Statistik

Mithilfe des Operators `in` können Sie feststellen, ob ein bestimmter Wert in einem Array vorkommt.

Ähnlich wie bei einer Zeichenkette liefern die Methoden `indexOf()` und `lastIndexOf()` die Position des ersten bzw. letzten Elements, das einen bestimmten Wert besitzt. Wird dieser Wert nicht gefunden, ist der Rückgabewert `-1`.

Die Methoden minOrNull() und maxOrNull() geben den Wert des kleinsten bzw. größten Elements eines Arrays zurück. Es handelt sich dabei um einen Wert eines nullbaren Datentyps. Ist der Array leer, wird null geliefert. Die Methoden sum() und average() liefern die Summe bzw. den arithmetischen Mittelwert der Werte eines Arrays.

Der zweite Teil des Programms:

```
fun main() {
    ...
    if(8 in a)
        println("In: Element in Bereich gefunden")
    println("Erste Position von 8: " + a.indexOf(8))
    println("Letzte Position von 8: " + a.lastIndexOf(8))
    println("Minimum, Maximum: " + a.minOrNull() + " " + a.maxOrNull())
    println("Summe, Durchschnitt: " + a.sum() + " " + a.average())
    ...
}
```

Listing 7.2 Projekt »StrukturArrayWeiteres«, Teil 2 von 6

Die Ausgabe sieht wie folgt aus:

```
In: Element in Bereich gefunden
Erste Position von 8: 1
Letzte Position von 8: 5
Minimum, Maximum: -17 8
Summe, Durchschnitt: -3 -0.5
```

7.1.3 Kopie und Verweis

Für Objekte im Allgemeinen und auch für Arrays gilt: Weisen Sie die Variable, die auf das Objekt bzw. den Array verweist, einer anderen Variablen zu, haben Sie lediglich einen zweiten Verweis auf dasselbe Objekt bzw. denselben Array erstellt, keine Kopie des Arrays. Zu diesem Zweck verwenden Sie stattdessen die Methode copyOf().

Es folgt der dritte Teil des Programms:

```
fun main() {
    ...
    val c = a
    val d = a.copyOf()
    c[2] = 9
```

```
    println("\nGeändertes Original: " + a.joinToString())
    println("Zweiter Verweis darauf: " + c.joinToString())
    println("Kopie vor Änderung: " + d.joinToString())
    ...
}
```

Listing 7.3 Projekt »StrukturArrayWeiteres«, Teil 3 von 6

Die Ausgabe dieses Programmteils sieht wie folgt aus:

```
Geändertes Original: 2, 8, 9, -5, -17, 8
Zweiter Verweis darauf: 2, 8, 9, -5, -17, 8
Kopie vor Änderung: 2, 8, 1, -5, -17, 8
```

Die Variable `d` verweist auf einen neuen Array, der eine Kopie des Arrays darstellt, auf den die Variablen `a` oder `c` verweisen.

7.1.4 Arrays aus Arrays erzeugen

Die Methode `sliceArray()` erzeugt ein neues Array, das aus denjenigen Elementen des Originals besteht, deren Index im angegebenen Bereich liegt, inklusive der Bereichsgrenzen.

Die Methode `plus()` liefert ebenfalls ein neues Array. Dieses besteht aus den Elementen des Originals, dem weitere Werte am Ende hinzugefügt wurden: ein einzelner Wert oder alle Werte eines anderen Arrays.

Der vierte Teil des Programms sieht wie folgt aus:

```
fun main() {
    ...
    val e = a.sliceArray(1 .. 3)
    println("\nSlice: " + e.joinToString())
    val f = a.plus(-11)
    println("Plus Wert: " + f.joinToString())
    val g = a.plus(e)
    println("Plus Array: " + g.joinToString())
    ...
}
```

Listing 7.4 Projekt »StrukturArrayWeiteres«, Teil 4 von 6

Die Ausgabe dieses Programmteils sieht wie folgt aus:

```
Slice: 8, 9, -5
Plus Wert: 2, 8, 9, -5, -17, 8, -11
Plus Array: 2, 8, 9, -5, -17, 8, 8, 9, -5
```

7.1.5 Arrays intern ändern

Die Methode `shuffle()` mischt die Elemente innerhalb eines Arrays mithilfe eines Zufallsgenerators. Die Methode `reverse()` dreht die Reihenfolge der Elemente innerhalb eines Arrays um.

Die Methode `sort()` sortiert alle Elemente innerhalb eines Arrays in aufsteigender Reihenfolge. Sie besitzt drei Überladungen:

- Ohne Parameter: Alle Elemente werden sortiert.
- Mit einem Parameter: Alle Elemente ab dem Element mit dem genannten Index bis zum Ende werden sortiert.
- Mit zwei Parametern: Alle Elemente ab dem Element mit dem ersten Index bis vor dem Element mit dem zweiten Index werden sortiert.

Mithilfe der Methode `fill()` können Sie einen Array mit einem neuen Wert füllen. Es gibt die gleichen Überladungen wie bei der Methode `sort()`: Entweder erhalten alle Elemente des Arrays den neuen Wert oder nur alle Elemente ab einem bestimmten Index bis zum Ende oder nur alle Elemente aus einem bestimmten Bereich des Arrays.

Es folgt der fünfte Teil des Programms:

```
fun main() {
    ...
    a.shuffle()
    println("\nGemischt: " + a.joinToString())
    a.reverse()
    println("Gedreht: " + a.joinToString())
    a.sort()
    println("Sortiert: " + a.joinToString())
    a.fill(13, 1, 5)
    println("Gefüllt: " + a.joinToString())
    ...
}
```

Listing 7.5 Projekt »StrukturArrayWeiteres«, Teil 5 von 6

Die Ausgabe dieses Programmteils sieht zum Beispiel wie folgt aus:

```
Gemischt: -17, 8, 2, 9, 8, -5
Gedreht: -5, 8, 9, 2, 8, -17
Sortiert: -17, -5, 2, 8, 8, 9
Gefüllt: -17, 13, 13, 13, 13, 9
```

Hinweis

Arrays oder andere Datenstrukturen, die nicht wie die hier verwendete Klasse `IntArray` auf einen der einfachen Datentypen spezialisiert sind, können nicht auf einfache Weise mithilfe der Methode `copyOf()` kopiert werden. Das liegt daran, dass sie nur Verweise auf Objekte eines bestimmten Typs enthalten. Bei einer Kopie würden nur die Verweise kopiert werden, nicht die vollständigen Objekte, die mitunter komplex aufgebaut sein können.

7.1.6 Mehrdimensionale Arrays

In einem eindimensionalen Array mit einer Größe von 31 Elementen können Sie zum Beispiel die Mittagstemperaturen der einzelnen Tage des Monats Juli speichern.

In einem zweidimensionalen Array mit einer Größe von 31 x 24 Elementen können Sie die Temperaturen zu jeder vollen Stunde jedes Tages des Monats Juli speichern. Den Zugriff auf ein Element erreichen Sie über zwei Indizes. Der erste Index steht für den Tag, der zweite Index für die Stunde. Auf diese Weise könnten Sie alle Daten eines Tages auswerten oder auch alle Daten einer bestimmten Stunde jedes Tages.

Das Ganze lässt sich weiter steigern: In einem dreidimensionalen Array mit einer Größe von 12 x 31 x 24 Elementen können Sie die Temperaturen zu jeder vollen Stunde jedes Tages aller Monate eines Jahres speichern. Hier steht der erste Index für den Monat, der zweite Index für den Tag, der dritte Index für die Stunde. Wir sehen zur Vereinfachung darüber hinweg, dass einige Elemente nicht benötigt werden, weil nicht jeder Monat 31 Tage hat.

Es folgt der sechste und letzte Teil des Programms:

```
fun main() {
    ...
    println("\nZweidimensionaler Array: ")
    val p = Array(3) { IntArray(5) }
    for (i in p.indices) {
        for (k in p[i].indices) {
```

```
            p[i][k] = (1 .. 6).random()
            print(" " + p[i][k])
        }
        println()
    }

    println("\nDreidimensionaler Array: ")
    val q = Array(3) { Array(5) { IntArray(2) } }
    for (i in q.indices) {
        for (k in q[i].indices) {
            for (m in q[i][k].indices) {
                q[i][k][m] = (1 .. 6).random()
                print(" " + q[i][k][m])
            }
            print("  ")
        }
        println()
    }
}
```

Listing 7.6 Projekt »StrukturArrayWeiteres«, Teil 6 von 6

Die Ausgabe dieses Programmteils sieht zum Beispiel wie folgt aus:

```
Zweidimensionaler Array:
 6 3 5 2 1
 4 3 3 6 1
 2 5 4 5 2

Dreidimensionaler Array:
 5 6   1 4   1 3   2 3   6 2
 1 3   4 6   4 3   2 4   6 5
 5 5   6 4   6 2   6 1   3 5
```

Die Variable p verweist auf einen allgemeinen Array, hier mit der Größe 3, wie er in Abschnitt 4.1.1 vorgestellt wurde. Bei einem solchen allgemeinen Array könnte es sich um einen Array von Int-Werten (Array<Int>) handeln oder um einen Array von Double-Werten (Array<Double>).

Im vorliegenden Fall ist jedes Element wiederum ein Objekt der Klasse IntArray, hier mit der Größe 5. Damit können insgesamt 3 x 5 = 15 Int-Werte als Elemente des zweidimensionalen Arrays gespeichert werden.

Für den Zugriff auf alle Elemente wird eine geschachtelte Schleife benötigt. Die äußere `for-in`-Schleife mit der Schleifenvariablen `i` läuft über die Indizes des allgemeinen Arrays, also von 0 bis 2. Die innere `for-in`-Schleife mit der Schleifenvariablen `k` läuft jeweils über die Indizes eines der drei `IntArrays`, also von 0 bis 4. Mit `p[i][k]` wird der allgemeine Array mit dem Index `i` erreicht und darin wiederum das Element mit dem Index `k` des zugehörigen IntArrays.

Die Variable `q` verweist auf einen allgemeinen Array der Größe `3`. Jedes Element dieses Arrays ist wiederum ein allgemeiner Array der Größe `5`. Jedes Element des letztgenannten Arrays ist dann ein IntArray der Größe `2`. Damit können insgesamt `3 x 5 x 2 = 30` `Int`-Werte als Elemente des dreidimensionalen Arrays gespeichert werden. Für den Zugriff auf alle Elemente wird eine dreifache, geschachtelte Schleife benötigt. Ein einzelnes Element erreicht man über drei Indizes.

7.2 Sets

In einer Datenstruktur des Typs Set (dt.: *Menge*) existiert jedes Element nur einmal. Mit Mengen können Sie einige Operationen durchführen, die aus der mathematischen Mengenlehre bekannt sind.

Ein Objekt der Klasse `Set` ist unveränderlich. Bei einem Objekt der Klasse `MutableSet` können Sie dagegen Elemente hinzufügen oder entfernen.

Die Elemente eines Sets oder eines MutableSets stehen in keiner festgelegten Reihenfolge und können nicht mithilfe eines Index erreicht werden. Im Projekt *StrukturSet* sehen Sie einige Möglichkeiten für die beiden genannten Klassen.

7.2.1 Erzeugen und Mengenoperationen

Zum Erzeugen eines Sets können Sie die Funktion `setOf()` nutzen. Wie bei einem Array bestimmen die Parameter der Methode den Datentyp des Sets und stellen gleichzeitig seine Elemente dar. Kommt ein Element in der Liste der Parameter mehrfach vor, wird es dem Set nur einmal hinzugefügt. Die Variable `s1` verweist nach der Erzeugung des Sets auf ein Objekt der Klasse `Set<Int>`.

Sie erreichen alle Elemente eines Sets mithilfe einer `for-in`-Schleife. Ein Set kann wie eine ArrayList unmittelbar auf einfache Weise ausgegeben werden, aber auch etwas komfortabler mithilfe der Methode `joinToString()`.

Es folgen einige Operationen aus der mathematischen Mengenlehre:

- Die Methode `intersect()` liefert einen Set, der die *Schnittmenge* zweier Mengen beinhaltet. Diese Menge enthält nur die Elemente, die in beiden Mengen vorkommen.
- Mithilfe der Methode `union()` ermitteln Sie einen Set, der die *Vereinigungsmenge* zweier Mengen umfasst. Diese Menge beinhaltet die Elemente, die in mindestens einer der beiden Mengen vorkommen.
- Die Methode `minus()` ermittelt die *Differenzmenge* von zwei Mengen Im Unterschied zu den beiden zuvor genannten Methoden ist es wichtig, für welche der beiden Mengen die Methode aufgerufen wird:
  - Der Aufruf `s1.minus(s2)` liefert eine Menge mit den Elementen von `s1`, die nicht in der Menge `s2` vorkommen.
  - Der Aufruf `s2.minus(s1)` liefert eine Menge mit den Elementen von `s2`, die nicht in der Menge `s1` vorkommen.

Der erste Teil des Programms sieht wie folgt aus:

```
fun main() {
    val s1 = setOf(2, 8, 6, 2, 6)
    print("Set 1, for-in: ")
    for (x in s1)
        print("$x ")
    println()

    val s2 = setOf(3, -7, -5, 12, 8, 2, 8, -7)
    println("Set 2: $s2")

    val s3 = s1.intersect(s2)
    println("Schnittmenge, S1 und S2: $s3")
    val s4 = s1.union(s2)
    println("Vereinigungsmenge, S1 und S2: $s4")
    val s5 = s1.minus(s2)
    println("Differenzmenge, S1 - S2: $s5")
    val s6 = s2.minus(s1)
    println("Differenzmenge, S2 - S1: $s6")
    ...
}
```

Listing 7.7 Projekt »StrukturSet«, Teil 1 von 2

Die Ausgabe dieses Programmteils:

```
Set 1, for-in: 2 8 6
Set 2: [3, -7, -5, 12, 8, 2]
Schnittmenge, S1 und S2: [2, 8]
Vereinigungsmenge, S1 und S2: [2, 8, 6, 3, -7, -5, 12]
Differenzmenge, S1 - S2: [6]
Differenzmenge, S2 - S1: [3, -7, -5, 12]
```

7.2.2 Hinzufügen und entfernen

Zum Erzeugen eines MutableSets können Sie die Funktion `mutableSetOf()` verwenden. Die Variable `s7` verweist nach der Erzeugung des MutableSets auf ein Objekt der Klasse `MutableSet<Int>`.

Mithilfe der Methode `add()` fügen Sie einen Wert hinzu, falls er darin noch nicht vorkommt. Zum Entfernen eines Elements mit einem bestimmten Wert nutzen Sie die Methode `remove()`.

Die Methode `addAll()` dient dem Hinzufügen derjenigen Elemente einer anderen Datenstruktur, die bisher im MutableSet noch nicht vorkommen. Bei der anderen Datenstruktur kann es sich zum Beispiel um einen Set oder MutableSet oder allgemeinen Array handeln, der Elemente desselben Datentyps beinhaltet.

Es folgt der zweite Teil des Programms:

```
fun main() {
    ...
    val s7 = mutableSetOf(2, 8, 6, 2, 6)
    println("\nOriginal: $s7")
    s7.add(-5)
    println("+ Element: $s7")
    s7.remove(8)
    println("- Element: $s7")
    val s8 = arrayOf(8, 15, 2)
    s7.addAll(s8)
    println("+ Struktur: $s7")
}
```

Listing 7.8 Projekt »StrukturSet«, Teil 2 von 2

Die Ausgabe dieses Programmteils:

```
Original: [2, 8, 6]
+ Element: [2, 8, 6, -5]
- Element: [2, 6, -5]
+ Struktur: [2, 6, -5, 8, 15]
```

7.3 Maps

Eine Datenstruktur des Typs Map besteht aus Paaren von Objekten, die jeweils aus einem Schlüssel (engl.: *key*) und einem Wert (engl.: *value*) bestehen. Es handelt sich um *Schlüssel-Wert-Paare*. Jeder Schlüssel kommt innerhalb der Map nur einmal vor und dient dem schnellen Zugriff auf den zugehörigen Wert.

Ein Objekt der Klasse `Map` ist unveränderlich. Bei einem Objekt der Klasse `MutableMap` können Sie dagegen Elemente hinzufügen oder entfernen.

Im Projekt *StrukturMap* werden einige Möglichkeiten am Beispiel einer Map und einer MutableMap vorgestellt, die jeweils aus einem `String`-`Int`-Paar bestehen. Die Zeichenkette dient als Schlüssel, die den Zugriff zum `Int`-Wert ermöglicht.

7.3.1 Erzeugung und Analyse

Zur Erzeugung einer Map können Sie die Funktion `mapOf()` nutzen. Schlüssel und Wert werden einander mithilfe des Schlüsselworts `to` zugeordnet.

Eine Map kann wie eine ArrayList oder ein Set unmittelbar auf einfache Weise ausgegeben werden. Sie können eine Map mithilfe einer `for`-`in`-Schleife durchlaufen. Dabei können Sie auf die Eigenschaften `key` und `value` jedes Paars zugreifen. Mithilfe des Operators `in` prüfen Sie, ob es ein Paar mit einem bestimmten Key in der Map gibt. Die Methode `containsValue()` stellt fest, ob ein bestimmter Value mindestens einmal in der Map vorkommt.

Die Eigenschaft `keys` einer Map entspricht einem Set aus ihren Keys. Sie können auf die Eigenschaften und Methoden des Sets zugreifen oder ihn mithilfe einer `for`-`in`-Schleife durchlaufen.

Ähnlich verhält es sich mit der Eigenschaft `values`. Sie entspricht einem Objekt einer Datenstruktur des allgemeinen Typs `Collection`, die die Values der Map beinhaltet. Sie können auf die Eigenschaften und Methoden der Collection zugreifen oder sie mithilfe einer `for`-`in`-Schleife durchlaufen.

Die Eigenschaft size einer Map beinhaltet die Anzahl der Schlüssel-Wert-Paare. Die Methode average() der Eigenschaft values der Map liefert den arithmetischen Mittelwert der Werte der Map.

Es folgt der erste Teil des Programms:

```
fun main() {
    val m1 = mapOf("Julia" to 24, "Udo" to 19, "Lena" to 23)
    println("Map: $m1")

    print("for-in:")
    for(p in m1)
        print(" " + p.key + "/" + p.value)
    println()

    if("Udo" in m1)
        println("Key in Map")
    if(m1.containsValue(23))
        println("Map enthält Wert")

    print("\nKeys:")
    for(k in m1.keys)
        print(" $k")
    print("\nValues:")
    for(v in m1.values)
        print(" $v")

    println("\nGröße: " + m1.size)
    println("Durchschnitt: " + m1.values.average())
    ...
}
```

Listing 7.9 Projekt »StrukturMap«, Teil 1 von 2

Es folgt die Ausgabe des ersten Programmteils:

```
Map: {Julia=24, Udo=19, Lena=23}
for-in: Julia/24 Udo/19 Lena/23
Key in Map
Map enthält Wert

Keys: Julia Udo Lena
```

```
Values: 24 19 23
Größe: 3
Durchschnitt: 22.0
```

7.3.2 Hinzufügen und entfernen

Zur Erzeugung einer MutableMap können Sie die Funktion `mutableMapOf()` nutzen. Auf ein einzelnes Paar einer MutableMap kann mithilfe der rechteckigen Klammern zugegriffen werden, ähnlich wie bei einem Array. Dabei dient der Key als Index. Für die Zuweisung eines Paars gelten folgende Regeln:

- Existiert bereits ein Paar mit diesem Key, wird der Value geändert.
- Existiert noch kein Paar mit diesem Key, wird das Paar der MutableMap hinzugefügt.

Die Methode `putAll()` dient dem Zuweisen aller Paare einer anderen Datenstruktur gemäß der genannten Regel. Bei der anderen Datenstruktur kann es sich zum Beispiel um eine Map oder MutableMap oder einen allgemeinen Array handeln, der Elemente desselben Datentyps beinhaltet. Zum Entfernen eines Paars mit einem bestimmten Key nutzen Sie die Methode `remove()`.

Ein Paar lässt sich mithilfe einer destrukturierenden Deklaration in seine beiden Teile Key und Value zerlegen. Das können Sie zum Beispiel bei einem vollständigen Durchlauf einer MutableMap mithilfe einer `for-in`-Schleife nutzen.

Der zweite Teil des Programms sieht wie folgt aus:

```
fun main() {
    val m1 = mapOf("Julia" to 24, "Udo" to 19, "Lena" to 23)
    ...
    val m2 = mutableMapOf("Sarah" to 28, "Tom" to 22, "Julia" to 25)
    m2["Sarah"] = 21
    m2["Kim"] = 27
    m2.putAll(m1)
    m2.remove("Tom")

    print("\nDestrukturierung:")
    for((k, v) in m2)
        print(" $k/$v")
}
```

Listing 7.10 Projekt »StrukturMap«, Teil 2 von 2

Es folgt die Ausgabe des zweiten Programmteils:

```
Destrukturierung: Sarah/21 Julia/24 Kim/27 Udo/19 Lena/23
```

Nach der Erzeugung der MutableMap wird dem Element mit dem Schlüssel Sarah ein neuer Wert zugewiesen. Das Element mit dem Schlüssel »Kim« wird hinzugefügt. Anschließend kommt die andere Map hinzu. Dabei werden die beiden Elemente mit den Schlüsseln »Udo« und »Lena« als neue Elemente hinzugefügt, das Element mit dem Schlüssel »Julia« erhält einen neuen Wert. Als Letztes wird das Element mit dem Schlüssel »Tom« entfernt.

7.4 Umwandlungen

Eine Reihe von Methoden ermöglicht Umwandlungen zwischen verschiedenen Datenstrukturen. Als Beispiel nutzen wir im Projekt *StrukturUmwandlung* ein Array aus `Int`-Werten zur Erstellung einer ArrayList und eines MutableSets. Zudem wird eine MutableMap mithilfe eines `String`-Arrays und eines `Int`-Arrays erzeugt.

Es folgt der Code des Programms:

```
fun main() {
    val a = intArrayOf(2, 8, -3, 2, 8)
    println("Array: " + a.joinToString())

    val b = a.toMutableList() as ArrayList<Int>
    b.add(-5)
    println("ArrayList: $b")

    val c = a.toMutableSet()
    c.add(-5)
    println("MutableSet: $c")

    val dk = arrayOf("Julia", "Ben", "Udo", "Ben")
    val dv = intArrayOf(24, 32, 19, 27)
    val d:MutableMap<String, Int> = mutableMapOf()
    for(x in dk.indices)
        d[dk[x]] = dv[x]
    print("MutableMap: $d")
}
```

Listing 7.11 Projekt »StrukturUmwandlung«

Die Methode `toMutableList()` dient der Erstellung einer MutableList aus einer anderen Datenstruktur, hier aus einem `Int`-Array. Eine MutableList kann mithilfe des Operators `as` in eine ArrayList umgewandelt werden. Der ArrayList können anschließend weitere Elemente hinzugefügt werden.

Mithilfe der Methode `toMutableSet()` können Sie einen MutableSet aus einer anderen Datenstruktur erzeugen, hier aus einem `Int`-Array. Doppelt vorkommende Elemente werden dabei nur einmal übernommen. Dem MutableSet können anschließend weitere Elemente hinzugefügt werden.

Mithilfe der Methode `toMutableMap()` könnten Sie eine MutableMap aus einer anderen MutableMap erstellen. Im vorliegenden Beispiel stammen die Daten für die MutableMap aber aus zwei Arrays. Zunächst wird eine leere MutableMap erstellt. Anschließend werden ihr die Elemente des `String`-Arrays als Keys zugewiesen, denen die entsprechenden Elemente des `Int`-Arrays als Values zugeordnet werden. Bei einem doppelt vorkommenden Key wird der Value mit dem neuen Wert überschrieben.

Es folgt die Ausgabe des Programms:

```
Array: 2, 8, -3, 2, 8
ArrayList: [2, 8, -3, 2, 8, -5]
MutableSet: [2, 8, -3, -5]
MutableMap: {Julia=24, Ben=27, Udo=19}
```

Kapitel 8
Objektorientierte Programmierung

In diesem Kapitel geht es um Klassen und Objekte, Konstruktoren, Eigenschaften und Methoden, Singleton-Objekte sowie Operatormethoden.

8

In Kotlin arbeiten wir funktional und objektorientiert. Mit der Erstellung eigener Klassen vertieft sich auch das Verständnis für die vordefinierten Klassen und ihre Elemente, die Sie längst einsetzen.

Mithilfe der objektorientierten Programmierung erzeugen Sie Softwareobjekte, die realen Objekten nachgebildet sind. Als Muster zur Erzeugung gleichartiger Objekte werden zunächst Klassen entworfen. In einer Klasse werden Eigenschaften und Methoden definiert. Häufig wird statt des Begriffs *Klasse* auch der Begriff *Datentyp* (oder einfach *Typ*) verwendet.

Nach der Definition einer Klasse können beliebig viele *Objekte* dieser Klasse erzeugt werden. Die einzelnen Objekte besitzen individuelle Werte für die verschiedenen Eigenschaften. Ihr Verhalten richtet sich nach den definierten Methoden. Eigenschaften und Methoden werden zusammengefasst auch als *Member* einer Klasse bezeichnet.

Die Methoden einer Klasse können überladen werden. Eine Klasse kann also mehrere Methoden mit demselben Namen, aber unterschiedlichen Signaturen besitzen (siehe auch Abschnitt 5.1.6).

Hinweise

Die in diesem Kapitel dargestellten Programme sind ein Kompromiss, denn sie erklären zwar die sprachlichen Elemente des objektorientierten Aspekts in Kotlin, erreichen das aber nicht anhand von umfangreichen Programmen, bei denen sich der Vorteil der Objektorientierung besonders auswirken würde.

Stattdessen definieren Sie eigene kleine Klassen und verwenden diese. Dadurch verbessert sich das Verständnis für den objektorientierten Aspekt von Kotlin und gleichzeitig für die Nutzung der bereits vorhandenen Klassen.

8.1 Klassen und Objekte

In diesem Abschnitt lernen Sie im Projekt *Klassen*, wie Sie eine Klasse definieren, Eigenschaften und Methoden festlegen und Objekte der Klasse erzeugen und verwenden.

8.1.1 Neue Klassendatei erstellen

Innerhalb des Projekts werden zwei Klassen definiert und verwendet, die das Verhalten von Fahrzeugen auf unterschiedliche Weise nachbilden. Die Definition einer Klasse wird zur besseren Übersicht standardmäßig in einer eigenen Datei vorgenommen, ähnlich wie in Abschnitt 5.4.1.

Zur Erzeugung einer neuen Datei mit einer Klasse machen Sie zunächst im Projektfenster den Pfad bis zur Datei *main.kt* sichtbar (siehe Abbildung 8.1).

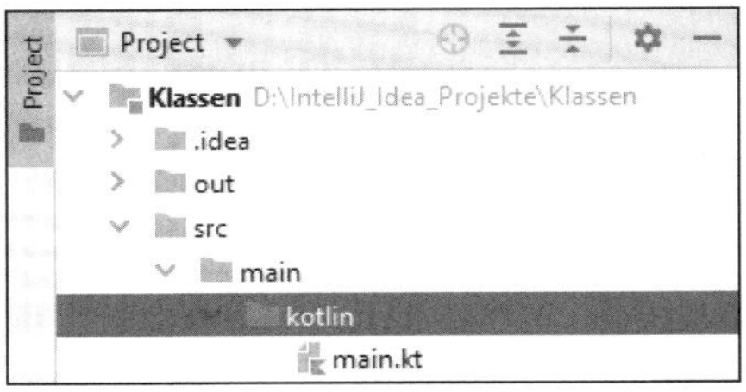

Abbildung 8.1 Pfad bis zur Datei main.kt

Öffnen Sie das Kontextmenü auf dem Verzeichniseintrag KOTLIN und wählen Sie den Menüpunkt NEW • KOTLIN CLASS/FILE. Es erscheint das entsprechende Dialogfeld (siehe Abbildung 8.2). Wählen Sie den Eintrag CLASS aus, tragen Sie im Eingabefeld den Namen der neuen Klasse ein und betätigen Sie die Taste [↵].

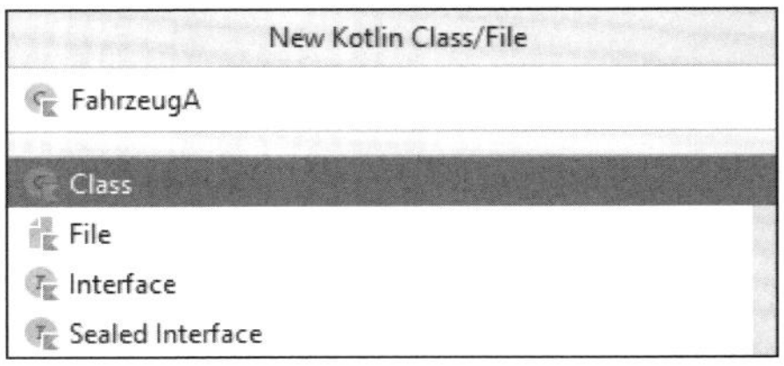

Abbildung 8.2 Name und Typ der Datei

Anschließend erscheint im ausgewählten Verzeichnis die neue Datei *FahrzeugA.kt*. Die Endung *kt* wird dabei automatisch angehängt. Die Namen von Klassen und die zugehörigen Dateien beginnen gemäß Konvention mit einem Großbuchstaben. Die neue Datei wird unmittelbar geöffnet. Sie beinhaltet bereits das Grundgerüst der Klasse:

```
class FahrzeugA {
}
```

Listing 8.1 Projekt »Klassen«, Datei »FahrzeugA.kt«, Grundgerüst

8.1.2 Klasse definieren

Es folgt die Definition der Klasse `FahrzeugA` in der Datei *FahrzeugA.kt*:

```
class FahrzeugA {
    private var bezeichnung = ""
    private var leistung = 0

    fun setzenBezeichnung(b:String) {
        bezeichnung = if(b == "") "(unbekannt)" else b
    }

    fun setzenLeistung(l:Int) {
        leistung = if(l < 0) 0 else l
    }

    override fun equals(other:Any?):Boolean {
        val f = other as FahrzeugA
        return bezeichnung == f.bezeichnung &&
                leistung == f.leistung
    }

    override fun toString():String {
        return "$bezeichnung, $leistung KW"
    }

    override fun hashCode() = 0
}
```

Listing 8.2 Projekt »Klassen«, Datei »FahrzeugA.kt«

Nach dem Schlüsselwort `class` folgt der Name der Klasse, anschließend der Code der Klasse in einem Block.

Ein Fahrzeug wird im vorliegenden Beispiel durch seine Bezeichnung und seine Leistung (in KW) gekennzeichnet. Entsprechend werden in der Klasse die *Eigenschaften* `bezeich-`

nung und leistung mithilfe von Variablen definiert. Die Eigenschaften müssen mithilfe von Startwerten initialisiert werden.

Eines der Prinzipien der Objektorientierung ist die *Datenkapselung*: Der Zugriff auf die Eigenschaften eines Objekts wird möglichst stark eingeschränkt. Daher wird das Schlüsselwort private vor dem Namen der Eigenschaften notiert. Auf diese Weise kann nur innerhalb der Klasse auf die Eigenschaften zugegriffen werden.

Methoden sind Funktionen, die das Verhalten eines Objekts definieren. Sie können nur für Objekte der betreffenden Klasse aufgerufen werden. Innerhalb der Methoden sind nur die Werte der Eigenschaften desjenigen Objekts bekannt, für das die Methode aufgerufen wurde. Eigenschaften und Methoden einer Klasse werden unter dem Begriff *Member* zusammengefasst.

Im vorliegenden Beispiel können die Werte der privaten Eigenschaften mithilfe der Parameter der Methoden setzenBezeichnung() und setzenLeistung() eingestellt werden. Die Methoden dienen zur Kontrolle des Zugriffs auf die Eigenschaften. Es wird zum Beispiel darauf geachtet, dass den Eigenschaften über die Parameter nur sinnvolle Werte zugewiesen werden können.

Es folgen zwei besondere Methoden:

- Die Methode toString() dient zur Ausgabe der Eigenschaftswerte eines Objekts in Form einer Zeichenkette, die als Ergebnis der Methode zurückgeliefert wird.
- Mithilfe der Methode equals() können Sie zwei Objekte derselben Klasse miteinander vergleichen. Parameter der Methode ist ein Verweis auf dasjenige Objekt, mit dem das aktuelle Objekt verglichen wird. Der Parameter ist ein Verweis auf ein nullbares Objekt der Klasse Any. Er muss innerhalb der Methode mithilfe des Operators as in einen Verweis auf ein Objekt der Klasse FahrzeugA umgewandelt werden.

Beide Methoden werden von der Klasse Any übernommen. Diese Klasse bildet die Basis für alle vordefinierten und eigenen Klassen in Kotlin. Sie beinhaltet allgemeine Eigenschaften und Methoden, die allen Klassen zur Verfügung stehen. Wird für eine Klasse eine spezifische Version einer dieser allgemeinen Methoden benötigt, muss sie mithilfe des Schlüsselworts override überschrieben werden, wie dies hier für die Methoden toString() und equals() geschehen ist.

Soll das Member einer Klasse öffentlich zugänglich sein, wie im vorliegenden Beispiel die Methoden, könnten Sie zur Kennzeichnung das Schlüsselwort public verwenden. Allerdings ist die öffentliche Zugänglichkeit der Standard, daher wird das Schlüsselwort weggelassen.

8.1.3 Objekte erstellen und verändern

Es folgt der erste Teil des Programms. Darin werden Objekte der Klasse FahrzeugA erstellt, verändert und ausgegeben:

```
fun main() {
    println("Eigenschaften und Methoden:")

    val fa1 = FahrzeugA()
    fa1.setzenBezeichnung("BMW")
    fa1.setzenLeistung(85)

    val fa2 = FahrzeugA()
    fa2.setzenBezeichnung("Mazda")
    fa2.setzenLeistung(78)

    val fa3 = FahrzeugA()
    fa3.setzenBezeichnung("")
    fa3.setzenLeistung(-100)

    println("$fa1\n$fa2\n$fa3")

    println("\nMethode equals():")

    val fa4 = FahrzeugA()
    fa4.setzenBezeichnung("BMW")
    fa4.setzenLeistung(85)
    if(fa1 == fa4)
        println("Objekte sind gleich")
    ...
}
```

Listing 8.3 Projekt »Klassen«, Datei »main.kt«, Teil 1 von 2

Die Variablen fa1, fa2 und fa3 verweisen jeweils auf ein neu erzeugtes Objekt der Klasse FahrzeugA. Für diese Objekte werden die beiden Methoden zum Ändern der Eigenschaftswerte aufgerufen. Die übergebenen Werte für das letzte Objekt sind nicht sinnvoll. Daher erfolgen Korrekturen in den Methoden.

Zum Aufruf der Methode toString() genügt der Name des Objekts. Es wird entweder die überschreibende Methode der eigenen Klasse oder, falls diese nicht definiert ist, die Standardmethode der allgemeinen Basisklasse Any aufgerufen.

Bei der Methode equals() handelt es sich um eine Operatormethode. Solche Methoden können mithilfe eines Operators aufgerufen werden, in diesem Fall mit dem Vergleichsoperator ==. Der Operand vor dem Vergleichsoperator entspricht demjenigen Objekt, für das die Methode equals() aufgerufen wird. Der Operand nach dem Vergleichsoperator entspricht dem Parameter der Methode. Mehr zu Operatormethoden folgt in Abschnitt 8.4.

Wie bei der Methode toString() wird bei der Methode equals() entweder die überschreibende Methode der eigenen Klasse oder, falls diese nicht definiert ist, die Standardmethode der allgemeinen Basisklasse Any aufgerufen.

Es folgt die Ausgabe des ersten Programmteils:

```
Eigenschaften und Methoden:
BMW, 85 KW
Mazda, 78 KW
(unbekannt), 0 KW

Methode equals():
Objekte sind gleich
```

Die Werte der Eigenschaften eines Objekts können verändert werden. Die Variable als Verweis auf das gesamte Objekt ist hier unveränderlich (Schlüsselwort val). Möchten Sie einer Variablen später ein anderes Objekt zuweisen, müssen Sie das Schlüsselwort var verwenden.

8.1.4 Accessoren definieren

Statt eigener öffentlicher Methoden für die Kontrolle des Zugriffs auf die privaten Eigenschaften können Sie öffentliche *Getter*- und *Setter*-Methoden verwenden. Sie werden mit dem Begriff *Accessoren* zusammengefasst (engl.: *access*, dt.: *Zugang*).

Es folgt die Definition der Klasse FahrzeugB:

```
class FahrzeugB {
    var bezeichnung = ""
        get() = "G: $field"
        set(value) {
            field = if(value == "") "(unbekannt)" else value
        }

    var leistung = 0
```

```
        set(value) {
            field = if(value < 0) 0 else value
        }

    override fun toString():String {
        return "$bezeichnung, $leistung KW"
    }
}
```

Listing 8.4 Projekt »Klassen«, Datei »FahrzeugB.kt«

Die Getter-Methoden kommen beim lesenden Zugriff auf die Eigenschaften zum Einsatz, die Setter-Methoden beim schreibenden (also ändernden) Zugriff. Im vorliegenden Beispiel wird in der Getter-Methode der Eigenschaft `bezeichnung` die Zeichenfolge »G:« vorangesetzt. Die beiden Setter-Methoden des Beispiels arbeiten intern ähnlich wie die beiden Methoden `setzenBezeichnung()` und `setzenLeistung()` aus Abschnitt 8.1.2.

Wird in einer Getter- oder Setter-Methode keine Änderung vorgenommen, kann die betreffende Methode weggelassen werden. Das ist bei der Getter-Methode der Eigenschaft `leistung` der Fall.

Die Methoden haben die festgelegten Namen `get()` und `set()` und werden unmittelbar nach dem Namen der betreffenden Eigenschaft definiert.

Der Wert der Eigenschaft wird mit dem festgelegten Namen `field` gekennzeichnet, der Parameter zum Ändern des Werts der Eigenschaft mit dem festgelegten Namen `value`.

8.1.5 Accessoren verwenden

Es folgt der zweite Teil des Programms. Darin werden Objekte der Klasse `FahrzeugB` erstellt, verändert und ausgegeben:

```
fun main() {
    ...
    println("\nGetter und Setter:")

    val fb1 = FahrzeugB()
    fb1.bezeichnung = "BMW"
    fb1.leistung = 85

    val fb2 = FahrzeugB()
    fb2.bezeichnung = ""
```

```
    fb2.leistung = -100

    println("$fb1\n$fb2")
}
```

Listing 8.5 Projekt »Klassen«, Datei »main.kt«, Teil 2 von 2

Die Variablen `fb1` und `fb2` verweisen auf neu erzeugte Objekte der Klasse `FahrzeugB`. Den beiden Eigenschaften werden Werte zugewiesen. Während der Durchführung der Zuweisungen wird die jeweilige Setter-Methode zur Kontrolle (und gegebenenfalls zur Korrektur) aufgerufen, falls vorhanden.

Bei der Ausgabe wird die Methode `toString()` durchlaufen. Während der Durchführung dieser Methode wird die jeweilige Getter-Methode aufgerufen, falls vorhanden.

```
Getter und Setter:
G: BMW, 85 KW
G: (unbekannt), 0 KW
```

8.2 Konstruktoren und Initialisierung

Objekte einer Klasse sollten bei ihrer Erzeugung mit individuellen Werten für ihre Eigenschaften initialisiert werden. Konstruktor-Methoden ermöglichen unterschiedliche Arten der Initialisierung.

Eine Klasse kann einen Primärkonstruktor, einen oder mehrere Sekundärkonstruktoren und einen Initialisierungsblock besitzen. Alle diese Elemente werden nur zu Beginn der Existenz eines Objekts durchlaufen. Das Schlüsselwort `lateinit` erlaubt die spätere Initialisierung der Eigenschaft einer Klasse.

Innerhalb des Projekts *KlassenKonstruktoren* werden Klassen mit unterschiedlichen Möglichkeiten zur Initialisierung definiert.

8.2.1 Primärkonstruktor

Die nachfolgende Klasse `FahrzeugA` besitzt neben den Accessoren einen Primärkonstruktor:

```
class FahrzeugA(b: String, l: Int) {
    var bezeichnung = b
        get() = "G: $field"
```

```
        set(value) {
            field = if(value == "") "(unbekannt)" else value
        }

    var leistung = l
        set(value) {
            field = if(value < 0) 0 else value
        }

    override fun toString():String {
        return "$bezeichnung, $leistung KW"
    }
}
```

Listing 8.6 Projekt »KlassenKonstruktoren«, Datei »FahrzeugA.kt«

Der Primärkonstruktor ähnelt der Parameterliste einer Funktion und steht unmittelbar nach dem Namen der Klasse. Die Werte, die bei der Erzeugung eines Objekts übergeben werden, dienen zur Initialisierung der Eigenschaften. Es folgt der erste Teil des Programms. Darin werden Objekte der Klasse FahrzeugA erstellt und ausgegeben:

```
fun main() {
    println("Primärkonstruktor:")
    val fa1 = FahrzeugA("Opel", 82)
    val fa2 = FahrzeugA("Ford", 68)
    val fa3 = FahrzeugA("", -100)
    println("$fa1\n$fa2\n$fa3\n")
    ...
}
```

Listing 8.7 Projekt »KlassenKonstruktoren«, Datei »main.kt«, Teil 1 von 4

Aufgrund der Existenz des Primärkonstruktors, der zwei Parameter erwartet, müssen beide Objekte mit Startwerten erzeugt werden.

Die Ausgabe sieht aus wie folgt:

```
G: Opel, 82 KW
G: Ford, 68 KW
G: , -100 KW
```

Die beiden Startwerte für den Konstruktor werden an die beiden Parameter b und l des Primärkonstruktors übergeben. Sie dienen zur Initialisierung der beiden Eigenschaften.

Der Setter wird dabei nicht durchlaufen. Er würde erst bei der Zuweisung eines neuen Werts zum Einsatz kommen. Bei der Ausgabe mithilfe der Methode toString() wird der Getter durchlaufen.

8.2.2 Initialisierungsblock

Die Klasse FahrzeugB besitzt neben einem Primärkonstruktor einen Initialisierungsblock. Ein solcher Block wird nur zu Beginn der Existenz eines Objekts durchlaufen. Es folgt die Definition der Klasse:

```
class FahrzeugB (b:String, l:Int){
    var bezeichnung = b
        get() = "G: $field"
        set(value) {
            field = if(value == "") "(unbekannt)" else value
        }

    var leistung = l
        set(value) {
            field = if(value < 0) 0 else value
        }

    init {
        bezeichnung = b
        leistung = l
    }

    override fun toString():String {
        return "$bezeichnung, $leistung KW"
    }
}
```

Listing 8.8 Projekt »KlassenKonstruktoren«, Datei »FahrzeugB.kt«

Ein Initialisierungsblock besteht aus dem Schlüsselwort init und einem Block. Er dient zur Initialisierung neu erstellter Objekte. Im Unterschied zum vorherigen Programm können damit wie im vorliegenden Beispiel die Setter der beiden Eigenschaften durchlaufen werden.

Es folgt der zweite Teil des Programms. Darin werden Objekte der Klasse FahrzeugB erstellt und ausgegeben:

```
fun main() {
    ...
    println("Initialisierungsblock:")
    val fb1 = FahrzeugB("Toyota", 78)
    val fb2 = FahrzeugB("", -100)
    println("$fb1\n$fb2\n")
    ...
}
```

Listing 8.9 Projekt »KlassenKonstruktoren«, Datei »main.kt«, Teil 2 von 4

Die Parameter des Primärkonstruktors werden vom Initialisierungsblock aus an den Setter gesendet. Dort werden sie kontrolliert und ggf. geändert.

Die Ausgabe sieht wie folgt aus:

```
Initialisierungsblock:
G: Toyota, 78 KW
G: (unbekannt), 0 KW
```

8.2.3 Sekundärkonstruktoren

Die Klasse FahrzeugC besitzt neben einem Primärkonstruktor und einem Initialisierungsblock mehrere Sekundärkonstruktoren. Es folgt die Definition der Klasse:

```
class FahrzeugC (b:String, l:Int) {
    var bezeichnung = b
        get() = "G: $field"
        set(value) {
            field = if(value == "") "(unbekannt)" else value
        }

    var leistung = l
        set(value) {
            field = if(value < 0) 0 else value
        }

    init {
        bezeichnung = b
        leistung = l
    }
```

```
    constructor(b:String):this(b, 0)
    constructor(l:Int):this("(unbekannt)", l)
    constructor():this(0)

    override fun toString():String {
        return "$bezeichnung, $leistung KW"
    }
}
```

Listing 8.10 Projekt »KlassenKonstruktoren«, Datei »FahrzeugC.kt«

Ein Sekundärkonstruktor (kurz: SK) wird mithilfe des Schlüsselworts `constructor` definiert. Es kann mehrere Überladungen des SK geben. Sie müssen sich durch ihre Signaturen voneinander unterscheiden, also durch die Anzahl und die Datentypen ihrer Parameter. SKs können den Primärkonstruktor (kurz: PK) oder andere SKs aufrufen.

Der erste SK erwartet eine Zeichenkette. Er ruft mithilfe des Schlüsselworts `this`, das für das aktuelle Objekt steht, den PK auf. Dabei wird ein Standardwert für den zweiten Parameter des PKs übergeben.

Der zweite SK erwartet einen `Int`-Wert. Er ruft ebenfalls den PK auf. Dabei wird ein Standardwert für den ersten Parameter des PKs übergeben.

Der dritte SK erwartet keinen Parameter. Er ruft den zweiten SK auf. Dabei wird ein Standardwert für dessen ersten Parameter übergeben. Der zweite SK ruft dann den PK auf, wie bereits beschrieben.

Bei den SKs handelt es sich um Methoden, die einen Methodenblock mit Anweisungen in geschweiften Klammern besitzen können. Werden nur Parameter weitergegeben, wie im vorliegenden Fall, kann der Block weggelassen werden.

Es folgt der dritte Teil des Programms. Darin werden Objekte der Klasse `FahrzeugC` erstellt und ausgegeben:

```
fun main() {
    ...
    println("Sekundär-Konstruktoren:")
    val fc1 = FahrzeugC()
    val fc2 = FahrzeugC("Fiat")
    val fc3 = FahrzeugC("")
    val fc4 = FahrzeugC(74)
    val fc5 = FahrzeugC(-100)
    val fc6 = FahrzeugC("Lancia", 86)
```

```
    val fc7 = FahrzeugC("", -100)
    println("$fc1\n$fc2\n$fc3\n$fc4\n$fc5\n$fc6\n$fc7\n")
    ...
}
```

Listing 8.11 Projekt »KlassenKonstruktoren«, Datei »main.kt«, Teil 3 von 4

Das Objekt fc1 nutzt den dritten SK, die Objekte fc2 und fc3 nutzen den ersten SK, die Objekte fc4 und fc5 den zweiten SK und die Objekte fc6 und fc7 den PK. Anschließend wird jeweils der Initialisierungsblock durchlaufen. Für die Objekte fc3, fc5 und fc7 ergeben sich dadurch Änderungen.

Die Ausgabe sieht wie folgt aus:

```
Sekundär-Konstruktoren:
G: (unbekannt), 0 KW
G: Fiat, 0 KW
G: (unbekannt), 0 KW
G: (unbekannt), 74 KW
G: (unbekannt), 0 KW
G: Lancia, 86 KW
G: (unbekannt), 0 KW
```

8.2.4 Das Schlüsselwort »lateinit«

Weisen Sie der Eigenschaft einer Klasse das Schlüsselwort lateinit (kurz für *late initialization*, deutsch: *späte Initialisierung*) zu, muss sie ausnahmsweise nicht unmittelbar initialisiert werden. Das Schlüsselwort lateinit kann zum Beispiel eingesetzt werden, falls es sich bei einer Eigenschaft um einen Verweis auf ein Objekt handelt, das erst im weiteren Verlauf des Programms erstellt wird.

Die Klasse FahrzeugD besitzt zwei Eigenschaften, die erst später initialisiert werden müssen. Es folgt die Definition der Klasse:

```
class FahrzeugD {
    private lateinit var bezeichnung:String
    private lateinit var leistung:String

    fun zuweisen(b:String, l:String) {
        bezeichnung = if(b == "") "(unbekannt)" else b
        leistung = if(l == "") "(unbekannt)" else l
    }
```

```
    override fun toString():String {
        return if(::bezeichnung.isInitialized && ::leistung.isInitialized)
            "$bezeichnung, $leistung KW"
        else
            "Noch nicht initialisiert"
    }
}
```

Listing 8.12 Projekt »KlassenKonstruktoren«, Datei »FahrzeugD.kt«

Konstruktoren oder einen Initialisierungsblock gibt es in diesem Fall nicht. Variablen von einfachen Datentypen, wie zum Beispiel `Int`, dürfen nicht als `lateinit`-Eigenschaften deklariert werden. Daher hat die Eigenschaft `leistung` hier ausnahmsweise den Datentyp `String`.

Die Methode `zuweisen()` dient zur Zuweisung von Eigenschaften des Objekts im Lauf des Programms. Eine `lateinit`-Eigenschaft besitzt die boolesche Eigenschaft `isInitialized`. Diese beinhaltet die Information, ob die betreffende `lateinit`-Eigenschaft bereits initialisiert wurde oder nicht.

Es folgt der vierte und letzte Teil des Programms. Darin wird ein Objekt der Klasse `FahrzeugD` erstellt. Später werden seinen Eigenschaften Werte zugewiesen. Es wird sowohl vor als auch nach der Zuweisung ausgegeben:

```
fun main() {
    ...
    println("Späte Initialisierung:")
    val fd1 = FahrzeugD()
    println("$fd1")
    fd1.zuweisen("Seat", "58")
    println("$fd1")
}
```

Listing 8.13 Projekt »KlassenKonstruktoren«, Datei »main.kt«, Teil 4 von 4

Die Ausgabe dieses Programmteils:

```
Späte Initialisierung:
Noch nicht initialisiert
Seat, 58 KW
```

8.3 Einzigartige Objekte

Von einer Klasse können beliebig viele Objekte erzeugt werden. Möchten Sie sicherstellen, dass von allen Teilen Ihrer Anwendung nur auf ein bestimmtes Objekt zugegriffen wird, verwenden Sie ein *Singleton-Objekt* (dt.: *Einzelstück*).

Wie eine Klasse kann ein Singleton-Objekt

- private und öffentlich zugängliche Eigenschaften, Methoden und Accessoren besitzen,
- einen Initialisierungsblock beinhalten (aber keine Konstruktoren),
- von einer Klasse erben und
- ein oder mehrere Interfaces implementieren.

Ein Singleton-Objekt kann auch innerhalb einer Klasse als sogenanntes *Companion-Objekt* definiert werden. Dieses steht allen Objekten einer Klasse zur Verfügung. Innerhalb des nachfolgenden Projekts *KlassenObjekte* werden vier verschiedene Objekte definiert und verwendet.

8.3.1 Benanntes Singleton-Objekt

Singleton-Objekte werden wie Klassen zur besseren Übersicht standardmäßig in einer eigenen Datei definiert. Die Erstellung einer solchen Datei wird in Abschnitt 8.1.1 beschrieben. Der einzige Unterschied: Sie wählen statt des Eintrags CLASS den Eintrag OBJECT aus. Anschließend tragen Sie den Namen des Objekts ein und betätigen dann die Taste [↵].

Es folgt die Definition des Singleton-Objekts mit dem Namen Bugatti in der Datei *Bugatti.kt*:

```
object Bugatti {
    var bezeichnung = ""
        get() = "G: $field"
        set(value) {
            field = if(value == "") "(unbekannt)" else value
        }

    var leistung = 0
        set(value) {
            field = if(value < 0) 0 else value
        }
```

```
    override fun toString():String {
        return "$bezeichnung, $leistung KW"
    }
}
```

Listing 8.14 Projekt »KlassenObjekte«, Datei »Bugatti.kt«

Die Definition ähnelt der einer Klasse, aber mit dem Schlüsselwort `object` statt mit dem Schlüsselwort `class`. Das Objekt `Bugatti` besitzt zwei Eigenschaften mit Accessoren und eine Ausgabemethode.

Es folgt der erste Teil des Programms. Darin wird das Objekt `Bugatti` erstellt und ausgegeben:

```
fun main() {
    println("Benanntes Singleton-Objekt:")
    Bugatti.bezeichnung = "Bugatti Veyron"
    Bugatti.leistung = 736
    println("$Bugatti\n")
    ...
}
```

Listing 8.15 Projekt »KlassenObjekte«, Datei »main.kt«, Teil 1 von 4

Den Eigenschaften des Objekts `Bugatti` werden Werte zugewiesen. Dabei werden die Setter-Methoden durchlaufen. Anschließend erfolgt die Ausgabe des Objekts mithilfe der Methode `toString()`. Dabei wird die Getter-Methode der Eigenschaft `bezeichnung` genutzt.

Die Ausgabe sieht wie folgt aus:

```
Benanntes Singleton-Objekt:
G: Bugatti Veyron, 736 KW
```

8.3.2 Anonymes Singleton-Objekt mit Verweis

Ein Singleton-Objekt kann anonym, also ohne Benennung, definiert werden. Mit einem Verweis auf das Objekt ermöglichen Sie den Zugriff auf das Objekt innerhalb der Gültigkeit des Verweises.

Es folgt der zweite Teil des Programms:

```
fun main() {
    ...
```

```
    println("Anonymes Singleton-Objekt mit Verweis:")
    val ferrari = object {
        private val bezeichnung = "Ferrari La Ferrari"
        private val leistung = 588

        override fun toString():String {
            return "$bezeichnung, $leistung KW"
        }
    }
    println("$ferrari\n")
    ...
}
```


Listing 8.16 Projekt »KlassenObjekte«, Datei »main.kt«, Teil 2 von 4

Das Singleton-Objekt wird im vorliegenden Beispiel mit zwei geschützten unveränderlichen Eigenschaften und einer Ausgabemethode definiert.

Innerhalb des Gültigkeitsbereichs der Variablen `ferrari`, die auf das anonyme Singleton-Objekt verweist, kann auf das Objekt zugegriffen werden, zum Beispiel zur Ausgabe mithilfe der Methode `toString()`.

Die Ausgabe dieses Programmteils sieht wie folgt aus:

```
Anonymes Singleton-Objekt mit Verweis:
Ferrari La Ferrari, 588 KW
```

8.3.3 Anonymes Singleton-Objekt ohne Verweis

Ein anonymes Singleton-Objekt kann ohne Verweis definiert werden. Dieses Vorgehen ist sinnvoll, falls es nur zu einem bestimmten Zweck an genau einer Stelle des Programms benötigt wird. Das trifft bei der Kotlin-Programmierung für Android häufig zu.

Es folgt der dritte Teil des Programms:

```
fun main() {
    ...
    println("Anonymes Singleton-Objekt ohne Verweis:")
    println(object {
        private val bezeichnung = "Porsche 918 Spyder"
        private val leistung = 447

        override fun toString():String {
```

```
            return "$bezeichnung, $leistung KW"
        }
    })
    println()
    ...
}
```

Listing 8.17 Projekt »KlassenObjekte«, Datei »main.kt«, Teil 3 von 4

Auch dieses anonyme Singleton-Objekt wird mit zwei geschützten unveränderlichen Eigenschaften und einer Ausgabemethode definiert. Es dient unmittelbar als Parameter der Funktion `println()`. Beachten Sie besonders die Klammersetzung.

Die Ausgabe sieht wie folgt aus.

```
Anonymes Singleton-Objekt ohne Verweis:
Porsche 918 Spyder, 447 KW
```

8.3.4 Companion-Objekt

Nun wird in der Datei *Fahrzeug.kt* die Klasse `Fahrzeug` definiert. Von ihr kann es beliebig viele unterschiedliche Objekte geben.

Zusätzlich beinhaltet die Klasse ein einzigartiges Companion-Objekt. Dessen Eigenschaften und Methoden stehen jedem Objekt der betreffenden Klasse zur Verfügung. Die Werte der Eigenschaften des Companion-Objekts sind für alle Objekte der Klasse identisch. In anderen Programmiersprachen wird dieses Verhalten mithilfe von statischen Eigenschaften und Methoden erzeugt.

Es folgt zunächst die Definition der Klasse:

```
import kotlin.math.*
class Fahrzeug (b:String, l:Int){
    var bezeichnung = b
        get() = "G: $field"
        set(value) {
            field = if(value == "") "(unbekannt)" else value
        }

    var leistungKW = l
        set(value) {
            field = if(value < 0) 0 else value
        }
```

```
    init {
        anzahl++
    }

    companion object {
        var anzahl = 0
        private val faktor = 0.73549875

        fun ausgabeFaktor():String {
            return "Faktor: $faktor"
        }
    }

    override fun toString():String {
        val leistungPS = round(10 * leistungKW / faktor) / 10
        return "$anzahl, $bezeichnung, $leistungPS PS"
    }
}
```

Listing 8.18 Projekt »KlassenObjekte«, Datei »Fahrzeug.kt«

Jedes Objekt der Klasse besitzt die beiden geschützten Eigenschaften `bezeichnung` und `leistungKW`, jeweils mit individuellen Werten.

Das Companion-Objekt wird nach dem Schlüsselwort `companion` definiert. Es besitzt zwei Eigenschaften und eine Methode:

- Die öffentlich zugängliche Eigenschaft `anzahl`, die bei der Erzeugung jedes Objekts der Klasse `Fahrzeug` im Initialisierungsblock um 1 erhöht wird. Sie repräsentiert damit die Anzahl der bisher erzeugten Objekte der Klasse `Fahrzeug`.
- Die private Eigenschaft `faktor`, die zur Umrechnung der Leistung von der Einheit Kilowatt (KW) in die Einheit Pferdestärken (PS) dient.
- Die öffentlich zugängliche Methode `ausgabeFaktor()`, die nur für die gesamte Klasse aufgerufen werden kann, nicht für ein einzelnes Objekt. Innerhalb der Methode stehen nur die Eigenschaften und Methoden des Companion-Objekts zur Verfügung. Im vorliegenden Fall dient die Methode dazu, den Umrechnungsfaktor auszugeben.

Jedes Objekt der Klasse kann die Methode `toString()` aufrufen. In dieser Methode findet zunächst die Umrechnung von KW in PS statt. Anschließend werden der klassenweite Wert der Eigenschaft `anzahl` sowie die Objekt-individuellen Werte der Eigenschaft `bezeichnung` und der Variablen `leistungPS` ausgegeben.

Es folgt der vierte Teil des Programms:

```
fun main() {
    ...
    println("Companion-Objekt:")
    println("Anzahl: ${Fahrzeug.anzahl}")
    println(Fahrzeug.ausgabeFaktor())

    val f1 = Fahrzeug("Opel", 80)
    println(f1)
    println("Anzahl: ${Fahrzeug.anzahl}")

    val f2 = Fahrzeug("BMW", 85)
    println(f2)
    println("Anzahl: ${Fahrzeug.anzahl}")
}
```

Listing 8.19 Projekt »KlassenObjekte«, Datei »main.kt«, Teil 4 von 4

Das Companion-Objekt mit seinen Eigenschaften und Methoden existiert bereits vor der Existenz eines Objekts der Klasse `Fahrzeug`.

Es werden zwei Objekte der Klasse `Fahrzeug` erstellt. Für beide Objekte werden die Bezeichnung und die Leistung in PS ausgegeben. Der aktuelle Zählerstand wird mehrmals angezeigt.

Die Ausgabe sieht aus wie folgt:

```
Companion-Objekt:
Anzahl: 0
Faktor: 0.73549875
1, G: Opel, 108.8 PS
Anzahl: 1
2, G: BMW, 115.6 PS
Anzahl: 2
```

8.4 Operatormethoden

Kotlin bietet die Möglichkeit, eigene Operatormethoden zu definieren. Auf diese Weise lassen sich viele Operatoren auf die Objekte Ihrer Klassen anwenden. Damit ermöglichen Sie zum Beispiel eine besser lesbare Anweisung zur Addition der Werte von zwei Objekten einer eigenen Klasse:

```
Objekt3 = Objekt1 + Objekt2
```

Zur Erstellung der Methoden bietet Kotlin unter anderem die nachfolgenden Methoden mit festgelegten Namen:

- `plus()` für die Addition mithilfe des Operators +
- `minus()` für die Subtraktion mithilfe des Operators -
- `times()` für die Multiplikation mithilfe des Operators *
- `div()` für die Division mithilfe des Operators /

Im Projekt *KlassenOperatoren* wird die Klasse `Bruch` definiert. Sie bietet mithilfe von Operatormethoden verschiedene Möglichkeiten zur Rechnung mit mathematischen Brüchen, die ganzzahlige Zähler und Nenner besitzen.

Ein Nebeneffekt dieses Projekts: Sie können sich noch einmal die Übergabe von Objekten an Funktionen und die Rückgabe eines Objekts als Ergebnis einer Funktion vergegenwärtigen.

8.4.1 Ausgabe des Programms

Zur Verdeutlichung zeige ich Ihnen zunächst die Ausgabe des Programms. Der Bruchstrich wird durch einen Divisionsstrich zwischen Zähler und Nenner dargestellt. Für die ersten vier Zeilen der Ausgabe werden eine Multiplikation, eine Division, eine Addition sowie eine Subtraktion von zwei Brüchen durchgeführt.

In den beiden nächsten Zeilen der Ausgabe wird verdeutlicht, dass sich die aus der Mathematik bekannte Priorität der Operatoren – sprich: Punkt- vor Strichrechnung – auch bei Operatormethoden auswirkt. Sollen also die beiden ersten Brüche vor der Durchführung der Multiplikation addiert werden, müssen Sie Klammern setzen.

In den nächsten drei Zeilen sehen Sie die Ausgabe für folgende Aktionen:

- Es wird geprüft, ob zwei Brüche mathematisch gleich groß sind.
- Es wird geprüft, ob zwei Variablen auf dasselbe Objekt der Klasse Bruch verweisen.
- Es wird gezeigt, dass im vorliegenden Projekt der Nenner eines Bruchs, der den Wert 0 hat, automatisch auf 1 gesetzt wird.

Als Letztes wird eine ArrayList von Brüchen ausgegeben.

Die Ausgabe:

```
-3/2 * 1/4 = -3/8
-3/2 / 1/4 = -6
```

```
-3/2 + 1/4 = -5/4
-3/2 - 1/4 = -7/4
-3/2 + 1/4 * -3/8 = -51/32
(-3/2 + 1/4) * -3/8 = 15/32
Brüche sind gleich groß
Dasselbe Objekt (d3)
Nenner von 0 auf 1 gesetzt: 5
ArrayList: [3/2, 12/5, -2/3, 4/11]
```

8.4.2 Definition der Operatormethoden

Es folgt der erste Teil der Definition der Klasse `Bruch`:

```
class Bruch (zaehler:Int, nenner:Int){
    private var z = zaehler
    private var n = nenner
        set(value) {
            field = if(value == 0) 1 else value
        }

    init {
        z = zaehler
        n = nenner
    }

    constructor():this(1, 1)

    operator fun times(andererBruch:Bruch):Bruch {
        val neuerBruch = Bruch()
        neuerBruch.z = this.z * andererBruch.z
        neuerBruch.n = this.n * andererBruch.n
        return neuerBruch
    }

    operator fun div(b:Bruch):Bruch {
        return Bruch(z * b.n, n * b.z)
    }

    operator fun plus(b:Bruch):Bruch {
        return Bruch(z * b.n + n * b.z, n * b.n)
    }
```

```
    operator fun minus(b:Bruch):Bruch {
        return Bruch(z * b.n - n * b.z, n * b.n)
    }
    ...
}
```

Listing 8.20 Projekt »KlassenOperatoren«, Datei »Bruch.kt«, Teil 1 von 2

Die Klasse `Bruch` besitzt die beiden geschützten Eigenschaften `z` und `n` für die beiden ganzzahligen Werte von Zähler und Nenner des Bruchs. Die Eigenschaft `n` besitzt einen Setter, der bei Bedarf für die Änderung von `0` auf `1` sorgt. Brüche können mithilfe des Primärkonstruktors erstellt werden, der zwei Parameter erwartet. Danach wird der Initialisierungsblock durchlaufen.

Es gibt einen Sekundärkonstruktor, damit hilfsweise auch Brüche ohne Startwerte für Zähler und Nenner erzeugt werden können. Diese Brüche haben dann zunächst den Wert `1/1 = 1`.

Die Definition einer eigenen Operatormethode wird durch das Schlüsselwort `operator` eingeleitet.

Die Methode `times()` zur Multiplikation von zwei Objekten der Klasse `Bruch` ist zur Verdeutlichung ausführlicher definiert als die restlichen Methoden. Sie erwartet einen Verweis auf ein Objekt der Klasse `Bruch` als Parameter und liefert einen ebensolchen Verweis als Rückgabewert.

Der Aufruf der Methode ist auf zwei Arten möglich: `c3 = c1.times(c2)` oder `c3 = c1 * c2`. In beiden Fällen wird die Methode `times()` für das Objekt `c1` aufgerufen. Beim Aufruf wird ein Verweis auf das Objekt `c2` als Parameter an den Verweis `andererBruch` übergeben.

Mithilfe des Sekundärkonstruktors wird ein neuer »leerer« Bruch erzeugt. Gemäß den Regeln der Bruchrechnung läuft die Multiplikation so ab: *Zähler × Zähler* und *Nenner × Nenner*, siehe auch: *https://de.wikipedia.org/wiki/Bruchrechnungchenarten*

Als Rückgabewert wird der Verweis auf den Bruch, der das Rechenergebnis beinhaltet, an den Bruch `c3` zurückgeliefert.

Die Methoden `div()`, `plus()` und `minus()` für die drei anderen Operatoren sind ähnlich aufgebaut. Der gleiche Ablauf ist allerdings in einer einzelnen Anweisung zusammengefasst. Als Rückgabewert wird jeweils ein Verweis auf einen Bruch geliefert. Dieser wird mithilfe der Rechenregeln für Brüche und des Primärkonstruktors neu erzeugt.

8.4.3 Definition weiterer Methoden

Es folgt der zweite Teil der Definition der Klasse `Bruch`:

```
class Bruch (zaehler:Int, nenner:Int){
    ...
    override fun toString():String {
        kuerzen()
        if(n < 0) {
            z *= -1
            n *= -1
        }
        return if(n == 1) "$z" else "$z/$n"
    }

    private fun kuerzen() {
        var x = z
        var ggT = n

        while(x != 0) {
            val temp = x
            x = ggT % x
            ggT = temp
        }

        z /= ggT
        n /= ggT
    }

    override fun equals(other:Any?): Boolean {
        val b = other as Bruch
        kuerzen()
        b.kuerzen()
        return z == b.z && n == b.n
    }

    override fun hashCode(): Int {
        var result = z
        result = 31 * result + n
        return result
    }
}
```

Listing 8.21 Projekt »KlassenOperatoren«, Datei »Bruch.kt«, Teil 2 von 2

In der Methode toString() wird jeder Bruch durch Aufruf der Methode kuerzen() vor der Ausgabe gekürzt. Zudem findet eine Prüfung des Nenners statt. Ist er negativ, werden sowohl Zähler als auch Nenner mit -1 multipliziert. Der mathematische Wert des Bruchs bleibt dabei gleich. Aus 3/-2 wird -3/2, aus -3/-2 wird 3/2.

In der Methode kuerzen() wird mithilfe des Euklidischen Algorithmus zunächst der größte gemeinsame Teiler (kurz: ggT) von Zähler und Nenner bestimmt. Anschließend werden beide durch den ggT geteilt.

Mithilfe der Methode equals() können Sie feststellen, ob zwei Brüche gleich groß sind, also ob die beiden Zähler und die beiden Nenner des gekürzten Bruchs miteinander übereinstimmen. Die Methode überschreibt die gleichnamige Methode der Klasse Any (siehe auch Abschnitt 8.1.2).

Parameter der Methode ist ein Verweis auf denjenigen Bruch, mit dem der aktuelle Bruch verglichen wird. Der Parameter ist ein Objekt der Klasse Any. Er muss innerhalb der Methode mithilfe des Operators as in einen Verweis auf ein Objekt der Klasse Bruch umgewandelt werden.

Wird die Methode equals() in einer eigenen Klasse überschrieben, wird empfohlen, auch die Methode hashCode() der Klasse Any zu überschreiben. Diese Methode liefert einen Int-Wert, der bei der eindeutigen Identifizierung von Objekten helfen soll. Im vorliegenden Fall wird ein einfacher Ablauf für die Generierung der Methode vorgeschlagen

8.4.4 Verwendung der Klasse

Es folgt das Programm, das die Klasse Bruch verwendet:

```
fun main() {
    val c1 = Bruch(3, -2)
    val c2 = Bruch(1, 4)
    val c3 = c1 * c2
    println("$c1 * $c2 = $c3")
    val c4 = c1 / c2
    println("$c1 / $c2 = $c4")
    val c5 = c1 + c2
    println("$c1 + $c2 = $c5")
    val c6 = c1 - c2
    println("$c1 - $c2 = $c6")
    val c7 = c1 + c2 * c3
    println("$c1 + $c2 * $c3 = $c7")
    val c8 = (c1 + c2) * c3
    println("($c1 + $c2) * $c3 = $c8")
```

```
    val d1 = Bruch(5,6)
    val d2 = Bruch(10,12)
    if(d1 == d2)
        println("Brüche sind gleich groß")
    if(d1 === d2)
        println("Dasselbe Objekt (d2)")

    val d3 = d1
    if(d1 === d3)
        println("Dasselbe Objekt (d3)")

    val d4 = Bruch(5, 0)
    println("Nenner von 0 auf 1 gesetzt: $d4")

    val d5 = arrayListOf(Bruch(6,4), Bruch (12,5), Bruch (-6,9))
    d5.add(Bruch(16, 44))
    println("ArrayList: $d5")
}
```

Listing 8.22 Projekt »KlassenOperatoren«, Datei »main.kt«

Es werden die beiden Brüche `3/-2` und `1/4` als Basis für die Multiplikation, die Division, die Addition und die Subtraktion erzeugt.

Im Fall der Berechnung des Bruchs `c7` hat die Multiplikation Vorrang, also die Methode `times()`. Erst für den Rückgabewert der Methode `times()` wird die Methode `plus()` aufgerufen. Bei Bruch `c8` ist die Reihenfolge umgekehrt: Für den Rückgabewert der Methode `plus()` wird die Methode `times()` aufgerufen.

Die beiden Brüche `d1` und `d2` haben denselben mathematischen Wert, wie der Vergleich mithilfe des Operators `==` (sprich: der Operatormethode `equals()`) zeigt. Der Operator `===` prüft, ob die beiden Operanden `d1` und `d3` Verweise auf das identische Objekt sind.

Beim Bruch `d4` wird dank des Setters der Nenner von `0` auf `1` gesetzt. Die Variable `d5` verweist auf eine ArrayList, die aus Brüchen besteht. Mithilfe der ArrayList-Methode `add()` wird ein weiterer Bruch hinzugefügt. Sowohl ArrayLists als auch Brüche können unmittelbar ausgegeben werden, daher auch ArrayLists von Brüchen.

8.5 Datenklassen

Möchten Sie zusammengehörige Werte unterschiedlicher Datentypen auf einfache Weise gemeinsam speichern, müssen Sie keine Klassen verwenden.

Stattdessen können Sie Datenklassen verwenden. Dabei handelt es sich um vereinfachte Klassen, die häufig nur Eigenschaften, aber keine eigenen Methoden beinhalten. Stattdessen stehen einige nützliche vordefinierte Methoden zur Verfügung. Datenklassen ähneln benutzerdefinierten Datentypen oder auch Strukturen, wie sie aus anderen Programmiersprachen bekannt sind.

Im Projekt *KlassenDaten* wird die Datenklasse `Person` in der Datei *Person.kt* definiert. Sie dient der Speicherung von Personendaten und sieht wie folgt aus:

```
data class Person (var name:String, var pnr:Int)
```

Listing 8.23 Projekt »KlassenDaten«, Datei »Person.kt«

Die Definition einer Datenklasse beginnt mit dem Schlüsselwort `data`. Die Klasse `Person` besitzt zwei öffentlich zugängliche Eigenschaften für den Namen beziehungsweise die Personalnummer einer Person. Da sie hier keine weiteren Elemente besitzt, ist der Rumpf der Klasse leer. Er kann inklusive der geschweiften Klammern weggelassen werden.

Es folgt der Code des Programms, das diese Datenklasse verwendet:

```
fun main() {
    val pa = Person("Peter", 111)
    println("Objekt: $pa")
    println("Name:" + pa.name + ", PNr:" + pa.pnr)

    val (nm, nr) = pa
    println("Destrukturierung: $nm $nr")

    val pb = machePerson("Anna", 222)
    val pc = machePerson("Sven", 333)
    println("Aus Funktion: $pb $pc")

    val pd = pa.copy(pnr = 444)
    println("Kopie mit Änderung: $pd")

    val pe = Person("Peter", 555)
    if(pe == pa)
        println("Personen sind gleich")
    if(pe === pa)
        println("Dasselbe Objekt")
```

```
    val ar = arrayListOf(Person("Monika", 666), Person("Lars", 777))
    ar.add(Person("Andreas", 888))
    println("ArrayList: $ar")
}

private fun machePerson(n:String, p:Int):Person {
    return Person(n, p)
}
```

Listing 8.24 Projekt »KlassenDaten«, Datei »main.kt«

Die Variable pa verweist auf ein neu erzeugtes Objekt der Datenklasse Person. Die Methode toString() zur Ausgabe der Werte eines Objekts ist bei Datenklassen bereits vordefiniert. Sie können zum Lesen oder zum Ändern direkt auf die öffentlich zugänglichen Eigenschaften zugreifen.

Objekte von Datenklassen können destrukturiert werden. Dabei werden die Werte ihrer Eigenschaften mehreren Variablen zugewiesen.

Möchten Sie aus einer Funktion nicht nur einen einzelnen Wert, sondern mehrere Werte zurückliefern, können Sie die Werte in einem Objekt einer Klasse, zum Beispiel wie hier einer Datenklasse, zusammenfassen und dieses Objekt zurückliefern. Das wird in der Funktion machePerson() durchgeführt.

Zum Kopieren eines Objekts einer Datenklasse können Sie die vordefinierte Methode copy() verwenden. Beim Aufruf können Sie die Werte einzelner Eigenschaften der Kopie ändern, auch mithilfe von benannten Parametern.

Der Operator == und damit die Methode equals() zum Vergleich von Datenklassenobjekten stehen ebenso zur Verfügung. Der Operator === prüft wie gewohnt, ob zwei Variablen auf dasselbe Objekt verweisen. Zur Aufnahme großer Mengen von Datenklassenobjekten eignen sich die verschiedenen Typen von Datenstrukturen, wie zum Beispiel ArrayLists.

Es folgt die Ausgabe des Programms:

```
Objekt: Person(name=Peter, pnr=111)
Name:Peter, PNr:111
Destrukturierung: Peter 111
Aus Funktion: Person(name=Anna, pnr=222) Person(name=Sven, pnr=333)
Kopie mit Änderung: Person(name=Peter, pnr=444)
ArrayList: [Person(name=Monika, pnr=666),
    Person(name=Lars, pnr=777), Person(name=Andreas, pnr=888)]
```

Kapitel 9
Vererbung und mehr

In diesem Kapitel geht es um weitere wichtige Themen der objektorientierten Programmierung.

9

Sie lernen die Vererbung mit Basisklassen und abgeleiteten Klassen kennen, die Definition und Implementierung von Interfaces sowie abstrakte Klassen.

9.1 Ableitung von Klassen

Eine Klasse kann von einer anderen Klasse erben. Eine erbende Klasse übernimmt dabei die Eigenschaften und Methoden einer Basisklasse und ihr können weitere Eigenschaften und Methoden hinzugefügt werden. Übernommene Methoden können unverändert bleiben oder überschrieben werden. Beim Überschreiben werden die Methoden individuell angepasst.

Die Basisklasse wird auch Oberklasse oder allgemeine Klasse genannt, die erbende Klasse wird auch abgeleitete Klasse oder spezialisierte Klasse genannt. Von der abgeleiteten Klasse kann wiederum geerbt werden und so weiter. Auf diese Weise entstehen vielseitig nutzbare Hierarchien von Klassen innerhalb von Klassenbibliotheken.

Das Prinzip der Vererbung erspart viel Arbeit und wird an vielen Stellen angewandt. In der praktischen Programmierung

- erzeugen Sie Objekte der zahlreichen vordefinierten Klassen und nutzen dabei die Eigenschaften und Methoden dieser Klasse sowie die geerbten Eigenschaften und Methoden der Basisklassen,
- definieren Sie eigene Klassen, die von vordefinierten Klassen erben und deren Eigenschaften und Methoden nutzen, und
- bauen Sie eigene Klassenhierarchien auf.

In Kotlin gibt es keine Mehrfachvererbung. Eine Klasse kann also nicht gleichzeitig von mehreren Klassen erben. Eine Ausnahme bildet die allgemeine Klasse `Any`, von der alle Klassen in Kotlin (zusätzlich) erben.

Soll eine Klasse unterschiedliche Fähigkeiten aufweisen, die aus verschiedenen Quellen stammen, müssen Interfaces definiert und implementiert werden. Eine Klasse kann beliebig viele Interfaces implementieren (siehe auch Abschnitt 9.2).

Im Projekt *KlassenVererbung* wird die Vererbung anhand von zwei Klassen erläutert. Eine Klasse für Fahrzeuge dient als Basisklasse. Eine Klasse für Lastwagen wird von dieser Klasse abgeleitet. Lastwagen sind also spezialisierte Fahrzeuge.

9.1.1 Definition der Basisklasse

Es folgt die Definition der Basisklasse `Fahrzeug`:

```
open class Fahrzeug (b:String, l:Int) {
    var bezeichnung = b
        set(value) {
            field = if(value == "") "(unbekannt)" else value
        }

    var leistung = l
        set(value) {
            field = if(value < 0) 0 else value
        }

    init {
        bezeichnung = b
        leistung = l
    }

    open fun aendern(b:String, l:Int) {
        print("F2 ")
        bezeichnung = b
        leistung = l
    }

    override fun toString():String {
        return "$bezeichnung, $leistung KW"
    }
}
```

Listing 9.1 Projekt »KlassenVererbung«, Datei »Fahrzeug.kt«

Eine Klasse ist in Kotlin standardmäßig *final*. Von einer finalen Klasse kann nicht geerbt werden. Um das Vererben zu ermöglichen, muss das Schlüsselwort open vor die Definition der Klasse gesetzt werden. Die Klasse besitzt einen Primärkonstruktor, Accessoren, einen Initialisierungsblock und eine Ausgabemethode. Auf sekundäre Konstruktoren wurde verzichtet.

Zu Demonstrationszwecken wird die Methode aendern() definiert. Sie dient zum Ändern der Werte eines Fahrzeug-Objekts. In der abgeleiteten Klasse Lastwagen soll es ebenfalls eine Methode aendern() geben, mit derselben Signatur. Da Methoden in Kotlin standardmäßig final sind, muss das Schlüsselwort open auch vor die Definition der Methode gesetzt werden. Erst dann ist das Überschreiben der Methode in der abgeleiteten Klasse möglich.

Beim Durchlauf der Methode aendern() wird zur Verdeutlichung der Text »F2« ausgegeben, damit man weiß, welche der verschiedenen Methoden gleichen Namens verwendet wurde.

9.1.2 Definition der abgeleiteten Klasse

Es folgt die Definition der abgeleiteten Klasse Lastwagen:

```
class Lastwagen (b:String, l:Int, n:Double) : Fahrzeug(b, l) {
    var nutzlast = n
        set(value) {
            field = if(value < 0.0) 0.0 else value
        }

    init {
        nutzlast = n
    }

    constructor(b:String, l:Int):this(b, l, 0.0)
    constructor(b:String, n:Double):this(b, 0, n)
    constructor(l:Int, n:Double):this("(unbekannt)", l, n)
    constructor(b:String):this(b, 0)
    constructor(l:Int):this("(unbekannt)", l)
    constructor(n:Double):this("(unbekannt)", n)
    constructor():this("(unbekannt)")

    override fun aendern(b:String, l:Int) {
        print("L2 ")
```

```
        bezeichnung = b
        leistung = l
    }

    fun aendern(b:String, l:Int, n:Double) {
        print("L3 ")
        bezeichnung = b
        leistung = l
        nutzlast = n
    }

    override fun toString():String {
        return "${super.toString()}, $nutzlast t"
    }
}
```

Listing 9.2 Projekt »KlassenVererbung«, Datei »Lastwagen.kt«

Zunächst zur Kopfzeile der Klasse:

- Nach dem Namen der abgeleiteten Klasse und einem Doppelpunkt folgt der Name der Basisklasse. Im vorliegenden Beispiel besitzt die Klasse `Lastwagen` einen Primärkonstruktor mit drei Parametern, der zur Erstellung eines Lastwagen-Objekts mit drei Eigenschaften dient.
- Die beiden ersten Parameter sind für die beiden geerbten Eigenschaften der Klasse `Fahrzeug` bestimmt. Der dritte Parameter ist für die eigene Eigenschaft `nutzlast` (für die Nutzlast eines Lastwagens in der Einheit Tonne) gedacht. Die beiden Parameter für die geerbten Eigenschaften werden an die Basisklasse weitergereicht und dort vom passenden Konstruktor verarbeitet.

Es gibt insgesamt sieben eigene Sekundärkonstruktoren. Auf diese Weise können `Lastwagen`-Objekte auf sehr unterschiedliche Art und Weise erzeugt werden. Für die fehlenden Werte werden jeweils Standardwerte eingesetzt.

Die Klasse besitzt zudem einen eigenen Accessor, einen eigenen Initialisierungsblock und eine eigene Ausgabemethode.

Die eigene Methode `aendern()` mit zwei Parametern überschreibt die Methode `aendern()` der Basisklasse, da sie dieselbe Signatur besitzt. Daher muss sie mithilfe des Schlüsselworts `override` als überschreibend gekennzeichnet werden.

Dagegen besitzt die eigene Methode `aendern()` mit drei Parametern eine andere Signatur. Daher stellt sie eine Überladung der Methode `aendern()` dar und überschreibt sie nicht. Mithilfe des Schlüsselworts `super` haben Sie die Möglichkeit, eine Methode der übergeordneten Klasse direkt aufzurufen.

In der eigenen Ausgabemethode `toString()` wird ebenfalls eine Methode der übergeordneten Klasse aufgerufen, hier `toString()`.

9.1.3 Erstellen von Objekten

Es folgt der erste Teil des Programms, das die beiden Klassen verwendet:

```
fun main() {
    val la = Lastwagen("Iveco", 60, 12.5)
    val lb = Lastwagen("Scania", 80)
    val lc = Lastwagen(70, 14.5)
    val ld = Lastwagen("MAN", 18.5)
    val le = Lastwagen("Saurer")
    val lf = Lastwagen(125)
    val lg = Lastwagen(25.8)
    val lh = Lastwagen()
    val li = Lastwagen("", -10, -5.0)
    println("$la\n$lb\n$lc\n$ld\n$le\n$lf\n$lg\n$lh\n")
    ...
}
```

Listing 9.3 Projekt »KlassenVererbung«, Datei »main.kt«, Teil 1 von 2

Beim Einsatz von `Lastwagen`-Objekten werden alle benötigten Elemente zunächst in der Klasse `Lastwagen` gesucht. Werden sie dort nicht gefunden, werden sie in der übergeordneten Klasse `Fahrzeug` gesucht.

Es werden insgesamt neun Objekte der Klasse `Lastwagen` erstellt. Für das erste Objekt wird der Primärkonstruktor genutzt, für die nachfolgenden sieben Objekte jeweils einer der sieben Sekundärkonstruktoren. Beim letzten Objekt sorgen die Setter in den beiden Klassen für eine Korrektur der Werte.

Es folgt die Ausgabe dieses Programmteils:

```
Iveco, 60 KW, 12.5 t
Scania, 80 KW, 0.0 t
(unbekannt), 70 KW, 14.5 t
MAN, 0 KW, 18.5 t
Saurer, 0 KW, 0.0 t
(unbekannt), 125 KW, 0.0 t
```

```
(unbekannt), 0 KW, 25.8 t
(unbekannt), 0 KW, 0.0 t
(unbekannt), 0 KW, 0.0 t
```

9.1.4 Ändern von Objekten

Der zweite Teil des Programms sieht wie folgt aus:

```
fun main() {
    ...
    la.bezeichnung = ""
    la.leistung = -10
    la.nutzlast = -5.0
    println("Werte korrigiert: $la")

    lb.aendern("Mercedes", 90)
    println("aendern(): $lb")

    lc.aendern("VW", 85, 13.0)
    println("aendern(): $lc")

    val fa = Fahrzeug("Renault", 65)
    fa.aendern("Dacia", 68)
    println("aendern(): $fa")
}
```

Listing 9.4 Projekt »KlassenVererbung«, Datei »main.kt«, Teil 2 von 2

Zunächst werden alle drei Eigenschaften über die Setter geändert. Dabei werden Werte korrigiert, die nicht sinnvoll sind. Die Eigenschaft `nutzlast` wird in der Klasse `Lastwagen` gefunden. Dagegen werden die beiden anderen Eigenschaften nicht in der Klasse `Lastwagen` gefunden, sondern erst in der übergeordneten Klasse `Fahrzeug`.

Die Methoden mit dem Namen `aendern()` werden für die beiden `Lastwagen`-Objekte `lb` und `lc` in der Klasse `Lastwagen`, für das `Fahrzeug`-Objekt in der Klasse `Fahrzeug` gefunden.

Es folgt die Ausgabe dieses Programmteils:

```
Werte korrigiert: (unbekannt), 0 KW, 0.0 t
L2 aendern(): Mercedes, 90 KW, 0.0 t
L3 F2 aendern(): VW, 85 KW, 14.5 t
F2 aendern(): Dacia, 68 KW
```

9.2 Interfaces

Ein Interface ist eine Vorschrift für den Aufbau einer Klasse oder eines Objekts. Ein Interface kann Eigenschaften, Methoden mit Code und Methoden ohne Code beinhalten. Eine Methode ohne Code wird auch abstrakte Methode genannt.

Wird ein Interface in einer Klasse oder in einem Objekt umgesetzt, muss dort der Code für die abstrakten Methoden definiert werden. Man sagt in diesem Fall: Die Klasse oder das Objekt muss das Interface implementieren und die abstrakten Methoden müssen überschrieben werden. So wird für diese Klassen oder Objekte ein einheitliches Verhalten bezüglich des betreffenden Interface erreicht.

Eine Klasse (oder ein Objekt) kann mehrere Interfaces implementieren. Einerseits ergeben sich auf diese Weise mehr Vorschriften für den Aufbau der Klasse oder des Objekts, andererseits erhöht sich damit ihre Vielseitigkeit und Flexibilität. Darüber hinaus kann eine Klasse weiterhin eigene Eigenschaften und Methoden besitzen.

In der Programmierung in Kotlin für Android implementieren Sie häufig eines der vordefinierten Interfaces, die es zum Beispiel zur Behandlung von Ereignissen auf der Benutzeroberfläche gibt.

Im Projekt *KlassenInterfaces* werden zwei eigene Interfaces definiert. Sie werden einzeln oder gemeinsam in insgesamt zwei Klassen und zwei Objekten implementiert.

9.2.1 Definitionen der Interfaces

Interfaces werden wie Klassen und Objekte zur besseren Übersicht standardmäßig in einer eigenen Datei definiert. Die Erstellung einer solchen Datei wird in Abschnitt 8.1.1 beschrieben. Der einzige Unterschied: Sie wählen statt des Eintrags CLASS den Eintrag INTERFACE aus. Anschließend tragen Sie den Namen des Interface ein und betätigen die Taste [↵].

Es folgt die Definition des Interface `Rechenbar` in der Datei *Rechenbar.kt*:

```
interface Rechenbar {
    fun verdoppeln()
    fun verdreifachen()
}
```

Listing 9.5 Projekt »KlassenInterfaces«, Datei »Rechenbar.kt«

Nach dem Schlüsselwort `interface` folgen der Name des Interface und ein Block, den Sie mithilfe geschweifter Klammern bilden. Im vorliegenden Beispiel schreibt das Interface einer Klasse oder einem Singleton-Objekt vor, dass zwei Methoden ohne Parameter implementiert werden müssen. Alle Klassen oder Objekte, die das Interface umsetzen, weisen dann eine gewisse Ähnlichkeit auf.

Es folgt die Definition des Interface `Speicherbar`:

```
interface Speicherbar {
    var wert:Int
    fun zuweisen(w:Int)
}
```

Listing 9.6 Projekt »KlassenInterfaces«, Datei »Speicherbar.kt«

Dieses Interface schreibt vor, dass eine `Int`-Eigenschaft und eine Methode implementiert werden müssen, die einen `Int`-Parameter besitzt.

Interfaces besitzen keine Konstruktoren. Eigenschaften von Interfaces werden nicht initialisiert und haben keine Accessoren.

9.2.2 Implementierung eines Interface

Die Klasse `KlasseEins` implementiert das Interface `Speicherbar`:

```
class KlasseEins (w:Int) : Speicherbar {
    override var wert = w
        set(value) {
            field = if(value < 0) 0 else value
        }

    init {
        wert = w
    }

    var faktor = 1.5

    fun setzeFaktor(f:Double) {
        faktor = f
    }

    override fun zuweisen(w:Int) {
        wert = w
    }
```

```
    override fun toString(): String {
        return "Wert $wert, Faktor $faktor"
    }
}
```

Listing 9.7 Projekt »KlassenInterfaces«, Datei »KlasseEins.kt«

Nach dem Doppelpunkt hinter dem Klassennamen können die Namen von einem oder mehreren Interfaces folgen, die implementiert werden, sowie der Name einer einzelnen Klasse, von der geerbt wird. Hier handelt es sich nur um ein einzelnes Interface.

Die Eigenschaft `wert` und die Methode `zuweisen()` müssen mithilfe des Schlüsselworts `override` in der Klasse definiert werden. Darüber hinaus kann die Klasse noch eigene Eigenschaften und Methoden besitzen, wie hier zum Beispiel `faktor` und `setzeFaktor()`.

9.2.3 Verwendung der Klasse mit einem Interface

Es folgt der erste Teil des Programms. Darin wird ein Objekt der Klasse `KlasseEins` verwendet:

```
fun main() {
    val e = KlasseEins(4711)
    e.zuweisen(4712)
    e.setzeFaktor(5.1)
    println("Objekt der Klasse KlasseEins: $e")
    ...
}
```

Listing 9.8 Projekt »KlassenInterfaces«, Datei »main.kt«, Teil 1 von 3

Die Ausgabe dieses Programmteils:

```
Objekt der Klasse KlasseEins: Wert 4712, Faktor 5.1
```

9.2.4 Implementierung mehrerer Interfaces

Die Klasse `KlasseZwei` implementiert die beiden Interfaces `Speicherbar` und `Rechenbar`:

```
class KlasseZwei (w:Int) : Speicherbar, Rechenbar {
    override var wert = w
        set(value) {
            field = if(value < 0) 0 else value
        }
```

```
    init {
        wert = w
    }

    override fun zuweisen(w:Int) {
        wert = w
    }

    override fun verdoppeln() {
        wert *= 2
    }

    override fun verdreifachen() {
        wert *= 3
    }

    override fun toString(): String {
        return "Wert $wert"
    }
}
```

Listing 9.9 Projekt »KlassenInterfaces«, Datei »KlasseZwei.kt«

Alle Eigenschaften und Methoden der beiden Interfaces müssen mithilfe des Schlüsselworts `override` in der Klasse definiert werden. Darüber hinaus könnte auch diese Klasse noch eigene Eigenschaften und Methoden besitzen.

9.2.5 Verwendung der Klasse mit mehreren Interfaces

Es folgt der zweite Teil des Programms. Darin wird ein Objekt der Klasse `KlasseZwei` verwendet:

```
fun main() {
    ...
    val z = KlasseZwei(42)
    z.zuweisen(43)
    z.verdoppeln()
    z.verdreifachen()
    println("Objekt der Klasse KlasseZwei: $z")
    ...
}
```

Listing 9.10 Projekt »KlassenInterfaces«, Datei »main.kt«, Teil 2 von 3

Die Ausgabe dieses Programmteils:

```
Objekt der Klasse KlasseZwei: Wert 258
```

9.2.6 Singleton-Objekt mit einem Interface

Im letzten Teil des Programms wird ein anonymes Singleton-Objekt, das das Interface `Speicherbar` implementiert, definiert und verwendet:

```
fun main() {
    ...
    val obj = object:Speicherbar {
        override var wert:Int = 0

        override fun zuweisen(w:Int) {
            wert = w
        }

        override fun toString(): String {
            return "Wert $wert"
        }
    }
    obj.zuweisen(2468)
    println("Singleton-Objekt mit Verweis: $obj")
}
```

Listing 9.11 Projekt »KlassenInterfaces«, Datei »main.kt«, Teil 3 von 3

Nach dem Doppelpunkt hinter dem Schlüsselwort `object` folgt der Name des Interface, das implementiert wird. Ein Verweis auf das Objekt wird in der Variablen `obj` gespeichert. Es folgt die Ausgabe:

```
Singleton-Objekt mit Verweis: Wert 2468
```

9.3 Abstrakte Klassen

Die bisher genutzten Klassen dienen als Vorlage für gleichartige Objekte. Sie werden auch konkrete Klassen genannt, weil mit ihrer Hilfe konkrete Objekte erstellt werden können. Eine konkrete Klasse kann zur Vererbung dienen. Die Vorteile der Vererbung wurden in Abschnitt 9.1 erläutert.

Im Unterschied dazu existieren die abstrakten Klassen. Von einer abstrakten Klasse können keine Objekte erstellt werden. Sie ist ausschließlich für die Vererbung vorgesehen. Sie kann Eigenschaften, Methoden mit Code und abstrakte Methoden, also Methoden ohne Code, beinhalten. Diesen Methoden muss in abstrakten Klassen das Schlüsselwort `abstract` vorangesetzt werden.

Im Projekt *KlassenAbstrakt* wird eine eigene abstrakte Klasse für geometrische Figuren definiert. Sie dient als Muster zur Erstellung der beiden konkreten Klassen Kreis und Rechteck.

9.3.1 Definition der abstrakten Klasse

Es folgt die Definition der abstrakten Klasse `Figur` in der Datei *Figur.kt*:

```
abstract class Figur (f:String) {
    var farbe = f
        set(value) {
            field = if(value == "") "(unbekannt)" else value
        }

    init {
        farbe = f
    }

    fun faerben(f:String) {
        farbe = f
    }

    abstract fun skalieren(faktor:Double)
    abstract fun flaeche():Double

    override fun toString():String {
        return farbe
    }
}
```

Listing 9.12 Projekt »KlassenAbstrakt«, Datei »Figur.kt«

Einer konkreten Klasse, von der geerbt werden soll, muss das Schlüsselwort `open` vorangestellt werden. Eine abstrakte Klasse dient nur zum Vererben. Ihr muss das Schlüsselwort `abstract` vorangestellt werden.

Die Klasse Figur dient als Vorlage für verschiedene geometrische Figuren, die in abgeleiteten Klassen definiert werden. Die Klasse verfügt über die Eigenschaft farbe, einen zugehörigen Setter, einen Initialisierungsblock, eine Methode faerben() zum Ändern und eine Methode toString() zum Ausgeben der Eigenschaft farbe.

Zudem schreibt die Klasse Figur vor, dass in den abgeleiteten Klassen die beiden abstrakten Methoden skalieren() und flaeche() mit den jeweils angegebenen Typen für Parameter und Rückgabewert überschrieben werden müssen.

9.3.2 Definition der konkreten Klasse »Kreis«

Es folgt die Definition der konkreten Klasse Kreis, die von der abstrakten Klasse Figur abgeleitet wird:

```
import kotlin.math.round
const val PI = 3.1415926

class Kreis(f:String, r:Double) : Figur(f) {
    var radius = r
        set(value) {
            field = if(value < 0.0) 0.0 else value
        }

    init {
        radius = r
    }

    override fun skalieren(faktor: Double) {
        radius *= faktor
    }

    override fun flaeche():Double {
        return round(PI * radius * radius * 1000)  / 1000
    }

    override fun toString():String {
        return "${super.toString()}, $radius"
    }
}
```

Listing 9.13 Projekt »KlassenAbstrakt«, Datei »Kreis.kt«

Geometrische Figuren der Klasse `Kreis` verfügen neben der geerbten Eigenschaft `farbe` über die eigene Eigenschaft `radius`. Die beiden geerbten Methoden `skalieren()` und `flaeche()` müssen überschrieben werden, und zwar passend für `Kreis`-Objekte.

9.3.3 Definition der konkreten Klasse »Rechteck«

Es folgt die Definition der konkreten Klasse `Rechteck`, die ebenfalls von der abstrakten Klasse `Figur` abgeleitet wird:

```
class Rechteck(f:String, b:Double, h:Double) : Figur(f) {
    private var breite = b
        set(value) {
            field = if(value < 0.0) 0.0 else value
        }

    private var hoehe = h
        set(value) {
            field = if(value < 0.0) 0.0 else value
        }

    init {
        breite = b
        hoehe = h
    }

    override fun skalieren(faktor: Double) {
        breite *= faktor
        hoehe *= faktor
    }

    override fun flaeche():Double {
        return breite * hoehe
    }

    override fun toString():String {
        return "${super.toString()}, $breite, $hoehe"
    }
}
```

Listing 9.14 Projekt »KlassenAbstrakt«, Datei »Rechteck.kt«

Geometrische Figuren der Klasse Rechteck verfügen neben der geerbten Eigenschaft farbe über die beiden eigenen Eigenschaften breite und hoehe. Die beiden geerbten Methoden skalieren() und flaeche() müssen hier passend für Rechteck-Objekte überschrieben werden.

9.3.4 Verwendung der beiden Klassen

Es folgt das Programm, in dem die beiden Klassen verwendet werden, die von der abstrakten Klasse abgeleitet wurden:

```
fun main() {
    val k = Kreis("Rot", 1.6)
    println("$k, ${k.flaeche()}")
    k.faerben("Gelb")
    k.skalieren(2.0)
    println("$k, ${k.flaeche()}")

    val r = Rechteck("Blau", 3.6, 1.5)
    println("\n$r, ${r.flaeche()}")
    r.faerben("Cyan")
    r.skalieren(0.5)
    println("$r, ${r.flaeche()}")
}
```

Listing 9.15 Projekt »KlassenAbstrakt«, Datei »main.kt«

Die Ausgabe des Programms:

```
Rot, 1.6, 8.042
Gelb, 3.2, 32.17

Blau, 3.6, 1.5, 5.4
Cyan, 1.8, 0.75, 1.35
```

Kapitel 10
Entwicklung von Android-Apps

Mit der ersten eigenen Android-App lernen Sie die Entwicklungsumgebung Android Studio kennen.

Sie installieren das Android Studio und lernen seine wichtigsten Elemente anhand des ersten Android-Projekts kennen. Sie erstellen ein virtuelles Gerät und testen Ihre Apps darauf. Zudem schließen Sie Ihr Smartphone an Ihren Entwicklungs-PC an und testen Ihre Apps auf diesem realen Gerät.

10.1 Installation von Android Studio

Bei *Android Studio* handelt es sich um die frei verfügbare Entwicklungsumgebung von Google zur Erstellung von Android-Apps. Sie basiert auf der Entwicklungsumgebung IntelliJ IDEA, die Sie bisher in diesem Buch verwendet haben.

Nachfolgend beschreibe ich die Installation von Android Studio in der im August 2021 aktuellen Version 2020.3.1 für Windows. Die Installationen unter Ubuntu Linux und macOS werden in Anhang C beziehungsweise Anhang D erläutert.

Über die Adresse *https://developer.android.com/studio* können Sie das Android Studio herunterladen. Dort finden Sie den Button DOWNLOAD ANDROID STUDIO (siehe Abbildung 10.1). Speichern Sie die Installationsdatei auf Ihrem PC (siehe Abbildung 10.2). Rufen Sie die heruntergeladene Installationsdatei auf.

Es folgen mehrere Set-up-Schritte, bei denen die vorgegebenen Einstellungen bestätigt werden können. Unter anderem kann wie in Abbildung 10.3 eingestellt werden, dass zusätzlich zum Android Studio ein ANDROID VIRTUAL DEVICE (AVD) eingerichtet wird. Dabei handelt es sich um ein virtuelles Gerät, auf dem Sie Ihre Apps testen können. Sie können weitere virtuelle Geräte einrichten (siehe Abschnitt 10.4) und Ihre Apps zudem auf realen Geräten testen (siehe Abschnitt 10.5).

Abbildung 10.1 Android Studio herunterladen

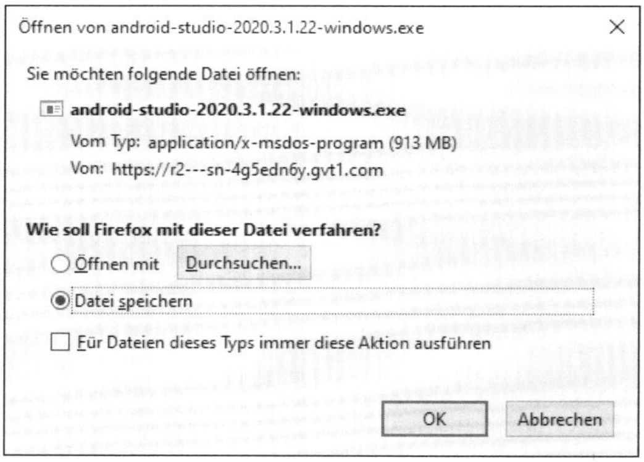

Abbildung 10.2 Installationsdatei speichern

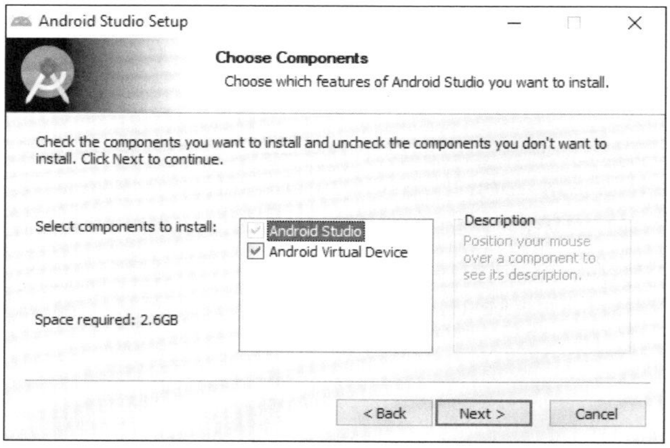

Abbildung 10.3 AVD einrichten lassen

Am Ende der Installation können Sie die Startseite von Android Studio aufrufen (siehe Abbildung 10.4).

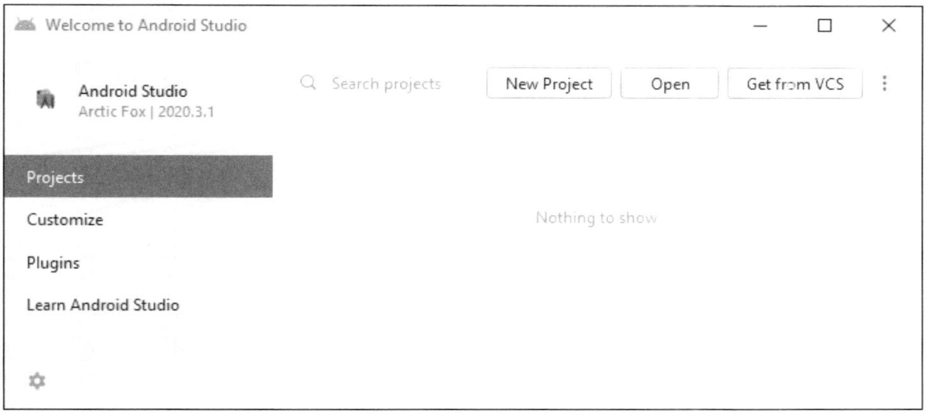

Abbildung 10.4 Startseite von Android Studio

Links unten können Sie über das Menü EINSTELLUNGEN, erkennbar am Zahnradsymbol, den Menüpunkt CHECK FOR UPDATES aufrufen, um Ihr Android Studio auf den neuesten Stand zu bringen. Das sollten Sie unmittelbar nach der Installation auf jeden Fall durchführen. Nach einem Update starten Sie das Android Studio neu.

10.2 Die erste App

Die erste einfache Android-App hat den Namen *HalloWelt* und zeigt in der Mitte des Bildschirms den Text »Hello World!« an. Ähnlich wie in IntelliJ IDEA dient ein solches einfaches Projekt häufig als erstes Beispiel zum Kennenlernen einer Entwicklungsumgebung.

Zur Erstellung eines neuen Projekts beginnen wir auf dem Startbildschirm von Android Studio, wie er nach der Installation erscheint (siehe Abbildung 10.4). Wären bereits fertige Projekte vorhanden, würden sie auf der linken Seite in einer Liste angezeigt werden. Zur Erstellung eines neuen Projekts betätigen Sie den Button NEW PROJECT.

10.2.1 Projekttyp und Activity auswählen

Es erscheint das Dialogfeld mit dem Namen NEW PROJECT (siehe Abbildung 10.5). Hier wählen Sie den Typ des Zielgeräts und das *Template* (deutsch: Vorlage) für Ihr Projekt aus. In diesem Buch werden Projekte für Smartphones und Tablets erstellt. Daher bleiben wir auf der Registerkarte PHONE AND TABLET.

Eine *Activity* beinhaltet das Aussehen und den Programmcode einer einzelnen Benutzeroberfläche der App. Android-Apps bestehen aus einer Haupt-Activity und ggf. weiteren Activitys. Das Dialogfeld bietet Ihnen bereits mehrere Activity-Vorlagen, die ihrerseits schon viele Elemente enthalten. Die Vorlage EMPTY ACTIVITY beinhaltet nur diejenigen vorgefertigten Elemente, die notwendig sind, um eine lauffähige App zu erzeugen. Sie ist daher zum Kennenlernen der Entwicklungsumgebung gut geeignet.

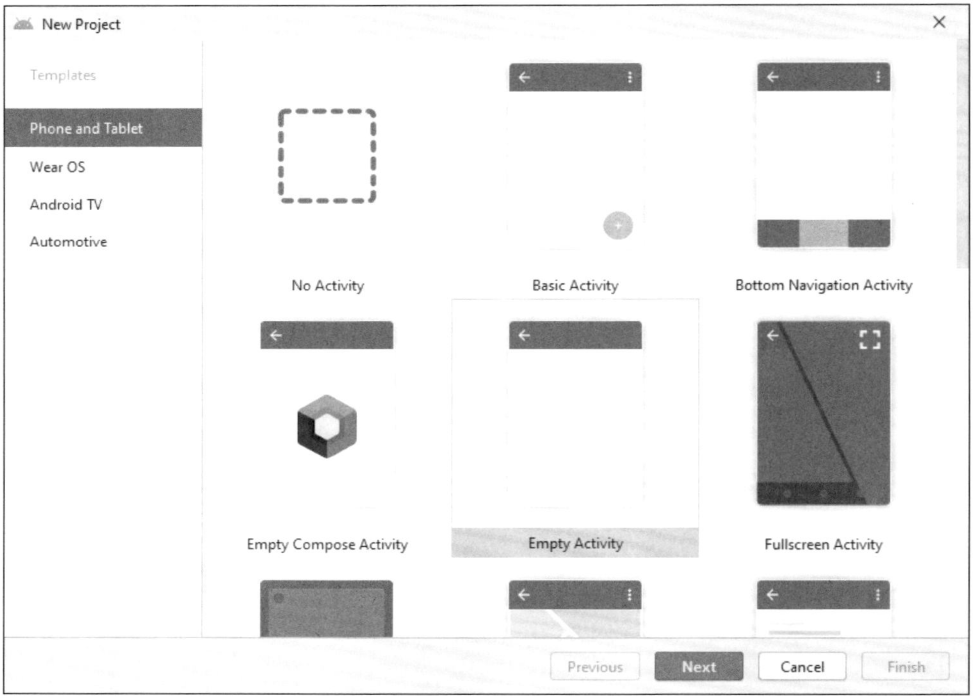

Abbildung 10.5 Projekttyp und Activity auswählen

10.2.2 Projekt konfigurieren

Nach der Betätigung des Buttons NEXT erscheint das Dialogfeld NEW PROJECT • EMPTY ACTIVITY. Hier konfigurieren Sie das neue Projekt (siehe Abbildung 10.6). Das erste Projekt trägt den Namen `HalloWelt` (ohne Leerzeichen). Diesen Namen tragen Sie in das Feld NAME ein.

Der Eintrag im Feld Package Name sorgt für eine eindeutige Bezeichnung des Pakets, das das neue Projekt beinhaltet. Er wird automatisch mithilfe des Eintrags im Feld Name erzeugt und beinhaltet nur Kleinbuchstaben.

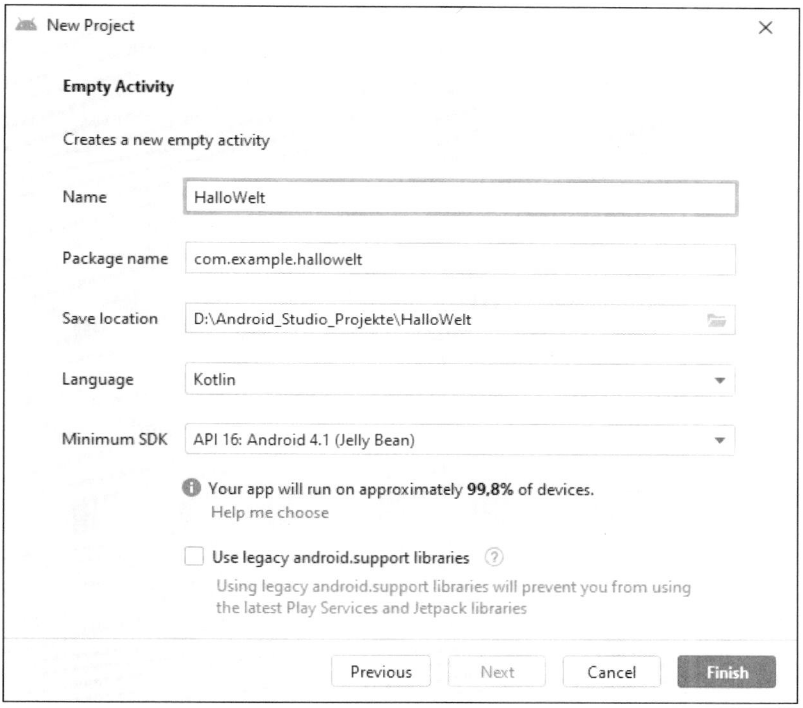

Abbildung 10.6 Projekt konfigurieren

Der Eintrag im Feld Save location für das Projektverzeichnis wird ebenfalls automatisch mithilfe des Eintrags im Feld Name erzeugt. Sie können ihn übernehmen oder an Ihre Anforderungen anpassen.

Der Eintrag lautet bei mir *D:\Android_Studio_Projekte\HalloWelt*.

Im Feld Language wählen Sie die Sprache `Kotlin` aus, damit die Unterstützung und die Prüfung für diese Sprache aktiviert wird.

Beim Android SDK handelt es sich um das *Android Software Development Kit*. Das ist eine Sammlung von Werkzeugen und Bibliotheken zur Entwicklung von Android-Software.

Im Feld Minimum SDK müssen Sie diejenige Android-Version mit dem zugehörigen API-Level auswählen, für die Ihre App mindestens geeignet sein soll. Der Begriff *API* steht für *Application Programming Interface* (dt.: *Schnittstelle für die Anwendungsprogrammierung*). Für die Projekte dieses Buchs habe ich standardmäßig die Android-Version 4.1 mit der API 16 ausgewählt. Aktuell (im August 2021) läuft Ihre App damit auf 99,8 % der verwendeten Geräte.

Die Programmierung für Android wird ständig weiterentwickelt. Bestimmte Sprachelemente stehen erst ab neueren APIs zur Verfügung. Daher hat eine Änderung im Feld MINIMUM SDK sowohl Vorteile als auch Nachteile. Wählen Sie zum Beispiel die API 21 statt der API 16, können Sie in Ihrem Projekt modernere Elemente nutzen, die erst mit einer der APIs von 17 bis 21 eingeführt wurden. Allerdings erreichen Sie mit der dann entstandenen App zurzeit nur 94,1 % aller Geräte. Die Statistik, aus der die Anteile berechnet werden, wird ständig aktualisiert.

10.2.3 Synchronisierung, Fehler und Updates

Nach der Betätigung des Buttons FINISH wird das Projekt erstellt. Nach kurzer Zeit erscheint der Hauptbildschirm von Android Studio mit dem geöffneten Projekt *HalloWelt* (siehe Abbildung 10.7).

Zunächst werden einige automatisierte Vorgänge zur *Synchronisierung* der verschiedenen Elemente des Projekts durchgeführt. Das erkennen Sie an den sich laufend verändernden Anzeigen unten im Android Studio. Beachten Sie besonders die Anzeige rechts unten in der Statuszeile. Diese Synchronisierung wird Ihnen im Verlauf der Projektentwicklung immer wieder begegnen. Ich empfehle Ihnen, bei unerwarteten Verzögerungen die genannten Anzeigen zu beachten.

Trotz einer vollständigen Installation kann es bei der Erstellung von Projekten gelegentlich zu Fehlermeldungen kommen, weil dem Android Studio bestimmte Komponenten fehlen. Zusammen mit der Meldung des Fehlers erscheint aber unmittelbar ein Link zur Behebung des Fehlers. Nach Betätigen des Links kann eine erneute Synchronisierung folgen.

Die Entwicklungsumgebung bietet gelegentlich Updates ihrer verschiedenen Komponenten an. Nach dem Betätigen der betreffenden Links werden diese Updates durchgeführt. Auch in diesem Fall kann eine erneute Synchronisierung folgen.

10.3 Ein Projekt im Android Studio

Betrachten wir die Anordnung einiger wichtiger Elemente von Android Studio mithilfe des soeben erstellten Projekts (siehe Abbildung 10.7).

Am oberen Rand werden Menüs und Symbole zur Ausführung von Aktionen angeboten. Darunter sehen Sie links das *Projektfenster* zur Verwaltung der Projektdateien, die in einem aufklappbaren Verzeichnisbaum mit dem Hauptelement *app* liegen. Die Ansicht des Projektfensters kann über eine Liste am oberen Rand eingestellt werden. Wir arbeiten meist in der Ansicht ANDROID.

Rechts ist das *Codefenster* zu sehen, in dem der Code der Dateien in einzelnen Editorfenstern bearbeitet wird. Im unteren Bereich erhalten Sie in verschiedenen Fenstern Meldungen zum Verlauf des Projekts.

Weitere Einzelheiten werden später an geeigneter Stelle besprochen.

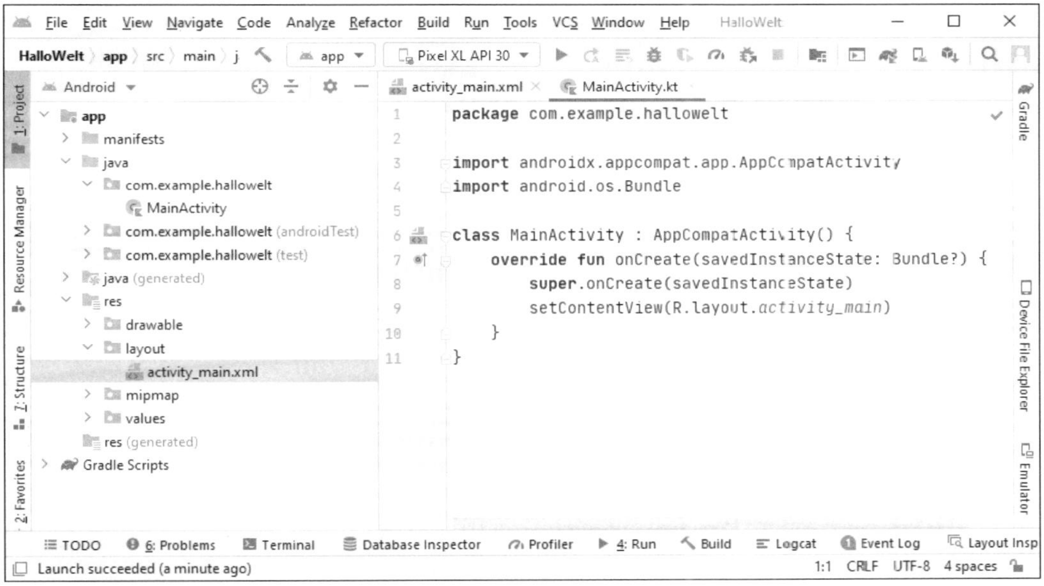

Abbildung 10.7 Projekt »HalloWelt«

10.3.1 Die Datei MainActivity.kt

Im Codefenster rechts erreichen Sie die Datei *MainActivity.kt* über die gleichnamige Registerkarte. Sie beinhaltet den Code der Haupt-Activity in der Programmiersprache Kotlin, auch erkennbar an der Dateiendung *kt* (siehe Abbildung 10.8).

Wird die Datei nicht im Codefenster angezeigt, wählen Sie im Projektfenster auf der linken Seite zunächst die Ansicht ANDROID. Anschließend klappen Sie den Pfad bis zu dem Eintrag *MainActivity* auf (siehe Abbildung 10.9) und führen einen Doppelklick auf diesem Eintrag aus.

```
MainActivity.kt

package com.example.hallowelt

import androidx.appcompat.app.AppCompatActivity
import android.os.Bundle

class MainActivity : AppCompatActivity() {
    override fun onCreate(savedInstanceState: Bundle?) {
        super.onCreate(savedInstanceState)
        setContentView(R.layout.activity_main)
    }
}
```

Abbildung 10.8 Inhalt der Datei »MainActivity.kt«

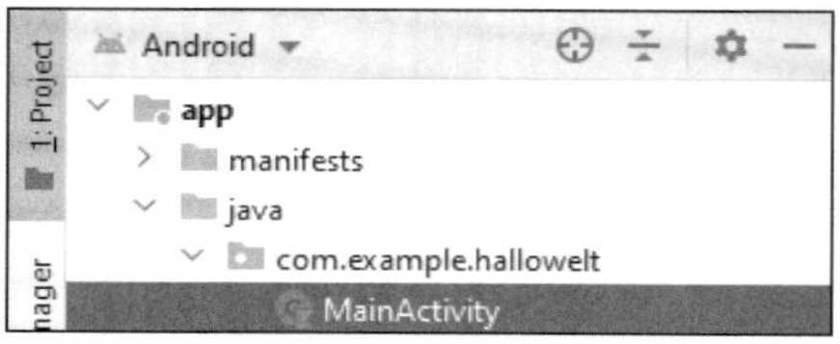

Abbildung 10.9 Datei »MainActivity.kt« anzeigen

10.3.2 Die Datei activity_main.xml

Über das Codefenster rechts erreichen Sie auch die Datei *activity_main.xml*, ebenfalls mithilfe der gleichnamigen Registerkarte. Die Datei beinhaltet das Layout der Benutzeroberfläche der Activity in Form von Code in der Auszeichnungssprache XML in zwei Ansichten. Nach einem Wechsel der Registerkarte dauert es einen Moment, bis sich die Anzeige aktualisiert hat.

Wird die Datei nicht im Codefenster angezeigt, wählen Sie im Projektfenster auf der linken Seite zunächst die Ansicht ANDROID. Anschließend klappen Sie den Pfad bis zu dem Eintrag *activity_main.xml* auf (siehe Abbildung 10.10) und führen einen Doppelklick auf diesem Eintrag aus.

Der Inhalt der Datei *activity_main.xml* kann in drei Ansichten betrachtet werden: DESIGN, CODE oder SPLIT. Zwischen diesen Ansichten schalten Sie über die zugehörigen Register um, die sich oben rechts am Codefenster befinden. In der Ansicht CODE sehen Sie den XML-Code der Datei (siehe Abbildung 10.11).

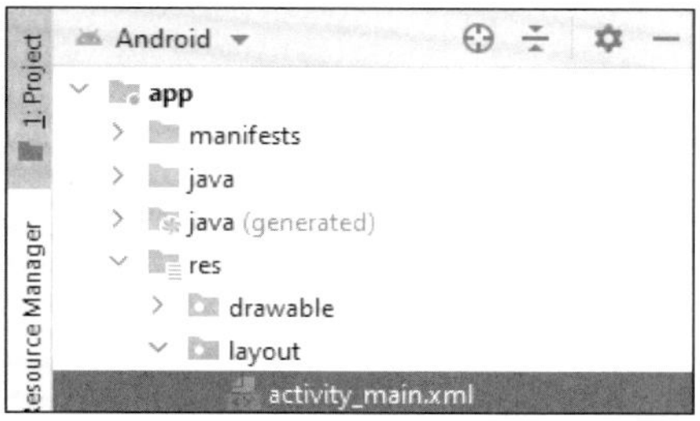

Abbildung 10.10 Datei »activity_main.xml« anzeigen

```
activity_main.xml

<?xml version="1.0" encoding="utf-8"?>
<androidx.constraintlayout.widget.ConstraintLayout
    xmlns:android="http://schemas.android.com/apk/res/android"
    xmlns:app="http://schemas.android.com/apk/res-auto"
    xmlns:tools="http://schemas.android.com/tools"
    android:layout_width="match_parent"
    android:layout_height="match_parent"
    tools:context=".MainActivity">

    <TextView
        android:layout_width="wrap_content"
        android:layout_height="wrap_content"
        android:text="Hello World!"
        app:layout_constraintBottom_toBottomOf="parent"
        app:layout_constraintLeft_toLeftOf="parent"
        app:layout_constraintRight_toRightOf="parent"
        app:layout_constraintTop_toTopOf="parent" />

</androidx.constraintlayout.widget.ConstraintLayout>
```

Abbildung 10.11 Ansicht »Code«

Die Ansicht DESIGN bietet eine vereinfachte Vorschau der App, in Abbildung 10.12 auf der rechten Seite zu sehen. Links unten werden die bereits eingefügten Elemente der App im Bereich COMPONENT TREE in einer hierarchischen Ansicht abgebildet. Links oben stehen Ihnen weitere Elemente zum Einfügen im Bereich PALETTE zur Verfügung.

Das bereits automatisch eingefügte Element TEXTVIEW ist für die Abbildung markiert und wird daher im Bereich COMPONENT TREE und in der Vorschau hervorgehoben.

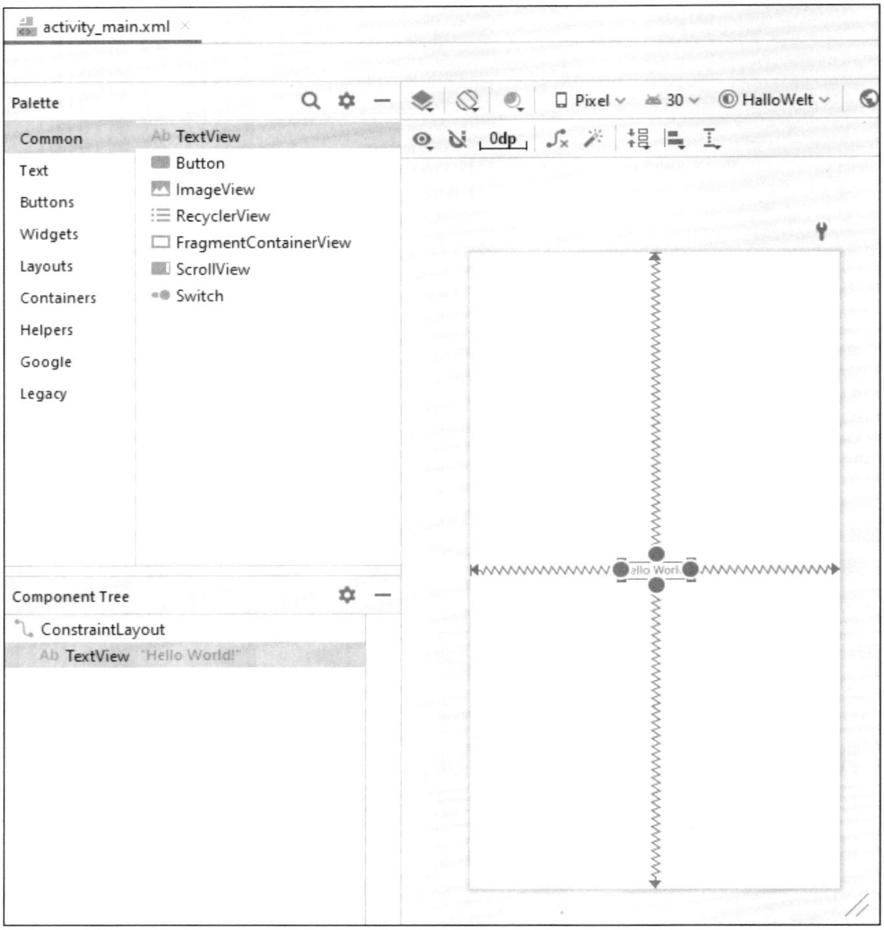

Abbildung 10.12 Ansicht »Design«

Durch das Verschieben oder Entfernen von Elementen im Bereich COMPONENT TREE sowie durch das Hinzufügen von weiteren Elementen aus dem Bereich PALETTE ändert sich das Aussehen der App.

Wichtige Elemente sind zum Beispiel *Views* und *Layouts*. Der Benutzer der App sieht und bedient die Views. Die Views werden mithilfe von Layouts auf der Benutzeroberfläche angeordnet.

In dem einfachen Projekt *HalloWelt* sehen Sie eine View des Typs `TextView` zur Anzeige des Texts »Hello World«. Diese TextView ist in einem Layout des Typs `ConstraintLayout` angeordnet.

Nachdem Sie in der Ansicht DESIGN eines der Elemente ausgewählt haben, ob nun im Bereich COMPONENT TREE oder in der Vorschau der App, sehen Sie die Eigenschaften des betreffenden Elements ganz rechts im Bereich ATTRIBUTES. In Abbildung 10.13 wird der obere Teil dieses umfangreichen Bereichs gezeigt, und zwar für die TextView, in der der Text »Hello World!« angezeigt wird. Die Werte der Eigenschaften können im Bereich ATTRIBUTES verändert werden.

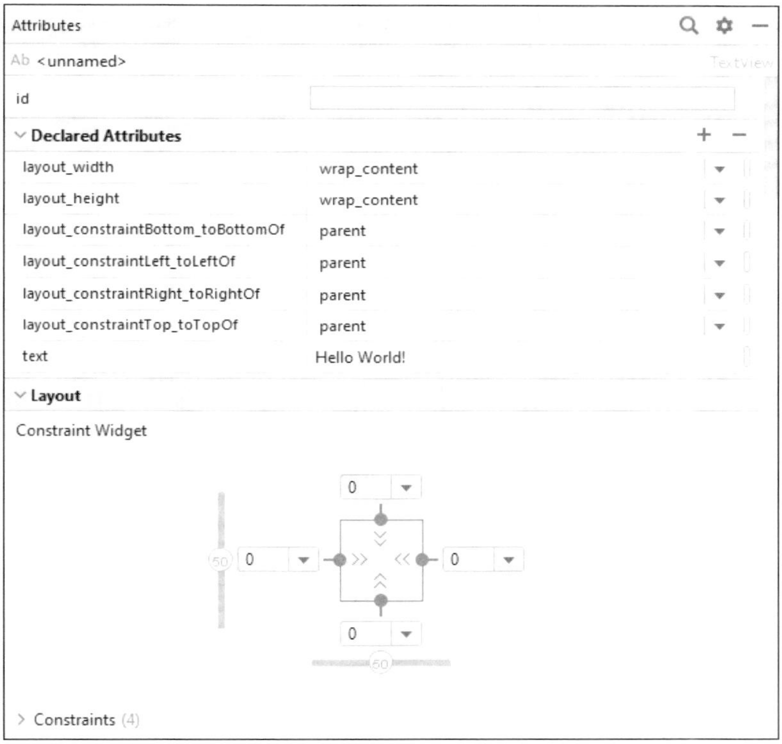

Abbildung 10.13 Bereich »Attributes«

Sobald Sie in der Ansicht DESIGN eine Änderung vornehmen, ändert sich der XML-Code der Datei *activity_main.xml* in der Ansicht CODE. Umgekehrt gilt: Nehmen Sie in der Ansicht CODE eine Änderung im XML-Code vor, ändert sich sofort das Aussehen der App in der Ansicht DESIGN. Es handelt sich nur um zwei unterschiedliche Ansichten derselben Elemente.

Es ist auch möglich, für mehrere Views gleichzeitig Eigenschaftswerte einzustellen. Markieren Sie dazu alle gewünschten Views im Bereich COMPONENT TREE gemeinsam und tragen Sie den neuen oder geänderten Wert im Bereich ATTRIBUTES ein. Eine gemeinsame Markierung von benachbarten Views nehmen Sie mithilfe der zusätzlich gedrückten Taste [⇧] vor. Bei nicht benachbarten Views drücken Sie stattdessen zusätzlich die Taste [Strg] (Mac: Taste [Cmd]).

10.3.3 Die Arbeit mit Projekten

Während der Entwicklung können Sie alle geänderten Projektdateien mithilfe des Menüpunkts FILE • SAVE ALL (Tastenkombination [Strg] + [S], Mac: [Cmd] + [S]) speichern. Über den Menüpunkt FILE • CLOSE PROJECT schließen Sie das Projekt. Dabei werden alle geänderten Projektdateien automatisch gespeichert.

Ein bereits vorhandenes Projekt können Sie vom Android-Studio-Startbildschirm aus öffnen (siehe Abbildung 10.14). Dazu wählen Sie einfach den betreffenden Eintrag auf der linken Seite aus.

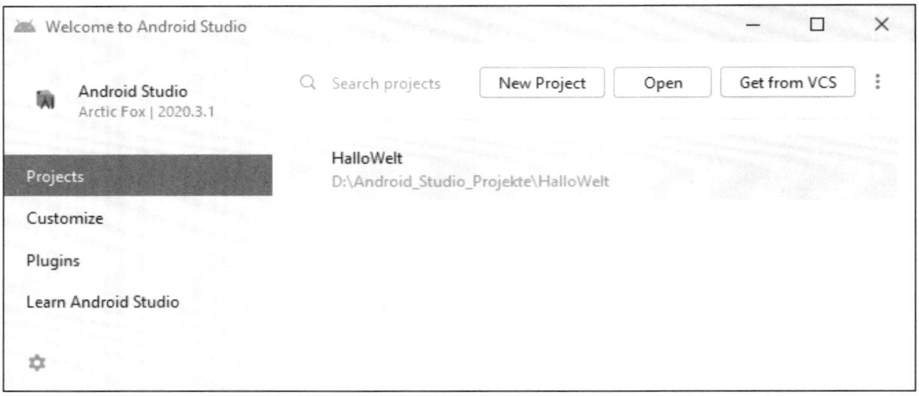

Abbildung 10.14 Vorhandenes Projekt öffnen

Alternativ betätigen Sie auf der rechten Seite den Link OPEN AN EXISTING PROJECT. Im darauf erscheinenden Dialogfeld OPEN FILE OR PROJECT wählen Sie das Projektverzeichnis aus dem Feld SAVE LOCATION aus (siehe Abschnitt 10.2.2).

Bei mir ist das *D:\Android_Studio_Projekte\HalloWelt*

Die Auswahl wird vorgenommen, indem Sie die Verzeichnishierarchie Ebene für Ebene über den Pfeil neben dem jeweiligen Verzeichnisnamen aufklappen. Zum Öffnen des Projekts markieren Sie das betreffende Projektverzeichnis (siehe Abbildung 10.15) und betätigen den Button OK. Ein Doppelklick auf das Projektverzeichnis würde nur das Verzeichnis aufklappen, aber nicht das Projekt öffnen.

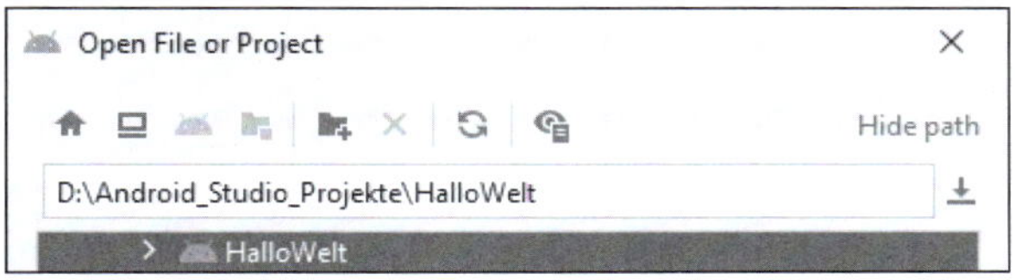

Abbildung 10.15 Auswahl des Projektverzeichnisses

Nach dem Öffnen synchronisiert sich das Projekt wieder. Zur Anzeige der beiden Dateien *MainActivity.kt* und *activity_main.xml* verweise ich auf Abschnitt 10.3.1 und Abschnitt 10.3.2.

Hinweise

In Abschnitt 11.2 werden weitere Fragen zu der Arbeit mit Projekten geklärt:

- Wie öffnet man mehrere Projekte parallel, um Elemente von einem in ein anderes Projekt zu übernehmen?
- Wie kopiert man ein Projekt, um ein neues Projekt auf Basis eines bereits vorhandenen Projekts aufzubauen?
- Wie benennt man ein Projekt im Nachhinein um, falls der ursprünglich gewählte Name eines Projekts nicht mehr passt?
- Wie repariert man ein Projekt, das sich nicht mehr öffnen oder nicht mehr starten lässt?

10.4 App auf virtuellem Gerät starten

Sie haben die Möglichkeit, die neu erstellte App *HalloWelt* und Ihre weiteren Apps sowohl auf virtuellen als auch auf realen Geräten zu testen. In diesem Abschnitt geht es zunächst um ein virtuelles Gerät (engl.: *android virtual device*, kurz: AVD).

Es läuft neben dem Android Studio in einer eigenen Anwendung auf Ihrem Entwicklungs-PC und ähnelt einem realen Gerät in Aussehen, Bedienung und Verhalten. Haben Sie noch kein virtuelles Gerät erstellt, muss dies zunächst erledigt werden. Der AVD Manager von Android Studio ermöglicht Ihnen die Erstellung und Verwaltung von virtuellen Geräten.

Allgemein empfehle ich Ihnen, mithilfe des AVD Manager mehrere virtuelle Geräte zu erstellen, die jeweils individuell konfiguriert sind. Dadurch haben Sie die Möglichkeit, Ihre Apps in verschiedenen Android-Versionen beziehungsweise auf Bildschirmen mit unterschiedlichen Größen und Auflösungen zu testen.

10.4.1 Ein virtuelles Gerät erstellen

Es gibt zwei Möglichkeiten, den AVD Manager aufzurufen:

- Haben Sie kein Projekt geöffnet, rufen Sie ihn über den Eintrag AVD Manager in der Liste Configure auf. Diese Liste finden Sie rechts unten auf dem Startbildschirm von Android Studio.
- Haben Sie bereits ein Projekt geöffnet, rufen Sie ihn über den Menüpunkt Tools • AVD Manager auf.

Zur Erstellung eines virtuellen Geräts betätigen Sie im Dialogfeld Android Virtual Device Manager den Button Create Virtual Device. Es erscheint das Dialogfeld Virtual Device Configuration • Select Hardware. Darin steht Ihnen eine Liste von vorkonfigurierten virtuellen Geräten zur Verfügung (siehe Abbildung 10.16).

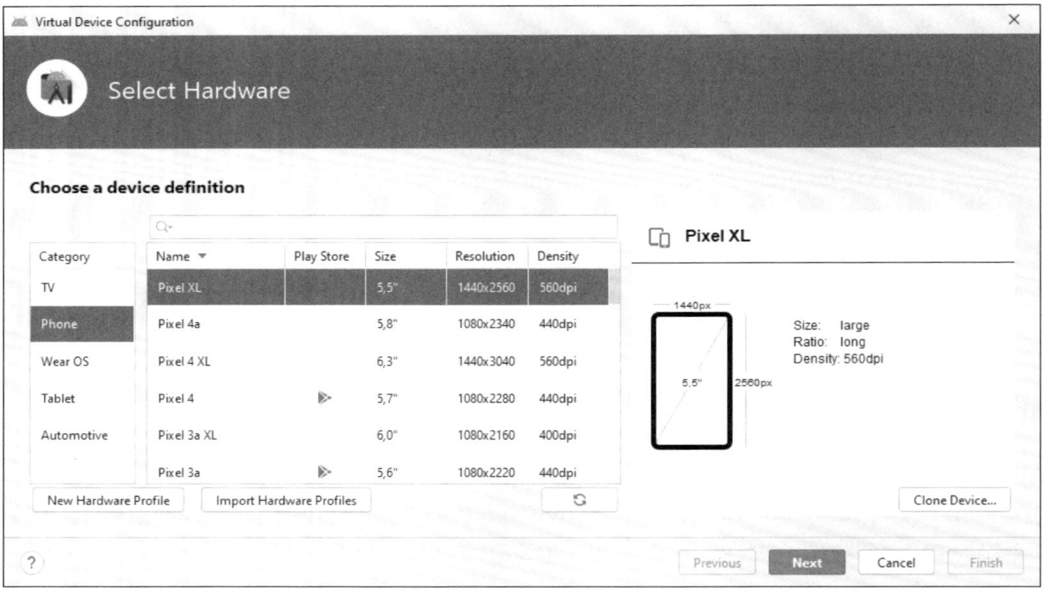

Abbildung 10.16 Hardware auswählen

Im Beispiel habe ich aus der Kategorie Phone das virtuelle Gerät Pixel XL mit einer Bildschirmgröße von 5,5 Zoll, einer Bildschirmauflösung von 1.440 × 2.560 Pixeln und einer Punktdichte von 560 dpi gewählt.

Über die beiden Buttons New Hardware Profile und Import Hardware Profiles könnten Sie auch ein individuell konfiguriertes virtuelles Gerät erzeugen oder ein bereits vorkonfiguriertes virtuelles Gerät importieren.

Nach Anklicken des Buttons Next erscheint das Dialogfeld Virtual Device Configuration • System Image (siehe Abbildung 10.17). Hier wählen Sie die Android-Version für Ihr virtuelles Gerät.

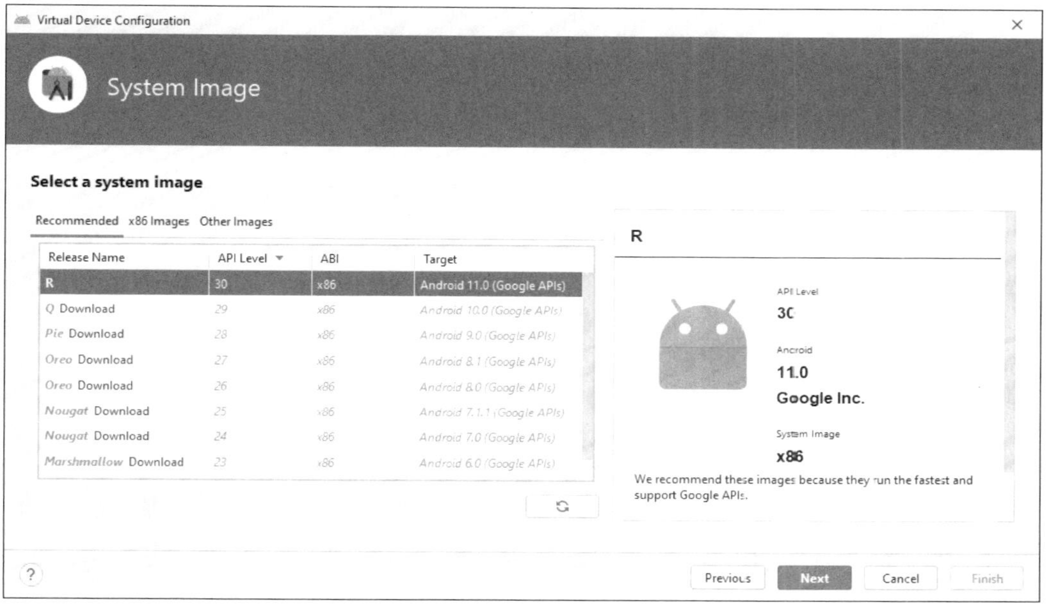

Abbildung 10.17 Software auswählen

Ich habe auf der Registerkarte Recommended die Android-Version 11.0 mit dem API-Level 30 gewählt. Erscheint neben einer Android-Version der Link Download, müssen Sie zunächst ein Komponenten-Update über diesen Link durchführen. Erst anschließend können Sie diese Android-Version für Ihr neues Gerät auswählen.

Nach der erneuten Betätigung des Buttons Next erscheint das Dialogfeld Virtual Device Configuration • Android Virtual Device (AVD) (siehe Abbildung 10.18).

Hier können Sie die eingestellte Konfiguration und den Namen des virtuellen Geräts bestätigen oder verändern. Über die beiden Buttons mit der Bezeichnung Change... könnten Sie Änderungen an der gewählten Hardware oder an der gewählten Android-Version vornehmen.

Nach Betätigung des Buttons Finish erscheint das Dialogfeld Android Virtual Device Manager • Your Virtual Devices. Es beinhaltet eine Liste Ihrer virtuellen Geräte, inklusive des soeben erzeugten Geräts (siehe Abbildung 10.19).

Abbildung 10.18 Konfiguration

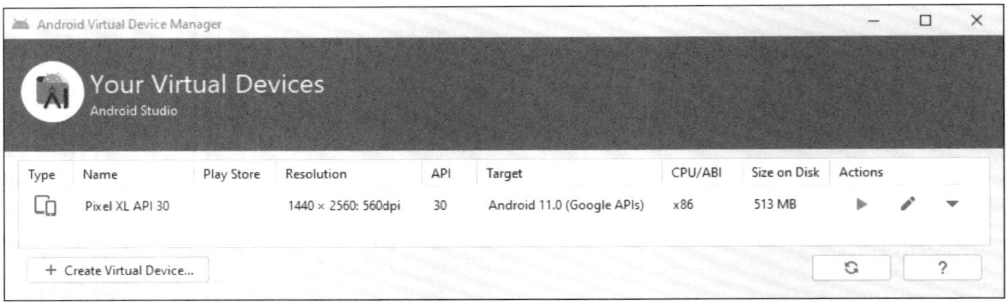

Abbildung 10.19 Virtuelle Geräte, Liste

Nach der Betätigung des grünen Pfeils startet das betreffende virtuelle Gerät. Beim allerersten Start dauert es ein wenig länger. Ähnlich wie ein reales Gerät wird das virtuelle Gerät zunächst konfiguriert. Sie können den AVD Manager nach dem Start des virtuellen Geräts schließen.

Nach dem Start des virtuellen Geräts finden Sie darin viele der üblichen Bedienungselemente. Neben dem virtuellen Gerät wird eine zusätzliche Bedienleiste abgebildet, die Ihnen weitere Möglichkeiten eines realen Geräts bietet. Sie können damit zum Beispiel das virtuelle Gerät aus- und einschalten, die Lautstärke regeln und das Gerät virtuell drehen.

In Abbildung 10.20 sehen Sie das virtuelle Gerät mit der bereits gestarteten App *HalloWelt*, daneben die Bedienleiste. Der Start der App wird in Abschnitt 10.4.2 beschrieben.

Abbildung 10.20 Virtuelles Gerät, Bedienleiste

Sie beenden die Anwendung, die das virtuelle Gerät beinhaltet, auf Ihrem Entwicklungs-PC wie üblich über das Kreuz oben rechts in der Bedienleiste. Ich empfehle Ihnen allerdings, das virtuelle Gerät während der Arbeit an Ihren Projekten nicht auszuschalten, damit nicht jedes Mal der Startvorgang durchlaufen wird.

Ganz unten auf der Bedienleiste gelangen Sie über die drei Punkte zum Dialogfeld EXTENDED CONTROLS (siehe Abbildung 10.21). Darin haben Sie erweiterte Bedienmöglichkeiten. Sie können unter anderem den Standort und die Umgebungsbedingungen des virtuellen Geräts wählen.

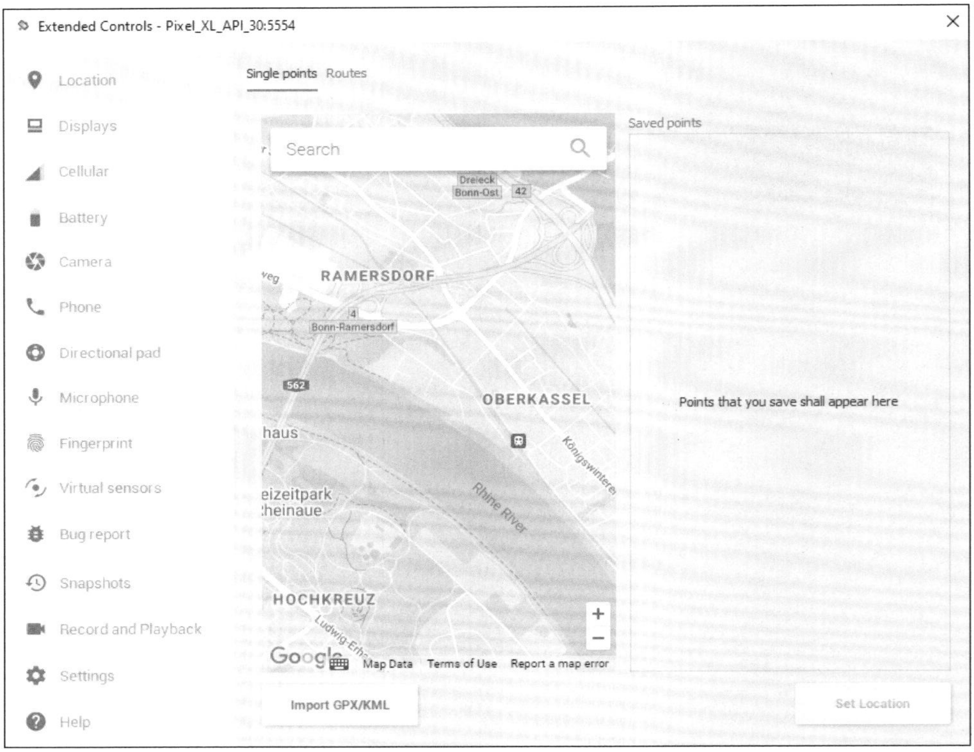

Abbildung 10.21 Erweiterte Bedienung

Die Änderung der Konfiguration eines vorhandenen virtuellen Geräts wird in Anhang A erläutert.

10.4.2 App starten und beenden

Sie starten die App eines geöffneten Projekts über den Menüpunkt RUN • RUN APP (Tastenkombination ⇧ + F10). Alternativ können Sie auch auf den grünen Pfeil neben der Liste der Geräte klicken (siehe Abbildung 10.22).

Abbildung 10.22 App starten, virtuelles Gerät

Ist das virtuelle Gerät noch nicht gestartet, wird es zunächst gestartet. In diesem Fall dauert der Start der App entsprechend länger. In Abbildung 10.20 ist die gestartete App *HalloWelt* abgebildet.

Beim ersten Start Ihrer App wird sie auf dem virtuellen Gerät installiert. Nach einer Weiterentwicklung Ihres Projekts wird die neue Version der App anstelle der alten Version auf dem virtuellen Gerät installiert.

Sie beenden die App über den Menüpunkt RUN • STOP APP (Tastenkombination Strg + F2). Alternativ können Sie auch auf das rote Quadrat klicken, das Sie ganz rechts in Abbildung 10.23 sehen.

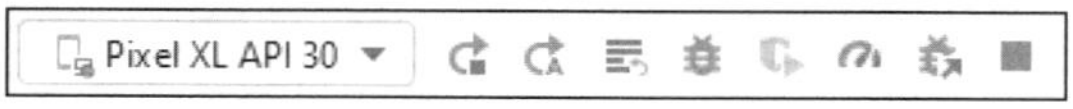

Abbildung 10.23 App beenden, virtuelles Gerät

Startet eine App nicht, wird in Android Studio eine Fehlermeldung angezeigt. Die Ursache kann darin liegen, dass die verschiedenen Teile eines Projekts noch nicht auf die richtige Weise zusammenarbeiten. In diesem Fall erweist es sich als hilfreich, das Projekt mithilfe des Menüpunkts FILE • SYNC PROJECT WITH GRADLE FILES zu synchronisieren und es mithilfe des Menüpunkts BUILD • CLEAN PROJECT zu bereinigen.

In seltenen Fällen kann es vorkommen, dass zwar keine Fehlermeldung angezeigt wird, eine App aber dennoch nicht startet. In einem solchen Fall könnten Sie das virtuelle Gerät in seinen Startzustand zurückversetzen, indem Sie in der Spalte ACTIONS den schwarzen Pfeil betätigen und im anschließend erscheinenden Menü den Menüpunkt WIPE DATA ausführen, siehe auch Anhang A. Hilft auch das nicht, könnten Sie das virtuelle Gerät mithilfe des Menüpunkts DELETE löschen und es anschließend mit wenigen Klicks wieder neu erzeugen.

10.5 App auf realem Gerät starten

Sie haben die Möglichkeit, die neu erstellte App *HalloWelt* und Ihre weiteren Apps sowohl auf virtuellen Geräten als auch auf realen Geräten zu testen. In diesem Abschnitt geht es um ein reales Gerät. Dazu sind bestimmte Vorbereitungen notwendig.

10.5.1 Reales Gerät vorbereiten

Verbinden Sie das reale Gerät, also Ihr Smartphone oder Ihr Tablet, mithilfe eines USB-Kabels mit dem Entwicklungs-PC, auf dem Sie mithilfe von Android Studio Ihre Apps entwickeln. Rufen Sie auf dem realen Gerät die EINSTELLUNGEN auf.

Geben Sie dort in der SUCHE den Suchbegriff `Build` ein. Als Ergebnis der Suche wird, eventuell erst nach einigen Sekunden, der Eintrag BUILDNUMMER angezeigt. Tippen Sie diesen Eintrag sieben Mal nacheinander an. Anschließend erhalten Sie die Information, dass nunmehr der Entwicklermodus auf Ihrem Gerät freigeschaltet ist.

Geben Sie anschließend in der Suche den Suchbegriff `Entwickler` ein. Als Ergebnis der Suche wird das Menü ENTWICKLEROPTIONEN angezeigt. Wählen Sie dieses Menü aus und aktivieren Sie den Schalter, der anschließend ganz oben erscheint. Sie werden aufgefordert, die Verwendung der Entwicklungseinstellungen zu bestätigen. Stimmen Sie dem Dialog mit OK zu.

Im Menü ENTWICKLEROPTIONEN finden Sie den Eintrag USB-DEBUGGING. Sollte sich dieser Eintrag auf Ihrem Gerät in einem anderen Menü befinden, finden Sie ihn über die Eingabe des Suchbegriffs `USB` in den Einstellungen. Aktivieren Sie den Schalter bei dem Eintrag USB-DEBUGGING. Sie werden aufgefordert, das *USB-Debugging* zuzulassen. Bestätigen Sie den Dialog mit OK.

Anschließend wird Ihnen zum Legitimieren der Verbindung zwischen dem realen Gerät und Ihrem Entwicklungsrechner der Fingerabdruck des RSA-Schlüssels des Rechners angezeigt. Setzen Sie durch Antippen das Häkchen im Feld VON DIESEM COMPUTER IMMER ZULASSEN und bestätigen Sie den Dialog mit OK.

Ab jetzt können Sie Ihre Apps auch auf dem realen Gerät testen.

Es kann vorkommen, dass Sie nach einem Update im Android Studio gemäß einem entsprechenden Hinweis die Einrichtung des realen Geräts erneut ausführen müssen.

10.5.2 App starten und beenden

Standardmäßig ist Ihr reales Gerät nach dem erfolgreichen Anschluss in der Liste der Geräte ausgewählt, ähnlich wie in Abbildung 10.24 zu sehen. In meinem Fall teste ich die Apps mit einem älteren Smartphone des Typs *Samsung Galaxy S5 active* mit Android 6.0.1 und der API 23.

Sie starten die App eines geöffneten Projekts über den Menüpunkt RUN • RUN APP (Tastenkombination [⇧] + [F10]). Alternativ können Sie auch auf den grünen Pfeil neben der Liste der Geräte klicken (siehe Abbildung 10.24).

Abbildung 10.24 App starten, reales Gerät

Beim ersten Start Ihrer App wird sie auf dem realen Gerät installiert. Nach einer Weiterentwicklung Ihres Projekts wird die neue Version der App anstelle der alten Version auf dem realen Gerät installiert.

Sie beenden die App über den Menüpunkt RUN • STOP APP (Tastenkombination [Strg] + [F2]). Alternativ können Sie auch auf das rote Quadrat klicken, das Sie ganz rechts in Abbildung 10.25 sehen.

Abbildung 10.25 App beenden, reales Gerät

Kapitel 11
Layout, Ressourcen und Ereignisse

Sie gestalten mithilfe von XML und verschiedenen Ressourcen das Layout ihrer Benutzeroberfläche und programmieren mithilfe von Kotlin das Verhalten von Apps nach Aktionen des Benutzers bzw. der Benutzerin.

In diesem Kapitel geht es unter anderem um den Einsatz und die Gestaltung des ConstraintLayout sowie von String- und Dimensions-Ressourcen. Es wird zudem erläutert, wie die funktionale Schreibweise von Kotlin besonders im Zusammenhang mit Listener-Objekten einen kompakten und verständlichen Code ermöglicht.

Am Ende gibt es einige Tipps zum Umgang mit dem Android Studio und zur Verfolgung der Abläufe einer App bei der Fehlersuche.

11.1 Layout und Ressourcen

In diesem Abschnitt geht es um die Gestaltung der Benutzeroberfläche einer App, also um die Anordnung der einzelnen Elemente, der sogenannten Views. Sie lernen anhand eines größeren Beispiels verschiedene Anordnungen für einzelne oder mehrere Views kennen. Zudem erstellen Sie Ressourcen und verwenden sie. Es gibt verschiedene Arten von Ressourcen:

- String-Ressourcen dienen zur Festlegung der Texte auf den Views.
- Dimensions-Ressourcen werden bei Bedarf zur Einstellung einheitlicher Größen und Abstände der Views genutzt.
- Color-Ressourcen können zur Auswahl von Farben, zum Beispiel für Schriftarten, verwendet werden.

11.1.1 Das fertige Layout

In Abbildung 11.1 sehen Sie zur Verdeutlichung bereits das fertige Layout, wie wir es in diesem Projekt entwickeln werden, und zwar auf einem Smartphone im Hochformat.

Das Layout beinhaltet nur Views des Typs Button, also Schaltflächen. Diese dienen normalerweise zum Auslösen von Aktionen durch die Benutzerinnen und Benutzer.

Sie sind aber auch gut erkennbar. Daher dienen sie in diesem Projekt der deutlichen Darstellung von typischen Layout-Einstellungen, wie sie in vielen Projekten dieses Buchs verwendet werden.

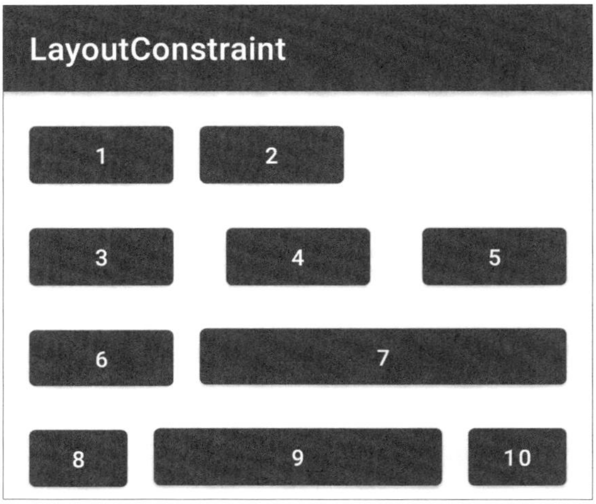

Abbildung 11.1 Fertiges Layout im Hochformat

In Abbildung 11.2 sehen Sie das Layout nach dem Drehen des Smartphones, also im Querformat.

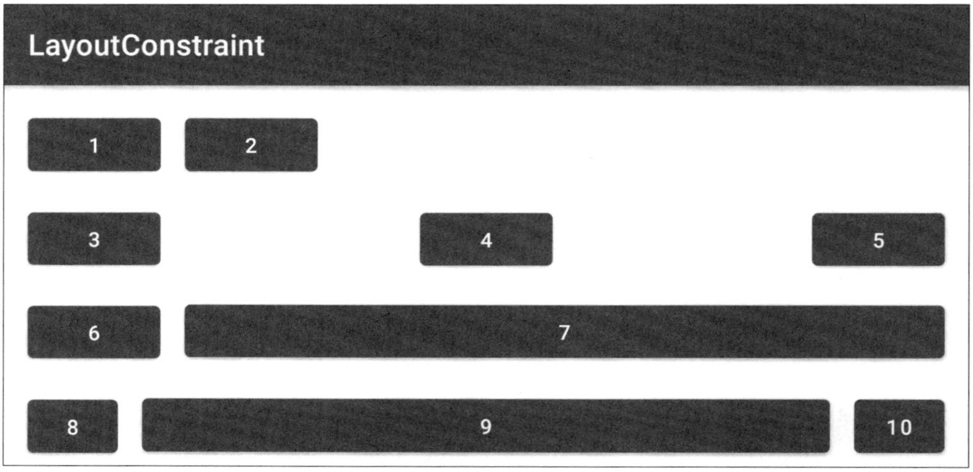

Abbildung 11.2 Fertiges Layout im Querformat

Betrachten wir die Gemeinsamkeiten der beiden Ansichten:

- Es gibt vier Reihen von Views untereinander.
- Die Views 1 und 2 stehen nebeneinander links oben.
- Die Views 3, 4 und 5 sind in der Reihe darunter angeordnet, und zwar am linken Rand, zentriert zwischen den Rändern beziehungsweise am rechten Rand.
- Die Views 6 und 7 sind wiederum in der Reihe darunter angeordnet. View 7 erstreckt sich rechts von View 6 bis zum rechten Rand.
- Die Views 8, 9 und 10 sind wiederum in der Reihe darunter angeordnet. Die Views 8 und 10 sind etwas kleiner als der Rest, gleich groß und am linken bzw. am rechten Rand angeordnet.
- View 9 nimmt den gesamten Platz zwischen den Views 8 und 10 ein.

11.1.2 Erste View im ConstraintLayout

Erstellen Sie zunächst ein neues Projekt mit dem Namen *LayoutConstraint*, und zwar auf dieselbe Weise wie in Abschnitt 10.2.

Es gibt verschiedene Grundformen des Layouts. Standardmäßig wird das *ConstraintLayout* verwendet, so auch in den meisten Projekten dieses Buchs. Dieses Layout ist am besten für die unterschiedlichen Größen und Orientierungen der Geräte (Hochformat oder Querformat) geeignet. Das Wort *Constraint* steht im Deutschen für Bedingung oder Einschränkung. Beim ConstraintLayout werden die Abstände und gegebenenfalls die Größen der Views relativ zum umgebenden Rand und zu den benachbarten Views eingestellt.

Das Layout wird in der Datei *activity_main.xml* festgelegt. Wird diese Datei nicht rechts im Codefenster angezeigt, öffnen Sie sie links im Projektfenster über einen Doppelklick auf den Dateinamen. Sie finden sie in der Ansicht ANDROID über den Pfad *app/res/layout*.

Stellen Sie das Codefenster über den Schalter rechts oben auf Design. Im Bereich COMPONENT TREE sehen Sie ein ConstraintLayout als oberstes Element. Standardmäßig ist dem Layout eine TextView untergeordnet, hier mit dem Text »Hello World!«. Anders ausgedrückt: Die TextView liegt im umgebenden Element ConstraintLayout.

Markieren Sie die TextView und entfernen Sie sie mithilfe der Taste `Entf`. Ziehen Sie stattdessen eine View des Typs `Button` aus der Kategorie COMMON im Bereich PALETTE in den Bereich COMPONENT TREE unter das ConstraintLayout. Damit wird nun die View im ConstraintLayout angeordnet.

Neben der View erscheint zunächst ein Warnhinweis, da noch keine Constraints für sie eingerichtet wurden (siehe Abbildung 11.3).

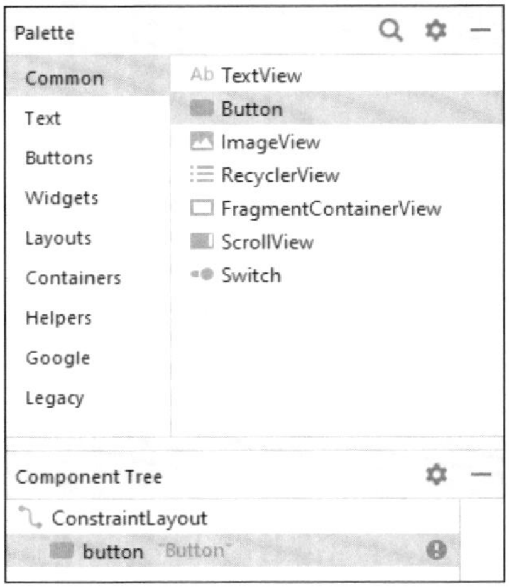

Abbildung 11.3 View mit Warnhinweis

11.1.3 Constraint Widget

Die Constraints einer View können mithilfe des Constraint Widgets eingestellt werden, das Sie rechts im Unterbereich Layout des Bereichs Attributes finden (siehe Abbildung 11.4). Markieren Sie zunächst im Bereich Component Tree die betreffende View.

Klicken Sie im Constraint Widget auf das obere Pluszeichen und wählen Sie in der nun erscheinenden Liste den Eintrag 16 aus. Damit stellen Sie den Abstand des oberen Rands der View zum nächsten erreichbaren Element ein. Hier ist dies das umgebende ConstraintLayout. Führen Sie dasselbe für das linke Pluszeichen aus. Damit stellen Sie den Abstand des linken Rands der View zum nächsten erreichbaren Element ein. Hier ist das wiederum das umgebende ConstraintLayout.

Sie können eine versehentlich gesetzte Constraint wieder entfernen. Verschieben Sie dazu die Maus im Constraint Widget über den dicken grauen Punkt der betreffenden Constraint, zum Beispiel der oberen Constraint. Es erscheint ein Kreuz, daneben der Text Delete Top Constraint. Nach einem Klick auf das Kreuz ist die Constraint entfernt.

In späteren Beispielen werden wir die Abstände auch auf andere Elemente beziehen, die nicht unmittelbar benachbart sind.

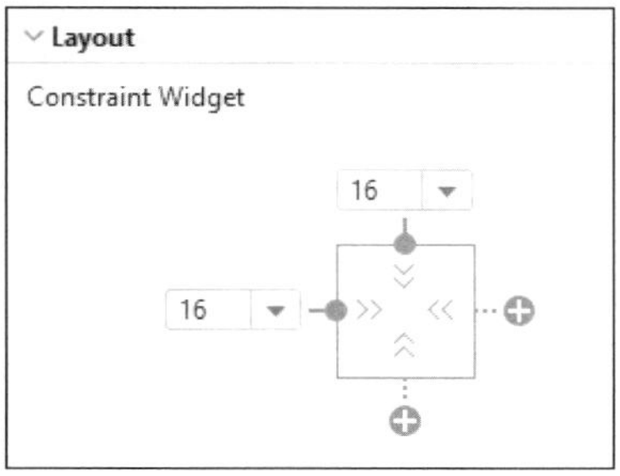

Abbildung 11.4 Constraint Widget nach Einstellung der Abstände

Im mittleren Bereich sehen Sie eine Vorschau der Benutzeroberfläche. Stellen Sie sie mithilfe der beiden Buttons PLUS und MINUS auf die passende Größe ein. Markieren Sie die View in der Vorschau oder im Bereich COMPONENT TREE. Die eingestellten Abstände sind wie in Abbildung 11.5 erkennbar.

Lassen Sie sich nicht irritieren: Eine View des Typs `Button` steht immer innerhalb eines rechteckigen Rahmens, der oberhalb und unterhalb jeweils einen kleinen Zwischenraum beinhaltet. Die Abstände der View beziehen sich auf diesen Rahmen.

Abbildung 11.5 View mit Abständen in der Vorschau

11.1.4 Groß- und Kleinbuchstaben

Standardmäßig wird die Schrift auf Views des Typs `Button` in Großbuchstaben dargestellt. Auch wenn auf den Buttons in diesem Projekt nur Zahlen stehen, soll diese Darstellung geändert werden. Markieren Sie die View und geben Sie für die Eigenschaft `textAllCaps` im Unterbereich ALL ATTRIBUTES des Bereichs ATTRIBUTES den Wert `false` ein. Nach Betätigung der Taste [↵] wird der Wert übernommen und die View sieht aus wie in Abbildung 11.6.

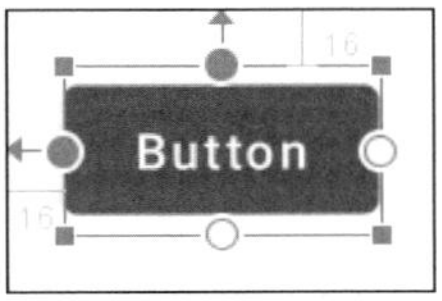

Abbildung 11.6 View mit Groß- und Kleinbuchstaben

Diese Einstellung wählen Sie später für alle Views des Typs `Button`. Der Begriff *Caps* steht als Abkürzung für *Capitals*, deutsch: Großbuchstaben.

11.1.5 ID einer View

Die Views einer Benutzeroberfläche sollen wie die Variablen eines Programms eindeutige Ids mit selbsterklärenden Namen besitzen. Auf diese Weise lassen sie sich leicht voneinander unterscheiden und später im Kotlin-Programm eindeutig identifizieren.

Geben Sie für die erste View den Wert `buEins` für die Eigenschaft `id` im Bereich ATTRIBUTES ein. Nach Betätigung der Taste [↵] erscheint das Dialogfeld RENAME (siehe Abbildung 11.7). Bestätigen Sie die Umbenennung mithilfe des Buttons REFACTOR.

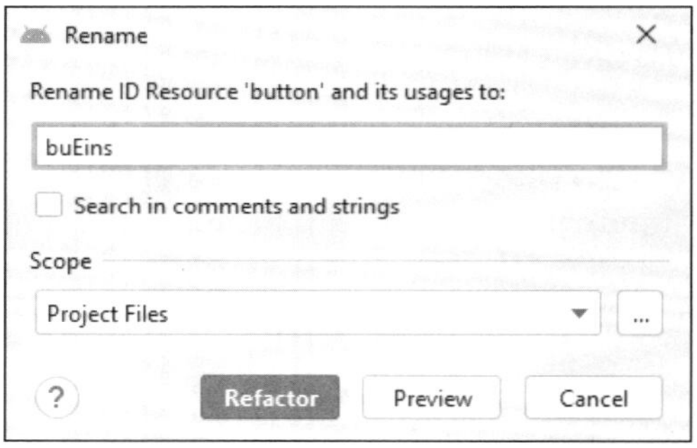

Abbildung 11.7 Umbenennen einer View

11.1.6 Textinhalt einer View

Im Bereich COMPONENT TREE wird zu der View eine Warnung ausgegeben. Für die Aufschrift der View soll eine *String-Ressource* statt einer fest codierten Zeichenkette verwendet werden. Dieselbe Regel gilt für alle Textinhalte auf Views der Benutzeroberfläche.

String-Ressourcen lassen sich auf unterschiedliche Arten erstellen. Sie werden in der Datei *strings.xml* gespeichert, die Sie im Projektfenster über den Pfad *app/res/values* finden. Nach einem Doppelklick wird die Datei im Codefenster geöffnet. Sie beinhaltet bereits die String-Ressource für den Titel der App mit dem Namen `app_name` und dem Projektnamen als Wert, nämlich `LayoutConstraint`. Ergänzen Sie den XML-Code wie in Listing 11.1. Damit erzeugen Sie eine weitere String-Ressource mit dem Namen `buEinsName` und dem Wert `1`.

```
<resources>
    <string name="app_name">LayoutConstraint</string>
    <string name="buEinsName">1</string>
</resources>
```

Listing 11.1 Projekt »LayoutConstraint«, Datei »strings.xml«

Diese Ressource soll für die Aufschrift der View verwendet werden. Klicken Sie dazu einmal auf den senkrechten Balken ganz rechts neben der Eigenschaft `text` im Bereich ATTRIBUTES. Wählen Sie im nun erscheinenden Dialogfeld PICK A RESOURCE den Eintrag BUEINSNAME aus (siehe Abbildung 11.8).

Bestätigen Sie die Auswahl mithilfe des (hier nicht sichtbaren) Buttons OK. Damit erscheint der Text »1« auf der View, die Warnung verschwindet und die Eigenschaft `text` besitzt den Wert `@string/buEinsName`.

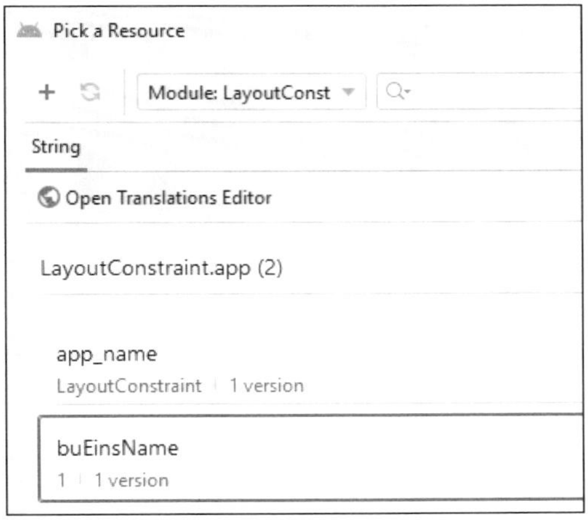

Abbildung 11.8 String-Ressource auswählen

11.1.7 Alle eingestellten Eigenschaften

In Abbildung 11.9 sehen Sie alle wichtigen beziehungsweise eingestellten Eigenschaften und ihre Werte im Unterbereich DECLARED ATTRIBUTES im Bereich ATTRIBUTES.

Wechseln Sie im Codefenster auf die Ansicht CODE. Dort sehen Sie alle Eigenschaften der View des Typs `Button` mit ihren Werten im XML-Code:

```
...
<Button
    android:id="@+id/buEins"
```

```
    android:layout_width="wrap_content"
    android:layout_height="wrap_content"
    android:layout_marginStart="16dp"
    android:layout_marginLeft="16dp"
    android:layout_marginTop="16dp"
    android:text="@string/buEinsName"
    android:textAllCaps="false"
    app:layout_constraintStart_toStartOf="parent"
    app:layout_constraintTop_toTopOf="parent" />
...
```

Listing 11.2 Projekt »LayoutConstraint«, Datei »activity_main.xml«

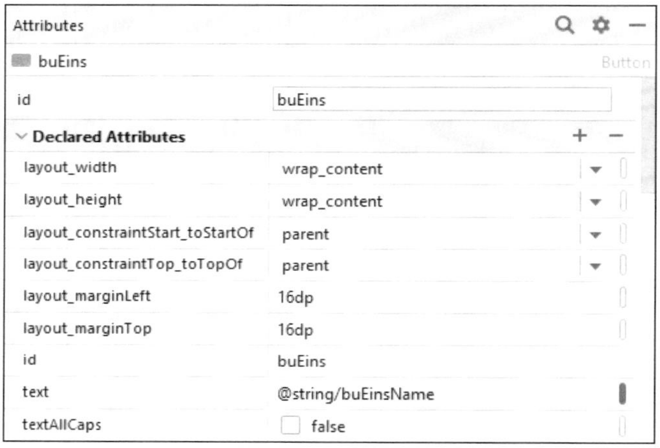

Abbildung 11.9 Alle eingestellten Eigenschaften

Sie könnten alle Werte auch unmittelbar im XML-Code ändern. Die ID wird im Attribut `android:id` gespeichert. Die beiden Attribute `android:width` und `android:height` beinhalten Breite und Höhe der View. Der Wert `wrap_content` bedeutet, dass sich die Werte dem Inhalt der View anpassen: Mehr Text erzeugt eine breitere View. Die Werte für die beiden Attribute `android:text` und `android:textAllCaps` haben Sie in Abschnitt 11.1.6 beziehungsweise Abschnitt 11.1.4 eingestellt.

Die Werte für die beiden Attribute `android:marginLeft` und `android:marginTop` haben Sie in Abschnitt 11.1.3 eingestellt. Sie stehen für die Abstände einer View nach außen zu ihrem Bezugselement. Das ist entweder eine andere View oder das umgebende Element.

Mit dem Attribut `android:marginLeft` wurde auch automatisch das Attribut `android:marginStart` eingestellt. Damit wird eine Warnung vermieden und es würde eine Anordnung ermöglicht, die von rechts nach links orientiert ist statt von links nach rechts. Aus demselben Grund könnte es auch das Attribut android:marginEnd geben, das automatisch zusammen mit dem Attribut android:marginRight eingestellt würde.

Die Abkürzung dp als Einheit des Attributwerts 16dp steht für density-independent pixel. Das Arbeiten mit dieser Einheit erleichtert das Anpassen der Dimensionsangaben auf unterschiedliche Bildschirmgrößen.

Mit den beiden Attributen, deren Name mit app:layout_constraint beginnt, stellen Sie die Bezugselemente für die Constraints ein, also die Abstände. Der Namensteil Start_toStartOf bedeutet: Der linke Abstand der View bezieht sich auf den linken Rand des anderen Elements. Der Namensteil Top_toTopOf bedeutet: Der obere Abstand der View bezieht sich auf den oberen Rand des anderen Elements. Der Wert parent (deutsch: Elternteil) steht für das umgebende Element, also das ConstraintLayout.

11.1.8 Eine View neben einer View

Ziehen Sie aus dem Bereich PALETTE eine weitere View des Typs Button unter die erste View in den Bereich COMPONENT TREE. Ziehen Sie sie in der Vorschau mit der Maus rechts neben die erste View. Stellen Sie die Abstände im CONSTRAINT WIDGET genauso ein wie für die erste View. Da die neue View rechts neben der ersten View steht, bezieht sich der linke Abstand automatisch auf diese erste View und nicht auf den umgebenden Rand.

Stellen Sie das Attribut textAllCaps auf false. Geben Sie der View die ID buZwei. Erstellen Sie die String-Ressource buZweiName mit dem Wert 2 und ordnen Sie sie der neuen View zu.

Die eingestellten Eigenschaften beinhalten unter anderem das Attribut app:layout_constraintStart_toEndOf mit dem Wert @+id/buEins. Das bedeutet: Der linke Abstand der View bezieht sich auf den rechten Rand, also das Ende der View mit der ID buEins (siehe auch Abbildung 11.10). Mit anderen Worten: Die zweite View steht immer 16 dp rechts neben der ersten View. Würden Sie die erste View nach links oder rechts verschieben, würde sich die zweite View automatisch genauso verschieben.

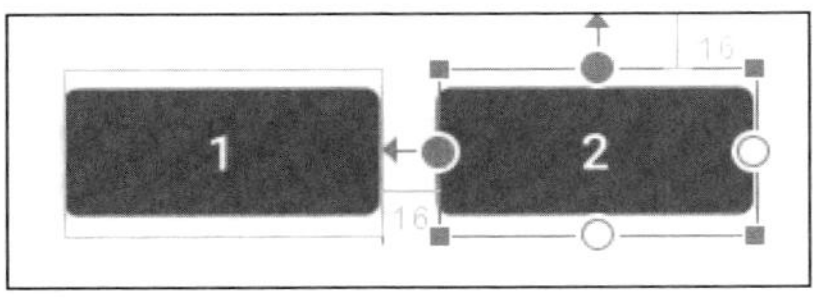

Abbildung 11.10 Eine View neben einer View

11.1.9 Eine View unter einer View

Ziehen Sie aus dem Bereich PALETTE eine weitere View des Typs `Button` unter die erste View im Bereich COMPONENT TREE. Ziehen Sie sie in der Vorschau mithilfe der Maus unter die erste View. Stellen Sie die Abstände im CONSTRAINT WIDGET wiederum auf die gleiche Art ein wie bei der ersten View. Da die neue View unter der ersten View steht, bezieht sich der obere Abstand automatisch auf diese erste View und nicht auf den umgebenden Rand.

Die restlichen Einstellungen werden für dieses und die folgenden Views nicht mehr gesondert erläutert. Die dritte View steht immer `16 dp` unter der ersten View (siehe Abbildung 11.11). Würden Sie die erste View nach oben oder unten verschieben, würde sich die zweite View automatisch genauso verschieben.

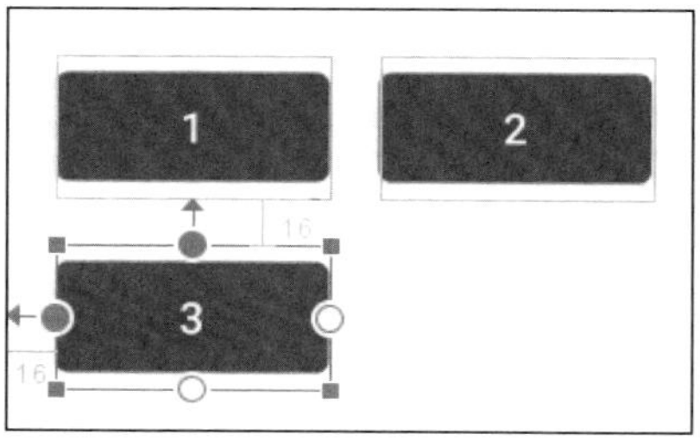

Abbildung 11.11 Eine View unter einer View

11.1.10 Eine View horizontal zentriert zwischen den Rändern

View 4 wird erstellt und mithilfe der Maus rechts neben View 3 und unter View 2 gezogen. Im CONSTRAINT WIDGET wird zunächst der Abstand `16` für die obere Constraint eingestellt, die sich damit auf View 2 bezieht.

Anschließend wird in der Vorschau die Maustaste auf dem linken Punkt von View 4 heruntergedrückt und die Maus wird über View 3 hinweg zum linken Rand der Benutzeroberfläche gezogen. Auf dem linken Rand wird die Maustaste dann losgelassen. Auf diese Weise haben Sie eine linke Constraint mit dem Wert 0 zum Rand hergestellt. Den gleichen *Drag-and-drop*-Vorgang führen Sie für den rechten Rand von View 4 zum rechten Rand der Benutzeroberfläche durch. Anschließend stellen Sie im CONSTRAINT WIDGET beide Werte auf `16`, damit immer ein Mindestabstand gewahrt bleibt.

View 4 steht damit immer horizontal in der Mitte zwischen den beiden Rändern, unabhängig von der Breite der Benutzeroberfläche (siehe Abbildung 11.12).

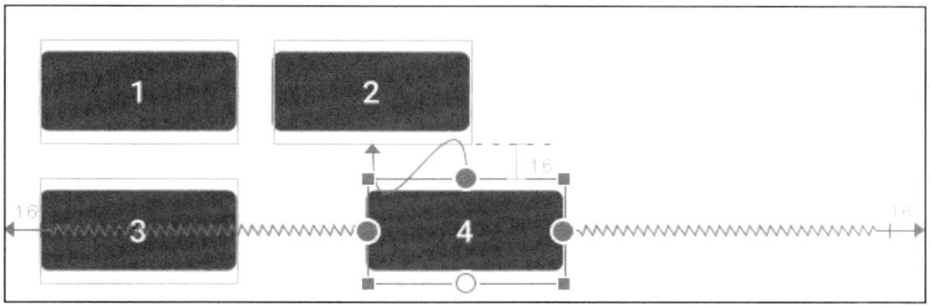

Abbildung 11.12 Eine View horizontal zentriert zwischen den Rändern

11.1.11 Eine View am rechten Rand

View 5 wird erstellt und mithilfe der Maus rechts neben View 4 an den rechten Rand gezogen.

Führen Sie in der Vorschau einen Drag-and-drop-Vorgang vom oberen Rand von View 5 zu View 2 durch. Sobald Sie die Maustaste über View 2 loslassen, erscheint ein kleines Dialogfeld. Hier legen Sie fest: TOP TO BUZWEI BOTTOM. Damit haben Sie eine Constraint zwischen dem oberen Rand von View 5 und dem unteren Rand von View 2 erzeugt. Stellen Sie dann im CONSTRAINT WIDGET den Wert auf 16.

Anschließend wird im CONSTRAINT WIDGET der Abstand 16 für die rechte Constraint eingestellt, die sich damit auf den rechten Rand bezieht. View 5 steht damit immer am rechten Rand, unabhängig von der Breite der Benutzeroberfläche (siehe Abbildung 11.13).

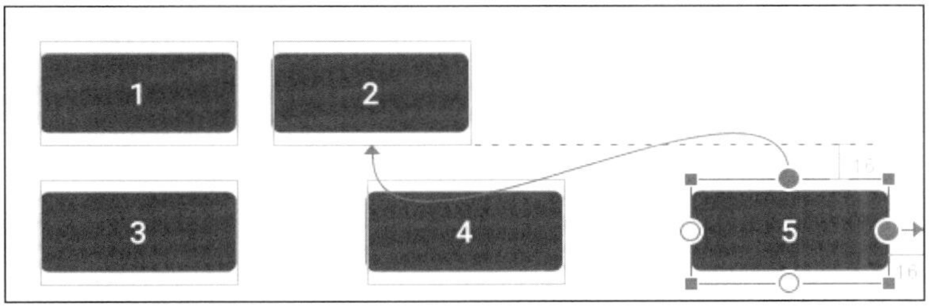

Abbildung 11.13 Eine View am rechten Rand

11.1.12 Eine View erstreckt sich bis zum Rand

View 6 wird erstellt und mithilfe der Maus unter View 3 gezogen. Es werden Constraints mit dem Wert 16 nach oben zu View 3 und nach links zum Rand eingestellt. View 7 wird erstellt und mithilfe der Maus unter View 5 gezogen. Es werden Constraints mit dem Wert 16 nach oben zu View 5 und nach rechts zum Rand eingestellt.

Anschließend wird für die Eigenschaft `layout_width` im Bereich ATTRIBUTES der Wert `0dp (match constraint)` ausgewählt (siehe Abbildung 11.14). Damit wird festgelegt, dass sich die Breite der View an die Constraints anpasst. Diese Änderung hat zunächst noch keine Auswirkung.

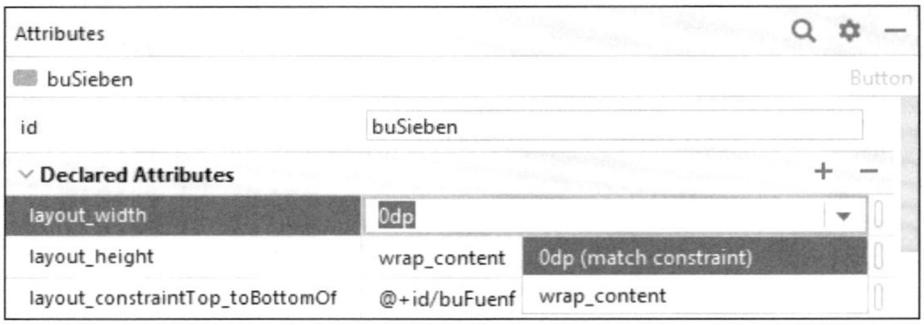

Abbildung 11.14 Breite wird an Constraint angepasst.

Als Nächstes wird der Abstand `16` auch für die linke Constraint eingestellt. Anschließend erstreckt sich View 7 von View 6 bis zum rechten Rand (siehe Abbildung 11.15).

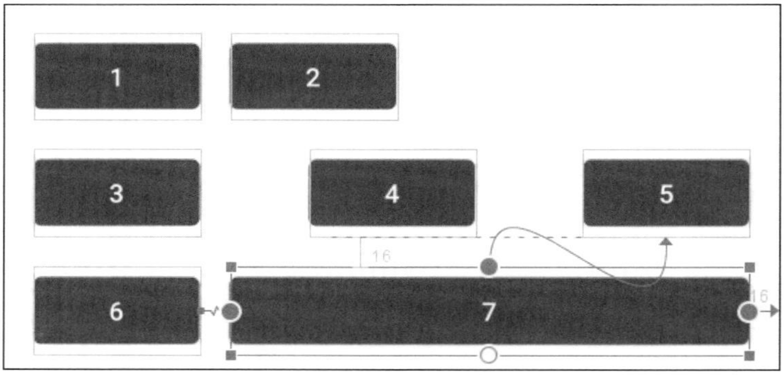

Abbildung 11.15 View erstreckt sich bis zum Rand.

11.1.13 Breite von Views einheitlich einstellen

View 8 wird erstellt und mithilfe der Maus unter View 6 gezogen. Es werden Constraints mit dem Wert `16` nach oben zu View 6 und nach links zum Rand eingestellt. View 10 wird erstellt und mithilfe der Maus unter View 7 gezogen. Es werden Constraints mit dem Wert `16` nach oben zu View 7 und nach rechts zum Rand eingestellt. Mithilfe einer Dimensions-Ressource soll eine andere einheitliche Breite für die beiden Views 8 und 10 erstellt und verwendet werden.

Sie können für mehrere Views gleichzeitig Einstellungen vornehmen. Dazu müssen Sie die erste dieser Views markieren und bei der Markierung der weiteren Views die Taste

[Strg] gedrückt halten. Anschließend erscheinen im Bereich ATTRIBUTES nur noch diejenigen Eigenschaften, bei denen alle markierten Views denselben Wert besitzen (siehe Abbildung 11.16). Führen Sie die gemeinsame Markierung für die beiden Views 8 und 10 durch.

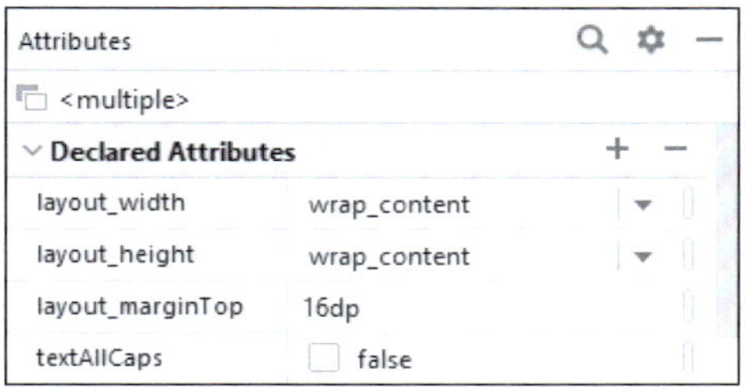

Abbildung 11.16 Eigenschaften mit gemeinsamen Werten

Klicken Sie auf den senkrechten Balken ganz rechts neben der Eigenschaft `layout_width`. Es erscheint das Dialogfeld PICK A RESOURCE, diesmal für Dimensions-Ressourcen statt für String-Ressourcen (siehe Abbildung 11.17).

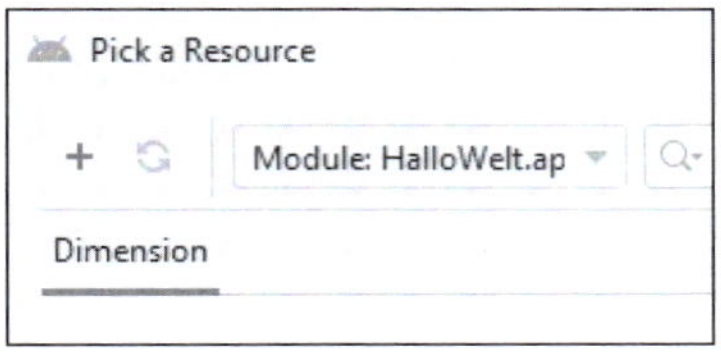

Abbildung 11.17 Dialogfeld für Dimensions-Ressourcen

Die neue Dimensions-Ressource muss zunächst erstellt werden. Klicken Sie dazu auf das PLUSZEICHEN links oben und wählen Sie den Eintrag DIMENSION VALUE (siehe Abbildung 11.18).

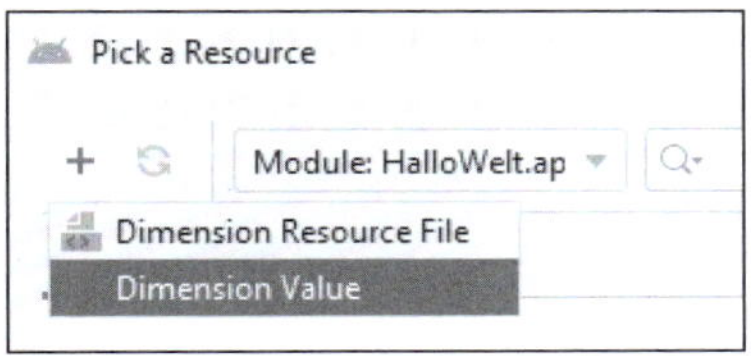

Abbildung 11.18 Neuen Dimensions-Wert erstellen

Tragen Sie im Dialogfeld NEW DIMENSION VALUE den Namen und den Wert der neuen Dimensions-Ressource ein (siehe Abbildung 11.19). Betätigen Sie anschließend den (hier nicht sichtbaren) Button OK.

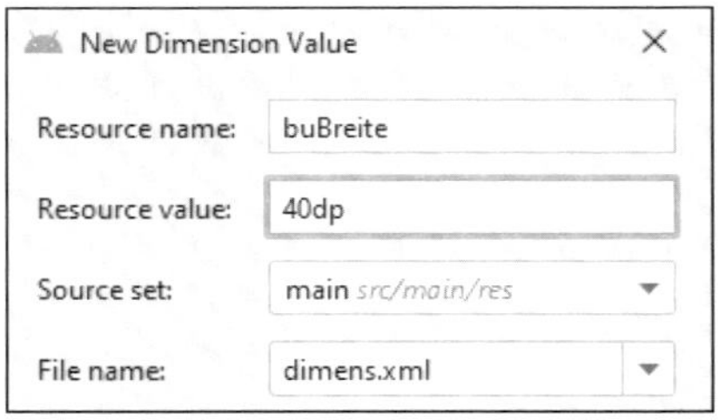

Abbildung 11.19 Name und Wert des Dimensions-Werts

Damit ist die neue Dimensions-Ressource in der Datei *dimens.xml* erstellt. Diese Datei finden Sie über den Pfad *app/res/values*, wie die Datei *strings.xml*. Existierte die Datei *dimens.xml* zuvor nicht, wird sie zusammen mit der Dimensions-Ressource erstellt. Markieren Sie die Dimensions-Ressource im Dialogfeld PICK A RESOURCE und betätigen Sie wiederum den Button OK. Anschließend wird den beiden gemeinsam markierten Views die neue Breite zugewiesen (siehe Abbildung 11.20).

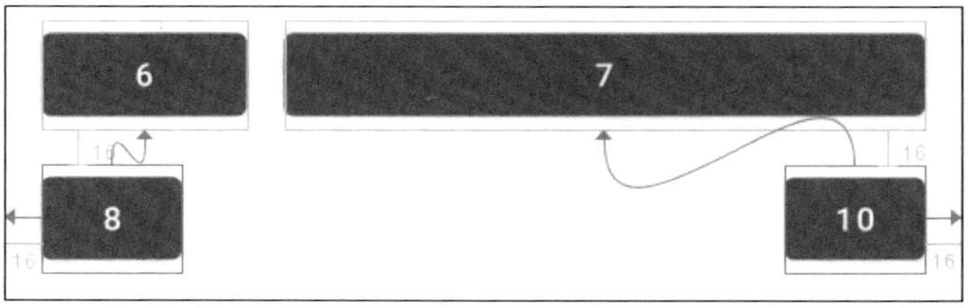

Abbildung 11.20 Neue einheitliche Breite

11.1.14 Eine View erstreckt sich zwischen zwei Views

Erstellen Sie die View 9 und ziehen Sie sie mithilfe der Maus zwischen die Views 8 und 10. Erstellen Sie die obere Constraint zu View 7, die linke Constraint zu View 8 und die rechte Constraint zu View 10, alle mit dem Wert `16`. Stellen Sie die Eigenschaft `layout_width` auf `0dp`. Anschließend erstreckt sich View 9 zwischen den Views 8 und 10 (siehe Abbildung 11.21).

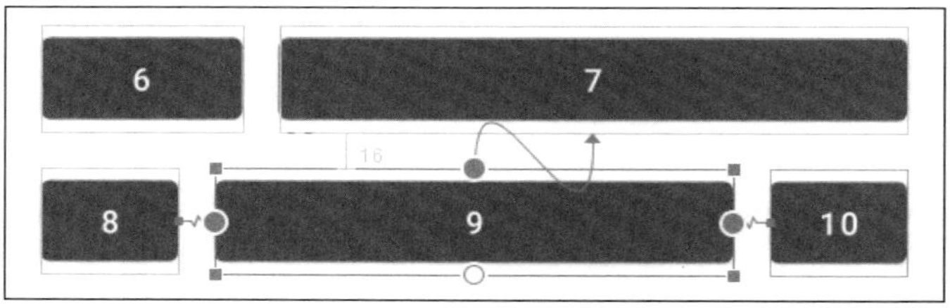

Abbildung 11.21 View erstreckt sich zwischen zwei Views.

Damit ist das Layout des Projekts *LayoutConstraint*, das die Erstellung des Layouts erläutert und eine Reihe von Möglichkeiten zur Anordnung zeigt, vollständig. In den weiteren Projekten dieses Buchs wird nur noch bei Bedarf auf die Erstellung und Gestaltung des Layouts eingegangen.

11.2 Tipps zur Arbeit mit Projekten

In diesem Abschnitt folgen einige praktische Tipps zu der täglichen Arbeit mit Projekten im Android Studio. Sie können diesen Abschnitt zunächst übergehen und bei Bedarf hier nachschlagen.

11.2.1 Mehrere Projekte öffnen

Sie haben die Möglichkeit, mehrere Projekte im Android Studio gleichzeitig zu öffnen. Einzelne Elemente der Projekte können dann miteinander verglichen werden oder bei Bedarf von einem Projekt zum anderen kopiert werden.

Nehmen wir an, es ist bereits ein Projekt geöffnet und Sie möchten ein weiteres vorhandenes Projekt öffnen. Rufen Sie dazu über den Menüpunkt File • Open das Dialogfeld Open File or Project auf und wählen Sie ein Projekt aus, wie es in Abschnitt 10.3.3 beschrieben wird. Es erscheint das Dialogfeld Open Project (siehe Abbildung 11.22). Nach Betätigung des Buttons New Window öffnet sich das zweite Projekt in einem eigenen Fenster.

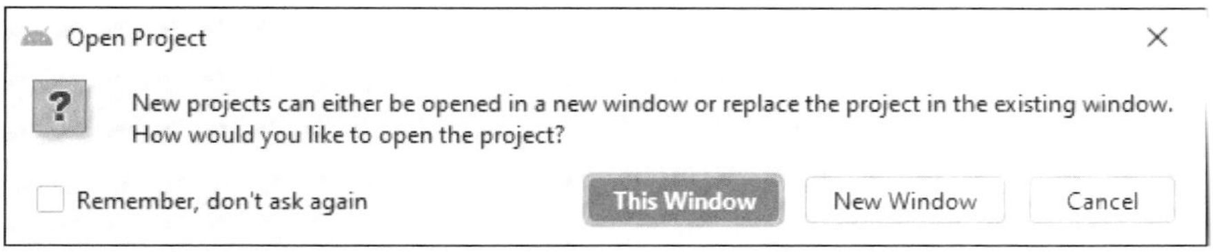

Abbildung 11.22 Auswahl des Fensters

Nehmen wir eine andere Situation an. Es ist bereits ein Projekt geöffnet und Sie möchten zusätzlich ein neues Projekt erstellen. Rufen Sie dazu über den Menüpunkt File • New • New Project das Dialogfeld New Project auf und erstellen Sie ein Projekt, wie es in Abschnitt 10.2 beschrieben wird. Das neue Projekt wird ohne weitere Nachfrage in einem eigenen Fenster erstellt.

11.2.2 Projekte kopieren oder umbenennen

Zur Arbeitsersparnis können Sie neue Projekte auf Basis von bereits vorhandenen Projekten aufbauen, indem Sie das vorhandene Projekt kopieren. Passt der ursprünglich gewählte Name eines Projekts nicht mehr, können Sie Projekte auch noch im Nachhinein umbenennen.

Es reicht allerdings nicht aus, nur den Namen des Projektverzeichnisses zu ändern. Auch innerhalb eines Projekts gibt es an vielen Stellen Bezüge zum Projektnamen, die einzeln angepasst werden müssen. Das Android Studio bietet zu diesem Zweck eine Hilfestellung.

Im vorliegenden Beispiel arbeite ich mit dem Projekt *HalloWelt*. Das kopierte beziehungsweise umbenannte Projekt soll den Namen *HalloWeltZwei* haben.

Die Vorgehensweisen zum Kopieren und Umbenennen sind fast gleich:

- Suchen Sie im Windows-Explorer dasjenige Oberverzeichnis auf, in dem sich die Verzeichnisse mit Ihren Android-Projekten befinden. Bei mir ist das *D:\Android_Studio_Projekte* (siehe auch Abschnitt 10.2.2).
- Falls das Projekt kopiert werden soll: Kopieren Sie das gesamte Verzeichnis *HalloWelt* mit dem gewünschten Android-Projekt innerhalb des Oberverzeichnisses.
- Benennen Sie das Projektverzeichnis um, hier in *HalloWeltZwei*.
- Öffnen Sie das Projekt *HalloWeltZwei* im Android Studio.
- Ändern Sie den Namen des Projektpakets. Wählen Sie dazu im Projektfenster in der Ansicht ANDROID das oberste Verzeichnis im Pfad *app/java* aus, also dasjenige ohne ANDROIDTEST oder TEST am Ende (siehe Abbildung 11.23).

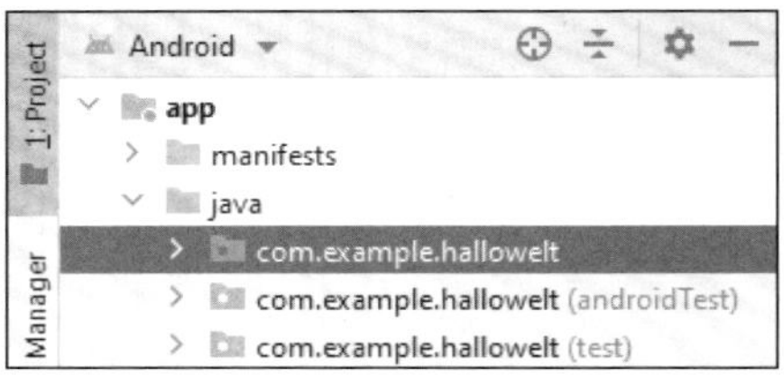

Abbildung 11.23 Auswahl im Projektfenster

- Öffnen Sie mithilfe der rechten Maustaste das Kontextmenü des ausgewählten Eintrags. Wählen Sie darin den Menüpunkt REFACTOR • RENAME aus.
- Es erscheint ein Dialogfeld mit einer Warnung. Klicken Sie darin auf den Button RENAME PACKAGE zum Umbenennen des Projektpakets.

- Es erscheint das Dialogfeld Rename (siehe Abbildung 11.24). Tragen Sie darin den gewünschten neuen Namen des Projekts ein, damit daraus der neue Name des Projektpakets gebildet werden kann. Achten Sie darauf, nur Kleinbuchstaben zu verwenden. Der Name sollte mit dem neuen Namen des Projektverzeichnisses übereinstimmen. Betätigen Sie den Button Refactor.

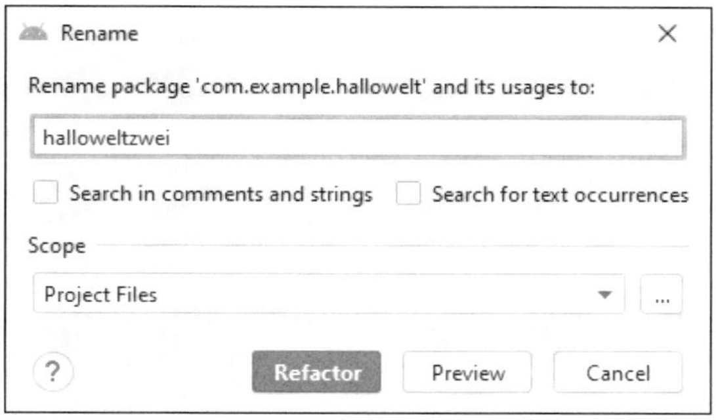

Abbildung 11.24 Neuer Name des Projekts

- Nach kurzer Zeit erscheint am unteren Rand des Bildschirms das Fenster Refactoring Preview, in dem Sie über die vorzunehmenden Änderungen informiert werden. Klicken Sie darin auf Do Refactor.
- Nach kurzer Zeit sind die meisten Änderungen vollzogen. Das Projektfenster aktualisiert sich selbstständig nach einiger Zeit.
- Ändern Sie in der Ressourcendatei *strings.xml* den Wert der dort gespeicherten vordefinierten Ressource `app_name`. Ihr Wert wird als Titel der App angezeigt.
- Nun wird noch die ID der erzeugten App geändert. Schalten Sie dazu im Projektfenster auf die Ansicht Project um. Öffnen Sie den Pfad bis zur Konfigurationsdatei *app/build.gradle*. Verwechseln Sie diese Datei nicht mit anderen Dateien gleichen Namens aus anderen Verzeichnissen.
- Nach einem Doppelklick auf die Datei *app/build.gradle* wird ihr Inhalt im Codefenster angezeigt. Dort steht als Wert des Eintrags `applicationId` der alte Paketname `com.example.hallowelt`. Ändern Sie den Wert auf `com.example.halloweltzwei`.
- Machen Sie das nicht, können die alte App und die neue App nicht gleichzeitig auf dem Endgerät genutzt werden, weil sie dieselbe ID und auch dieselben Systemberechtigungen haben. Zu Systemberechtigungen finden Sie mehr in Abschnitt 19.1.
- Nach der Änderung der ID werden Sie aufgefordert, das Projekt zu synchronisieren. Betätigen Sie dazu den Link Sync Now, der rechts oben erschienen ist.

- Schalten Sie nach Abschluss der Synchronisierung im Projektfenster wieder auf die normale Ansicht ANDROID um.
- Zu guter Letzt rufen Sie noch einmal den Menüpunkt FILE • SYNC PROJECT WITH GRADLE FILES und den Menüpunkt BUILD • CLEAN PROJECT auf, um das Projekt zu bereinigen.

Dieser Vorgang des Kopierens beziehungsweise Umbenennens umfasst zwar einige Schritte. Dennoch ist es weniger Arbeit, als ein vorhandenes Projekt von Grund auf neu zu erstellen, besonders im Zusammenhang mit umfangreichen Projekten.

11.2.3 Eine App startet nicht mehr

Lässt sich ein Projekt zwar öffnen, aber die App nicht mehr starten, befolgen Sie zunächst die Tipps aus den Fehlermeldungen, die bei den Startversuchen erscheinen. Hilft das nicht, rufen Sie die beiden Menüpunkte FILE • SYNC PROJECT WITH GRADLE FILES und BUILD • CLEAN PROJECT zum Synchronisieren und Bereinigen des Projekts auf. Hilft auch das nicht, erzeugen Sie mithilfe des defekten Projekts ein neues Projekt:

- Schließen Sie das defekte Projekt, hier das Projekt *HalloWelt*.
- Benennen Sie das Projektverzeichnis um, hier in *HalloWeltAlt*.
- Öffnen Sie das Projekt *HalloWeltAlt*.
- Erstellen Sie parallel ein neues Projekt, hier mit dem ursprünglichen Namen *HalloWelt*.
- Kopieren Sie die Inhalte der nachfolgend genannten Dateien, falls Sie sie im defekten Projekt bearbeitet hatten. Gehen Sie dazu am besten in folgender Reihenfolge vor:
  - Kopieren Sie die geänderten Inhalte der Ressourcendateien *strings.xml* und *colors.xml*.
  - Kopieren Sie die gesamte Datei *dimens.xml*, die in einem neuen Projekt noch nicht existiert, in das zugehörige Verzeichnis.
  - Kopieren Sie die Inhalte der Layoutdatei *activity_main.xml*.
  - Kopieren Sie weitere Layoutdateien (falls vorhanden) in das zugehörige Verzeichnis.
  - Kopieren Sie die Inhalte der Codedatei *MainActivity.kt*.
  - Kopieren Sie weitere Codedateien (falls vorhanden) in das zugehörige Verzeichnis.
  - Die Manifestdatei *AndroidManifest.xml* beinhaltet weitere Konfigurationsdaten für die gesamte App. Sie wird automatisch erstellt und musste bisher noch nicht von uns angepasst werden. Sollten Sie Änderungen vorgenommen haben, kopieren Sie die geänderten Inhalte. Mehr zu dieser Datei finden Sie in Abschnitt 11.3.6.

Die hier genannte Reihenfolge des Kopierens vermindert die Anzahl der zwischenzeitlich auftretenden Fehlermeldungen.

11.2.4 Ein Projekt lässt sich nicht mehr öffnen

Wenn ein Projekt sich nicht mehr öffnen lässt, benennen Sie das betreffende Projektverzeichnis zunächst um, hier von *HalloWelt* in *HalloWeltAlt*. Erstellen Sie ein neues Projekt, hier mit dem ursprünglichen Namen *HalloWelt*.

Suchen Sie die im vorherigen Abschnitt genannten einzelnen Dateien mithilfe des Windows-Explorers im Verzeichnis des defekten Projekts. Öffnen Sie sie anschließend mithilfe eines einfachen Texteditors und kopieren Sie die gewünschten Inhalte in die zugehörigen Dateien des neuen Projekts.

11.3 Ereignisse verarbeiten mit dem »View Binding«

Die Benutzeroberfläche einer App stellt den Benutzerinnen und Benutzern Buttons und andere Bedienelemente zur Verfügung. Das Antippen eines Buttons oder das anderweitige Benutzen eines der Elemente ist ein Ereignis, das zu einem Programmablauf führen kann.

In diesem Abschnitt wird anhand des Projekts *Ereignisse* die Technik des *View Bindings* zur Verarbeitung von Ereignissen erläutert. Sie wird für alle weiteren Projekte dieses Buchs auf dieselbe Weise angewendet.

11.3.1 Projekt mit Benutzeroberfläche erstellen

Es wird auf die bekannte Weise das neue Projekt *Ereignisse* erstellt. Mit den Kenntnissen aus Abschnitt 11.1 wird die Benutzeroberfläche erzeugt. Zwei Buttons und eine TextView werden aus dem Unterbereich COMMON des Bereichs PALETTE in das standardmäßige ConstraintLayout gezogen.

Der erste Button erhält die ID `buDeutsch` und die Aufschrift »Deutsch«. Er wird links oben platziert. Der zweite Button erhält die ID `buEnglisch` und die Aufschrift »Englisch«. Er wird rechts daneben platziert. Die TextView erhält die ID `tvAusgabe` und den Text »Ausgabe«. Sie wird wiederum rechts daneben platziert.

Nach dem Antippen des Buttons DEUTSCH soll der Text »Guten Morgen« in der TextView angezeigt werden (siehe Abbildung 11.25). Nach dem Antippen des Buttons ENGLISCH soll der Text »Good morning« erscheinen (siehe Abbildung 11.26).

Abbildung 11.25 Nach Antippen des Buttons »Deutsch«

Abbildung 11.26 Nach Antippen des Buttons »Englisch«

11.3.2 String-Ressourcen und Layout-Datei

Zunächst der Code in der Datei für die String-Ressourcen:

```
<resources>
    <string name="app_name">Ereignisse</string>
    <string name="buDeutschString">Deutsch</string>
    <string name="buEnglischString">Englisch</string>
    <string name="tvAusgabeString">Ausgabe</string>
</resources>
```

Listing 11.3 Projekt »Ereignisse«, Datei »strings.xml«

Es folgt ein Ausschnitt des Codes in der Layout-Datei *activity_main.xml*:

```
<?xml version="1.0" encoding="utf-8"?>
<androidx.constraintlayout.widget.ConstraintLayout ... >
    <Button
        android:id="@+id/buDeutsch"
        android:text="@string/buDeutschString"
        android:textAllCaps="false" ... />
    <Button
        android:id="@+id/buEnglisch"
        android:text="@string/buEnglischString"
        android:textAllCaps="false" ... />
```

```
    <TextView
        android:id="@+id/tvAusgabe"
        android:text="@string/tvAusgabeString" ... />
</androidx.constraintlayout.widget.ConstraintLayout>
```

Listing 11.4 Projekt »Ereignisse«, Datei »activity_main.xml«

Die Eigenschaften `android:id` und `android:text` beinhalten die eindeutige ID und den Text beziehungsweise die Aufschrift der drei Views.

11.3.3 Der generierte Code

Die Datei *MainActivity.kt* (siehe Abschnitt 10.3.1) eines neu erzeugten Projekts beinhaltet zunächst generierten Kotlin-Code, der für die Darstellung der Benutzeroberfläche aus der Datei *activity_main.xml* sorgt:


```
package com.example.ereignisse
import androidx.appcompat.app.AppCompatActivity
import android.os.Bundle

class MainActivity : AppCompatActivity() {
    override fun onCreate(savedInstanceState: Bundle?) {
        super.onCreate(savedInstanceState)
        setContentView(R.layout.activity_main)
    }
}
```

Listing 11.5 Projekt »Ereignisse«, Datei »MainActivity.kt«

Nach dem Schlüsselwort `package` folgt der eindeutige Name des Pakets dieses Projekts, wie er bei Erstellung des Projekts erzeugt wurde (siehe Abschnitt 10.2.1).

Die Klasse `AppCompatActivity` dient als Basisklasse für die Klasse `MainActivity`. Dabei handelt es sich um die Klasse für die einzige Activity der App. Mithilfe der Klasse `AppCompatActivity` wird eine Abwärtskompatibilität ermöglicht, mit der sich neuere Android-Eigenschaften auch auf älteren Android-Geräten nutzen lassen.

Die Methode `onCreate()` wird beim Start der Activity aufgerufen. Sie ruft mithilfe des Schlüsselworts `super` die gleichnamige Methode der Basisklasse auf. Mithilfe des nullbaren Objekts `savedInstanceState` der Klasse `Bundle` können Informationen zwischen Activitys transportiert werden.

Die Methode `setContentView()` füllt die Activity mit einem sichtbaren Inhalt. Dabei handelt es sich um das Layout aus der Datei *activity_main.xml*, das per Parameter übergeben wird. Das »R« zu Beginn der Bezeichnung `R.layout.activity_main` steht abkürzend für »Ressource«. Auch das Layout gehört zu den Ressourcen eines Projekts.

11.3.4 Die Klasse für das View Binding

Es gibt verschiedene Vorgehensweisen, den Kotlin-Code einer Android-App mit den Views der Benutzeroberfläche zu verbinden, damit die Ereignisse in der App zu programmierten Abläufen führen:

- Die Methode `findViewById()` liefert einen Verweis auf eine View über die zugehörige Ressource. Dabei handelt es sich allerdings um eine langsame und fehleranfällige Möglichkeit.
- Kotlin stellte eine Zeit lang das Paket `kotlinx.android.synthetic` zur Verfügung, das den Zugriff auf die Views mithilfe von *synthetischen Properties* ermöglichte. Die Unterstützung für dieses Paket, das ich auch für alle Projekte in der ersten Auflage dieses Buchs genutzt hatte, wurde allerdings mit geringer Vorwarnzeit eingestellt.
- Mithilfe der Technik des View Bindings wird eine Verbindung zu der Layout-Datei mit den Elementen der Benutzeroberfläche in einer zusätzlich generierten Klasse zur Verfügung gestellt. Diese Methode erweist sich als sicher und schnell.

Zur automatischen Generierung der Klasse für das View Binding muss in jedem Projekt einmalig eine Änderung der Konfiguration vorgenommen werden. Wechseln Sie dazu im Projektfenster auf die Ansicht PROJECT. Öffnen Sie den Pfad bis zur Konfigurationsdatei *app/build.gradle* und lassen Sie die Datei mithilfe eines Doppelklicks im Codefenster anzeigen (siehe Abbildung 11.27). Verwechseln Sie diese Datei nicht mit anderen Dateien gleichen Namens aus anderen Verzeichnissen.

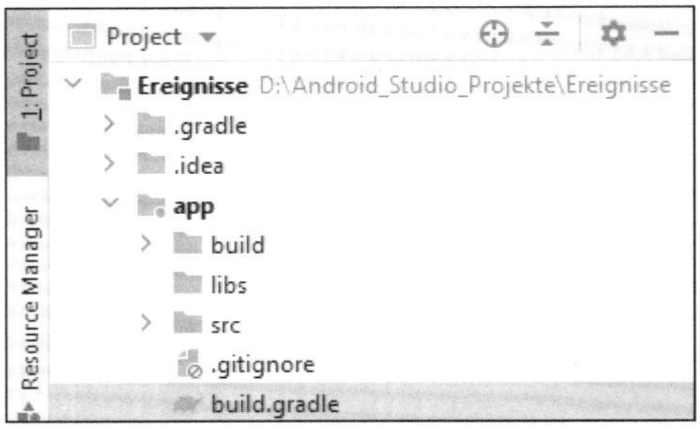

Abbildung 11.27 Konfigurationsdatei »app/build.gradle«

In der Datei *app/build.gradle* stehen Informationen zur Konfiguration des Projekts, und zwar in Blöcken, die mithilfe von geschweiften Klammern gebildet werden. Ergänzen Sie den Block `android` am Ende – nach dem Block `kotlinOptions` – wie folgt um den Block `buildFeatures`:

```
...
android {
    ...
    kotlinOptions {
        jvmTarget = '1.8'
    }
    buildFeatures {
        viewBinding true
    }
}
...
```

Listing 11.6 Projekt »Ereignisse«, Datei »app/build.gradle«, weiterer Block

Nach dieser Änderung werden Sie aufgefordert, das Projekt zu synchronisieren. Betätigen Sie dazu den Link SYNC NOW, der rechts oben erschienen ist. Anschließend steht im Projekt *Ereignisse* folgende automatisch generierte Klasse zur Verfügung:

```
com.example.ereignisse.databinding.ActivityMainBinding
```

Beachten Sie, dass der Name des Projekts im Namen des Pakets der Klasse steckt. Allgemein heißt die automatisch generierte Klasse eines Projekts:

```
com.example.<projektname>.databinding.ActivityMainBinding
```

11.3.5 Der geänderte Code

Damit das Antippen der beiden Buttons zu den beschriebenen Ereignissen führt, muss der generierte Code geändert werden. Zunächst der geänderte Code der Datei *MainActivity.kt*:

```
package com.example.ereignisse
import androidx.appcompat.app.AppCompatActivity
import android.os.Bundle
import com.example.ereignisse.databinding.ActivityMainBinding

class MainActivity : AppCompatActivity() {
    private lateinit var B: ActivityMainBinding
```

```
    override fun onCreate(savedInstanceState: Bundle?) {
        super.onCreate(savedInstanceState)
        B = ActivityMainBinding.inflate(layoutInflater)
        setContentView(B.root)

        B.buDeutsch.setOnClickListener {
            B.tvAusgabe.text = "Guten Morgen"
        }

        B.buEnglisch.setOnClickListener {
            B.tvAusgabe.text = "Good morning"
        }
    }
}
```

Listing 11.7 Projekt »Ereignisse«, Datei »MainActivity.kt«, Code erweitern

Die automatisch generierte Klasse `ActivityMainBinding` wird importiert. Es wird ein Objekt dieser Klasse erstellt, das erst später initialisiert wird, das sogenannte Binding-Objekt. Die Variable, die als Verweis auf dieses Binding-Objekt dient, hat in meinen Projekten meist den kurzen Namen `B`. Über das Binding-Objekt wird auf die Layout-Datei mit der Benutzeroberfläche zugegriffen.

Mithilfe der statischen Methode `inflate()` werden Verweise auf die Views aus der Layout-Datei erstellt. Die Methode `setContentView()` füllt die Activity mit einem sichtbaren Inhalt. Das geschieht über das Hauptelement (oder die *Wurzel*, englisch: *root*) des Layouts aus der verbundenen Layout-Datei.

Mithilfe des Binding-Objekts wird die Verbindung zu den Buttons `buDeutsch` und `buEnglisch` sowie zu der TextView `tvAusgabe` erstellt.

Bei einem *Listener* (dt.: *Horcher*) handelt es sich um ein Objekt, das ein Ereignis bemerkt und mithilfe seines Codes darauf reagieren kann. Der Aufruf der Methode `setOnClickListener()` legt fest, welches Listener-Objekt auf das Ereignis »Klick auf Button« beziehungsweise »Antippen des Buttons« reagiert.

Der Code eines Listener-Objekts kann auf unterschiedliche Arten erzeugt werden (siehe auch Abschnitt 11.4). In vielen Fällen genügt wie hier eine anonyme Funktion. Der Eigenschaft `text` der TextView wird jeweils eine neue Zeichenkette zugewiesen.

Lassen Sie sich nicht irritieren, falls nach einem späteren erneuten Öffnen des Projekts der Name der Klasse `ActivityMainBinding` zunächst in roter Schrift angezeigt werden sollte. Normalerweise wird damit ein Element als unvollständig bzw. fehlerhaft gekennzeichnet. Das Projekt ist dennoch korrekt erstellt und kann ohne Probleme gestartet werden. Nach kurzer Zeit wird der Name der Klasse nicht mehr in roter Schrift angezeigt, spätestens nach Aufruf des Menüpunkts FILE • SYNC PROJECT WITH GRADLE FILES.

11.3.6 Änderung des Bildschirms

Starten Sie die App sowohl auf einem virtuellen als auch auf einem realen Gerät. Testen Sie die Reaktion auf das Antippen beziehungsweise Klicken der beiden Buttons.

Nach einer Drehung des realen Geräts vom Hochformat in das Querformat werden auch die Views erwartungsgemäß im Querformat angeordnet. Allerdings verschwinden die Änderungen, die Sie als Benutzer durchgeführt haben: Es erscheint wieder der Standardtext »Ausgabe« in der TextView. Die Activity wird also wieder initialisiert. Das soll in diesem Projekt und in den anderen Projekten dieses Buchs vermieden werden.

Lassen Sie dazu mithilfe eines Doppelklicks die Datei *AndroidManifest.xml* im Codefenster anzeigen, die Sie über den Pfad *app/manifests* finden (siehe Abbildung 11.28).

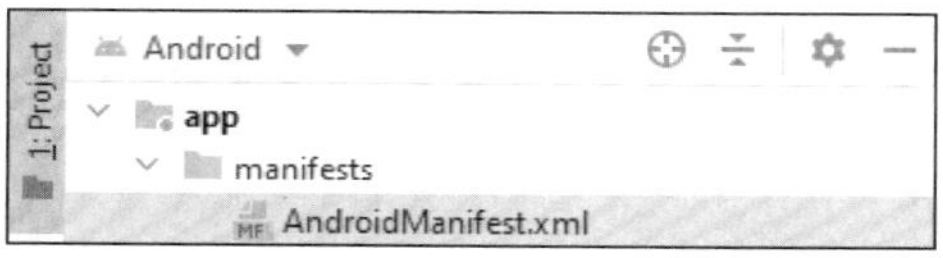

Abbildung 11.28 Datei »AndroidManifest.xml«

In der Manifestdatei stehen weitere Konfigurationsdaten für die Anwendung und ihre Activitys. Ergänzen Sie das Element `activity` für die MainActivity durch das Attribut `android:configChanges` wie in folgendem Listing:

```
<?xml version="1.0" encoding="utf-8"?>
<manifest ... >
    <application ... >
        <activity android:name=".MainActivity"
                android:configChanges="orientation|screenSize">
            <intent-filter> ... </intent-filter>
        </activity>
    </application>
</manifest>
```

Listing 11.8 Projekt »Ereignisse«, Datei »AndroidManifest.xml«

Diese Einstellung bewirkt, dass die MainActivity bei einer Änderung der Orientierung oder der Größe des Bildschirms nicht neu initialisiert wird.

11.3.7 Android- und Kotlin-Hilfe

Sie finden allgemein Hilfe zur Entwicklung mit Kotlin im Android Studio über die Adresse *https://developer.android.com*. Auf der Startseite finden Sie das übliche Suchfeld, um sich innerhalb der Hilfe umzuschauen.

Benötigen Sie direkt eine Kotlin-bezogene Hilfe zu einem bestimmten Element, erweist sich auch die nachfolgende Eingabe in einer Suchmaschine als sehr schnell und erfolgreich:

```
developer kotlin <Suchbegriff>
```

Ein Beispiel: Sie benötigen Hilfe zum Begriff *TextView* und geben ein:

```
developer kotlin textview
```

Anschließend landen Sie unmittelbar auf der Seite, die Erläuterungen zur Klasse `TextView` bietet:

https://developer.android.com/reference/kotlin/android/widget/TextView

11.3.8 Hilfen und Anmerkungen des Editors

Der Editor von Android Studio bietet Hilfestellungen zum Entwickeln. Das beinhaltet auch Anmerkungen an einigen Stellen meines Kotlin-Codes (siehe Abbildung 11.29). Woran liegt das?

Bei eigenen Bezeichnungen nutze ich häufig selbsterklärende deutsche Begriffe, wie zum Beispiel »tvAusgabe«. Zudem lasse ich viele Texte unmittelbar ausgeben. Würde ich jedes Mal den »Umweg« über eine zuvor erstellte String-Ressource wählen, würde das allerdings eine spätere Übersetzung des Programms in andere Sprachen erleichtern.

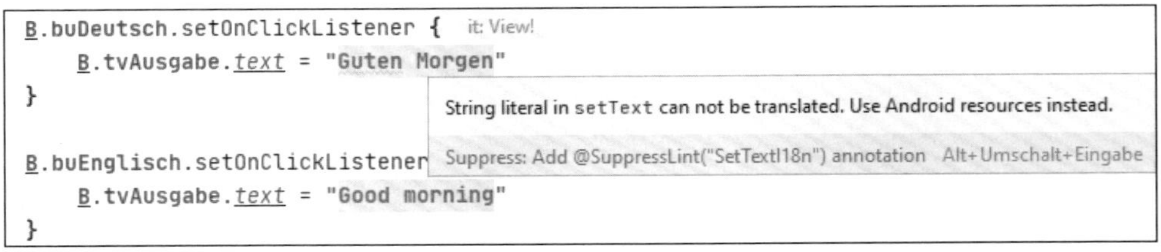

Abbildung 11.29 Anmerkungen

11.3.9 Weitere Projekte

Der Aufbau des Projekts *Ereignisse* wurde in diesem Abschnitt ausführlich beschrieben. In Abschnitt 11.1 wurden verschiedene Möglichkeiten der Gestaltung der Benutzeroberfläche mithilfe des ConstraintLayout erläutert.

In den weiteren Android-Projekten in diesem Buch folgen zu jedem Projekt Screenshots, eine Erläuterung des Ablaufs der App und der Kotlin-Code. Das Layout und die notwendigen Ressourcen sind anhand der Screenshots erkennbar. Die Elemente des Layouts, die Einbindung des View Bindings wie in Abschnitt 11.3.4 und die Änderungen des Manifests wie in Abschnitt 11.3.6 werden nur noch bei Bedarf genauer erläutert.

11.4 Listener-Objekte

Ein *Listener*-Objekt bemerkt ein Ereignis und reagiert mithilfe seines Codes darauf. Man sagt auch: Das betreffende Objekt wird als Listener für das Ereignis registriert. In Abschnitt 11.3.5 wird zum Beispiel beim Aufruf der Methode `setOnClickListener()` dasjenige Objekt festgelegt, das auf das Ereignis »Antippen eines Buttons« reagiert, hier eine anonyme Funktion.

In diesem Abschnitt zeige ich im Projekt *ListenerVarianten* verschiedene Möglichkeiten zur Erstellung eines Listener-Objekts. Diese kommen im weiteren Verlauf des Buchs abhängig von den jeweils genutzten Elementen zum Einsatz. Ich erläutere, wie die Varianten zusammenhängen und wie Sie schrittweise zu der kompakten Variante mit der anonymen Funktion gelangen.

Die Benutzeroberfläche beinhaltet zehn Buttons für die zehn Varianten und eine TextView in einem ConstraintLayout (siehe Abbildung 11.30). Die Buttons 2, 5 und 8 sind horizontal zentriert, die restlichen Buttons am linken beziehungsweise rechten Rand ausgerichtet.

Es werden viele Sprachelemente aus dem ersten Teil des Buchs benötigt: Klassen, Interfaces, Objekte als Instanzen von Klassen, benannte Singleton-Objekte, anonyme Singleton-Objekte, anonyme Funktionen und mehr.

Ein Objekt, das als Listener auf das Ereignis »Antippen eines Buttons« reagieren soll, muss das Interface `View.OnClickListener` implementieren. Das Interface schreibt vor, dass die Methode `onClick()` implementiert wird.

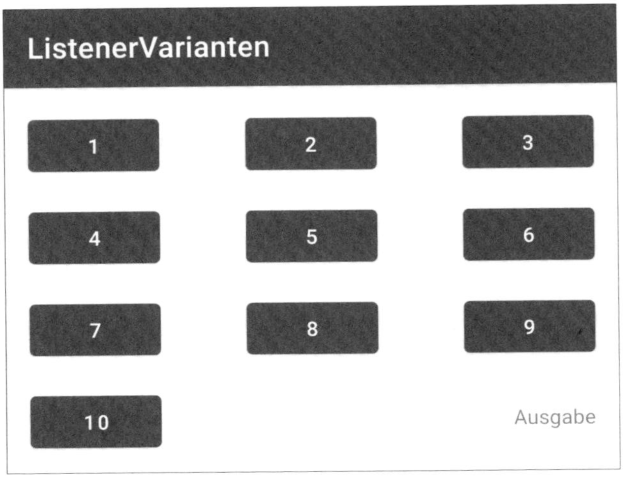

Abbildung 11.30 Buttons für zehn Listener-Varianten

11.4.1 Aktuelles Activity-Objekt

Nach Antippen des Buttons BUEINS wird in der TextView eine »1« ausgegeben. Entsprechend wird für den Button BUZWEI eine »2« ausgegeben. Für beide Ereignisse dient das aktuelle Objekt der Klasse `MainActivity` als Listener. Der Vorteil: Die Behandlung mehrerer ähnlicher Ereignisse kann gemeinsam in der aktuellen Klasse stattfinden. Die Klasse `MainActivity` muss das Interface `View.OnClickListener` implementieren.

Es folgt der zugehörige Teil des Codes der Datei *MainActivity.kt*:

```
...
import android.view.View
class MainActivity : AppCompatActivity(), View.OnClickListener {
    ...
    override fun onCreate(savedInstanceState: Bundle?) {
        ...
        B.buEins.setOnClickListener(this)
        B.buZwei.setOnClickListener(this)
    }

    override fun onClick(v: View?) {
        when (v?.id) {
            B.buEins.id -> B.tvAusgabe.text = "1"
```

```
            B.buZwei.id -> B.tvAusgabe.text = "2"
        }
    }
}
```

Listing 11.9 Projekt »ListenerVarianten«, Buttons »buEins« und »buZwei«

Die zusätzliche Klasse `android.view.View` wird importiert. Sie wird für das Interface `View.OnClickListener` und für den Parameter des nullbaren Datentyps `View?` der implementierten Methode `onClick()` benötigt.

Die Methode `setOnClickListener()` wird für beide Buttons aufgerufen. Das Listener-Objekt ist das aktuelle Objekt der Klasse `MainActivity`, auf das mithilfe des Schlüsselworts `this` verwiesen wird.

Die implementierte Methode `onClick()` überschreibt die Methode des Interface mithilfe des Schlüsselworts `override`.

Die Klasse `Button` erbt von der Klasse `TextView` und diese wiederum von der Klasse `View`. Daher ist ein Button auch eine View. Der Parameter `v` verweist auf dasjenige Objekt, bei dem das Ereignis ausgelöst wurde, also auf den Button BUEINS oder den Button BUZWEI.

Mithilfe einer `when`-Verzweigung wird ermittelt, bei welchem Button das Ereignis ausgelöst wurde. Die Eigenschaft `id` einer View beinhaltet die eindeutige ID als `Int`-Wert, die Sie beim Aufbau des Projekts in der XML-Datei *activity_main.xml* vergeben haben. Es erfolgt die entsprechende Ausgabe.

11.4.2 Hilfestellung von Android Studio

An dieser Stelle ist ein thematischer Einschub angebracht. In Kotlin-Projekten werden häufig Interfaces implementiert. Der Editor von Android Studio hilft Ihnen bei der Erstellung des Codes. Das sehen Sie nachfolgend am Beispiel der Implementierung des Interface `View.OnClickListener` in der Klasse `MainActivity`.

Zu diesem Zweck nehmen wir an, dass der Code aus Abschnitt 11.4.1 noch nicht eingegeben wurde. Sie notieren den Namen des Interface nach dem Namen der Klasse wie folgt:

```
class MainActivity:AppCompatActivity(), View.OnClickListener { ... }
```

Nach einem kurzen Moment erscheint eine rote Linie unter dem Namen der Klasse im Editor. Damit wird die Klasse als unvollständig bzw. fehlerhaft gekennzeichnet. Bewegen Sie die Maus über die Fehlerstelle. Nach einem weiteren kurzen Moment erscheint der erklärende Hinweis, dass die Klasse das genannte Interface nicht implementiert (siehe Abbildung 11.31).

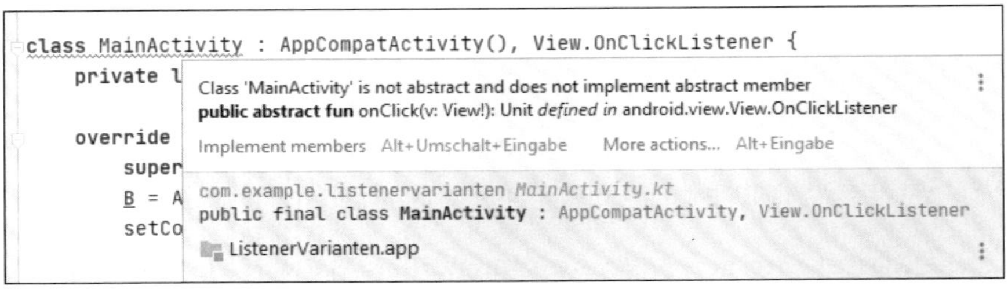

Abbildung 11.31 Unvollständige Implementierung

Klicken Sie auf den Link Implement Members. Es erscheint das gleichnamige Dialogfeld mit einer Liste der Methoden, die für das Interface implementiert werden sollen (siehe Abbildung 11.32). Markieren Sie die gewünschten Methoden, hier nur die Methode `onClick()`.

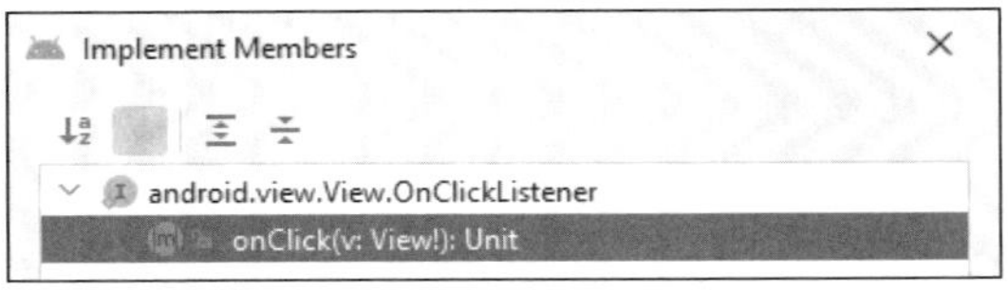

Abbildung 11.32 Methode zur Implementierung

Bestätigen Sie das Dialogfeld mit OK. Am Ende der Klasse erscheint die implementierte Methode mit dem Hinweis, sie mit Code zu füllen:

```
override fun onClick(v: View?) {
    TODO("Not yet implemented")
}
```

Listing 11.10 Projekt »ListenerVarianten«, eingefügte Methode »onClick()«

11.4.3 Eigene Klasse

Nach Antippen des Buttons BuDrei wird die Aufschrift des Buttons auf den Text »Drei« geändert. Für dieses Ereignis dient ein neu erstelltes Objekt der eigenen Klasse `MeineListenerKlasse` als Listener. Die Behandlung mehrerer ähnlicher Ereignisse kann auch hier gemeinsam in einer eigenen Klasse stattfinden.

Zunächst der zugehörige Code in der Klasse `MainActivity`:

```
class MainActivity : AppCompatActivity() ... {
    ...
    override fun onCreate(savedInstanceState: Bundle?) {
```

```
        ...
        val mDrei = MeineListenerKlasse()
        B.buDrei.setOnClickListener(mDrei)
    }
}
```

Listing 11.11 Projekt »ListenerVarianten«, Button »buDrei«

Die Variable `mDrei` verweist auf das neue Objekt der Klasse `MeineListenerKlasse`. Diese wird in der Datei *MeineListenerKlasse.kt* definiert und muss das Interface `View.OnClickListener` implementieren.

Es folgt der Code in der Datei *MeineListenerKlasse.kt*:

```
package com.example.listenervarianten
import android.view.View
import android.widget.Button
class MeineListenerKlasse: View.OnClickListener {
    override fun onClick(v: View?) {
        val bu = v as Button
        bu.text = "Drei"
    }
}
```

Listing 11.12 Projekt »ListenerVarianten«, Klasse »MeineListenerKlasse«

In der implementierten Methode `onClick()` wird der Verweis `v` auf das Objekt der Klasse `View` mithilfe des Schlüsselworts `as` in einen Verweis auf ein Objekt der Klasse `Button` umgewandelt werden. Dieser Verweis wird der Variablen `bu` zugewiesen. Der Grund dafür: Die Eigenschaft `text` gibt es nicht in der allgemeinen Klasse `View`, nur in der spezialisierten Klasse `Button`. Diese Klasse wird zuvor importiert.

11.4.4 Benanntes Singleton-Objekt

Nach Antippen des Buttons BUVIER wird die Aufschrift des Buttons auf den Text »Vier« geändert. Für dieses Ereignis dient ein benanntes Singleton-Objekt mit dem Namen `MeinListenerObjekt` als Listener, das in der Datei *MeinListenerObjekt.kt* definiert wird. Singleton-Objekte sind bekanntlich einzigartig und ermöglichen einen eindeutigen Zugriff. Die Behandlung mehrerer ähnlicher Ereignisse kann gemeinsam im benannten Singleton-Objekt stattfinden.

Zunächst der zugehörige Code in der Klasse `MainActivity`:

```
class MainActivity : AppCompatActivity() ... {
    ...
    override fun onCreate(savedInstanceState: Bundle?) {
        ...
        B.buVier.setOnClickListener(MeinListenerObjekt)
    }
}
```

Listing 11.13 Projekt »ListenerVarianten«, Button »buVier«

Auf das benannte Singleton-Objekt kann über seinen Namen zugegriffen werden. Es muss das Interface `View.OnClickListener` implementieren.

Es folgt der Code in der Datei *MeinListenerObjekt.kt*:

```
package com.example.listenervarianten
import android.view.View
import android.widget.Button
object MeinListenerObjekt: View.OnClickListener {
    override fun onClick(v: View?) {
        val bu = v as Button
        bu.text = "Vier"
    }
}
```

Listing 11.14 Projekt »ListenerVarianten«, Objekt »MeinListenerObjekt«

Der Code der implementierten Methode `onClick()` entspricht dem Code der gleichnamigen Methode der Klasse `MeineListenerKlasse()` aus Abschnitt 11.4.3.

11.4.5 Anonymes Singleton-Objekt mit Verweis

Nach Antippen des Buttons BUFUENF wird in der TextView eine »5« ausgegeben. Für dieses Ereignis dient ein anonymes Singleton-Objekt als Listener, auf das ein Verweis eingerichtet wird. Über diesen Verweis kann später auf das Singleton-Objekt zugegriffen werden.

Es folgt der zugehörige Code in der Klasse `MainActivity`:

```
class MainActivity : AppCompatActivity() ... {
    ...
    override fun onCreate(savedInstanceState: Bundle?) {
        ...
```

```
        val mFuenf = object: View.OnClickListener {
            override fun onClick(v: View?) {
                B.tvAusgabe.text = "5"
            }
        }
        B.buFuenf.setOnClickListener(mFuenf)
    }
}
```

Listing 11.15 Projekt »ListenerVarianten«, Button »buFuenf«

Das anonyme Singleton-Objekt wird mithilfe des Schlüsselworts `object` definiert, hier innerhalb der Methode `onCreate()`. Es muss das Interface `View.OnClickListener` mit der Methode `onClick()` implementieren.

Die Variable `mFuenf` verweist auf das anonyme Singleton-Objekt. Nach Antippen des Buttons BUFUENF wird über die Variable `mFuenf` auf das Singleton-Objekt als Listener verwiesen.

Der Editor der Entwicklungsumgebung liefert bereits den Hinweis für eine weitere Verkürzung des Codes: Das anonyme Singleton-Objekt soll in eine anonyme Funktion als Lambda-Ausdruck umgewandelt werden.

11.4.6 Anonymes Singleton-Objekt ohne Verweis

Nach Antippen des Buttons BUSECHS wird in der TextView eine »6« ausgegeben. Für dieses Ereignis dient ein anonymes Singleton-Objekt als Listener, auf das diesmal kein Verweis eingerichtet wird.

Der Code verkürzt sich weiter. Er sieht wie folgt aus:

```
class MainActivity : AppCompatActivity() ... {
    ...
    override fun onCreate(savedInstanceState: Bundle?) {
        ...
        B.buSechs.setOnClickListener(object: View.OnClickListener {
            override fun onClick(v: View?) {
                B.tvAusgabe.text = "6"
            }
        })
    }
}
```

Listing 11.16 Projekt »ListenerVarianten«, Button »buSechs«

Der vollständige Code des anonymen Singleton-Objekts wird als Parameter der Methode `setOnClickListener()` in den runden Klammern notiert. Es wird kein Verweis auf das Objekt benötigt. Es muss das Interface `View.OnClickListener` mit der Methode `onClick()` implementieren.

Auch hier liefert der Editor der Entwicklungsumgebung den Hinweis, dass das anonyme Singleton-Objekt in eine anonyme Funktion als Lambda-Ausdruck umgewandelt werden sollte.

11.4.7 Anonyme Funktion

Interfaces schreiben die Implementierung von Methoden vor. Funktionelle Interfaces, auch SAM-Interfaces genannt (kurz für *Single Abstract Method*), schreiben nur die Implementierung einer einzigen Methode vor.

Bei SAM-Interfaces kann in Kotlin eine anonyme Funktion als Listener dienen. Das erspart viel Code, unter anderem den Namen des Interface und den Namen der Methode. Ergeben sich die Datentypen der Parameter der anonymen Funktion aus dem Zusammenhang, werden sie ebenfalls weggelassen. Der Code wird noch kompakter.

Nach Antippen des Buttons BUSIEBEN wird die Aufschrift des Buttons auf den Text »Sieben« geändert. Es folgt der Code:

```
class MainActivity : AppCompatActivity() ... {
    ...
    override fun onCreate(savedInstanceState: Bundle?) {
        ...
        B.buSieben.setOnClickListener { v ->
            val bu = v as Button
            bu.text = "Sieben"
        }
    }
}
```

Listing 11.17 Projekt »ListenerVarianten«, Button »buSieben«

Handelt es sich bei dem letzten Parameter einer Funktion oder Methode um eine anonyme Funktion, kann diese nach den runden Parameterklammern definiert werden. Handelt es sich um den einzigen Parameter, können die runden Klammern ganz weggelassen werden. Das trifft hier beim Aufruf der Methode `setOnClickListener()` zu.

11.4.8 Nicht genutzte Parameter

Werden Parameter einer anonymen Funktion nicht in der Funktion genutzt, kann statt ihres Namens jeweils das Zeichen _ (Unterstrich) notiert werden. Nach Antippen des Buttons BUACHT wird in der TextView eine »8« ausgegeben. Es folgt der Code:

```
class MainActivity : AppCompatActivity() ... {
    ...
    override fun onCreate(savedInstanceState: Bundle?) {
        ...
        B.buAcht.setOnClickListener { _ ->
            B.tvAusgabe.text = "8"
        }
    }
}
```

Listing 11.18 Projekt »ListenerVarianten«, Button »buAcht«

Anders als in Abschnitt 11.4.7 wird hier nicht auf den auslösenden Button zugegriffen. Daher wird der Parameter v der Methode nicht benötigt. Der Editor der Entwicklungsumgebung weist darauf hin, dass im vorliegenden Fall der Unterstrich und der Operator -> ganz weggelassen werden könnten, da es sich um den einzigen Parameter handelt.

11.4.9 Der Parameter »it«

Besitzt eine anonyme Funktion nur einen einzigen Parameter, kann dieser zusammen mit dem Operator -> weggelassen werden. Er steht über das Schlüsselwort it dennoch in der Funktion zur Verfügung.

Es folgt der Code:

```
class MainActivity : AppCompatActivity() ... {
    ...
    override fun onCreate(savedInstanceState: Bundle?) {
        ...
        B.buNeun.setOnClickListener {
            val bu = it as Button
            bu.text = "Neun"
        }
    }
}
```

Listing 11.19 Projekt »ListenerVarianten«, Button »buNeun«

Nach Antippen des Buttons BUNEUN wird die Aufschrift des Buttons in den Text »Neun« geändert.

11.4.10 Die kompakte Variante

Und zu guter Letzt: Besitzt eine anonyme Funktion nur einen einzigen Parameter und wird dieser in der Funktion nicht benötigt, kann die kompakte Variante genutzt werden, die wir bereits in Abschnitt 11.3.5 verwendet haben. Es folgt der Code:

```
class MainActivity : AppCompatActivity() ... {
    ...
    override fun onCreate(savedInstanceState: Bundle?) {
        ...
        B.buZehn.setOnClickListener {
            B.tvAusgabe.text = "10"4
        }
    }
}
```

Listing 11.20 Projekt »ListenerVarianten«, Button »buZehn«

Nach Antippen des Buttons BUZEHN wird in der TextView der Text »10« ausgegeben.

11.5 Logging

Zur Fehlersuche und zur Dokumentation eines Programmablaufs können Sie ein Logging einführen. Das bedeutet, dass an wichtigen oder kritischen Stellen Ihres Programms Log-Informationen ausgegeben werden.

Im Projekt *ProgrammLoggen* wird das Logging anhand eines Beispiels erläutert. Die Benutzeroberfläche der erstellten App beinhaltet nur eine TextView. Es werden die ganzen Zahlen von 1 bis 6 untersucht. Für jede Zahl wird ausgegeben, ob es sich um eine gerade oder eine ungerade Zahl handelt (siehe Abbildung 11.33).

Abbildung 11.33 Ausgabe in der TextView

11.5.1 Programm

Der Code des Programms in der Datei *MainActivity.kt*:

```
...
import android.util.Log
class MainActivity : AppCompatActivity() {
    private lateinit var B: ActivityMainBinding
    private var ausgabe = ""

    override fun onCreate(savedInstanceState: Bundle?) {
        ...
        for(zahl in 1 .. 6) {
            Log.d("onCreate()", "Zahl: $zahl")
            ausgeben(zahl)
        }
        B.tvAusgabe.text = ausgabe
    }

    private fun ausgeben(z:Int) {
        if(z % 2 == 0) {
            Log.d("ausgeben()", "% == 0")
            ausgebenGerade()
        }
        else {
            Log.d("ausgeben()", "% != 0")
            ausgebenUngerade()
        }
    }

    private fun ausgebenGerade() {
        Log.d("ausgebenGerade()", "gerade")
        ausgabe += "gerade\n"
    }

    private fun ausgebenUngerade() {
        Log.d("ausgebenUngerade()", "ungerade")
        ausgabe += "ungerade\n"
    }
}
```

Listing 11.21 Projekt »ProgrammLoggen«

Zunächst wird die Klasse `android.util.Log` importiert. Für diese Klasse können Sie die statische Methode `d()` aufrufen:

- Der erste Parameter der Methode ist eine Zeichenkette, in der die aktuelle Position im Programm genannt werden sollte. Im vorliegenden Beispiel ist das der Name der aktuellen Funktion.
- Der zweite Parameter ist eine Zeichenkette, die eine Fehlermeldung oder eine Beschreibung der aktuellen Situation im Programmablauf beinhaltet.

Die Ausgabe der Logging-Befehle finden Sie nach einem Start der App im Fenster RUN, das mithilfe des zugehörigen Reiters im unteren Bereich von Android Studio aufgeklappt werden kann (siehe Abbildung 11.34).

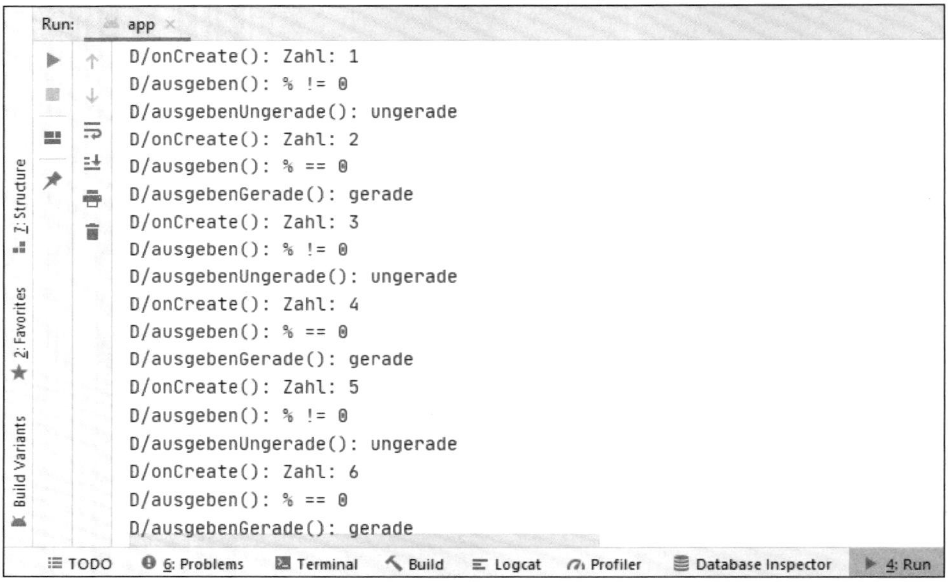

Abbildung 11.34 Ausgabe der Logging-Befehle

Kapitel 12
Views zur Eingabe und Auswahl

Vielfältige Views dienen der Darstellung, Eingabe oder Auswahl von Daten durch die Benutzerinnen und Benutzer.

Sie lernen die Darstellung und die Nutzung der folgenden Views zum Einsatz auf der Benutzeroberfläche kennen:

- `EditText` zur Eingabe von Daten
- `SeekBar` zum Einstellen von Zahlenwerten
- `CheckBox`, `ToggleButton` und `Switch` zur einfachen Auswahl
- `RadioGroup` mit `RadioButtons` sowie `Spinner` zur mehrfachen Auswahl
- `ImageView` und `ImageButton` zur Darstellung von Bildern

12.1 Texte und Zahlen eingeben

Eine View des Typs `EditText` ist zur Eingabe von Daten durch den Benutzer vorgesehen. Mithilfe der Eigenschaft `inputType` stellen Sie ein, welche Eingabetastatur eingeblendet wird, sobald der Benutzer bzw. die Benutzerin auf das Eingabefeld tippt.

Allerdings können sich diese Tastaturen je nach Spracheinstellung und Gerät unterscheiden. Daher müssen besonders für die Eingabe von Zahlen Einstellungen gewählt werden, die auf allen Geräten funktionieren.

Im Projekt *EingabeTextZahl* werden Texte, Passwörter und Zahlen eingegeben und weiterverarbeitet. Die Benutzeroberfläche der erstellten App beinhaltet im oberen Bereich zwei Eingabefelder und im unteren Bereich jeweils zwei EditText-Views, einen Button und eine TextView.

12.1.1 Texte und Passwörter eingeben

Im oberen Bereich der App kann die Benutzerin bzw. der Benutzer einen Text und ein Passwort eingeben. Nach Betätigen des Buttons BUAUSGABE werden die Eingaben in `String`-Variablen gespeichert und ausgegeben (siehe Abbildung 12.1).

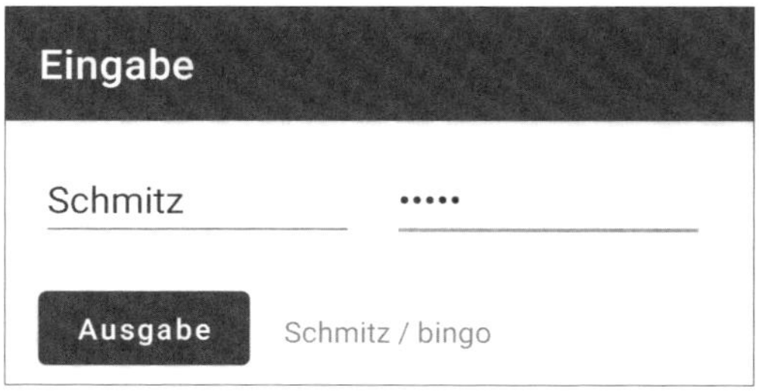

Abbildung 12.1 Eingabefelder für Text und Passwort

Sobald der Benutzer auf eines der beiden Eingabefelder tippt, erscheint eine Tastatur wie in Abbildung 12.2.

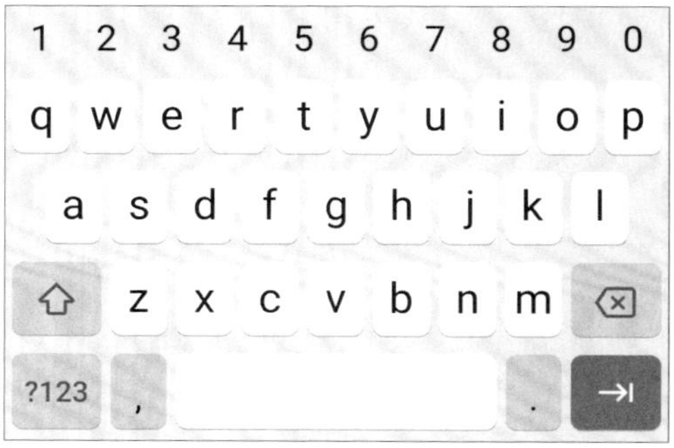

Abbildung 12.2 Tastatur für Text und Passwort

12.1.2 Layout für Texte und Passwörter

Nachfolgend sehen Sie den Ausschnitt aus dem XML-Code in der Datei namens *activity_main.xml* mit den beiden oberen EditText-Views:

```
<EditText
    android:id="@+id/etName"
    android:inputType="textPersonName"
    android:hint="@string/etNameString"
    android:importantForAutofill="no"
    android:layout_width="150dp"
    android:layout_height="wrap_content" ... />

<EditText
    android:id="@+id/etPasswort"
    android:inputType="textPassword"
```

```
    android:hint="@string/etPasswortString"
    android:importantForAutofill="no"
    android:layout_width="150dp"
    android:layout_height="wrap_content" ... />
```

Listing 12.1 Projekt »EingabeTextZahl«, obere EditText-Views

Die ersten Buchstaben der eindeutigen ID kennzeichnen bei mir den Typ des XML-Elements. Als Kürzel für EditText-Views nutze ich `et`. Standardtextfelder besitzen den Wert `textPersonName` für die Eigenschaft `android:inputType`. Bei Eingabefeldern für Passwörter ist es der Wert `textPassword`. In beiden Fällen wird eine Eingabetastatur wie die in Abbildung 12.2 eingeblendet.

Mit einem Wert für die Eigenschaft `android:hint` sorgen Sie dafür, dass zur Unterstützung für den Benutzer ein abgeblendeter Hinweis im Eingabefeld erscheint (siehe Abbildung 12.3). Sobald der Benutzer das erste Zeichen eingibt, verschwindet der Hinweis.

Standardmäßig erscheint die Warnung »Missing autofillHints attribute«. Mithilfe dieses Attributs könnten Werte gesetzt werden, die das automatische Ausfüllen der Eingabefelder unterstützen. Hier ist das nicht vorgesehen, daher kann das Attribut `importantForAutofill` mit dem Wert `no` gesetzt werden.

Zur einheitlichen Darstellung wird die Breite des Eingabefelds eingestellt.

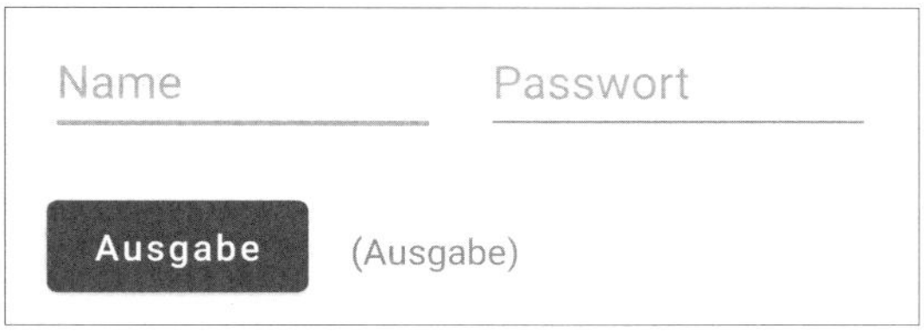

Abbildung 12.3 Hinweistexte

12.1.3 Texte und Passwörter verarbeiten

Es folgt der Kotlin-Code nach Antippen des Buttons BUAUSGABE:

```
B.buAusgabe.setOnClickListener {
    val name = B.etName.text.toString()
    val passwort = B.etPasswort.text.toString()
    B.tvAusgabe.text = "$name / $passwort"
}
```

Listing 12.2 Projekt »EingabeTextZahl«, Button »buAusgabe«

Die Eigenschaft `text` einer EditText-View liefert den eingegebenen Text als Objekt des Typs `Editable`. Die Methode `toString()` liefert das Objekt als Zeichenkette.

12.1.4 Zahlen eingeben

Im unteren Bereich der App kann der Benutzer zwei Zahlen mit Nachkommastellen eingeben. Nach Betätigung des Buttons BUSUMME werden die Eingaben in `Double`-Variablen umgewandelt, die summiert und ausgegeben werden (siehe Abbildung 12.4).

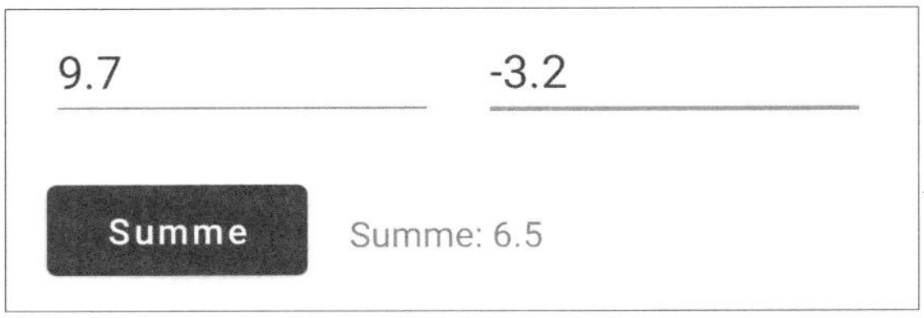

Abbildung 12.4 Eingabefelder für Zahlen

Sobald der Benutzer auf eines der beiden Eingabefelder tippt, erscheint eine Tastatur wie in Abbildung 12.5.

Abbildung 12.5 Tastatur für Zahlen mit Nachkommastellen und Vorzeichen

12.1.5 Layout für die Eingabe von Zahlen

Hier sehen Sie den Ausschnitt aus dem XML-Code in *activity_main.xml* mit den beiden unteren EditText-Views:

```
<EditText
    android:id="@+id/etZahlEins"
    android:inputType="textPersonName|numberDecimal|numberSigned"
    android:digits="0123456789-."
    android:hint="@string/etNullString"
```

```
    android:importantForAutofill="no"
    android:layout_width="150dp" ... />

<EditText
    android:id="@+id/etZahlZwei"
    android:inputType="textPersonName|numberDecimal|numberSigned"
    android:digits="0123456789-."
    android:hint="@string/etNullString"
    android:importantForAutofill="no"
    android:layout_width="150dp" ... />
```

Listing 12.3 Projekt »EingabeTextZahl«, untere EditText-Views

Standardmäßig würde man das Attribut `inputType` auf die beiden Werte `numberDecimal` und `numberSigned` setzen, die mithilfe des Operators | miteinander kombiniert werden. Damit können sowohl der Dezimalpunkt als auch das Vorzeichen eingegeben werden. Allerdings gibt es Geräte, bei denen diese beiden Zeichen auf derselben Taste der Tastatur erscheinen.

Daher wird noch der Wert `textPersonName` zu der Kombination hinzugefügt. Die resultierende Tastatur verfügt damit in jedem Fall über getrennte Tasten für Dezimalpunkt und Vorzeichen. In manchen Fällen muss zum Erreichen dieser Zeichen zunächst mit der Taste Sym auf die Symboltastenansicht und anschließend mit der Taste 123 wieder zurück auf die Zifferntastenansicht gewechselt werden.

Da nun insgesamt mehr mögliche Eingabetasten zur Verfügung stehen, wird mithilfe der Eigenschaft `android:digits` der Zeichensatz eingeschränkt: Nur noch die angegebenen Zeichen werden weitergegeben.

Zur Nutzung des Dezimalkommas könnten Sie den Zeichensatz mit einem anderen Wert einschränken. Anschließend sollte die Umwandlung der Eingabe in einen `Double`-Wert und die Absicherung vor Fehleingaben programmiert werden.

Passende Hinweise für die Eingabe von zwei Zahlen als Werte für die Eigenschaft `android:hint` sehen Sie in Abbildung 12.6.

Abbildung 12.6 Hinweistexte

12.1.6 Zahlen verarbeiten

Es folgt der Kotlin-Code nach Antippen des Buttons BUSUMME:

```
B.buSumme.setOnClickListener {
    val summe = round((wert(B.etZahlEins)
            + wert(B.etZahlZwei)) * 1e6) / 1e6
    B.tvSumme.text = "Summe: $summe"
}
```

Listing 12.4 Projekt »EingabeTextZahl«, Button »buSumme«

Zur Berechnung der Summe wird für jedes Eingabefeld die Funktion `wert()` aufgerufen (siehe Listing 12.5). Als Parameter der Funktion wird ein Verweis auf die jeweilige EditText-View übergeben. Die dazu notwendige Klasse `android.widget.EditText` wurde zuvor importiert. Die zurückgelieferten `Double`-Werte werden summiert. Die Summe wird für die Ausgabe auf sechs Stellen nach dem Komma gerundet.

Es folgt die Funktion `wert()`:

```
private fun wert(et: EditText): Double {
    return try {
        et.text.toString().toDouble()
    } catch (ex: Exception) {
        0.0
    }
}
```

Listing 12.5 Projekt »EingabeTextZahl«, Funktion »wert()«

Die Methode `toString()` wandelt den Wert der Eigenschaft `text` in eine Zeichenkette um. Die Methode `toDouble()` wandelt diese anschließend in einen `Double`-Wert um. Trotz der passenden Eingabetastatur könnte es zu Fehleingaben kommen. Daher wird die Umwandlung zusätzlich in eine funktionale Ausnahmebehandlung eingebettet. Es wird der eingegebene `Double`-Wert oder der Wert `0.0` zurückgeliefert.

12.1.7 Warnungen und Fehlermeldungen

Seit der Version 2020.3.1 werden in Android Studio zusätzliche Warnungen und Fehlermeldungen angezeigt. Ihre Beseitigung trägt zur verbesserten Bedienung der Benutzeroberfläche bei. Einige typische Probleme und ihre Lösungen werden hier anhand des Projekts *EingabeTextZahl* erläutert.

Alle Texte auf den Views sollten eindeutig sein. Daher steht auf dem Button in Abbildung 12.3 der Text »Ausgabe« und als Hinweistext daneben der Text »(Ausgabe)«. Das Gleiche gilt für die Texte »Summe« und »(Summe)« in Abbildung 12.6. Aus diesem Grund sind auch die Hinweistexte für die Eingabe der beiden Zahlen in Abbildung 12.6 unterschiedlich.

Alle Views sollten eine ausreichende Größe besitzen. Wird eine EditText-View eingefügt, entspricht bei der Standardschriftgröße der Wert `wrap_content` für die Höhe einem Wert von 45dp. Allerdings wird als Mindesthöhe, ab der keine Fehlermeldung mehr erfolgt, 48dp verlangt.

Bei allen Views sollte der Kontrast zwischen Vordergrundfarbe und Hintergrundfarbe ausreichend groß sein. Bezüglich der Hinweistexte von EditText-Views wird empfohlen, die Textfarbe mithilfe des Attributs `android:hintTextColor` einzustellen. Allerdings ist dies kein gültiges Attribut. Nach meinem Empfinden ist der Kontrast ausreichend. Daher lasse ich die Warnung stehen.

12

12.2 Werte einstellen mit SeekBars

Eine View des Typs `SeekBar` entspricht einem Schieberegler. Sie ist zum Einstellen von Werten geeignet, zum Beispiel für die Lautstärke bei einer akustischen Ausgabe. Der Wert wird normalerweise vom Benutzer geändert, kann aber auch per Programmcode eingestellt werden.

Um die Ereignisse bei einer SeekBar zu registrieren, wird das Interface `SeekBar.OnSeekBarChangeListener` mit insgesamt drei Methoden implementiert:

- Die Methode `onProgressChanged()` reagiert auf die Änderung des Werts der SeekBar, und zwar unabhängig davon, ob diese durch den Benutzer oder durch Programmcode hervorgerufen wird.
- Auf das Drücken beziehungsweise auf das Loslassen des Anfasspunkts der SeekBar reagieren die Methoden `onStartTrackingTouch()` und `onStopTrackingTouch()`.

Im Projekt *ZahlenEinstellen* (siehe Abbildung 12.7) werden die genannten Ereignisse bei zwei verschiedenen SeekBars ausgewertet.

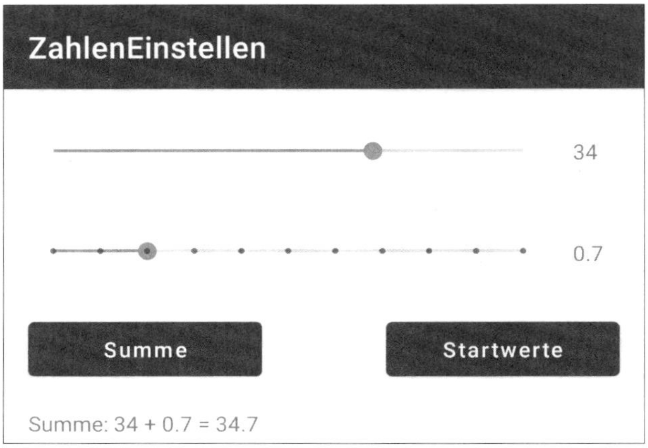

Abbildung 12.7 Zwei verschiedene SeekBars

12.2.1 Layout der SeekBars

Zunächst das Layout der SeekBars in der Datei *activity_main.xml*:

```
<SeekBar
    android:id="@+id/sbEins"
    android:max="50"
    android:progress="5"
    android:layout_width="0dp"
    android:layout_height="50dp" ... />
...
<SeekBar
    android:id="@+id/sbZwei"
    style="@style/Widget.AppCompat.SeekBar.Discrete"
    android:max="10"
    android:progress="5"
    android:layout_width="0dp"
    android:layout_height="50dp" ... />
```

Listing 12.6 Projekt »ZahlenEinstellen«, Layout der SeekBars

Die eindeutigen IDs der SeekBars beginnen mit dem Kürzel `sb`. Die Höhe der SeekBars wird zur Verbesserung der Bedienung eingestellt.

Standardmäßig kann der Benutzer die `Int`-Werte von 0 bis 100 festlegen. Ohne besondere Einstellung liegt der Startwert bei 0. Mithilfe der Eigenschaften `android:max` und `android:progress` werden der Maximalwert und der Startwert voreingestellt.

Bei der zweiten SeekBar sorgt die vordefinierte Style-Ressource namens `Widget.AppCompat.SeekBar.Discrete` dafür, dass die möglichen Werte durch Striche verdeutlicht werden. Zudem wird der Maximalwert auf 10 gesetzt. Im Programm wird der eingestellte Wert von 0 bis 10 durch 10 geteilt. Anschließend wird 0.5 addiert. Auf diese Weise ergeben sich Werte von 0.5 und 1.5 in Schritten von 0.1.

Der Minimalwert könnte über die Eigenschaft `android:min` voreingestellt werden, allerdings wirkt sich das erst ab API-Level 26 aus. Daher habe ich hier eine Lösung mit einer Verschiebung des Zahlenbereichs gewählt.

12.2.2 Betätigung der SeekBars

Zunächst werden die Methoden in der Klasse `MainActivity` beschrieben, die auf die Betätigung der SeekBars reagieren:

```
...
import android.widget.SeekBar
class MainActivity : AppCompatActivity(),
        SeekBar.OnSeekBarChangeListener {
    ...
    override fun onCreate(savedInstanceState: Bundle?) {
        ...
        B.sbEins.setOnSeekBarChangeListener(this)
        B.sbZwei.setOnSeekBarChangeListener(this)
        ...
    }

    override fun onProgressChanged(
            seekBar: SeekBar?, progress: Int, fromUser: Boolean) {
        val ausloeser = if(fromUser) "Benutzer" else "Button"
        when (seekBar?.id) {
            B.sbEins.id -> {
                B.tvWertEins.text = "$progress"
                B.tvAusgabe.text = "SeekBar: 1, Auslöser: $ausloeser"
            }
            B.sbZwei.id -> {
                val wert = (progress / 10.0) + 0.5
                B.tvWertZwei.text = "$wert"
                B.tvAusgabe.text = "SeekBar: 2, Auslöser: $ausloeser"
            }
        }
```

```
    }

    override fun onStartTrackingTouch(seekBar: SeekBar?) {
        val nr = if(seekBar?.id == B.sbEins.id) 1 else 2
        B.tvAusgabe.text = "SeekBar: $nr, Start"
    }

    override fun onStopTrackingTouch(seekBar: SeekBar?) {
        val nr = if(seekBar?.id == B.sbEins.id) 1 else 2
        B.tvAusgabe.text = "SeekBar: $nr, Stop"
    }
}
```

Listing 12.7 Projekt »ZahlenEinstellen«, Bedienung der SeekBars

Da die Reaktion auf die Ereignisse bei beiden SeekBars in diesem Projekt ähnlich ist, wird dasselbe Objekt als Listener registriert, und zwar das aktuelle Objekt der Klasse `MainActivity`. Dazu wird auch die Klasse SeekBar aus dem Paket `android.widget` benötigt.

Nach dem Eintragen des Interface `SeekBar.OnSeekBarChangeListener` hinter dem Klassennamen fügen Sie die Methodenrahmen mit der Hilfestellung von Android Studio ein (siehe auch Abschnitt 11.4.2). Die Methode `setOnSeekBarChangeListener()` dient zur Registrierung der Listener bei beiden SeekBars.

Den drei Methoden `onProgressChanged()`, `onStartTrackingTouch()` und `onStopTrackingTouch()` wird jeweils ein Verweis auf diejenige SeekBar übergeben, bei der das Ereignis ausgelöst wurde. In den Methoden wird mithilfe der eindeutigen ID der Name der betreffenden SeekBar ermittelt.

An die Methode `onProgressChanged()` wird zusätzlich der neue Wert der SeekBar als `Int`-Wert übergeben. Dieser Wert wird ausgegeben. Im Fall der zweiten SeekBar findet zuvor eine Umrechnung statt, aus der sich ein Wert zwischen 0.5 und 1.5 ergibt.

Über den Parameter `fromUser` wird die Quelle der Änderung festgestellt. Der Parameter ist vom Typ `Boolean`:

- Wert `true`: Der Benutzer hat den Wert geändert.
- Wert `false`: Der Wert wurde per Programmcode eingestellt.

Bei der Betätigung einer der beiden SeekBars durch den Benutzer wird der aktuelle Wert neben der betreffenden SeekBar angezeigt. Zudem ändert sich der Text in der unteren TextView wie folgt (hier für die erste SeekBar):

```
SeekBar: 1, Start
SeekBar: 1, Auslöser: Benutzer
SeekBar: 1, Stop
```

12.2.3 Betätigung der Buttons

Es folgen die Methoden für die beiden Buttons:

```
override fun onCreate(savedInstanceState: Bundle?) {
    ...
    B.buSumme.setOnClickListener {
        val wertEins = B.sbEins.progress
        val wertZwei = (B.sbZwei.progress / 10.0) + 0.5
        val summe = wertEins + wertZwei
        B.tvAusgabe.text = "Summe: $wertEins + $wertZwei = $summe"
    }

    B.buStartwerte.setOnClickListener {
        B.sbEins.progress = 5
        B.sbZwei.progress = 5
    }
}
```

Listing 12.8 Projekt »ZahlenEinstellen«, Betätigung der Buttons

Nach dem Antippen des Buttons BUSUMME werden die Werte der beiden SeekBars ermittelt. Im Fall der zweiten SeekBar findet eine Umrechnung statt, aus der sich ein Wert zwischen 0.5 und 1.5 ergibt. Die Summe der beiden Werte wird ermittelt und ausgegeben (siehe Abbildung 12.7).

Nach dem Antippen des Buttons BUSTARTWERTE werden die Werte der beiden SeekBars per Programmcode wieder auf die Startwerte eingestellt. Das geschieht, indem der Eigenschaft `progress` jeweils ein neuer Wert zugewiesen wird. Neben den beiden SeekBars werden anschließend die aktuell eingestellten Werte angezeigt.

Hatte eine SeekBar zuvor einen anderen Wert, wird die Methode `onProgressChanged()` aufgerufen und in der unteren TextView erscheint die folgende Ausgabe (hier nur für die zweite SeekBar):

```
SeekBar: 2, Auslöser: Button
```

12.3 Einfache Auswahl

Zum Umschalten zwischen zwei Zuständen (an/aus, hell/dunkel, laut/leise ...) und zur Anzeige der getroffenen Auswahl gibt es die Views der Typen `CheckBox`, `ToggleButton` und `Switch`. Diese Schalter zeigen ein ähnliches Verhalten, unterscheiden sich aber im Aussehen.

Die Methode `setOnClickListener()` dient der Registrierung eines Listeners, der auf die Betätigung reagiert wie bei einem Standardbutton. Normalerweise ändert der Benutzer die Schalterstellung, dies kann aber auch per Programmcode erfolgen.

Im Projekt *AuswahlEinfach* (siehe Abbildung 12.8) sehen Sie ein dreireihiges Layout. In jeder Reihe gibt es

- einen der genannten Schalter,
- einen Button zum Einschalten des Schalters per Programmcode,
- einen Button zum Wechsel des Zustands per Programmcode und
- eine TextView zur Anzeige des aktuellen Zustands.

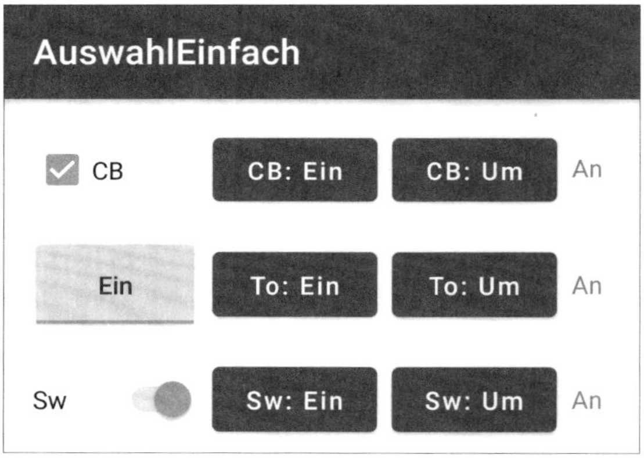

Abbildung 12.8 CheckBox, ToggleButton und Switch

12.3.1 CheckBox

Zunächst das Layout der CheckBox in der Datei *activity_main.xml*:

```
<CheckBox
    android:id="@+id/cbSchalter"
    android:checked="true"
    android:text="@string/cbNameString"
```

```
    android:layout_width="90dp"
    android:layout_height="wrap_content" ... />
```

Listing 12.9 Projekt »AuswahlEinfach«, CheckBox, Darstellung

Die eindeutige ID einer CheckBox beginnt mit dem Kürzel `cb`. Standardmäßig ist sie zu Beginn ausgeschaltet. Ihr Startzustand kann mithilfe der Eigenschaft `android:checked` eingestellt werden. Da mehrere Schalter zum Einsatz kommen, sollte zur Verbesserung der Darstellung die Breite einheitlich sein.

Die Anzeige in der TextView sollte zunächst den Startzustand der CheckBox widerspiegeln. Im nachfolgenden Teil der Klasse `MainActivity` wird die Bedienung des Benutzers bzw. der Benutzerin geprüft und ausgewertet. Anschließend zeigt die TextView die Veränderung durch den Benutzer an.

Es folgt der zugehörige Teil der Klasse `MainActivity`:


```
override fun onCreate(savedInstanceState: Bundle?) {
    ...
    B.cbSchalter.setOnClickListener {
        B.tvCheckBox.text =
                if(B.cbSchalter.isChecked) "An" else "Aus"
    }

    B.buCheckBoxEin.setOnClickListener {
        B.cbSchalter.isChecked = true
        B.tvCheckBox.text = "An"
    }

    B.buCheckBoxUm.setOnClickListener {
        B.cbSchalter.toggle()
        B.tvCheckBox.text =
                if(B.cbSchalter.isChecked) "An" else "Aus"
    }
    ...
}
```

Listing 12.10 Projekt »AuswahlEinfach«, CheckBox, Programm

Nach dem Antippen der CheckBox wird der `Boolean`-Wert der Eigenschaft `isChecked` geprüft. Als Ergebnis wird der Text »An« oder »Aus« in der TextView angezeigt.

Nach Betätigung des linken Buttons wird die Eigenschaft `isChecked` auf `true` gesetzt. Nach Betätigung des rechten Buttons wird jeweils die Methode `toggle()` aufgerufen. Sie dient zum Umschalten der CheckBox in den jeweils anderen Zustand. Der Inhalt der TextView wird entsprechend geändert.

12.3.2 ToggleButton

Es folgt das Layout des ToggleButtons in der Datei *activity_main.xml*:

```
<ToggleButton
    android:id="@+id/tbSchalter"
    android:checked="true"
    android:textAllCaps="false"
    android:layout_width="90dp"
    android:layout_height="wrap_content" ... />
```

Listing 12.11 Projekt »AuswahlEinfach«, ToggleButton, Darstellung

Die eindeutige ID eines ToggleButtons beginnt mit dem Kürzel `tb`. Die Eigenschaft `android:checked` wird auch hier für den Startzustand benötigt.

Es folgt der zugehörige Teil der Klasse `MainActivity`:

```
override fun onCreate(savedInstanceState: Bundle?) {
    ...
    B.tbSchalter.textOn = "An"
    B.tbSchalter.textOff = "Aus"

    B.tbSchalter.setOnClickListener {
        B.tvToggle.text =
                if(B.tbSchalter.isChecked) "An" else "Aus"
    }

    B.buToggleEin.setOnClickListener {
        B.tbSchalter.isChecked = true
        B.tvToggle.text = "An"
    }

    B.buToggleUm.setOnClickListener  {
        B.tbSchalter.toggle()
        B.tvToggle.text =
                if(B.tbSchalter.isChecked) "An" else "Aus"
    }
    ...
}
```

Listing 12.12 Projekt »AuswahlEinfach«, ToggleButton, Programm

Die Eigenschaften `textOn` und `textOff` dienen zur Einstellung der Anzeigen für die beiden Zustände auf dem ToggleButton unabhängig von der Spracheinstellung. Die restlichen Eigenschaften und Methoden entsprechen denen einer CheckBox.

12.3.3 Switch

Es folgt das Layout des Switchs in der Datei *activity_main.xml*:

```
<androidx.appcompat.widget.SwitchCompat
    android:id="@+id/swSchalter"
    android:checked="true"
    android:text="@string/swNameString"
    android:layout_width="90dp"
    android:layout_height="wrap_content" ... />
```

Listing 12.13 Projekt »AuswahlEinfach«, Switch, Darstellung

Es ist möglich, ein einfaches XML-Element des Typs `Switch` zu verwenden. Aufgrund einer höheren Kompatibilität auch für ältere Geräte wird allerdings ein Element des Typs `SwitchCompat` aus dem Paket `androidx.appcompat.widget` empfohlen.

Die eindeutige ID eines Switchs beginnt mit dem Kürzel `sw`. Die Eigenschaften entsprechen denen einer CheckBox.

Es folgt der zugehörige Teil der Klasse `MainActivity`:

```
override fun onCreate(savedInstanceState: Bundle?) {
    ...
    B.swSchalter.setOnClickListener {
        B.tvSwitch.text =
                if(B.swSchalter.isChecked) "An" else "Aus"
    }

    B.buSwitchEin.setOnClickListener {
        B.swSchalter.isChecked = true
        B.tvSwitch.text = "An"
    }

    B.buSwitchUm.setOnClickListener {
        B.swSchalter.toggle()
        B.tvSwitch.text =
                if(B.swSchalter.isChecked) "An" else "Aus"
```

```
    }
}
```

Listing 12.14 Projekt »AuswahlEinfach«, Switch, Programm

Die Eigenschaften und Methoden entsprechen denen einer CheckBox.

12.4 Mehrfache Auswahl

Gibt es mehr als zwei Zustände, reichen die Views aus Abschnitt 12.3 nicht mehr aus. Zur Darstellung und Bedienung für eine mehrfache Auswahl gibt es folgende Möglichkeiten:

- Sie ordnen mehrere Views des Typs `RadioButton` innerhalb einer Gruppe des Typs `RadioGroup` an.
- Sie verwenden eine View des Typs `Spinner`, die mehrere Einträge in einem Auswahlmenü beinhaltet.

Wie bei den Schaltern nimmt normalerweise der Benutzer die Auswahl vor. Sie kann aber auch per Programmcode erfolgen.

Im Projekt *AuswahlMehrere* (siehe Abbildung 12.9) sehen Sie neben einer RadioGroup und einem Spinner vier Buttons zum Bedienen der Elemente per Programmcode und zwei TextViews zur Ausgabe.

Abbildung 12.9 RadioGroup und Spinner

Klickt der Benutzer den Abwärtspfeil am Spinner an, klappt das Auswahlmenü mit den Einträgen auf (siehe Abbildung 12.10).

Abbildung 12.10 Spinner, Auswahlmenü

12.4.1 RadioGroup

Eine RadioGroup hat zwei Funktionen. Zum einen dient sie als Layoutelement zur Anordnung von RadioButtons. Zum anderen fasst sie RadioButtons logisch zusammen, sodass sich nur die RadioButtons einer RadioGroup gegenseitig beeinflussen können.

Darstellung

Zunächst die RadioGroup in der Datei *activity_main.xml*:

```
<RadioGroup
    android:id="@+id/rgFarbe"
    android:orientation="horizontal"
    android:layout_width="wrap_content"
    android:layout_height="wrap_content" ... >

    <RadioButton
        android:id="@+id/rbRot"
        android:text="@string/rbRotString"
        android:layout_width="wrap_content"
        android:layout_height="wrap_content" ... />

    <RadioButton
        android:id="@+id/rbGruen"
        android:text="@string/rbGruenString"
        android:layout_width="wrap_content"
        android:layout_height="wrap_content" ... />
```

```
    <RadioButton
        android:id="@+id/rbBlau"
        android:text="@string/blauString"
        android:checked="true"
        android:layout_width="wrap_content"
        android:layout_height="wrap_content" ... />
</RadioGroup>
```

Listing 12.15 Projekt »AuswahlMehrere«, RadioGroup, Darstellung

Die eindeutigen IDs beginnen mit den Kürzeln `rg` beziehungsweise `rb`. Die RadioButtons einer RadioGroup werden standardmäßig untereinander angeordnet. Mithilfe der Eigenschaft `android:orientation` und dem Wert horizontal erscheinen sie nebeneinander.

Einer der RadioButtons sollte zu Beginn ausgewählt sein, mithilfe der Eigenschaft `android:checked` können Sie das festlegen.

Programm

Es folgt der zugehörige Teil der Klasse `MainActivity`:

```
override fun onCreate(savedInstanceState: Bundle?) {
    ...
    B.rgFarbe.setOnCheckedChangeListener { _, checkedId ->
        B.tvFarbe.text = when(checkedId) {
            B.rbRot.id -> "Klick auf Rot"
            B.rbGruen.id -> "Klick auf Grün"
            else -> "Klick auf Blau"
        }
    }

    B.buFarbeSetzen.setOnClickListener {
        B.rbBlau.isChecked = true
        B.tvFarbe.text = "Setzen: Blau"
    }

    B.buFarbeAusgabe.setOnClickListener {
        B.tvFarbe.text = when(B.rgFarbe.checkedRadioButtonId) {
            B.rbRot.id -> "Auswahl: Rot"
            B.rbGruen.id -> "Auswahl: Grün"
            else -> "Auswahl: Blau"
        }
```

```
    }
    ...
}
```

Listing 12.16 Projekt »AuswahlMehrere«, RadioGroup, Programm

Mit Aufruf der Methode `setOnCheckedChangeListener()` wird das Listener-Objekt für das Ereignis »Auswahl wurde gewechselt« festgelegt. Es muss das Interface `RadioGroup.OnCheckedChangeListener` mit der Methode `onCheckedChanged()` implementieren. Da es sich um einen SAM-Listener handelt (siehe Abschnitt 11.4.7), kann eine anonyme Funktion genutzt werden.

Die Methode `onCheckedChanged()` übermittelt zwei Parameter:

- Der erste Parameter ist ein Verweis auf die RadioGroup. Er wird nicht benötigt, daher steht hier das Zeichen _ (Unterstrich).
- Als zweiter Parameter (`checkedId`) wird die eindeutige ID des angetippten RadioButton als `Int`-Wert geliefert. Sie wird in einer funktionalen `when`-Anweisung mit den IDs der drei RadioButtons verglichen. Als Ergebnis wird der Text »Klick auf ..« ausgegeben.

Zum Setzen der Auswahl eines RadioButtons per Programmcode wird der Eigenschaft `isChecked` der Wert `true` zugewiesen.

Die eindeutige ID des aktuell ausgewählten RadioButton kann auch mithilfe der Eigenschaft `checkedRadioButtonId` der RadioGroup ermittelt werden.

12.4.2 Spinner

Eine View des Typs `Spinner` beinhaltet mehrere Einträge, die als String-Ressourcen vom Typ `string-array` definiert werden.

Nachfolgend der zugehörige Ausschnitt aus der Datei *strings.xml*:

```
<resources>
    ...
    <string-array name="spFarbeArray">
        <item>Rot</item>
        <item>Grün</item>
        <item>Blau</item>
    </string-array>
</resources>
```

Listing 12.17 Projekt »AuswahlMehrere«, String-Array

Die einzelnen Einträge werden jeweils innerhalb der Markierung <item>... </item> notiert. Zur Datei *strings.xml* finden Sie Näheres in Abschnitt 11.1.6.

Darstellung

Es folgt der Spinner in der Datei *activity_main.xml*:

```
<Spinner
    android:id="@+id/spFarbe"
    android:entries="@array/spFarbeArray"
    android:layout_width="wrap_content"
    android:layout_height="wrap_content" ... />
```

Listing 12.18 Projekt »AuswahlMehrere«, Spinner, Darstellung

Die Eigenschaft android:entries verweist auf die String-Ressource vom Typ string-array.

Programm

Es folgt der zugehörige Teil der Klasse MainActivity:

```
...
import android.view.View
import android.widget.AdapterView
class MainActivity : AppCompatActivity()  {
    override fun onCreate(savedInstanceState: Bundle?) {
        ...
        B.spFarbe.setSelection(2)

        B.spFarbe.onItemSelectedListener =
                object:AdapterView.OnItemSelectedListener {
                    override fun onItemSelected(parent: AdapterView<*>?,
                            view: View?, position: Int, id: Long) {
                        val eintrag = parent?.getItemAtPosition(position)
                        B.tvSpinner.text = "Klick auf: $eintrag"
                    }
                    override fun onNothingSelected(
                            parent: AdapterView<*>?) {
                        B.tvSpinner.text = "-"
                    }
                }
```

```
        B.buSpinnerSetzen.setOnClickListener {
            B.spFarbe.setSelection(2)
            B.tvSpinner.text = "Setzen: Blau"
        }

        B.buSpinnerAusgabe.setOnClickListener {
            B.tvSpinner.text = "Auswahl: ${B.spFarbe.selectedItem}"
        }
    }
}
```

Listing 12.19 Projekt »AuswahlMehrere«, Spinner, Programm

Zunächst werden die beiden Klassen `android.view.View` und `android.widget.AdapterView` importiert. Sie sind nötig für die Ermittlung des ausgewählten Eintrags.

Standardmäßig ist der letzte Eintrag des Spinners zu Beginn ausgewählt. Sie sollten allerdings zur Sicherheit eine Starteinstellung mithilfe der Methode `setSelection()` wählen. Die Einträge sind gemäß der Reihenfolge in der Datei *strings.xml* nummeriert, beginnend bei 0.

Der Wechsel des Eintrags löst das Ereignis `onItemSelected` aus. Ist kein Eintrag mehr ausgewählt, wird das Ereignis `onNothingSelected` aufgerufen. Das anonyme Singleton-Objekt, das hier als Listener-Objekt für diese beiden Ereignisse dient, muss das Interface `AdapterView.OnItemSelectedListener` mit den beiden Methoden `onItemSelected()` und `onNothingSelected()` implementieren.

Die Methode `onItemSelected()` übermittelt insgesamt vier Parameter, von denen der erste und der dritte hier genutzt werden:

- Der erste Parameter (`parent`) ist ein Verweis auf das übergeordnete Element des ausgewählten Eintrags, also auf den Spinner.
- Der dritte Parameter (`position`) liefert die Nummer des ausgewählten Eintrags.

Für das übergeordnete Element wird die Methode `getItemAtPosition()` aufgerufen. Mithilfe der übermittelten Position liefert sie einen Verweis auf den ausgewählten Texteintrag.

Um die Auswahl eines Eintrags per Programmcode zu setzen, rufen Sie wiederum die Methode `setSelection()`auf. Die Eigenschaft `selectedItem` eines Spinners liefert einen Verweis auf das Objekt des Eintrags.

Training zur Bruchrechnung

Das Projekt *BruchTraining* beinhaltet ein Trainingsprogramm zur Bruchrechnung mit drei Schwierigkeitsgraden (kurz: Levels). Es wird in Abschnitt 20.1 ausführlich beschrieben.

In diesem Projekt werden keine neuen Elemente eingeführt. Es dient Ihnen als Beispiel für das Zusammenspiel vieler Elemente, die bis hierhin bekannt sind, wie zum Beispiel Verzweigungen, Schleifen, Arrays, Funktionen und RadioGroups.

12.5 Views für Bilder

Bilder können Sie mithilfe einer View des Typs `ImageView` darstellen. Das geht ebenfalls mithilfe einer View des Typs `ImageButton`. Zusätzlich können Sie diese zum Auslösen von Ereignissen verwenden.

Im Projekt *Bild* (siehe Abbildung 12.11) erscheinen eine ImageView und ein ImageButton übereinander, jeweils horizontal zentriert.

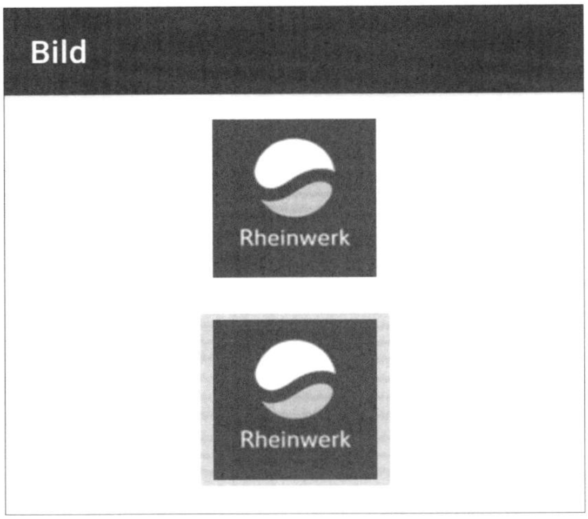

Abbildung 12.11 ImageView und ImageButton

Nach Betätigen des ImageButtons werden beide Bilder auf den Views jeweils gegen ein anderes Bild getauscht. Zunächst wird auf beiden Views das Rheinwerk-Logo dargestellt, nach dem Tausch das Android-Logo.

12.5.1 Bildressourcen

Die notwendigen Bilddateien müssen dem Projekt als Drawable-Ressourcen hinzugefügt werden, bevor sie genutzt werden können.

Zur besseren Übersicht habe ich neben den Projektverzeichnissen ein separates Verzeichnis mit dem Namen *_Ressourcen* eingerichtet, in dem sich alle Bild- und Tondateien befinden, die in den Projekten dieses Buchs benötigt werden. Alle Verzeichnisse finden Sie in den Materialien zum Buch. Für die Dateinamen sämtlicher Ressourcen sollten Sie nur Kleinbuchstaben verwenden.

Die Bilddatei *rheinwerk.png* wird in die Zwischenablage kopiert. Auf dem Eintrag des Verzeichnisses *res/drawable* (siehe Abbildung 12.12), bereits nach dem Einfügen) wird das Kontextmenü geöffnet.

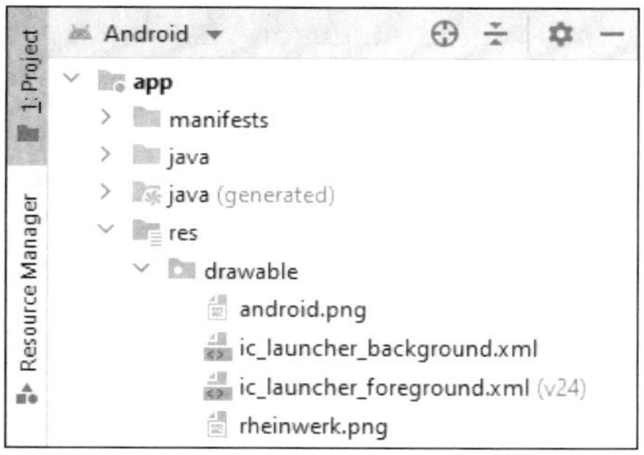

Abbildung 12.12 Verzeichnis für Bildressourcen

Sie wählen den Menüpunkt Paste aus, bestätigen im Dialogfeld Choose Destination Directory das Verzeichnis *res/drawable* (siehe Abbildung 12.13) und im Dialogfeld Copy den Namen der Datei (siehe Abbildung 12.14). Anschließend steht die Bilddatei dem Projekt als Ressource zur Verfügung. Mit der Bilddatei *android.png* verfahren Sie genauso.

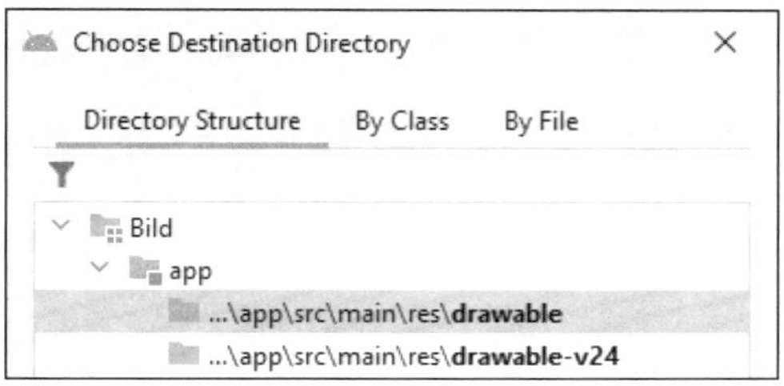

Abbildung 12.13 Verzeichnis bestätigen

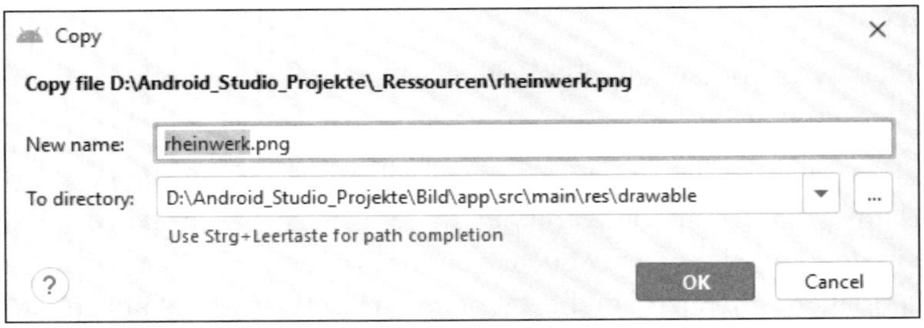

Abbildung 12.14 Dateiname bestätigen

12.5.2 Darstellung

Eine View des Typs `ImageView` fügen Sie aus der Kategorie Common des Bereichs Palette hinzu. Eine View des Typs `ImageButton` fügen Sie aus der Kategorie Buttons des Bereichs Palette hinzu. In beiden Fällen erscheint nach dem Einfügen im Bereich Component Tree das Dialogfeld Pick a Resource. Hier wählen Sie die zuvor hinzugefügte Drawable-Ressource hinzu.

In der Datei *activity_main.xml* sieht der fertiggestellte XML-Code der beiden Elemente wie folgt aus:

```
<ImageView
    android:id="@+id/ivBild"
    app:srcCompat="@drawable/rheinwerk"
    android:contentDescription="@string/bildEinsString"
    android:layout_width="wrap_content"
    android:layout_height="wrap_content" ... />

<ImageButton
    android:id="@+id/ibBild"
    app:srcCompat="@drawable/rheinwerk"
    android:contentDescription="@string/bildZweiString"
    android:layout_width="wrap_content"
    android:layout_height="wrap_content" ... />
```

Listing 12.20 Projekt »Bild«, Darstellung

Die beiden Views besitzen die eindeutigen IDs `ivBild` und `ibBild`. Mithilfe der Eigenschaft `app:srcCompat` verweisen Sie auf diejenige Bildquelle, die als Ressource dient. Dabei wird die Dateiendung weggelassen.

Die Eigenschaft `android:contentDescription` dient für den Verweis auf eine String-Ressource mit einer Bezeichnung des Bilds. Sie wird für Bildschirmleser oder andere Geräte zur barrierefreien Bedienung benötigt.

12.5.3 Programm

Es folgt der zugehörige Teil der Klasse `MainActivity`:

```
override fun onCreate(savedInstanceState: Bundle?) {
    ...
    B.ibBild.setOnClickListener {
        B.ivBild.setImageResource(R.drawable.android)
        B.ibBild.setImageResource(R.drawable.android)
    }
}
```

Listing 12.21 Projekt »Bild«, Programm

Nach dem Betätigen des ImageButtons wird für beide Views die Methode `setImageResource()` aufgerufen. Als Parameter dient die Bezeichnung der zweiten, zuvor hinzugefügten Bildressource. Auf diese Weise wird jeweils das Bild auf der View getauscht.

Kapitel 13

Zeitangaben und zeitliche Abläufe

Sie können Zeitangaben eingeben oder komfortabel auswählen. In Spiel- und Trainingsprogrammen werden häufig zeitlich gesteuerte Abläufe benötigt.

Sie lernen die Darstellung und die Nutzung von Views der Typen `CalendarView`, `DatePickerView` und `TimePickerView` kennen. Eine View des Typs `ProgressBar` kann den Fortschritt bei einem zeitlichen Ablauf verdeutlichen.

13

13.1 Datum und Uhrzeit eingeben

In EditText-Views kann der Benutzer auch Datum und Uhrzeit eingeben. Im Projekt *EingabeDatumUhrzeit* werden diese Eingaben in `Calendar`-Objekten gespeichert (siehe Abschnitt 6.4). Zum Abfangen von ungültigen Eingaben dienen eine Prüfung und eine Ausnahmebehandlung. Es werden automatisch passende Umrechnungen vorgenommen.

Die Benutzeroberfläche der erstellten App beinhaltet zur Eingabe, Speicherung und Ausgabe des Datums beziehungsweise der Uhrzeit jeweils eine EditText-View, einen Button und eine TextView.

13.1.1 Darstellung

Zunächst die beiden EditText-Views in der Datei *activity_main.xml*:

```
<EditText
    android:id="@+id/etDatum"
    android:inputType="date"
    android:hint="@string/etDatumString"
    android:importantForAutofill="no"
    android:layout_width="150dp" ... />
...
<EditText
    android:id="@+id/etUhrzeit"
```

```
    android:inputType="time"
    android:hint="@string/etUhrzeitString"
    android:importantForAutofill="no"
    android:layout_width="150dp" ... />
```

Listing 13.1 Projekt »EingabeDatumUhrzeit«, EditText-Views

Zur Einblendung der jeweils passenden Eingabetastatur dient der Wert `date` beziehungsweise `time` für die Eigenschaft `inputType`.

13.1.2 Startzustand

Als Eingabehilfe werden zu Beginn in den beiden EditText-Views das aktuelle Datum und die aktuelle Uhrzeit angezeigt.

Es folgt der dazu notwendige Code in der Datei *MainActivity.kt*:

```
...
import java.text.SimpleDateFormat
import java.util.*

class MainActivity : AppCompatActivity() {
    ...
    private val datumSDF = SimpleDateFormat(
        "dd.MM.yyyy", Locale.getDefault())
    private val uhrzeitSDF = SimpleDateFormat(
        "HH:mm:ss", Locale.getDefault())

    override fun onCreate(savedInstanceState: Bundle?) {
        ...
        val jetzt = Calendar.getInstance().time
        B.etDatum.setText(datumSDF.format(jetzt))
        B.etUhrzeit.setText(uhrzeitSDF.format(jetzt))
        ...
    }
}
```

Listing 13.2 Projekt »EingabeDatumUhrzeit«, Startzustand

Die beiden `SimpleDateFormat`-Objekte werden mehrmals benötigt und daher als Eigenschaften der Klasse deklariert. Die Variable `jetzt` beinhaltet das aktuelle Datum und die aktuelle Uhrzeit als `Date`-Objekt, dessen Wert mithilfe eines `Calendar`-Objekts ermittelt wird. In den beiden EditText-Views wird das Date-Objekt in der passenden Formatierung angezeigt.

13.1.3 Datum eingeben

Bekanntlich ist das Jahr 2021 kein Schaltjahr. Daher wird nach der Eingabe des Datums 29.02.2021 und der Betätigung des Buttons BUDATUM eine automatische Korrektur durchgeführt. Ausgegeben wird das sich ergebende Datum 01.03.2021 (siehe Abbildung 13.1). Die (hier nicht angezeigte) Uhrzeit ist 00:00:00 Uhr.

Abbildung 13.1 Datum eingeben

Es folgt der Code nach Antippen des Buttons BUDATUM:

```
B.buDatum.setOnClickListener {
    val eingabe = B.etDatum.text.toString()
    val teile = eingabe.split(".")

    if(teile.size != 3 || teile[0].isEmpty() ||
        teile[1].isEmpty() || teile[2].length != 4) {
        B.tvDatum.text = "Bitte gemäß Format dd.MM.yyyy"
    }
    else {
        val eingabeSDF = SimpleDateFormat(
            "dd.MM.yyyy", Locale.getDefault())
        var ausgabe = "Datum: "

        try {
            val datum = eingabeSDF.parse(eingabe)
            val kal = Calendar.getInstance()
            kal.time = datum as Date
```

```
            ausgabe += datumSDF.format(kal.time)
        }
        catch (ex:Exception) {
            ausgabe += "nicht gültig"
        }

        B.tvDatum.text = ausgabe
    }
}
```

Listing 13.3 Projekt »EingabeDatumUhrzeit«, Button »buDatum«

Die Eingabe des Benutzers bzw. der Benutzerin wird in der Zeichenkette `eingabe` gespeichert. Der Wert `date` für die Eigenschaft `inputType` der EditText-View sorgt bereits dafür, dass die Zeichenkette kein Zeichen enthält, das nicht zu einem Datum gehört.

Zusätzlich wird die Zeichenkette vor einer Umwandlung in eine Zeitangabe geprüft. Sie sollte aus drei Teilen bestehen, die jeweils durch einen Punkt getrennt sind. Die Teile für den Tag und den Monat sollten jeweils mindestens aus einer Ziffer bestehen. Der Teil für das Jahr sollte aus vier Ziffern bestehen, da sich abhängig von der Anzahl der Ziffern für das Jahr die Jahreszahlen nach unterschiedlichen Regeln ergeben.

Mithilfe der `String`-Methode `split()` werden zunächst die einzelnen Teile der Eingabe ermittelt und in einer Liste gespeichert. Die Eigenschaft `size` beinhaltet die Anzahl der Elemente der Liste. Die Methode `isEmpty()` liefert die Information, ob eine Zeichenkette leer ist oder nicht. Die Eigenschaft `length` beinhaltet die Anzahl der Zeichen in der Zeichenkette. Wird die obige Prüfung nicht bestanden, wird eine Fehlermeldung ausgegeben.

Hinweis

Achten Sie bei der logischen Verknüpfung mithilfe des Operators `||` darauf, dass die Größe der Liste als Erstes geprüft wird. Hat die Liste nicht die Größe 3, werden die nachfolgenden Bedingungen nicht mehr geprüft. Ansonsten könnte es zur Prüfung eines nicht vorhandenen Listenelements kommen und damit zu einem Abbruch.

Wird die obige Prüfung bestanden, wird im `SimpleDateFormat`-Objekt `eingabeSDF` ein Umwandlungsformat vorgegeben. Gemäß diesem Format wird die Zeichenkette `eingabe` mithilfe der Methode `parse()` der Klasse `SimpleDateFormat` in ein `Date`-Objekt umgewandelt:

- Gelingt die Umwandlung, wird das `Date`-Objekt der Eigenschaft `time` eines `Calendar`-Objekts zugewiesen, das ausgegeben wird.
- Beinhaltet die Zeichenkette kein gültiges `Date`-Objekt gemäß dem Umwandlungsformat, wird eine Fehlermeldung ausgegeben.

13.1.4 Uhrzeit eingeben

Nach der Eingabe der Uhrzeit 15:65:30 und der Betätigung des Buttons buUhrzeit wird eine automatische Korrektur durchgeführt. Es ergibt sich die Uhrzeit 16:05:30 (siehe Abbildung 13.2). Das (hier nicht angezeigte) Datum ist der 01.01.1970.

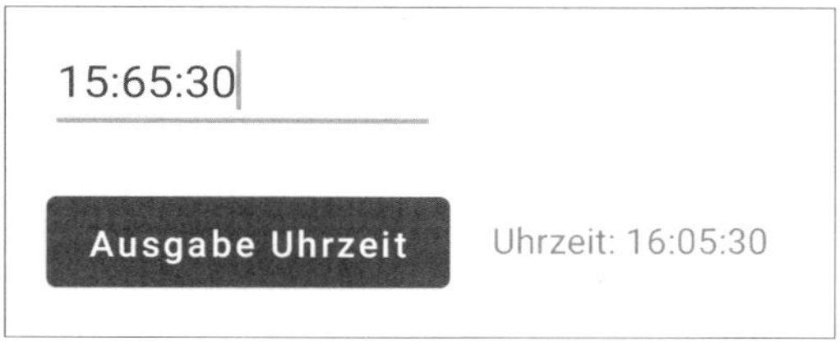

Abbildung 13.2 Uhrzeit eingeben

Es folgt der Code nach Antippen des Buttons buUhrzeit:

```
B.buUhrzeit.setOnClickListener {
    val eingabe = B.etUhrzeit.text.toString()
    val eingabeSDF = SimpleDateFormat(
        "HH:mm:ss", Locale.getDefault())
    var ausgabe = "Uhrzeit: "

    try {
        val uhrzeit = eingabeSDF.parse(eingabe)
        val kal = Calendar.getInstance()
        kal.time = uhrzeit as Date
        ausgabe += uhrzeitSDF.format(kal.time)
    }
    catch (ex:Exception) {
        ausgabe += "nicht gültig"
    }

    B.tvUhrzeit.text = ausgabe
}
```

Listing 13.4 Projekt »EingabeDatumUhrzeit«, Button »buUhrzeit«

Der Wert `time` für die Eigenschaft `inputType` der EditText-View sorgt bereits dafür, dass die Zeichenkette kein Zeichen beinhaltet, das nicht zu einer Uhrzeit gehört. Im Unterschied zur Eingabe eines Datums müssen keine zusätzlichen Prüfungen stattfinden.

Zur Umwandlung der Zeichenkette in ein `Calendar`-Objekt gehen Sie so vor wie beim Datum. Es wird lediglich ein anderes Format genutzt.

13.2 Datum auswählen mit CalendarView

Die Auswahl eines Datums mithilfe einer CalendarView ist komfortabler und weniger fehleranfällig als die Eingabe eines Datums in einer EditText-View. Allerdings wird auf der Benutzeroberfläche viel Platz benötigt.

Im Projekt *ZeitCalendarView* wird die angetippte Auswahl des Benutzers bzw. der Benutzerin in einem `Calendar`-Objekt gespeichert und in einer TextView ausgegeben (siehe Abbildung 13.3). Über die Pfeiltasten oben kann jeweils zum benachbarten Monat gewechselt werden.

Abbildung 13.3 CalendarView

13.2.1 Layout der View

Es folgt das Layout der CalendarView in der Datei *activity_main.xml*:

```
<CalendarView
    android:id="@+id/cvDatum"
    android:layout_width="wrap_content"
    android:layout_height="wrap_content" ... />
```

Listing 13.5 Projekt »ZeitCalendarView«, Layout

Die CalendarView besitzt die eindeutige ID `cvDatum`.

13.2.2 Auswahl verarbeiten

Die CalendarView wird mit dem bereits ausgewählten Startdatum 15.07.2021 angezeigt. Zu diesem Zweck wird der Eigenschaft `date` des `CalendarView`-Objekts (vom Typ `Long`) der Wert der Eigenschaft `timeInMillis` eines `Calendar`-Objekts zugewiesen.

13

Außerdem wird die Auswahl für den Benutzer auf den Datumsbereich vom 20.06.2021 bis zum 10.08.2021 begrenzt. Die Daten außerhalb des Bereichs sind abgeblendet und können vom Benutzer nicht ausgewählt werden. Zu diesem Zweck werden auch den Eigenschaften `minDate` und `maxDate` des `CalendarView`-Objekts passende Werte der Eigenschaft `timeInMillis` eines `Calendar`-Objekts zugewiesen.

Zum Registrieren des Ereignisses »Wechsel des Datums« bei einer CalendarView muss das Interface `CalendarView.OnDateChangeListener` implementiert werden. Es handelt sich um ein SAM-Interface (siehe Abschnitt 11.4.7), also ein Interface mit nur einer Methode.

Beim Aufruf der Methode `setOnDateChangeListener()` für das `CalendarView`-Objekt kann daher eine anonyme Funktion als Listener übergeben werden. Sie erhält die vier Parameter der Interface-Methode `onSelectedDayChange()`:

- Der erste Parameter ist ein Verweis auf die CalendarView, in der das Ereignis ausgelöst wird. Er wird hier nicht benötigt.
- Die nachfolgenden drei Parameter sind `Int`-Werte für Jahr, Monat und Tag des ausgewählten Datums. Es wird eine weitere Überladung der Methode `set()` der Klasse `Calendar` aufgerufen, die diese drei Parameter zum Setzen der Zeitangabe nutzt.

Es folgt der Code der Datei *MainActivity.kt*:

```
...
import java.text.SimpleDateFormat
import java.util.Calendar
```

```
import java.util.Locale
class MainActivity : AppCompatActivity() {
    ...
    override fun onCreate(savedInstanceState: Bundle?) {
        ...
        val sdf = SimpleDateFormat(
                "dd.MM.yyyy", Locale.getDefault())

        val kal = Calendar.getInstance()
        kal.set(2021, 6, 15)
        B.cvDatum.date = kal.timeInMillis
        var ausgabe = "Datum: " + sdf.format(kal.time)
        B.tvDatum.text = ausgabe

        kal.set(2021, 5, 20)
        B.cvDatum.minDate = kal.timeInMillis
        kal.set(2021, 7, 10)
        B.cvDatum.maxDate = kal.timeInMillis

        B.cvDatum.setOnDateChangeListener {
            _, year, month, dayOfMonth ->
            val kalAuswahl = Calendar.getInstance()
            kalAuswahl.set(year, month, dayOfMonth)
            ausgabe = "Datum: " + sdf.format(kalAuswahl.time)
            B.tvDatum.text = ausgabe
        }
    }
}
```

Listing 13.6 Projekt »ZeitCalendarView«, Programm

13.3 Datum auswählen mit DatePickerView

Zur Auswahl eines Datums können Sie statt einer CalendarView auch eine DatePicker-View einsetzen. Das ist allerdings erst ab API-Level 26 möglich.

Im Projekt *ZeitDatePickerView* werden die gleichen Einstellungen vorgenommen wie im Projekt *ZeitCalendarView* aus Abschnitt 13.2. In Abbildung 13.4 sehen Sie die Darstellung auf einem englischsprachigen Gerät. Nachfolgend gehe ich auf die Unterschiede zur CalendarView ein.

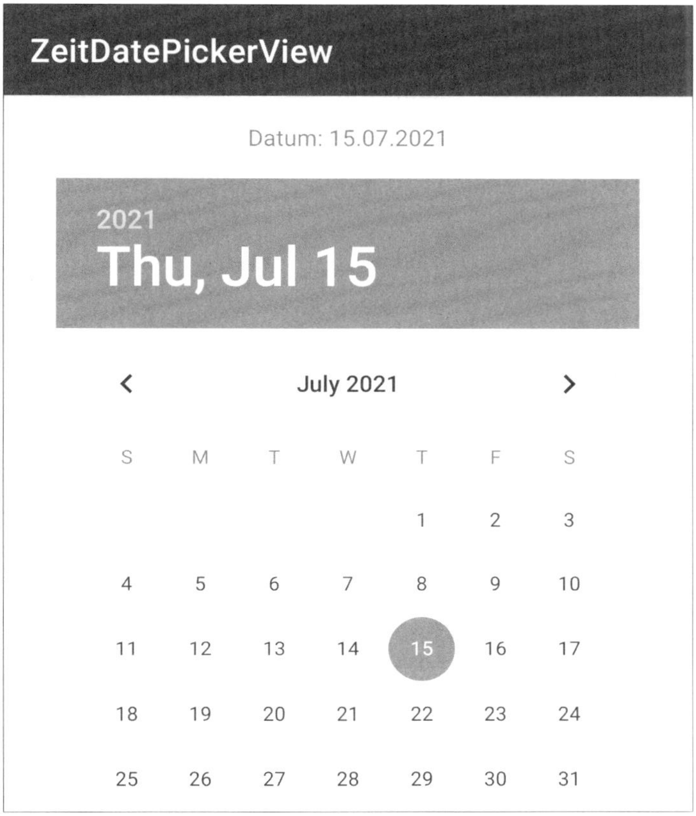

Abbildung 13.4 DatePickerView

13.3.1 Layout der View

Es folgt das Layout der DatePickerView in der Datei *activity_main.xml*:

```
<DatePicker
    android:id="@+id/dpDatum"
    android:layout_width="wrap_content"
    android:layout_height="wrap_content" ... />
```

Listing 13.7 Projekt »ZeitDatePickerView«, Layout

Die DatePickerView besitzt die eindeutige ID `dpDatum`.

13.3.2 Auswahl verarbeiten

Die Eigenschaft `SDK_INT` der Klasse `Build.VERSION` beinhaltet die Nummer der SDK-Version des aktuellen Geräts. Mithilfe einer Verzweigung wird geprüft, ob das aktuelle Gerät geeignet ist, die Ereignisse bei einer DatePickerView zu registrieren.

Das Startdatum der DatePickerView bestimmen Sie mithilfe der Methode `updateDate()`. Zur Begrenzung des Datumsbereichs werden wiederum die Eigenschaften `minDate` und `maxDate` genutzt.

Zum Registrieren des Ereignisses »Datum gewechselt« bei einer DatePickerView muss das Interface `DatePicker.OnDateChangedListener` (diesmal mit einem »d« bei `Changed`) mit der Methode `onDateChanged()` implementiert werden.

Beim Aufruf der Methode `setOnDateChangedListener()` für das `DatePickerView`-Objekt kann wiederum eine anonyme Funktion übergeben werden. Die vier Parameter haben die gleiche Bedeutung wie die in Abschnitt 13.2.2: ein Verweis auf das View-Objekt und die drei Angaben für Jahr, Monat und Tag des ausgewählten Datums.

Es folgt der Code der Datei *MainActivity.kt*:

```
...
import java.text.SimpleDateFormat
import java.util.Calendar
import java.util.Locale
class MainActivity : AppCompatActivity() {
    ...
    override fun onCreate(savedInstanceState: Bundle?) {
        ...
        if (Build.VERSION.SDK_INT >= 26) {
            val sdf = SimpleDateFormat(
                    "dd.MM.yyyy", Locale.getDefault())

            val kal = Calendar.getInstance()
            kal.set(2021, 6, 15)
            B.dpDatum.updateDate(2021, 6, 15)
            val ausgabe = "Datum: " + sdf.format(kal.time)
            B.tvDatum.text = ausgabe
```

```
            kal.set(2021, 5, 20)
            B.dpDatum.minDate = kal.timeInMillis
            kal.set(2021, 7, 10)
            B.dpDatum.maxDate = kal.timeInMillis

            B.dpDatum.setOnDateChangedListener {
                _, year, monthOfYear, dayOfMonth ->
                val kalAuswahl = Calendar.getInstance()
                kalAuswahl.set(year, monthOfYear, dayOfMonth)
                val aus = "Datum: " + sdf.format(kalAuswahl.time)
                B.tvDatum.text = aus
            }
        }
        else
            B.tvDatum.text
                = "API-Level min. 26, hier: ${Build.VERSION.SDK_INT}"
    }
}
```

Listing 13.8 Projekt »ZeitDatePickerView«, Programm

13.4 Uhrzeit auswählen mit TimePickerView

Zur komfortablen Auswahl beziehungsweise Eingabe einer Uhrzeit können Sie eine TimePickerView verwenden. Ihre Programmierung, hier im Projekt *ZeitTimePickerView*, gleicht der einer DatePickerView. Sie ist aber auch für ältere Geräte verfügbar.

Die Bedienung kann bei vielen Geräten in zwei verschiedenen Darstellungen erfolgen, zwischen denen der Benutzer über ein Symbol links unterhalb der eigentlichen Uhr umschalten kann. Die beiden Darstellungen ähneln

- einer Analoguhr, bei der die Zeiger für die Stunde beziehungsweise die Minute angetippt oder verschoben werden können (siehe Abbildung 13.5), beziehungsweise
- einer Digitaluhr, bei der die Zahlenwerte eingegeben werden können (siehe Abbildung 13.6).

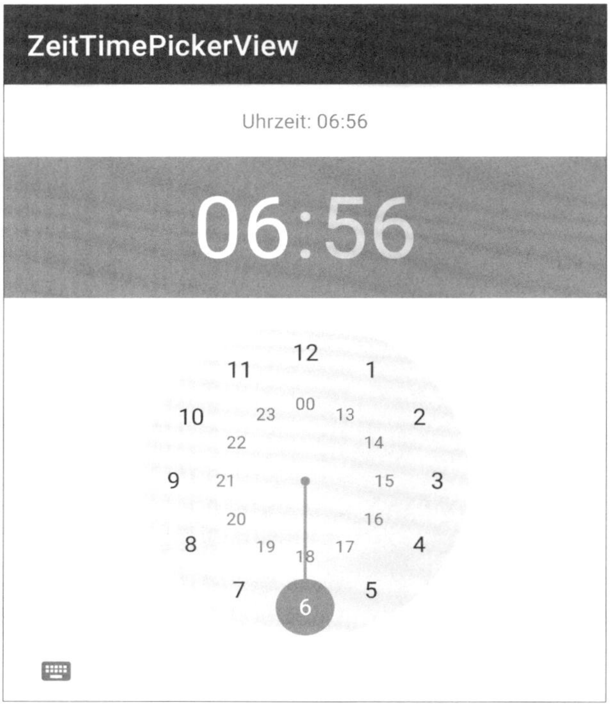

Abbildung 13.5 TimePickerView, analog

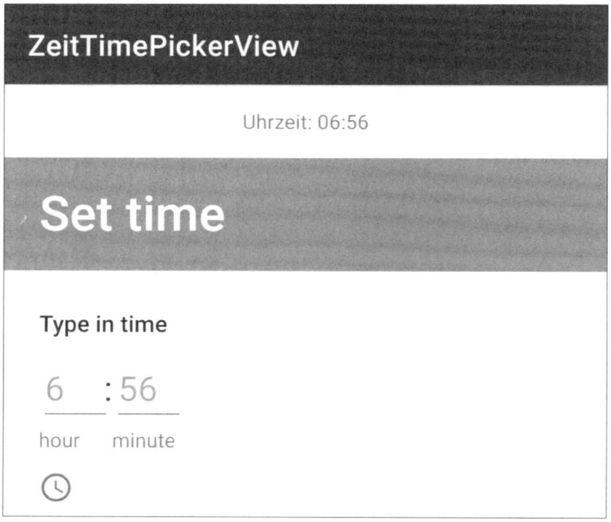

Abbildung 13.6 TimePickerView, digital

13.4.1 Layout der View

Es folgt das Layout der TimePickerView in der Datei *activity_main.xml*:

```
<TimePicker
    android:id="@+id/tpUhrzeit"
    android:layout_width="wrap_content"
    android:layout_height="wrap_content" ... />
```

Listing 13.9 Projekt »ZeitTimePickerView«, Layout

Die TimePickerView besitzt die eindeutige ID `tpUhrzeit`.

13.4.2 Auswahl verarbeiten

Standardmäßig wird die Uhrzeit in einer 12-Stunden-Darstellung angezeigt. Zur Anzeige einer 24-Stunden-Darstellung können Sie die Methode `setIs24HourView()` mit dem Wert `true` aufrufen.

Zum Registrieren des Ereignisses »Uhrzeit gewechselt oder eingegeben« bei einer TimePickerView muss das Interface `TimePicker.OnTimeChangedListener` mit der Methode `onTimeChanged()` implementiert werden. Beim Aufruf der Methode `setOnTimeChangedListener()` für das `TimePickerView`-Objekt kann eine anonyme Funktion übergeben werden. Die drei Parameter haben die folgende Bedeutung:

- Der erste Parameter liefert einen Verweis auf die TimePickerView, in der das Ereignis ausgelöst wurde. Er wird hier nicht benötigt.
- Die beiden anderen Parameter beinhalten `Int`-Werte für die ausgewählte Stunde und Minute. Sie werden genutzt, um mithilfe der Methode `set()` die zugehörigen Teile der Zeitangabe des `Calendar`-Objekts zu setzen.

Das `Calendar`-Objekt enthält das aktuelle Datum. Hier kommt es nur auf die Darstellung der Uhrzeit an, die der Benutzer auswählt.

Es folgt der Code der Datei *MainActivity.kt*:

```
...
import java.text.SimpleDateFormat
import java.util.Calendar
import java.util.Locale
class MainActivity : AppCompatActivity() {
    ...
    override fun onCreate(savedInstanceState: Bundle?) {
        ...
```

```
        val sdf = SimpleDateFormat(
                "HH:mm", Locale.getDefault())

        val kal = Calendar.getInstance()
        var ausgabe = "Uhrzeit: " + sdf.format(kal.time)
        B.tvUhrzeit.text = ausgabe

        B.tpUhrzeit.setIs24HourView(true)

        B.tpUhrzeit.setOnTimeChangedListener {
                _, hourOfDay, minute ->
            val kalAuswahl = Calendar.getInstance()
            kalAuswahl.set(Calendar.HOUR_OF_DAY, hourOfDay)
            kalAuswahl.set(Calendar.MINUTE, minute)
            ausgabe = "Uhrzeit: " + sdf.format(kalAuswahl.time)
            B.tvUhrzeit.text = ausgabe
        }
    }
}
```

Listing 13.10 Projekt »ZeitTimePickerView«, Programm

13.5 Zeitliche Abläufe steuern

In Spielen, Trainings oder Simulationen ist es häufig notwendig, zu einem bestimmten Zeitpunkt in der Zukunft ein Ereignis auszulösen und auf dieses Ereignis mithilfe von Programmcode zu reagieren. Ein solches Ereignis wird parallel zur Bedienung der App ausgelöst, unabhängig vom Benutzer.

Folgende Möglichkeiten stehen Ihnen zur Verfügung:

- geplantes automatisches Auslösen eines Ereignisses zu einem bestimmten Zeitpunkt in der Zukunft
- Entfernen eines solchen Ereignisses, bevor es ausgelöst wird
- Erstellen einer begrenzten oder endlosen Abfolge von geplanten, automatisch ausgelösten Ereignissen in bestimmten Zeitabständen
- Abbrechen einer solchen Abfolge

Im Projekt *ZeitSteuerung* (siehe Abbildung 13.7) werden die genannten Möglichkeiten mithilfe eines Handler-Objekts umgesetzt und anhand einer Fortschrittsanzeige in einer View des Typs `ProgressBar` verdeutlicht.

13.5.1 Bedienung und Anzeige

Der Benutzer kann den Button START betätigen. Als Folge startet ein automatischer Ablauf. Alle 0,5 Sekunden wird ein Zähler hochgezählt, beginnend bei 1. Beim Erreichen des Werts 10 endet der Ablauf. Der ansteigende Zählerstand wird auf zwei verschiedene Arten angezeigt.

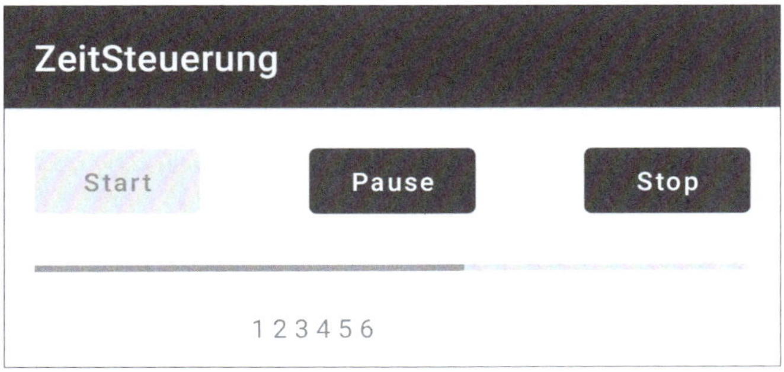

Abbildung 13.7 Ablauf ist gestartet.

Der Benutzer kann den Ablauf mithilfe des Buttons PAUSE pausieren und später wieder weiterlaufen lassen (siehe Abbildung 13.8). Er kann ihn aber auch mithilfe des Buttons STOP vollständig beenden. Eine sinnvolle Bedienung der einzelnen Buttons wird durch eine passende Aktivierung, Beschriftung und Deaktivierung ermöglicht.

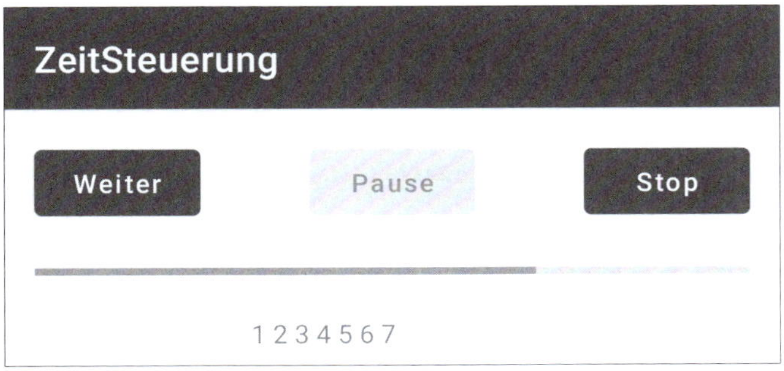

Abbildung 13.8 Ablauf pausiert

13.5.2 Layout der Fortschrittsanzeige

Es folgt das Layout der ProgressBar in der Datei *activity_main.xml*:

```
<ProgressBar
    android:id="@+id/pbAusgabe"
    style="?android:attr/progressBarStyleHorizontal"
```

```
    android:max="10"
    android:layout_width="0dp"
    android:layout_height="wrap_content" ... />
```

Listing 13.11 Projekt »ZeitSteuerung«, Layout

Die View des Typs `ProgressBar` besitzt die eindeutige ID `pbAusgabe`. Es gibt eine Reihe von vordefinierten Styles, deren Name jeweils mit `progressBarStyle` beginnt. Hier wird eine horizontale ProgressBar mit geringer Höhe erzeugt. Der Standardmaximalwert für Fortschrittsbalken ist 100. Er wird mithilfe der Eigenschaft `max` auf den Wert 10 gesetzt.

13.5.3 Steuerung des Ablaufs

Die Ereignisse und die Reaktion auf die Ereignisse werden mithilfe eines Objekts gestaltet, das das Interface `Runnable` implementiert. Zudem werden die beiden Klassen `Handler` und `Looper` aus dem Paket `android.os` benötigt. Es folgt der Code der Datei *MainActivity.kt*:

```
...
import android.os.Handler
import android.os.Looper
class MainActivity : AppCompatActivity() {
    ...
    private var zaehler = 0
    private var ausgabe = ""
    override fun onCreate(savedInstanceState: Bundle?) {
        ...
        val steuerung = Handler(Looper.getMainLooper())
        startZustand()

        val ereignis = object:Runnable {
            override fun run() {
                zaehler++
                B.pbAusgabe.progress = zaehler
                ausgabe += "$zaehler "
                B.tvAusgabe.text = ausgabe

                if(zaehler <= 9)
                    steuerung.postDelayed(this, 500L)
                else
                    startZustand()
```

```
            }
        }

        B.buStart.setOnClickListener {
            B.buStart.isEnabled = false
            B.buPause.isEnabled = true
            B.buStop.isEnabled = true
            steuerung.postDelayed(ereignis, 0L)
        }

        B.buPause.setOnClickListener{
            B.buStart.isEnabled = true
            B.buStart.text = "Weiter"
            B.buPause.isEnabled = false
            steuerung.removeCallbacks(ereignis)
        }

        B.buStop.setOnClickListener{
            B.buStart.isEnabled = true
            B.buPause.isEnabled = false
            B.buStop.isEnabled = false
            steuerung.removeCallbacks(ereignis)
            startZustand()
        }
    }

    private fun startZustand() {
        zaehler = 0
        ausgabe = ""
        B.tvAusgabe.text = ausgabe
        B.buStart.isEnabled = true
        B.buPause.isEnabled = false
        B.buStop.isEnabled = false
        B.buStart.text = "Start"
        B.pbAusgabe.progress = zaehler
    }
}
```

Listing 13.12 Projekt »ZeitSteuerung«, Programm

Der Zählerstand und die Zeichenkette für die Ausgabe werden während des gesamten Ablaufs benötigt. Daher sind sie Eigenschaften der Klasse.

Zur Steuerung der Abläufe wird ein Objekt der Klasse `Handler` erzeugt. Dazu wird ein `Looper`-Objekt benötigt. `Looper`-Objekte führen eine Schleife von Ereignissen aus. Die Methode `getMainLooper()` liefert einen Verweis auf den Haupt-Looper der Anwendung.

Anschließend wird die Funktion `startZustand()` durchlaufen. Sie wird im Programm mehrmals benötigt. Innerhalb dieser Funktion passiert Folgendes:

- Der Zählerstand wird auf 0 gesetzt,
- die Zeichenkette für die Ausgabe und die Ausgabe selbst werden geleert,
- durch das Setzen der Eigenschaft `isEnabled` wird der Button START aktiviert, der Button PAUSE und der Button STOP werden deaktiviert,
- der Text für den Button START wird gesetzt und
- der aktuelle Wert für den Fortschrittsbalken wird auf 0 gesetzt.

Es wird ein anonymes Singleton-Objekt erzeugt, das das Interface `Runnable` implementiert. Zur Verkürzung wird es auch `Runnable`-Objekt genannt. Die Variable `ereignis` verweist auf das `Runnable`-Objekt und ermöglicht den Zugriff darauf.

Das Interface `Runnable` beinhaltet nur die Methode `run()`. Sie hat keine Parameter und wird bei jedem Auslösen des Ereignisses durchlaufen.

In der Methode `run()` wird der Zähler erhöht und in der ProgressBar sowie in der Text-View ausgegeben. Es folgt eine Verzweigung:

- Hat der Zähler noch nicht den Wert 10 erreicht, wird für das Objekt der Klasse `Handler` die Methode `postDelayed()` aufgerufen. Sie löst das betreffende Ereignis in der Zukunft aus, und zwar nach einer Verzögerung (engl.: *delay*), die als `Long`-Wert für die Millisekunden angegeben wird.
- So kommt es zu einer regelmäßigen Wiederholung des Ereignisses. Mit dem aktuellen Objekt, das mithilfe des Schlüsselworts `this` erreicht wird, ist das näher liegende `Runnable`-Objekt gemeint und nicht das umgebende Objekt der Klasse `MainActivity`.
- Hat der Zähler den Wert 10 erreicht, wird das Ereignis nicht erneut gestartet. Damit endet der automatische Ablauf. Die App wird wieder in den Startzustand versetzt.

Nach dem Antippen des Buttons START wird der Button START selbst deaktiviert und die beiden Buttons PAUSE und STOP werden aktiviert. Anschließend wird die Methode `postDelayed()` aufgerufen. Damit wird das Ereignis erstmals ausgelöst.

Nach dem Antippen des Buttons PAUSE wird der Button PAUSE selbst deaktiviert und der Button START aktiviert. Dessen Beschriftung wird auf WEITER geändert.

Anschließend wird für das Objekt der Klasse `Handler` die Methode `removeCallbacks()` aufgerufen. Sie entfernt alle zukünftig geplanten Aufrufe für das betreffende Ereignis und beendet damit den automatischen Ablauf vorzeitig. Da die App nicht in den Startzustand versetzt wird, kann der Ablauf allerdings nach dem Antippen des Buttons START, der zurzeit die Beschriftung WEITER trägt, fortgesetzt werden.

Nach dem Antippen des Buttons STOP wird der Button START aktiviert und die beiden Buttons PAUSE und STOP werden deaktiviert. Zur vorzeitigen Beendigung des automatischen Ablaufs wird wiederum die Methode `removeCallbacks()` aufgerufen. Anschließend wird die App in den Startzustand versetzt.

13.6 Mehrere zeitliche Abläufe

Dieser Abschnitt beinhaltet statt einer neuen View eine thematische Erweiterung des vorherigen Abschnitts. Es werden mehrere automatische Abläufe gestartet, die voneinander unabhängig sind und parallel laufen. Auf diese Weise könnten zum Beispiel Figuren in einem Spiel gesteuert werden, die ein unterschiedliches Verhalten aufweisen.

Im Projekt *ZeitSteuerungMehrere* kann der Benutzer zwei Buttons betätigen. Nach Betätigung des Buttons EINS wird der Ausgabe in der TextView alle 0,5 Sekunden die Ziffer 1 hinzugefügt. Nach Betätigung des Buttons ZWEI wird der Ausgabe alle 0,3 Sekunden die Ziffer 2 hinzugefügt. In Abbildung 13.9 sehen Sie die Ausgabe, nachdem zunächst Button ZWEI betätigt wurde und anschließend Button EINS.

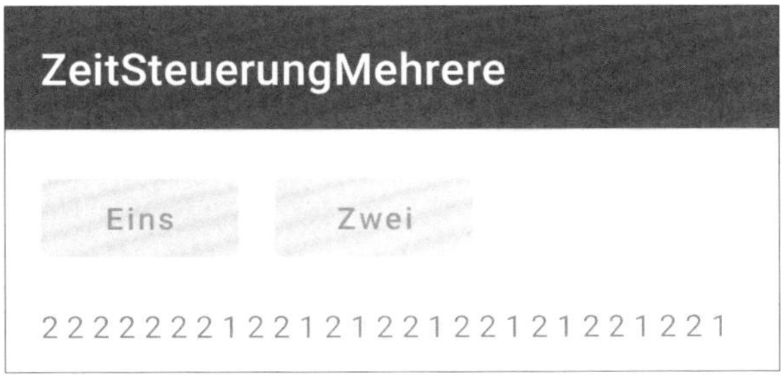

Abbildung 13.9 Zwei Abläufe

Es folgt der Code der Datei *MainActivity.kt*:

```
...
import android.os.Handler
import android.os.Looper
class MainActivity : AppCompatActivity() {
```

```
    ...
    override fun onCreate(savedInstanceState: Bundle?) {
        ...
        val steuerungEins = Handler(Looper.getMainLooper())
        val steuerungZwei = Handler(Looper.getMainLooper())
        var ausgabe = ""

        val ereignisEins = object:Runnable {
            override fun run() {
                ausgabe += "1 "
                B.tvAusgabe.text = ausgabe
                steuerungEins.postDelayed(this, 500L)
            }
        }

        B.buEins.setOnClickListener {
            B.buEins.isEnabled = false
            steuerungEins.postDelayed(ereignisEins, 0L)
        }

        val ereignisZwei = object:Runnable {
            override fun run() {
                ausgabe += "2 "
                B.tvAusgabe.text = ausgabe
                steuerungZwei.postDelayed(this, 300L)
            }
        }

        B.buZwei.setOnClickListener {
            B.buZwei.isEnabled = false
            steuerungZwei.postDelayed(ereignisZwei, 0L)
        }
    }
}
```

Listing 13.13 Projekt »ZeitSteuerungMehrere«, Programm

Es werden zwei Objekte der Klasse `Handler` erzeugt. Nach dem Betätigen der beiden Buttons deaktivieren sich diese jeweils selbst. Zwei Singleton-Objekte werden erzeugt, die jeweils das Interface `Runnable` implementieren. Innerhalb der jeweiligen Methode `run()` wird die Methode `postDelayed()` mit verschiedenen Werten aufgerufen.

Kapitel 14
Weitere Layouts und Activitys

FrameLayout und RecyclerView bieten Alternativen bei der Anordnung von Views. Ihre Apps können aus einer oder mehreren Activitys bestehen, zwischen denen Daten transportiert werden.

Neben dem ConstraintLayout gibt es noch weitere Möglichkeiten für das Layout Ihrer Activity. Jede Activity durchläuft verschiedene Stadien eines Lebenszyklus. Jeder Wechsel zu einem anderen Stadium stellt ein Ereignis dar, das zur Programmierung genutzt werden kann.

14

14.1 FrameLayout

Ein Layout des Typs `FrameLayout` ermöglicht eine freie Platzierung von Views auf der Benutzeroberfläche. Auf diese Weise lässt sich zum Beispiel recht einfach ein Spielfeld mit Spielobjekten erzeugen. In diesem Abschnitt wird im Projekt *LayoutFrame* mit einem FrameLayout gearbeitet. In Abbildung 14.1 sehen Sie drei frei platzierte Views: Links oben eine ImageView, in der Mitte eine TextView und rechts oben den Button NEU.

Views können auch mithilfe von Kotlin-Code erstellt werden. Auf diese Weise können Sie ein dynamisches Layout erzeugen, um Ihre App

- zum Startzeitpunkt von Eingangsdaten abhängig zu machen oder
- zur Laufzeit durch Aktionen des Benutzers bzw. der Benutzerin oder durch automatische Abläufe zu ändern.

Im Projekt *LayoutFrame* werden weitere Views des Typs `ImageView` vom Benutzer mithilfe des Buttons NEU an einer zufälligen Stelle auf dem Bildschirm erstellt (siehe ebenfalls Abbildung 14.1). Jeder Button besitzt ein eindeutiges *Tag* zur Markierung, das seine laufende Nummer beinhaltet. Beim Antippen eines der dynamisch erzeugten Buttons wird sein Tag in der TextView angezeigt.

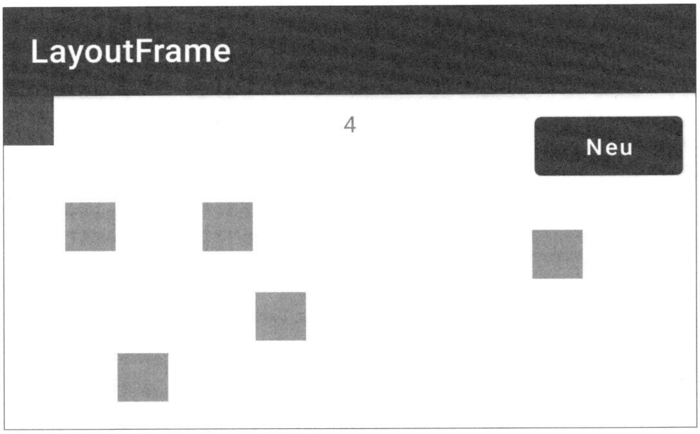

Abbildung 14.1 Das fertige Projekt

14.1.1 Umwandlung zum FrameLayout

Ein neues Projekt wird standardmäßig mit einem ConstraintLayout erstellt. Betätigen Sie auf dem ConstraintLayout im Bereich COMPONENT TREE die rechte Maustaste, wählen Sie in der Liste im Dialogfeld den Eintrag FRAMELAYOUT (siehe Abbildung 14.2) und betätigen Sie den Button APPLY. Damit wird das ConstraintLayout in ein FrameLayout umgewandelt.

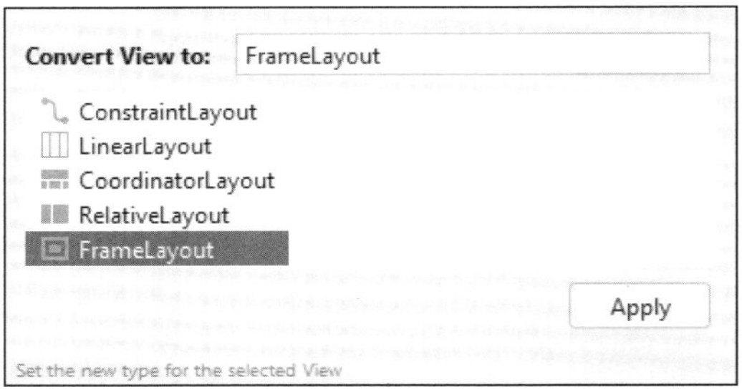

Abbildung 14.2 Umwandlung in FrameLayout

14.1.2 Views im FrameLayout

Stellen Sie dem Projekt zunächst die Bilddateien *rot.png* und *gruen.png* als Drawable-Ressourcen wie in Abschnitt 12.5.1 zur Verfügung.

Es folgt der XML-Code in der Datei *activity_main.xml* nach dem Einfügen und Gestalten der drei statischen Views am oberen Rand des FrameLayouts:

```
<?xml version="1.0" encoding="utf-8"?>
<FrameLayout
    xmlns:android="http://schemas.android.com/apk/res/android"
    xmlns:app="http://schemas.android.com/apk/res-auto"
    xmlns:tools="http://schemas.android.com/tools"
    android:id="@+id/flGesamt"
    android:layout_width="match_parent"
    android:layout_height="match_parent"
    tools:context=".MainActivity">

    <TextView
        android:id="@+id/tvAusgabe"
        android:layout_width="wrap_content"
        android:layout_height="wrap_content"
        android:layout_gravity="center_horizontal"
        android:layout_marginTop="8dp"
        android:text="@string/tvAusgabeString" />

    <Button
        android:id="@+id/buNeu"
        android:layout_width="wrap_content"
        android:layout_height="wrap_content"
        android:layout_gravity="end"
        android:layout_marginTop="8dp"
        android:layout_marginEnd="8dp"
        android:layout_marginRight="8dp"
        android:text="@string/buNeuString"
        android:textAllCaps="false" />

    <ImageView
        android:id="@+id/ivBild0"
        android:layout_width="wrap_content"
        android:layout_height="wrap_content"
        android:contentDescription="@string/ivBildString"
        android:tag="0"
        app:srcCompat="@drawable/rot" />
</FrameLayout>
```

Listing 14.1 Projekt »LayoutFrame«, Layout

Das FrameLayout erhält die ID `flGesamt`. Die ID wird bei der Erzeugung der weiteren Views mithilfe von Kotlin-Code benötigt.

Standardmäßig wird eine View in einem FrameLayout oben links platziert. Die Eigenschaft `android:layout_gravity` dient dem horizontalen und vertikalen Ausrichten einer View. Statt des Werts `right` wird der Wert `end` verwendet, da er universeller einsetzbar ist. Es können auch mehrere Werte kombiniert werden. Einige Beispiele:

- `center_horizontal`: oben in der Mitte
- `end`: oben rechts
- `center_vertical`: vertikal in der Mitte, links
- `center`: vertikal und horizontal in der Mitte
- `center_vertical|end`: vertikal in der Mitte, rechts
- `bottom`: unten links
- `bottom|center_horizontal`: unten in der Mitte
- `bottom|end`: unten rechts

Die Eigenschaften `layout_marginLeft` und `layout_marginTop` dienen zur Erstellung des Abstands einer View zum linken Rand und zum oberen Rand. Auf diese Weise wird die View frei auf der Benutzeroberfläche platziert. Die Platzierung kann später auch leichter geändert werden. Die Eigenschaft `layout_marginStart` ist eine universelle Ergänzung zur Eigenschaft `layout_marginLeft`, die Eigenschaft `layout_marginEnd` eine universelle Ergänzung zur Eigenschaft `layout_marginRight`,

Mithilfe der Eigenschaft `tag` wird ein Tag für die View gesetzt.

14.1.3 Dynamische Erzeugung von Views

Es folgt der Code aus der Datei *MainActivity.kt*:

```
...
import android.widget.FrameLayout
import android.widget.ImageView
import kotlin.random.Random
class MainActivity : AppCompatActivity() {
    ...
    override fun onCreate(savedInstanceState: Bundle?) {
        ...
        val breite = resources.displayMetrics.widthPixels
        val hoehe = resources.displayMetrics.heightPixels
        var zaehler = 0

        B.buNeu.setOnClickListener {
```

```
            val ivNeu = ImageView(this)
            B.flGesamt.addView(ivNeu)
            ivNeu.setImageResource(R.drawable.gruen)
            ivNeu.setOnClickListener { view ->
                B.tvAusgabe.text = view.tag.toString()
            }

            zaehler++
            ivNeu.tag = zaehler

            val lp = FrameLayout.LayoutParams(
                FrameLayout.LayoutParams.WRAP_CONTENT,
                FrameLayout.LayoutParams.WRAP_CONTENT)
            lp.leftMargin = (Random.nextDouble(breite * 0.05,
                breite * 0.85)).toInt()
            lp.topMargin = (Random.nextDouble(hoehe * 0.05,
                hoehe * 0.85)).toInt()
            ivNeu.layoutParams = lp
        }

        B.ivBild0.setOnClickListener { view ->
            B.tvAusgabe.text = view.tag.toString()
        }
    }
}
```

Listing 14.2 Projekt »LayoutFrame«, Programm

Zunächst werden drei zusätzliche Klassen importiert:

- android.widget.FrameLayout: zur Anordnung der weiteren ImageViews innerhalb des FrameLayout
- android.widget.ImageView: zur Erzeugung weiterer ImageViews
- kotlin.random.Random: zur Ermittlung von zufälligen Positionen

Die Eigenschaft resources der Klasse Context verweist auf das Objekt Resources, das Informationen über die Ressourcen der Anwendung bereitstellt. Die Eigenschaft displayMetrics verweist auf ein Objekt der Klasse DisplayMetrics, das Informationen über das Display des aktuell genutzten Geräts bietet. Die beiden Eigenschaften widthPixels und heightPixels beinhalten Int-Werte mit der Breite und der Höhe des Displays des aktuell genutzten Geräts in der Einheit Pixel.

Die Variable zaehler dient zur Vergabe der Tags. Die statische ImageView, die zu Beginn erscheint, besitzt das Tag 0. Die weiteren ImageViews erhalten mithilfe der Variablen zaehler die Tags 1, 2 und so weiter.

Es wird ein neues Objekt der Klasse ImageView erzeugt, bezogen auf die aktuelle Anwendung. Die Methode addView() fügt die neue ImageView dem FrameLayout-Objekt hinzu. Die Methode setImageResource() sorgt für die Zuweisung der Bildressource für die ImageView.

Mithilfe der Methode setOnClickListener() wird ein eigener Listener für den neuen Button hinzugefügt. Die Eigenschaft tag ist vom allgemeinen Datentyp Object. Ihr Wert wird zur Ausgabe passend umgewandelt.

Der Stand des Zählers wird erhöht. Auf diese Weise ergibt sich ein eigener Zählerstand für jede neu hinzugefügte ImageView. Der Eigenschaft tag einer View können Werte der Klasse Object zugewiesen werden, die als Markierung der View dienen.

Es wird ein neues Objekt der Klasse FrameLayout.LayoutParams erzeugt. Als Konstruktor-Parameter können zum Beispiel die Breite und die Höhe angegeben werden. Zur Einstellung des Werts wrap_content kann die Konstante WRAP_CONTENT der Klasse FrameLayout.LayoutParams verwendet werden.

Die Eigenschaften leftMargin und topMargin des LayoutParams-Objekts dienen zur Erstellung eines Abstands zum linken beziehungsweise oberen Rand, also zur Platzierung auf der Benutzeroberfläche. Die Abstände werden mithilfe des Zufallsgenerators in Abhängigkeit von der Breite und der Höhe des Displays des aktuell genutzten Geräts ermittelt. Am Ende wird das LayoutParams-Objekt der Eigenschaft layoutParams der ImageView als neuer Wert für das Layout zugewiesen.

Es folgt die Methode setOnClickListener() für die statische ImageView mit der Ausgabe des Tags.

14.1.4 Immer im Hochformat

Die App soll dauerhaft im Hochformat laufen. Ansonsten wären die ImageViews im unteren Bereich der Benutzeroberfläche nach dem Drehen des Geräts vom Hochformat in das Querformat nicht mehr sichtbar.

Ändern Sie dazu das Attribut android:screenOrientation in der Manifestdatei *AndroidManifest.xml* (siehe auch Abschnitt 11.3.6) wie folgt:

```
<?xml version="1.0" encoding="utf-8"?>
<manifest ... >
    <application ... >
        <activity android:name=".MainActivity"
```

```
            android:screenOrientation="portrait">
        <intent-filter> ... </intent-filter>
    </activity>
  </application>
</manifest>
```

Listing 14.3 Projekt »LayoutFrame«, Manifestdatei

In den anderen Projekten wurde eingestellt, dass eine Änderung des Formats oder der Bildschirmgröße die App nicht neu initialisiert. Hier wird vorgegeben, dass die App immer im Hochformat läuft. Der Empfehlung des Editors der Entwicklungsumgebung, man solle besser eine andere Einstellung wählen, damit die App auf Geräten mit Chrome OS besser läuft, wird hier nicht gefolgt.

Reaktionsspiel »Quadrate«

Das Projekt »Quadrate« beinhaltet ein Reaktionsspiel. Es wird in Abschnitt 20.2 ausführlich beschrieben. Es wird eine Farbe angezeigt, die immer wieder wechselt. Der Benutzer muss innerhalb einer begrenzten Zeit so viele Quadrate wie möglich antippen, die die aktuelle Farbe besitzen. Die Quadrate erscheinen für kurze Zeit, an zufälligen Orten und in zufälligen Farben.

Im Projekt werden keine neuen Elemente eingeführt. Es dient als Beispiel für das Zusammenspiel vieler Elemente, die bis hierhin bekannt sind, wie zum Beispiel Frame-Layouts, veränderliche Benutzeroberflächen, Zeitmessung und zeitliche Steuerungen.

14.2 Lebenszyklus einer Activity

Eine Activity durchläuft während ihrer Benutzung eine ganze Reihe von Zuständen. Das Erreichen eines neuen Zustands ist ein Ereignis. Nach dem Auslösen des Ereignisses kann eigener Kotlin-Code durchlaufen werden. Einige dieser Ereignisse werden hier erläutert.

Nach dem Start einer App wird das Ereignis *Create* ausgelöst. Beim Durchlaufen der zugehörigen Methode `onCreate()` werden bekanntlich Einstellungen vorgenommen, die sich nach dem Start auswirken.

Rückt eine App in den Hintergrund, weil eine andere App aktiviert wird, wird das Ereignis *Pause* ausgelöst. Beim Durchlaufen der zugehörigen Methode `onPause()` könnte zum Beispiel die Verbindung zu einzelnen Sensoren des Geräts unterbrochen werden, um während der Pause Energie zu sparen.

Rückt eine App erstmals oder nach einer Pause erneut in den Vordergrund und wird damit zur aktiven App, wird das Ereignis *Resume* ausgelöst. Beim Durchlaufen der zugehörigen Methode `onResume()` können zum Beispiel die Maßnahmen zum Energiesparen aus der Methode `onPause()` wieder rückgängig gemacht werden.

Auf der Benutzeroberfläche der App *ActivityZyklus* sehen Sie in drei TextViews den Stand von drei Zählern. Hier wird das Auslösen der Ereignisse *Create*, *Pause* und *Resume* bei dieser App gezählt.

In Abbildung 14.3 sehen Sie den Stand der Zähler, nachdem die App gestartet sowie mehrmals in den Hintergrund und anschließend wieder in den Vordergrund gerückt wurde.

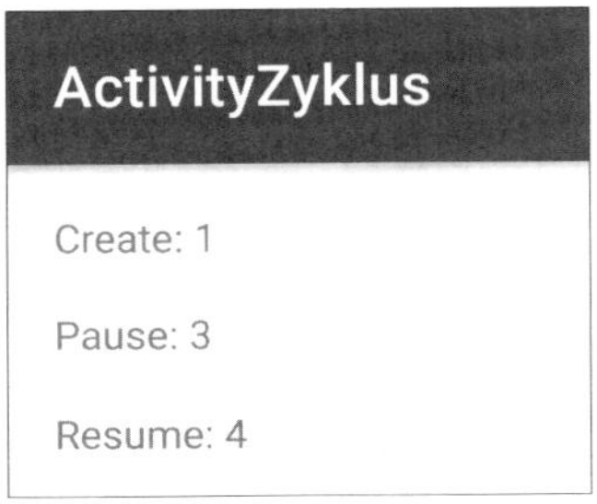

Abbildung 14.3 Lebenszyklus einer Activity

Es folgt der Code aus der Datei *MainActivity.kt*:

```
...
class MainActivity : AppCompatActivity() {
    private lateinit var B: ActivityMainBinding
    private var createZaehler = 0
    private var pauseZaehler = 0
    private var resumeZaehler = 0

    override fun onCreate(savedInstanceState: Bundle?) {
        super.onCreate(savedInstanceState)
        B = ActivityMainBinding.inflate(layoutInflater)
        setContentView(B.root)
        createZaehler++
        B.tvCreate.text = "Create: $createZaehler"
    }

    override fun onPause() {
```

```
        super.onPause()
        pauseZaehler++
        B.tvPause.text = "Pause: $pauseZaehler"
    }

    override fun onResume() {
        super.onResume()
        resumeZaehler++
        B.tvResume.text = "Resume: $resumeZaehler"
    }
}
```

Listing 14.4 Projekt »ActivityZyklus«

In den drei Ereignismethoden wird jeweils als Erstes mithilfe von `super` die gleichnamige Methode der Klasse `AppCompatActivity` durchlaufen, von der die Klasse `MainActivity` erbt.

14.3 Mehrere Activitys

Die Projekte in diesem Buch bestehen bisher nur aus einer einzelnen Activity, die zu Beginn gestartet wird. Sie beinhaltet XML-Code für die Darstellung und Kotlin-Code zur Programmierung des Ablaufs.

Komplexere Apps bestehen aus mehreren Activitys, jeweils mit XML- und Kotlin-Code. Eine solche App startet mit einer dieser Activitys. Von dieser können andere Activitys aufgerufen werden. Von diesen anderen Activitys aus ist eine Rückkehr zur Start-Activity oder wiederum der Aufruf weiterer Activitys möglich.

Auf diese Weise können Sie zum Beispiel in einer Unter-Activity Einstellungen vornehmen, die für die Haupt-Activity gelten sollen.

Es gilt, mehrere Probleme zu lösen:

- Wie rufe ich eine andere Activity auf?
- Wie kehre ich zur aufrufenden Activity zurück?
- Wie übergebe ich beim Aufruf Daten an eine andere Activity?
- Wie übernehme ich die Ergebnisse einer anderen Activity nach einer Rückkehr?

Eine Lösung zu den ersten drei Problemen erhalten Sie mithilfe des Projekts *Activity-Uebergabe* in diesem Abschnitt. Das letzte Problem wird im nächsten Abschnitt mithilfe des Projekts *ActivityErgebnis* gelöst.

14.3.1 Die fertige App

Die App *ActivityUebergabe* startet mit der Haupt-Activity (siehe Abbildung 14.4). Sie beinhaltet eine TextView mit der ID `tvHauptAusgabe` und einen Button mit der ID `buUnter`, beide horizontal zentriert. In der TextView werden nach dem Start der App die Werte von Daten unterschiedlichen Typs ausgegeben.

Abbildung 14.4 Haupt-Activity

Nach dem Antippen des Buttons wird die Unter-Activity aufgerufen. Es werden Daten aus der Haupt-Activity an die Unter-Activity übergeben.

Die Unter-Activity beinhaltet eine TextView mit der ID `tvUnterAusgabe` und einen Button mit der ID `buZurueck`, ebenso beide horizontal zentriert. In der TextView werden die übergebenen Daten erneut angezeigt (siehe Abbildung 14.5). Nach dem Antippen des Buttons findet die Rückkehr statt: Die Unter-Activity wird beendet und die Haupt-Activity erscheint wieder.

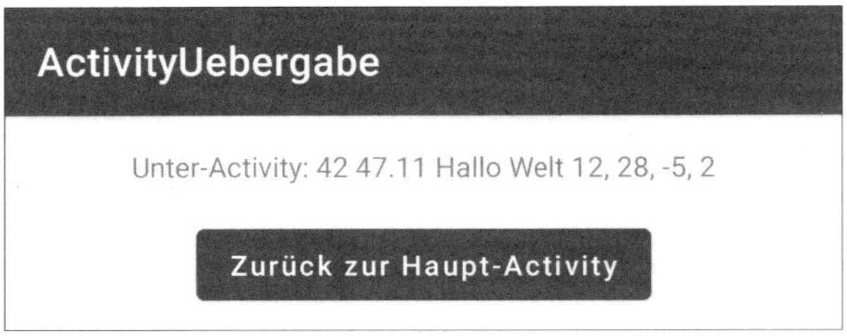

Abbildung 14.5 Unter-Activity

14.3.2 Erzeugung einer Activity

Die Haupt-Activity mit XML- und Kotlin-Datei wird bereits bei der Erstellung des Projekts erzeugt. Zur Erstellung einer zusätzlichen Activity klicken Sie im Projektfenster in der Ansicht ANDROID zunächst auf den Eintrag app (siehe auch Abbildung 14.7). Rufen Sie den Menüpunkt FILE • NEW • ACTIVITY • EMPTY ACTIVITY auf. Im Dialogfeld NEW ANDROID ACTIVITY nehmen Sie die Einstellungen wie in Abbildung 14.6 vor:

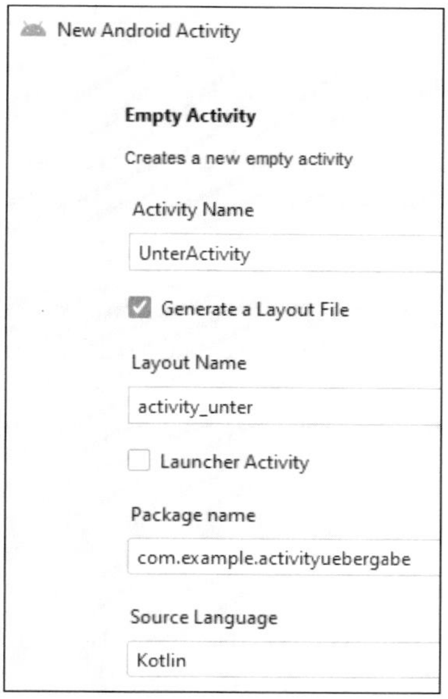

Abbildung 14.6 Neue Activity erzeugen

Sie wählen einen eigenen Namen für die Activity (hier: `UnterActivity`). Das Häkchen bei GENERATE A LAYOUT FILE bleibt stehen. Der Name der Layoutdatei (hier: `activity_unter`) wird automatisch erstellt. Paketname und Sprache bleiben unverändert.

Nach einem Klick auf den Button FINISH werden die beiden neuen Dateien *UnterActivity.kt* und *activity_unter.xml* erstellt (siehe Abbildung 14.7).

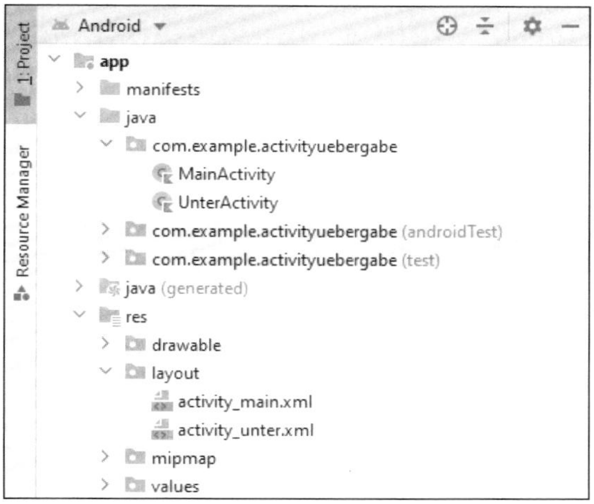

Abbildung 14.7 Zwei neue Dateien

14.3.3 Manifestdatei

Dank der Erstellung der neuen Activity über das Dialogfeld NEW ANDROID ACTIVITY wird sie auch in der Manifestdatei *AndroidManifest.xml* eingetragen. Durch einfaches Kopieren und Umbenennen einer Kotlin-Datei und einer XML-Datei würde das nicht geschehen und das Projekt wäre fehlerhaft. In anderen Worten: Es ist besser, das Dialogfeld zu verwenden, damit auch alle internen Abhängigkeiten erstellt werden.

Auch für die neue Activity sollte in der Manifestdatei eingestellt werden, dass eingetragene oder ausgewählte Werte bei einer Änderung des Formats oder der Bildschirmgröße nicht verloren gehen:

```
<?xml version="1.0" encoding="utf-8"?>
<manifest ... >
    <application ... >
        <activity android:name=".UnterActivity"
                android:configChanges="orientation|screenSize" />
        <activity android:name=".MainActivity"
                android:configChanges="orientation|screenSize">
            <intent-filter> ... </intent-filter>
        </activity>
    </application>
</manifest>
```

Listing 14.5 Projekt »ActivityUebergabe«, Datei »AndroidManifest.xml«

14.3.4 Haupt-Activity

Es folgt der Code aus der Datei *MainActivity.kt*:

```
...
import android.content.Intent
class MainActivity : AppCompatActivity() {
    ...
    override fun onCreate(savedInstanceState: Bundle?) {
        ...
        val z = 42
        val x = 47.11
        val t = "Hallo Welt"
        val a = arrayListOf(12, 28, -5, 2)

        B.tvHauptAusgabe.text =
            "Main-Activity: $z $x $t ${a.joinToString()}"
```

```
        B.buUnter.setOnClickListener {
            val unter = Intent(this, UnterActivity::class.java)
            unter.putExtra("zHaupt", z)
            unter.putExtra("xHaupt", x)
            unter.putExtra("tHaupt", t)
            unter.putExtra("aHaupt", a)
            startActivity(unter)
        }
    }
}
```

Listing 14.6 Projekt »ActivityUebergabe«, Datei »MainActivity.kt«

Insgesamt werden beim Aufruf der Unter-Activity vier Werte unterschiedlicher Art übergeben. Neben Werten der Datentypen `Int`, `Double` und `String` handelt es sich um eine ArrayList.

Nach dem Antippen des Buttons BUUNTER wird der Start der Unter-Activity eingeleitet. Ein Objekt der Klasse `Intent` ermöglicht uns den Zugriff auf ein `Activity`-Objekt, dessen Verhalten in der angegebenen Klasse (hier: `UnterActivity`) definiert wurde. Der Verweis auf die Klasse UnterActivity muss zuvor mithilfe von `::class.java` in einen Verweis auf eine `KClass` umgewandelt werden.

Kurz vor dem eigentlichen Start der Unter-Activity werden die Daten, die ihr übergeben werden sollen, mithilfe der Methode `putExtra()` im `Intent`-Objekt gespeichert. Der erste Parameter der Methode ist eine Zeichenkette, die als eindeutiger Name der hinzugefügten Daten dient. Als zweiter Parameter werden die Daten selbst angegeben. Dabei kann es sich um einzelne Variablen oder um Objekte verschiedener Klassen für Datenstrukturen handeln.

Die Methode `startActivity()` startet die Unter-Activity mithilfe des dazugehörigen `Intent`-Objekts. Die zuvor gespeicherten Extra-Daten stehen der Unter-Activity nach ihrem Start zur Verfügung.

14.3.5 Unter-Activity

Dank der Einbindung des *View Bindings* in der Konfigurationsdatei *app/build.gradle* (siehe Abschnitt 11.3.4) wird auch für die UnterActivity automatisch eine eigene Klasse erstellt. Sie hat den Namen `ActivityUnterBinding` und ermöglicht den Zugriff auf die Views der UnterActivity.

Es folgt der Code aus der Datei *UnterActivity.kt*:

```
...
import com.example.activityuebergabe.databinding.ActivityUnterBinding
class UnterActivity : AppCompatActivity() {
    private lateinit var B: ActivityUnterBinding

    override fun onCreate(savedInstanceState: Bundle?) {
        super.onCreate(savedInstanceState)
        B = ActivityUnterBinding.inflate(layoutInflater)
        setContentView(B.root)

        val z = if(intent.hasExtra("zHaupt"))
                    intent.getIntExtra("zHaupt", 0)
                else
                    0
        val x = if(intent.hasExtra("xHaupt"))
                    intent.getDoubleExtra("xHaupt", 0.0)
                else
                    0.0
        val t = if(intent.hasExtra("tHaupt"))
                    intent.getStringExtra("tHaupt")
                else
                    ""
        val a = if(intent.hasExtra("aHaupt"))
                    intent.getIntegerArrayListExtra("aHaupt")
                        as ArrayList<Int>
                else
                    arrayListOf()

        B.tvUnterAusgabe.text =
            "Unter-Activity: $z $x $t ${a.joinToString()}"
        B.buZurueck.setOnClickListener { finish() }
    }
}
```

Listing 14.7 Projekt »ActivityUebergabe«, Datei »UnterActivity.kt«

Die Eigenschaft `intent` ermöglicht den Zugriff auf dasjenige `Intent`-Objekt, mit dessen Hilfe die aktuelle Activity gestartet wurde.

Vor dem Zugriff auf Extra-Daten des `Intent`-Objekts sollten Sie mithilfe der Methode `hasExtra()` prüfen, ob es Extra-Daten mit dem angegebenen Namen gibt:

- Hat die Prüfung Erfolg, können Sie die passende Methode zur Übernahme der Daten aufrufen. Hier sind das die Methoden `getIntExtra()`, `getDoubleExtra()`, `getStringExtra()` und `getIntegerArrayListExtra()`. Der Datentyp des zurückgelieferten Werts ist am Namen der Methode erkennbar.
- Hat die Prüfung keinen Erfolg, wird ein Standardwert des betreffenden Datentyps zurückgeliefert. Das ist hier je nach Datentyp der Wert 0, eine leere Zeichenkette oder eine leere ArrayList.

Im Fall der Methoden `getIntExtra()` und `getDoubleExtra()` muss als zweiter Parameter ebenfalls ein Standardwert angegeben werden. Die funktionale `if`-Anweisung wird zur Verdeutlichung jeweils in mehreren Zeilen notiert.

Nach dem Antippen des Buttons buZurueck wird die aktuelle Activity mithilfe der Methode `finish()` beendet. Der Ablauf kehrt wieder zur Haupt-Activity zurück.

14.4 Ergebnisse einer Activity

Apps können aus mehreren Activitys bestehen. Die Übergabe von Daten beim Aufruf einer Activity wurde im vorherigen Abschnitt 14.3 beschrieben. In diesem Abschnitt erläutere ich, wie Ergebnisdaten bei der Rückkehr aus einer Activity übergeben werden können.

14.4.1 Die fertige App

Die App *ActivityErgebnis* startet wie üblich mit der Haupt-Activity (siehe Abbildung 14.8). Mithilfe der beiden Buttons buUnterEins und buUnterZwei können zwei verschiedene Unter-Activitys aufgerufen werden, die mithilfe der beiden Klassen `UnterEinsActivity` und `UnterZweiActivity` erstellt werden (siehe Abbildung 14.9).

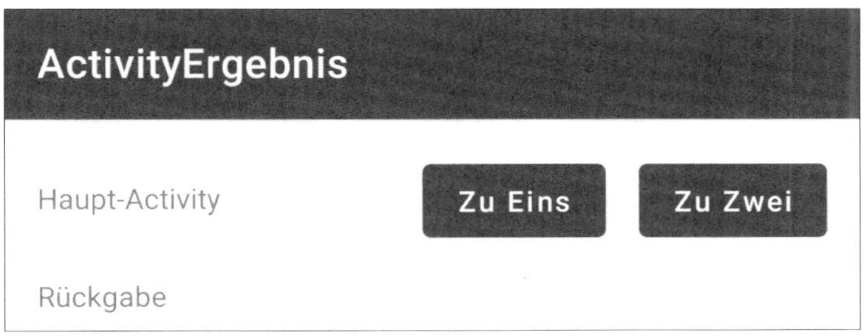

Abbildung 14.8 Haupt-Activity

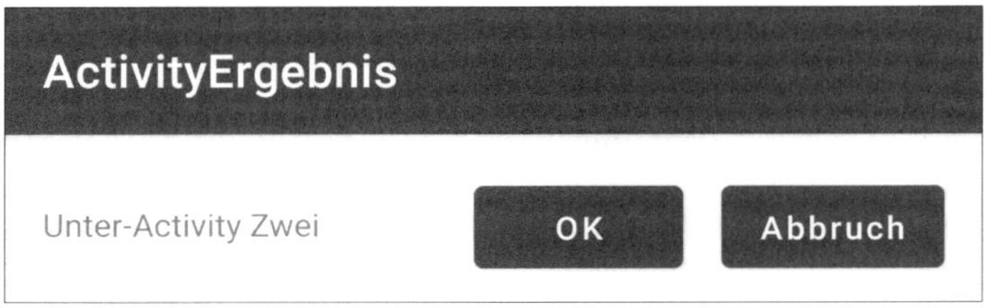

Abbildung 14.9 Unter-Activity »Zwei«

Aus den Unter-Activitys kann jeweils auf drei verschiedene Arten zur Haupt-Activity zurückgekehrt werden:

- Der Benutzer betätigt den Button buZurueckOk mit der Aufschrift OK. Das steht im vorliegenden Beispiel für eine ordnungsgemäße Rückkehr, bei der Daten aus der Unter-Activity in die Haupt-Activity übernommen werden (siehe Abbildung 14.10).

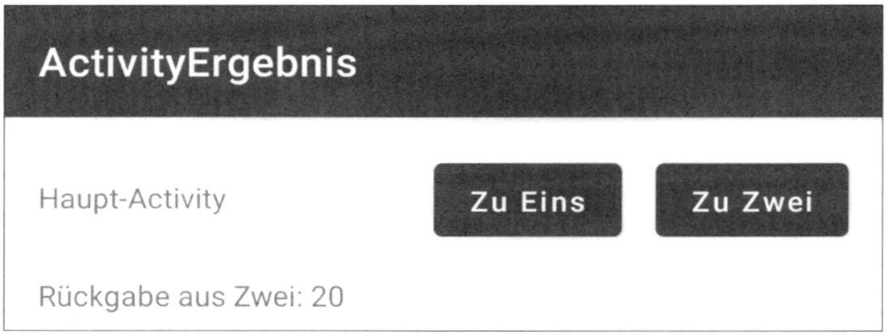

Abbildung 14.10 Rückgabe an Activity

- Der Benutzer betätigt den Button buZurueckAbbruch mit der Aufschrift Abbruch. Das steht im vorliegenden Beispiel für eine vorzeitige Rückkehr, bei der keine Daten aus der Unter-Activity in die Haupt-Activity übernommen werden (siehe Abbildung 14.11).

Abbildung 14.11 Keine Rückgabe

- Der Benutzer betätigt den allgemeinen, App-unabhängigen Zurück-Button des Geräts. Dieser Vorgang wird genauso behandelt wie die Betätigung des Buttons ABBRUCH.

In der TextView `tvRueckgabe` werden nach der Rückkehr die Ergebnisse der Unter-Activitys oder eine Fehlermeldung dargestellt.

14.4.2 Haupt-Activity

Es folgt der Code aus der Datei *MainActivity.kt*:

```
...
class MainActivity : AppCompatActivity() {
    ...
    override fun onCreate(savedInstanceState: Bundle?) {
        ...
        B.buUnterEins.setOnClickListener {
            val unterEins = Intent(this,
                    UnterEinsActivity::class.java)
            startActivityForResult(unterEins, 1)
        }

        B.buUnterZwei.setOnClickListener {
            val unterZwei = Intent(this,
                    UnterZweiActivity::class.java)
            startActivityForResult(unterZwei, 2)
        }
    }

    override fun onActivityResult( requestCode: Int,
                                   resultCode: Int, data: Intent?) {
        super.onActivityResult(requestCode, resultCode, data)

        if (requestCode == 1) {
            if (resultCode == Activity.RESULT_OK &&
                    data != null) {
                if (data.hasExtra("zUnterEins")) {
                    val rueckgabe =
                            data.getIntExtra("zUnterEins", 0)
                    B.tvRueckgabe.text = "Rückgabe aus Eins: $rueckgabe"
                }
```

14

```
            } else if (resultCode == Activity.RESULT_CANCELED) {
                B.tvRueckgabe.text = "Keine Rückgabe aus Eins"
            }
        } else if (requestCode == 2) {
            if (resultCode == Activity.RESULT_OK &&
                    data != null) {
                if (data.hasExtra("zUnterZwei")) {
                    val rueckgabe =
                            data.getIntExtra("zUnterZwei", 0)
                    B.tvRueckgabe.text = "Rückgabe aus Zwei: $rueckgabe"
                }
            } else if (resultCode == Activity.RESULT_CANCELED) {
                B.tvRueckgabe.text = "Keine Rückgabe aus Zwei"
            }
        }
    }
}
```

Listing 14.8 Projekt »ActivityErgebnis«, Datei »MainActivity.kt«

Zwei Objekte der Klasse `Intent` ermöglichen den Zugriff auf die zwei Unter-Activity-Objekte.

Zum Aufruf der Unter-Activitys wird jeweils anstelle der Methode `startActivity()` die Methode `startActivityForResult()` aufgerufen. Als zweiter Parameter wird dieser Methode jeweils ein `Int`-Wert übergeben. Dieser `Int`-Wert wird bei der Rückkehr aus der Activity erneut übergeben. Auf diese Weise wird erkannt, aus welcher Activity die Rückkehr erfolgte.

Zur Auswertung der Ergebnisse wird die Methode `onActivityResult()` überschrieben. Sie besitzt drei Parameter:

- Der Parameter `requestCode` dient zur Identifizierung der Activity. Sein `Int`-Wert entspricht dem zweiten Parameter der Methode `startActivityForResult()`.
- Der Parameter `resultCode` liefert die Information, ob eine ordnungsgemäße oder eine vorzeitige Rückkehr stattfand, als `Int`-Wert. Die Klasse `Activity` stellt die Konstanten `Activity.RESULT_OK` und `Activity.RESULT_CANCELED` zur Prüfung des Werts zur Verfügung.
- Der Parameter `data` verweist auf das `Intent`-Objekt der jeweiligen Unter-Activity und beinhaltet die Ergebnisdaten.

In der Methode wird mithilfe verschiedener Bedingungen geprüft,

- von welcher Unter-Activity die Rückkehr erfolgte,
- ob die Rückkehr ordnungsgemäß oder durch einen Abbruch erfolgte,
- ob das `Intent`-Objekt mit den Ergebnisdaten vorhanden ist,
- ob es Daten mit bestimmten Namen beinhaltet.

Als Folge werden die übergebenen Daten oder eine Meldung ausgegeben.

14.4.3 Unter-Activity

Auch für die beiden Unter-Activitys sollte in der Manifestdatei eingestellt werden, dass eingetragene oder ausgewählte Werte bei einer Änderung des Formats oder der Bildschirmgröße nicht verloren gehen.

Dank des *View Bindings* wird auch für die beiden Unter-Activitys jeweils automatisch eine eigene Klasse erstellt. Sie haben die Namen `ActivityUnterEinsBinding` und `ActivityUnterZweiBinding` und ermöglichen den Zugriff auf die Views der jeweiligen Unter-Activity.

Hier sehen Sie den Code aus der Datei *UnterEinsActivity.kt*. Der Code aus der Datei *UnterZweiActivity.kt* ist gleichartig aufgebaut:

```
...
import android.app.Activity
import com.example.activityergebnis.databinding.ActivityUnterEinsBinding
class UnterEinsActivity : AppCompatActivity() {
    private lateinit var B: ActivityUnterEinsBinding
    override fun onCreate(savedInstanceState: Bundle?) {
        super.onCreate(savedInstanceState)
        B = ActivityUnterEinsBinding.inflate(layoutInflater)
        setContentView(B.root)

        setResult(Activity.RESULT_CANCELED, intent)

        B.buZurueckOk.setOnClickListener {
            intent.putExtra("zUnterEins", 10)
            setResult(Activity.RESULT_OK, intent)
            finish()
        }

        B.buZurueckAbbruch.setOnClickListener {
            finish()
```

```
        }
    }
}
```

Listing 14.9 Projekt »ActivityErgebnis«, Datei »UnterEinsActivity.kt«

Die Methode `setResult()` legt den Wert für den Ergebniscode fest, also für den Parameter `resultCode` der Methode `onActivityResult()` der Haupt-Activity. Der Ergebniscode ist eine Konstante aus der Klasse `Activity`. Der zweite Parameter der Methode `setResult()` verweist auf dasjenige `Intent`-Objekt, das mit dem Ergebniscode versorgt wird, hier dasjenige der aktuellen Activity.

In der Methode `onCreate()` wird der Ergebniscode zunächst auf »Abbruch« gesetzt. Damit wird dafür gesorgt, dass immer ein Ergebniscode bereitsteht, auch wenn der Benutzer nur den allgemeinen, App-unabhängigen Zurück-Button des Geräts benutzt.

Nach dem Antippen des Buttons BUZURUECKOK werden die gesammelten Ergebnisdaten der Unter-Activity in ihrem `Intent`-Objekt gespeichert. Hier ist das nur der `Int`-Wert 10, auf den in der Haupt-Activity mithilfe des Namens `zUnterEins` zugegriffen werden kann. Im Fall der Klasse `UnterZweiActivity` handelt es sich um den `Int`-Wert 20 mit dem Namen `zUnterZwei`. Anschließend wird der Ergebniscode auf »ordnungsgemäß« gesetzt und die Activity wird beendet.

Nach dem Antippen des Buttons BUZURUECKABBRUCH wird die Activity beendet. Der Ergebniscode »Abbruch« ist bereits gesetzt.

14.5 Listen und Tabellen

Zur Darstellung von Listen und Tabellen mit vielen Einträgen wird die Verwendung einer View des Typs `RecyclerView` empfohlen.

Bei dieser View beanspruchen nur diejenigen Einträge der Liste Speicherplatz, die aktuell sichtbar sind. Scrollt der Benutzer die Liste nach oben oder unten, verschwinden einzelne Einträge aus dem sichtbaren Bereich. Ihr Speicherbereich wird für die neu erscheinenden Einträge am jeweils anderen Ende des sichtbaren Bereichs genutzt.

14.5.1 Die fertige App

Im Projekt *LayoutRecycler* in diesem Abschnitt wird ein Objekt der Klasse `LinearLayoutManager` zur Darstellung einer vertikal scrollbaren Liste mit insgesamt 50 Einträgen verwendet (siehe Abbildung 14.12).

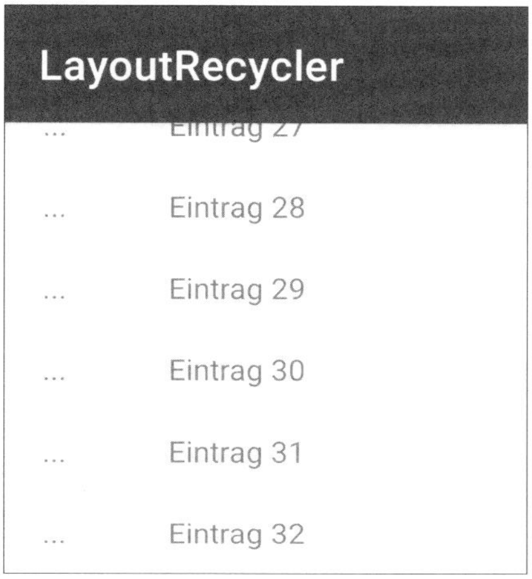

Abbildung 14.12 Eine Liste von Einträgen

Wählt der Benutzer einen der Einträge durch Antippen aus, erscheint ein `Snackbar`-Objekt mit der Nummer des ausgewählten Eintrags (siehe Abbildung 14.13). Mehr zu Snackbars und anderen Dialogen finden Sie in Abschnitt 15.5.

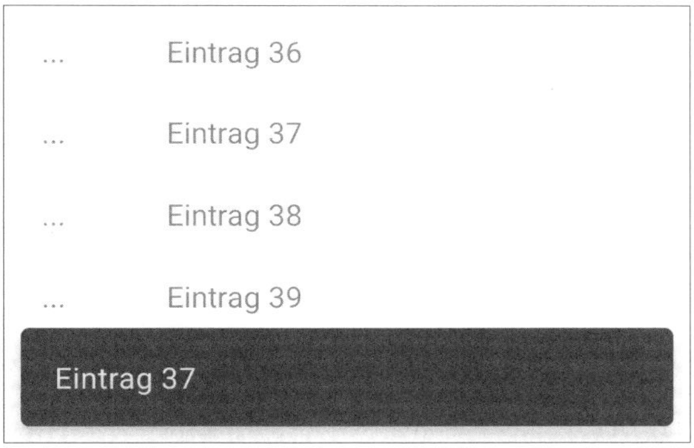

Abbildung 14.13 Nach der Auswahl eines Elements

14.5.2 Gesamtlayout

Die Datei *activity_main.xml* für das Gesamtlayout beinhaltet nur eine View des Typs `RecyclerView`. Ziehen Sie diese aus der Kategorie Common im Bereich Palette in den Bereich Component Tree unter das ConstraintLayout. Setzen Sie im Constraint Widget die Abstände des oberen und des linken Rands der RecyclerView zum umgebenden

ConstraintLayout jeweils auf den Wert 0. Die RecyclerView erstreckt sich damit auf die gesamte Benutzeroberfläche.

Nachfolgend der Code:

```
<?xml version="1.0" encoding="utf-8"?>
<androidx.constraintlayout.widget.ConstraintLayout ... >
    <androidx.recyclerview.widget.RecyclerView
        android:id="@+id/kreislaufView"
        android:layout_width="match_parent"
        android:layout_height="match_parent"
        app:layout_constraintStart_toStartOf="parent"
        app:layout_constraintTop_toTopOf="parent" />
</androidx.constraintlayout.widget.ConstraintLayout>
```

Listing 14.10 Projekt »LayoutRecycler«, Datei »activity_main.xml«

14.5.3 Layout eines Eintrags

Als Nächstes wird das Layout eines einzelnen Eintrags in der eigenen Layoutdatei *activity_eintrag.xml* erstellt. Markieren Sie zum Erzeugen einer einzelnen neuen Layoutdatei im Projektfenster den Eintrag *res/layout*. Rufen Sie den Menüpunkt New • Layout Resource File im Kontextmenü auf. Es erscheint das Dialogfeld New Resource File. Tragen Sie darin im Feld File Name den Namen `activity_eintrag` ein und betätigen Sie den Button OK.

Setzen Sie die Höhe des ConstraintLayout in der neuen Layoutdatei auf den Wert `wrap_content`. Der Eintrag beinhaltet hier zwei TextViews nebeneinander, die beide dem ConstraintLayout untergeordnet werden. Entfernen Sie die Texte der beiden TextViews. Die linke TextView hat eine Breite von `50dp`. Die rechte TextView erstreckt sich von der linken TextView bis zum rechten Rand. Die Eigenschaft `padding` zur Einstellung des inneren Abstands einer View wird jeweils auf den Wert `10dp` gesetzt. Ansonsten würden die insgesamt 50 Einträge der Liste zu dicht aufeinanderfolgen und wären schwer auswählbar.

Die restlichen Einstellungen entnehmen Sie dem folgenden Listing:

```
<?xml version="1.0" encoding="utf-8"?>
<androidx.constraintlayout.widget.ConstraintLayout
    xmlns:android="http://schemas.android.com/apk/res/android"
    xmlns:app="http://schemas.android.com/apk/res-auto"
    xmlns:tools="http://schemas.android.com/tools"
    android:layout_width="match_parent"
    android:layout_height="wrap_content">
```

```
    <TextView
        android:id="@+id/eintragLinks"
        android:layout_width="50dp"
        android:layout_height="wrap_content"
        android:layout_marginStart="8dp"
        android:layout_marginLeft="8dp"
        android:padding="10dp"
        app:layout_constraintStart_toStartOf="parent"
        app:layout_constraintTop_toTopOf="parent" />

    <TextView
        android:id="@+id/eintragRechts"
        android:layout_width="0dp"
        android:layout_height="wrap_content"
        android:layout_marginStart="8dp"
        android:layout_marginLeft="8dp"
        android:layout_marginEnd="8dp"
        android:layout_marginRight="8dp"
        android:padding="10dp"
        app:layout_constraintEnd_toEndOf="parent"
        app:layout_constraintStart_toEndOf="@+id/eintragLinks"
        app:layout_constraintTop_toTopOf="parent" />

</androidx.constraintlayout.widget.ConstraintLayout>
```

Listing 14.11 Projekt »LayoutRecycler«, Datei »activity_eintrag.xml«

14.5.4 Klasse eines Eintrags

Es wird eine eigene Klasse für die Objekte, die die einzelnen Einträge beinhalten, benötigt. Sie muss von der Klasse `RecyclerView.ViewHolder` abgeleitet werden. Erstellen Sie sie in der neuen Klassendatei *Eintrag.kt*:

```
package com.example.layoutrecycler
import androidx.recyclerview.widget.RecyclerView
import com.example.layoutrecycler.databinding.ActivityEintragBinding
class Eintrag(val bindungEintrag: ActivityEintragBinding) :
    RecyclerView.ViewHolder(bindungEintrag.root)
```

Listing 14.12 Projekt »LayoutRecycler«, Datei »Eintrag.kt«

Dank des *View Bindings* gibt es für jede Layoutdatei eine eigene Klasse, um die Verbindung zu den Elementen des Layouts zu erstellen: Zu der Datei *activity_main.xml* gibt es die Klasse `ActivityMainBinding`, die als Vorlage für das Objekt `bindungMain` dient. Zu der Datei *activity_eintrag.xml* gibt es die Klasse `ActivityEintragBinding`, die als Vorlage für das Objekt `bindungEintrag` dient.

Der Konstruktor der Klasse `Eintrag` erwartet einen Verweis auf ein Objekt der Klasse `ActivityEintragBinding`. Das Hauptelement des damit verbundenen Layouts wird an die Basisklasse `RecyclerView.ViewHolder` weitergegeben.

14.5.5 Schnittstelle für die RecyclerView

Es wird zudem eine eigene Klasse benötigt, die als Schnittstelle zwischen der Haupt-Activity und der RecyclerView dient. Sie muss von der Klasse `RecyclerView.Adapter` abgeleitet werden, die wiederum Einträge verarbeitet.

Erstellen Sie die nachfolgende Klasse in der neuen Datei *Schnittstelle.kt*:

```
package com.example.layoutrecycler
import android.view.LayoutInflater
import android.view.ViewGroup
import androidx.recyclerview.widget.RecyclerView
import com.example.layoutrecycler.databinding.ActivityEintragBinding
import com.google.android.material.snackbar.Snackbar

class Schnittstelle(private val liste: ArrayList<String>) :
        RecyclerView.Adapter<Eintrag>() {
    override fun getItemCount(): Int {
        return liste.size
    }

    override fun onCreateViewHolder(parent: ViewGroup,
                                    viewType: Int): Eintrag {
        val entfalter = LayoutInflater.from(parent.context)
        val bindungEintrag = ActivityEintragBinding.inflate(
            entfalter, parent, false)
        return Eintrag(bindungEintrag)
    }

    override fun onBindViewHolder(eintragObjekt: Eintrag, index: Int)
    {
```

```
        eintragObjekt.bindungEintrag.eintragLinks.text = "..."
        eintragObjekt.bindungEintrag.eintragRechts.text = liste[index]
        eintragObjekt.bindungEintrag.eintragRechts.setOnClickListener {
            Snackbar.make(it, "Eintrag $index",
                Snackbar.LENGTH_SHORT).show()
        }
    }
}
```

Listing 14.13 Projekt »LayoutRecycler«, Datei »Schnittstelle.kt«

Der Klasse wird die ArrayList mit den Inhalten der Einträge übergeben. Eine Klasse, die von der Klasse `RecyclerView.Adapter` abgeleitet wird, muss drei Methoden implementieren:

- Die Methode `getItemCount()`, die die Anzahl der Einträge zurückliefert.
- Die Methode `onCreateViewHolder()`, um einen Eintrag mithilfe der Inhalte der neuen Layoutdatei *activity_eintrag.xml* zu erzeugen und zurückzuliefern.
- Die Methode `onBindViewHolder()`, um einen Eintrag zu füllen. Die beiden TextViews, die den Eintrag bilden, werden mit Text gefüllt. Das Antippen der rechten TextView führt zum Erscheinen eines `Snackbar`-Objekts (siehe Abbildung 14.13).

14

14.5.6 Haupt-Activity

- Es folgt der Code der Haupt-Activity:

```
package com.example.layoutrecycler
import androidx.appcompat.app.AppCompatActivity
import android.os.Bundle
import androidx.recyclerview.widget.LinearLayoutManager
import com.example.layoutrecycler.databinding.ActivityMainBinding

class MainActivity : AppCompatActivity() {
    private lateinit var bindungMain: ActivityMainBinding
    private var liste = arrayListOf("Eintrag 0")

    override fun onCreate(savedInstanceState: Bundle?) {
        super.onCreate(savedInstanceState)
        bindungMain = ActivityMainBinding.inflate(layoutInflater)
        setContentView(bindungMain.root)
```

```
        bindungMain.kreislaufView.layoutManager =
            LinearLayoutManager(this)
        for (i in 1 .. 49)
            liste.add("Eintrag $i")
        bindungMain.kreislaufView.adapter = Schnittstelle(liste)
    }
}
```

Listing 14.14 Projekt »LayoutRecycler«, Datei »Main_Activity.kt«

In der Haupt-Activity wird eine ArrayList mit den 50 Elementen gefüllt, die jeweils in der rechten TextView eines Eintrags dargestellt werden. Das Layout der gesamten RecyclerView wird mithilfe eines Objekts der Klasse `LinearLayoutManager` erstellt. Damit wird für eine einfache Liste von Einträgen gesorgt. Als Adapter dient ein Objekt der Schnittstellen-Klasse, dem die ArrayList mit den 50 Elementen übergeben wird.

Aus dem Zusammenspiel aller genannten Elemente entsteht die scrollbare und Speicherplatz sparende Liste von Einträgen.

Kapitel 15
Gesten, Dialoge und Menüs

Apps auf mobilen Geräten werden häufig mithilfe von Gesten gesteuert. Kleine Dialoge und Menüs erleichtern die Bedienung.

Mithilfe der Programme dieses Kapitels werden unter anderem Gesten erkannt. Es wird erläutert, wie das »normale Antippen« einer View von einem »langen Antippen« oder einem »doppelten Antippen« unterschieden wird und wie die Ereignisse »Ziehen«, »Wischen« und »Zoomen« ausgewertet werden können.

Zudem erstellen Sie Benachrichtigungen, nutzen Standarddialoge und das Aktionsmenü und entwerfen eigene Kontextmenüs.

15.1 Antippen

Die Benutzeroberfläche des Projekts *GesteTippen* enthält in einem FrameLayout zwei ImageViews und eine TextView (siehe auch Abbildung 15.1). Zur Erstellung eines FrameLayout verweise ich auf Abschnitt 14.1, zum Import der Bildressourcen auf Abschnitt 12.5 und zur Speicherung von Zeitangaben auf Abschnitt 6.4.

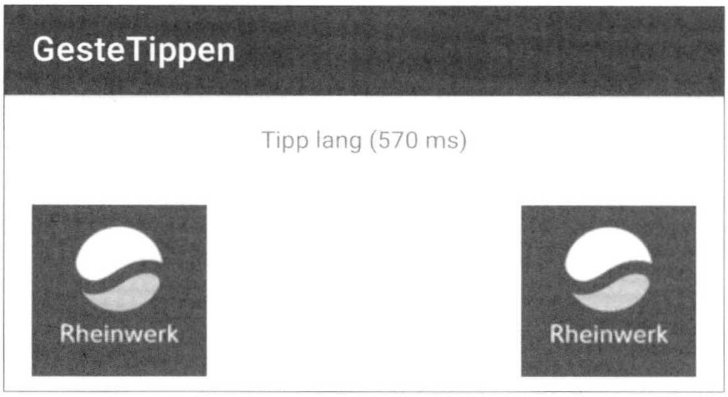

Abbildung 15.1 Länge des Antippens

15.1.1 Langes Antippen

Bei der linken ImageView wird das Ereignis »Antippen« ausgewertet. Es wird unterschieden, ob es sich um ein normales oder ein langes Antippen handelt. Die zeitliche Grenze für die Unterscheidung der beiden Ereignisse kann individuell gestaltet werden.

Es folgt der Code für die linke ImageView:

```
...
import android.view.MotionEvent
class MainActivity : AppCompatActivity() {
    ...
    @SuppressLint("ClickableViewAccessibility")
    override fun onCreate(savedInstanceState: Bundle?) {
        ...
        var zeitDownMs = 0L
        val zeitGrenzeLangMs = 500L
        ...
        B.ivBildEins.setOnTouchListener { view, event ->
            if (event.action == MotionEvent.ACTION_DOWN) {
                zeitDownMs = Calendar.getInstance().time.time
            }
            else if(event.action == MotionEvent.ACTION_UP) {
                val zeitUpMs = Calendar.getInstance().time.time
                val zeitDeltaMs = zeitUpMs - zeitDownMs
                if (zeitDeltaMs > zeitGrenzeLangMs)
                    B.tvAusgabe.text = "Tipp lang ($zeitDeltaMs ms)"
                else
                    B.tvAusgabe.text = "Tipp normal"
            }
            view.performClick()
            true
        }
        ...
    }
}
```

Listing 15.1 Projekt »GesteTippen«, langes Antippen

Das Ereignis »Antippen der View« (oder auch »Klicken auf View«) besteht aus mehreren einzelnen Ereignissen. Hier werden die Ereignisse »Herunterdrücken des Fingers« (oder auch der Maustaste) auf der View und »Wiederanheben des Fingers« (oder auch »Loslassen der Maustaste«) auf der View ausgewertet. In der Variablen `zeitDownMs` wird der Zeitpunkt des Herunterdrückens in Millisekunden gespeichert.

Ermittelt wird die zeitliche Differenz zwischen dem Herunterdrücken und dem Wiederanheben. Mithilfe der Variablen `zeitGrenzeLangMs` legen Sie fest, ab welcher zeitlichen Differenz das Antippen der View als langer Tipp behandelt wird. Hier sind es 500 Millisekunden.

Als Listener für das Ereignis »Antippen der View« kann mithilfe der Methode `setOnTouchListener()` auf ein anonymes Singleton-Objekt verwiesen werden, das das SAM-Interface `View.OnTouchListener` implementiert. Als Parameter der einzigen Methode `onTouch()` werden ein Verweis auf die auslösende View und ein Verweis auf ein `MotionEvent`-Objekt übergeben.

Die Eigenschaft `action` des `MotionEvent`-Objekts gibt an, welches Ereignis stattfand. Mithilfe der Konstanten `ACTION_DOWN` und `ACTION_UP` der Klasse `MotionEvent` wird zwischen dem Herunterdrücken und dem Wiederanheben unterschieden.

In der Variablen `zeitUpMs` wird der Zeitpunkt des Wiederanhebens in Millisekunden gespeichert. In `zeitDeltaMs` wird die zeitliche Differenz gespeichert. Überschreitet diese die definierte Grenze, handelt es sich um ein langes Antippen. Die entsprechende Information wird zusammen mit der zeitlichen Differenz in der TextView ausgegeben.

Für die auslösende View wird zusätzlich die Methode `performClick()` aufgerufen, ansonsten ist die Barrierefreiheit der App nicht gewährleistet. Dennoch erscheint weiterhin eine diesbezügliche Warnung. Mithilfe der Annotation `@SuppressLint("ClickableViewAccessibility")` lässt sich diese unterdrücken. Eine Annotation dient als erweiterte Kommentierung eines Programms.

Die Methode `onTouch()` liefert einen `Boolean`-Wert als Ergebnis zurück, im vorliegenden Beispiel den Wert `true`. Da es sich um eine anonyme Methode handelt, entspricht der Rückgabewert dem Wert des booleschen Ausdrucks, hier am Ende der Funktion.

15.1.2 Doppeltes Antippen

Bei der rechten ImageView wird ebenfalls das Ereignis »Antippen« ausgewertet. Es wird unterschieden, ob es sich um ein einfaches Antippen oder ein doppeltes Antippen handelt. Auch hier kann die zeitliche Grenze für die Unterscheidung der beiden Ereignisse individuell gestaltet werden.

Es folgt der Code für die rechte ImageView:

```
...
class MainActivity : AppCompatActivity() {
    ...
    @SuppressLint("ClickableViewAccessibility")
    override fun onCreate(savedInstanceState: Bundle?) {
        ...
        var zeitUpVorherMs = 0L
        val zeitGrenzeDoppeltMs = 100L
        ...
        B.ivBildZwei.setOnTouchListener { view, event ->
            if (event.action == MotionEvent.ACTION_DOWN) {
                zeitDownMs = Calendar.getInstance().time.time
                val zeitDeltaMs = zeitDownMs - zeitUpVorherMs
                if(zeitDeltaMs < zeitGrenzeDoppeltMs)
                    B.tvAusgabe.text = "Tipp doppelt ($zeitDeltaMs ms)"
                else
                    B.tvAusgabe.text = "Tipp einfach"
            }
            else if(event.action == MotionEvent.ACTION_UP) {
                zeitUpVorherMs = Calendar.getInstance().time.time
            }
            view.performClick()
            true
        }
    }
}
```

Listing 15.2 Projekt »GesteTippen«, doppeltes Antippen

Erneut wird mit dem Interface `View.OnTouchListener`, der Methode `onTouch()` und dem `MotionEvent`-Objekt gearbeitet.

Diesmal wird die zeitliche Differenz zwischen zwei Ereignissen des Typs Antippen ermittelt, genauer gesagt, zwischen dem Wiederanheben beim vorherigen Antippen und dem Herunterdrücken beim aktuellen Antippen.

In der Variablen `zeitUpVorherMs` wird der Zeitpunkt des vorherigen Wiederanhebens gespeichert. Sie legen fest, ab welcher zeitlichen Differenz zwei Ereignisse des Typs Antippen als ein doppeltes Antippen behandelt werden, und zwar mithilfe der Variablen `zeitGrenzeDoppeltMs`. Hier sind es 100 Millisekunden.

Die Auswertung der Ereignisse und der zeitlichen Differenz sowie die Ausgabe wird ähnlich durchgeführt wie im vorherigen Abschnitt.

15.2 Ziehen

Die Benutzeroberfläche des Projekts *GesteZiehen* beinhaltet in einem FrameLayout eine ImageView, die der Benutzer durch Ziehen verschieben kann. Außerdem gibt es ein TextView zur Ausgabe der Positionsdaten (siehe auch Abbildung 15.2). Dabei handelt es sich um die Werte des Abstands der Fingerposition relativ zur linken oberen Ecke der gesamten Benutzeroberfläche in x-Richtung beziehungsweise y-Richtung.

Es wird das Ereignis »Bewegen des heruntergedrückten Fingers« (oder der Maustaste) ausgewertet. Die sich dabei verändernde Position wird zum Ändern der Position der ImageView verwendet. Alle Positionsangaben im Projekt sind in der Einheit Pixel.

Abbildung 15.2 Ziehen

Es folgt der Code der Klasse `MainActivity`:

```
...
import android.view.MotionEvent
import android.view.ViewGroup
class MainActivity : AppCompatActivity() {
    ...
    @SuppressLint("ClickableViewAccessibility")
    override fun onCreate(savedInstanceState: Bundle?) {
        ...
        var xDownPx = 0.0f
        var yDownPx = 0.0f
```

```
        B.ivBild.setOnTouchListener { view, event ->
            if(event.action == MotionEvent.ACTION_DOWN) {
                xDownPx = event.x
                yDownPx = event.y
            }
            else if(event.action == MotionEvent.ACTION_MOVE) {
                val xDeltaPx = event.x - xDownPx
                val yDeltaPx = event.y - yDownPx

                val positionPx = view.layoutParams
                        as ViewGroup.MarginLayoutParams
                positionPx.leftMargin += xDeltaPx.toInt()
                positionPx.topMargin += yDeltaPx.toInt()
                view.layoutParams = positionPx

                B.tvAusgabe.text =
                    "${event.rawX.toInt()} ${event.rawY.toInt()}"
            }
            view.performClick()
            true
        }
    }
}
```

Listing 15.3 Projekt »GesteZiehen«

Auch in diesem Projekt wird mit dem Interface `View.OnTouchListener`, der Methode `onTouch()` und dem `MotionEvent`-Objekt gearbeitet. Zur Änderung der Position der View wird die Klasse `android.view.ViewGroup` benötigt.

Die Variablen `xDownPx` und `yDownPx` dienen zur Speicherung der relativen Position des Fingers beim Herunterdrücken. Beim Eintreten des betreffenden Ereignisses `ACTION_DOWN` werden die Werte der beiden Eigenschaften `x` und `y` ermittelt und gespeichert. Die Werte stehen für den Abstand der Fingerposition zur linken oberen Ecke der View in x-Richtung beziehungsweise y-Richtung.

Beim Bewegen des heruntergedrückten Fingers tritt das Ereignis `ACTION_MOVE` auf. Es werden ebenso die Werte der beiden Eigenschaften `x` und `y` ermittelt. Während der Bewegung ergibt sich *kurzzeitig* ein Unterschied zu den Werten beim Herunterdrücken des Fingers. Dieser Unterschied wird ermittelt und in den beiden Variablen `xDeltaPx` und yDeltaPx gespeichert. Sie bilden den Bewegungsvektor, also den Wert der Bewegung in x-Richtung und y-Richtung.

Es wird ein Objekt der Klasse ViewGroup.MarginLayoutParams erzeugt, indem der Wert der Eigenschaft layoutParams der ImageView übernommen wird. Das Objekt beinhaltet damit die aktuellen Layoutwerte der ImageView inklusive der Position auf der Benutzeroberfläche in den beiden Eigenschaften leftMargin und topMargin.

Die Werte dieser beiden Eigenschaften werden mithilfe der Werte des Bewegungsvektors verändert. Das veränderte Objekt wird der ImageView wieder zugewiesen. Auf diese Weise verändert sich die Position der ImageView auf der Benutzeroberfläche.

Es werden die Werte der beiden Eigenschaften rawX und rawY ermittelt und in den beiden TextViews ausgegeben. Sie stehen für den Abstand der Fingerposition zur linken oberen Ecke der Benutzeroberfläche in x-Richtung beziehungsweise y-Richtung. Auf diese Weise kann die Bewegung des Fingers auf der Benutzeroberfläche in Zahlenwerten verfolgt werden.

15.3 Wischen

Die Benutzeroberfläche des Projekts *GesteWischen* enthält in einem FrameLayout eine ImageView und eine TextView (siehe auch Abbildung 15.3). Der Benutzer kann mit dem Finger (oder der Maus) auf der ImageView eine Wischbewegung ausführen.

Im Projekt wird erkannt, ob diese Bewegung langsam oder schnell durchgeführt wird. Außerdem wird die vorherrschende Richtung der Bewegung ermittelt: nach oben, nach unten, nach links oder nach rechts. Mit diesen Informationen könnten zum Beispiel Spielfiguren in einer Spiel-App erzeugt, bewegt oder entfernt werden.

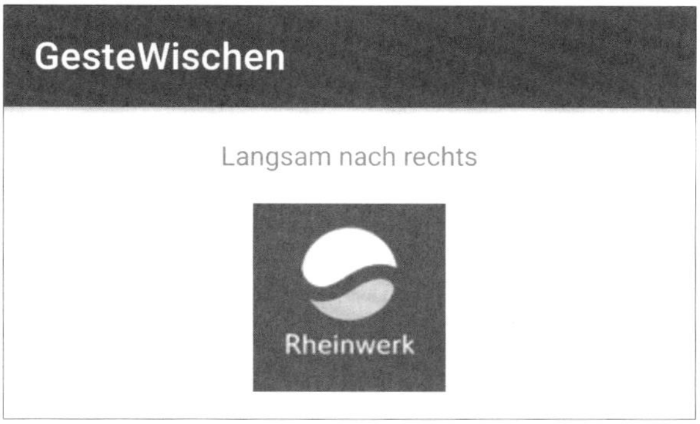

Abbildung 15.3 Wischen

Es folgt der Code der Klasse MainActivity:

```
...
class MainActivity : AppCompatActivity() {
    ...
    @SuppressLint("ClickableViewAccessibility")
    override fun onCreate(savedInstanceState: Bundle?) {
        ...
        var xDownPx = 0.0f
        var yDownPx = 0.0f
        val minDeltaPx = 20.0f

        var zeitDownMs = 0L
        val zeitGrenzeMs = 500L

        B.ivBild.setOnTouchListener { view, event ->
            if(event.action == MotionEvent.ACTION_DOWN) {
                xDownPx = event.x
                yDownPx = event.y
                zeitDownMs = Calendar.getInstance().time.time
            }
            else if(event.action == MotionEvent.ACTION_UP) {
                val zeitUpMs = Calendar.getInstance().time.time
                val zeitDeltaMs = zeitUpMs - zeitDownMs

                val xDeltaPx = event.x - xDownPx
                val yDeltaPx = event.y - yDownPx

                val xAbsDeltaPx = xDeltaPx.absoluteValue
                val yAbsDeltaPx = yDeltaPx.absoluteValue

                var geschwindigkeit = ""
                var aktion = ""

                if (xAbsDeltaPx < minDeltaPx
                        && yAbsDeltaPx < minDeltaPx) {
                    geschwindigkeit = ""
                    aktion = "Getippt"
                } else {
                    geschwindigkeit = if (zeitDeltaMs > zeitGrenzeMs)
                        "Langsam " else "Schnell "
```

```
                    aktion = if (xAbsDeltaPx > yAbsDeltaPx)
                        if (xDeltaPx > 0)
                            "nach rechts" else "nach links"
                    else
                        if (yDeltaPx > 0)
                            "nach unten" else "nach oben"
                }

                val ausgabe = geschwindigkeit + aktion
                B.tvAusgabe.text = ausgabe
            }
            view.performClick()
            true
        }
    }
}
```

Listing 15.4 Projekt »GesteWischen«

Der Wert der Variablen `minDeltaPx` dient als Grenze. Ein Wischvorgang über eine sehr kurze Entfernung, die unterhalb dieser Grenze liegt, wird nur als Antippen gewertet.

Beim Herunterdrücken des Fingers (oder der Maustaste) auf der ImageView werden Position und Zeitpunkt festgehalten. Beim Loslassen des Fingers wird wiederum der Zeitpunkt ermittelt.

Aus der Zeitdifferenz wird durch Vergleich mit dem Wert der Variablen `zeitGrenzeMs` ermittelt, ob der Wischvorgang langsam oder schnell durchgeführt wurde.

Ähnlich wie in Abschnitt 15.2 wird der Bewegungsvektor in den beiden Variablen `xDeltaPx` und `yDeltaPx` gespeichert. Zusätzlich wird in den beiden Variablen `xAbsDeltaPx` und `yAbsDeltaPx` jeweils der Absolutbetrag gespeichert, also der Wert ohne Vorzeichen. Er wird mithilfe der Eigenschaft `absoluteValue` aus dem Paket `kotlin.math` ermittelt.

Ist dieser Absolutbetrag zu klein, handelt es sich nur um ein Antippen. Ist der Absolutbetrag in x-Richtung größer als in y-Richtung, handelt es sich um eine vorherrschend horizontale Bewegung, ansonsten um eine vorherrschend vertikale Bewegung. Anschließend wird nur noch unterschieden, ob die Bewegung nach rechts oder links beziehungsweise nach oben oder unten ausgeführt wurde.

Sie könnten die Variablen `geschwindigkeit` und `aktion` »einsparen« und den Code (gegebenenfalls auf Kosten der Lesbarkeit) verkürzen, indem Sie die Ausgabe in der TextView mithilfe einer geschachtelten funktionalen if-Verzweigung formulieren.

Nachfolgend der betreffende Ausschnitt des Codes:

```
B.tvAusgabe.text =
  if (xAbsDeltaPx < minDeltaPx && yAbsDeltaPx < minDeltaPx) "Getippt"
  else
    (if (zeitDeltaMs > zeitGrenzeMs) "Langsam " else "Schnell ") +
      (if (xAbsDeltaPx > yAbsDeltaPx) {
         if (xDeltaPx > 0) "nach rechts" else "nach links"
       } else
           if (yDeltaPx > 0) "nach unten" else "nach oben")
```

Listing 15.5 Projekt »GesteWischen«, Alternativ-Code für Ausgabe

Die Verzweigung liefert eine Zeichenkette. Wurde nicht getippt, sondern gewischt, setzt sich die Zeichenkette aus zwei Teilen zusammen, die mithilfe des Operators + verkettet sind. Aufgrund dieser Verkettung und aufgrund der geschachtelten Verzweigung ist die richtige Klammersetzung wichtig.

15.4 Zoomen

Die Benutzeroberfläche des Projekts *GesteZoomen* enthält in einem ConstraintLayout eine ImageView und zwei TextViews (siehe auch Abbildung 15.4). Der Benutzer kann mit zwei Fingern auf der ImageView eine Skalierungsgeste ausführen, hier eine Zoombewegung.

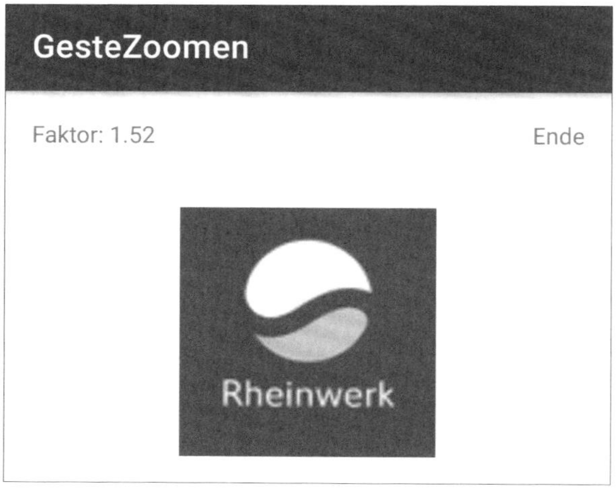

Abbildung 15.4 Zoomen

Im Projekt wird die Skalierungsgeste erkannt. Der dabei ermittelte Skalierungsfaktor der Geste wirkt sich als Größenänderung für die ImageView aus. Bewegen sich die beiden Finger auseinander, ist der Skalierungsfaktor größer als 1 und führt zu einer Vergrößerung der ImageView. Bewegen sich die beiden Finger aufeinander zu, ist der Skalierungsfaktor kleiner als 1 und führt zu einer Verkleinerung der ImageView.

Der aktuelle Skalierungsfaktor der ImageView wird ausgegeben, auf zwei Nachkommastellen gerundet. Außerdem erscheint die Information, ob die Skalierungsgeste gerade begonnen hat oder gerade beendet wurde.

Es folgt der Coderahmen der Klasse `MainActivity`:

```
...
import android.view.MotionEvent
import android.view.ScaleGestureDetector
class MainActivity : AppCompatActivity() {
    private lateinit var B: ActivityMainBinding
    private lateinit var sgd: ScaleGestureDetector

    override fun onCreate(savedInstanceState: Bundle?) {
        ...
        sgd = ScaleGestureDetector( ... )
    }

    override fun onTouchEvent(motionEvent: MotionEvent): Boolean {
        sgd.onTouchEvent(motionEvent)
        return true
    }
}
```

Listing 15.6 Projekt »GesteZoomen«, Coderahmen

Die Variable `sgd` verweist auf ein Detektorobjekt, also auf ein Objekt der Klasse `android.view.ScaleGestureDetector`. Das Objekt wird in der Methode `onCreate()` erstellt.

Mithilfe der Methode `onTouchEvent()` der Klasse `Activity` wird das Touch-Ereignis mit Informationen über die ausgeführten Bewegungen an das Detektorobjekt weitergeleitet. Dazu wird der Verweis auf das Objekt der Klasse `MotionEvent`, der als Parameter der Activity-Methode `onTouchEvent()` übermittelt wird, mithilfe des Aufrufs der Methode `onTouchEvent()` der Klasse `ScaleGestureDetector` weitergegeben.

Es folgt der Code zur Verarbeitung der Skalierungsgeste:

```
sgd = ScaleGestureDetector(this,
        object:ScaleGestureDetector.OnScaleGestureListener {
    private var faktor = 1.0f

    override fun onScale(detector: ScaleGestureDetector): Boolean {
        faktor *= detector.scaleFactor
        B.ivBild.scaleX = faktor
        B.ivBild.scaleY = faktor
        B.tvAusgabeFaktor.text = "Faktor: ${round(faktor * 100) / 100}"
        return true
    }

    override fun onScaleBegin(detector: ScaleGestureDetector): Boolean {
        B.tvAusgabeVerlauf.text = "Beginn"
        return true
    }

    override fun onScaleEnd(detector: ScaleGestureDetector) {
        B.tvAusgabeVerlauf.text = "Ende"
    }
})
```

Listing 15.7 Projekt »GesteZoomen«, Skalierungsgeste

Als Listener dient ein Singleton-Objekt, das das Interface `ScaleGestureDetector.OnScaleGestureListener` umsetzt.

Der Skalierungsfaktor für die ImageView wird zunächst auf den Startwert `1.0` gesetzt. Das Interface beinhaltet drei Methoden. Die beiden Methoden `onScaleBegin()` und `onScaleEnd()` werden aufgerufen, wenn der Skalierungsvorgang beginnt beziehungsweise endet.

Die Methode `onScale()` wird während des Skalierungsvorgangs aufgerufen. Der Skalierungsfaktor der aktuell ausgeführten Bewegung wird zum Skalierungsfaktor für die ImageView hinzugerechnet. Dieser Wert wird ausgegeben. Zudem dient er als neuer Wert für die beiden Eigenschaften `scaleX` und `scaleY` der ImageView zur Einstellung ihrer Größe.

15.5 Dialoge

Die Klassen `Toast`, `Snackbar` und `AlertDialog` dienen dazu, Informationen darzustellen und kleine Dialoge zu gestalten, ohne dafür eigens eine zusätzliche Activity entwickeln zu müssen.

Die Benutzeroberfläche des Projekts *Dialoge* beinhaltet die Buttons buToast, buSnackbar, buInfo, buFrage und buEingabe zum Aufruf von fünf verschiedenen Dialogen. In einer TextView kann das jeweilige Ergebnis der verschiedenen Dialoge ausgegeben werden (siehe Abbildung 15.5).

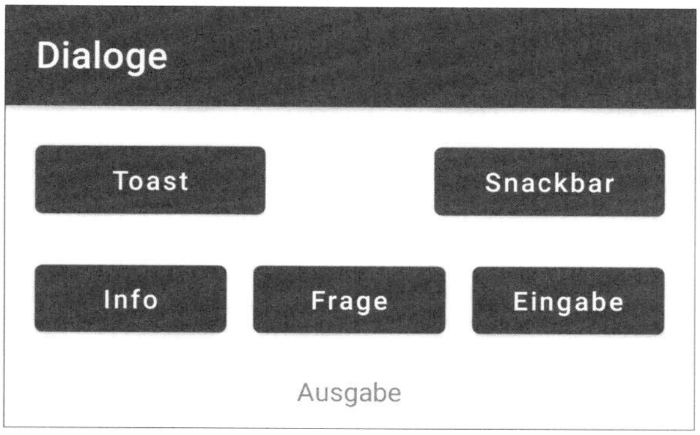

Abbildung 15.5 Buttons zum Aufruf der verschiedenen Dialoge

15.5.1 Toasts

Die Klasse `Toast` aus dem Paket `android.widget` bietet die Möglichkeit, eine Meldung für eine kurze Zeit in der App einzublenden. Diese Meldung stört den Benutzer nicht bei der Arbeit, da sie niemals den Fokus erhält. Der Benutzer muss sie außerdem nicht bestätigen, da sie nach kurzer Zeit von selbst wieder verschwindet.

Werden mehrere Toasts nacheinander erstellt, werden sie der Reihe nach angezeigt. Wird die Anwendung beendet, ist der Toast bis zum Ende seiner Lebensdauer weiterhin sichtbar. Ein Toast erscheint nicht im AVD und bei den üblichen Screenshot-Programmen nicht im Screenshot.

Es folgt der Code für den Button buToast:

```
B.buToast.setOnClickListener {
    val t1 = Toast.makeText(this, "Toast 1", Toast.LENGTH_LONG)
    t1.show()
```

```
    val t2 = Toast.makeText(this, "Toast 2", Toast.LENGTH_LONG)
    t2.show()
}
```

Listing 15.8 Projekt »Dialoge«, Toasts

Die statische Methode `makeText()` der Klasse `Toast` erzeugt ein Objekt dieser Klasse, und zwar bezüglich der aktuellen Activity. Das Objekt beinhaltet den genannten Text. Die Dauer des Erscheinens wird mithilfe einer der Konstanten `LENGTH_SHORT` oder `LENGTH_LONG` eingestellt. Die Methode `show()` lässt den Text erscheinen.

15.5.2 Snackbars

Eine weitere Möglichkeit, eine Meldung für eine kurze Zeit in der App einzublenden, bietet die Klasse `Snackbar` aus dem Paket `com.google.android.material.snackbar`. Sie erhält ebenfalls nicht den Fokus und verschwindet ebenso von selbst.

Werden mehrere Snackbars nacheinander erstellt, ist nur die letzte zu sehen. Wird die Anwendung beendet, verschwindet die Snackbar von selbst. Eine Snackbar erscheint im AVD und auch bei den üblichen Screenshot-Programmen im Screenshot (siehe Abbildung 15.6).

Es folgt der Code für den Button BUSNACKBAR:

```
B.buSnackbar.setOnClickListener {
    val s1 = Snackbar.make(it, "Snackbar 1", Snackbar.LENGTH_LONG)
    s1.show()
    val s2 = Snackbar.make(it, "Snackbar 2", Snackbar.LENGTH_LONG)
    s2.show()
}
```

Listing 15.9 Projekt »Dialoge«, Snackbars

Die statische Methode `make()` der Klasse erzeugt ein Objekt dieser Klasse mit dem genannten Text. Die Dauer des Erscheinens wird ebenfalls mithilfe einer der Konstanten `LENGTH_SHORT` oder `LENGTH_LONG` eingestellt. Auch hier lässt die Methode `show()` den Text erscheinen (siehe Abbildung 15.6).

Abbildung 15.6 Snackbar

15.5.3 Infos

Die Klasse `AlertDialog` aus dem Paket `android.app` bietet Ihnen Möglichkeiten zur Gestaltung von kleinen Standarddialogen. Einen einfachen Info-Dialog sehen Sie in Abbildung 15.7. Der Dialog erscheint im Vordergrund. Die normale Oberfläche der App wird abgeblendet und ist nicht erreichbar. Erst nachdem der Benutzer durch Antippen des Buttons mit dem Text JA bestätigt hat, dass er den Text gelesen hat, schließt sich das Dialogfeld wieder, und die App kann weiter bedient werden.

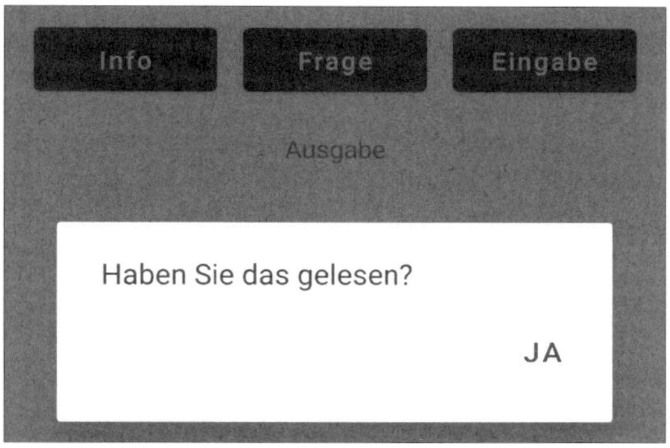

Abbildung 15.7 Info-Dialog

15

Es folgt der Code für den Button BUINFO:

```
B.buInfo.setOnClickListener {
    val meldung = AlertDialog.Builder(this)
    meldung.setMessage("Haben Sie das gelesen?")
    meldung.setPositiveButton("Ja") { _, _ ->
        B.tvAusgabe.text = "Sie haben es gelesen"
    }
    meldung.show()
}
```

Listing 15.10 Projekt »Dialoge«, Button »buInfo«

Mithilfe der Klasse `AlertDialog.Builder` wird ein Objekt der Klasse `AlertDialog` erzeugt. Die Methode `setMessage()` legt die dargestellte Nachricht fest.

Mithilfe der Methode `setPositiveButton()` wird im Dialogfeld ein Button mit einem Text (hier: »Ja«) und einem Listener erstellt. Der Listener reagiert auf das Ereignis »Antippen des Buttons«. Die beiden Parameter der anonymen Listener-Methode werden hier nicht benötigt. Die Methode `show()` lässt wiederum den Text erscheinen.

15.5.4 Fragen

Neben einem Titel und einem Bild kann ein Objekt der Klasse `AlertDialog` weitere Buttons enthalten. Der Benutzer kann damit unterschiedliche Antworten auf einfache Fragestellungen liefern (siehe Abbildung 15.8).

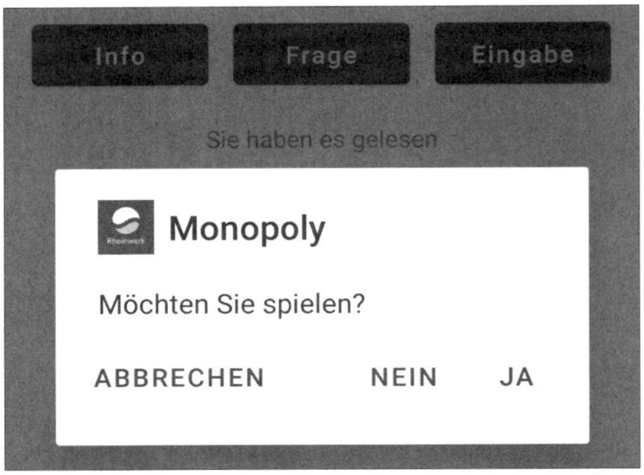

Abbildung 15.8 Frage-Dialog

Es folgt der Code für den Button BUFRAGE:

```
B.buFrage.setOnClickListener {
    val meldung = AlertDialog.Builder(this)
    meldung.setMessage("Möchten Sie spielen?")
    meldung.setTitle("Monopoly")
    meldung.setIcon(R.drawable.rheinwerk)
    meldung.setPositiveButton("Ja") { _, _ ->
        B.tvAusgabe.text = "Sie möchten spielen"
    }
    meldung.setNegativeButton("Nein") { _, _ ->
        B.tvAusgabe.text = "Sie möchten nicht spielen"
    }
    meldung.setNeutralButton("Abbrechen") { _, _ ->
        B.tvAusgabe.text = "Sie haben die Frage abgebrochen"
    }
    meldung.show()
}
```

Listing 15.11 Projekt »Dialoge«, Button »buFrage«

Mithilfe der beiden Methoden `setTitle()` und `setIcon()` werden ein Titel und ein Bild im Dialogfeld dargestellt. Die Bildressource sollte dem Projekt zuvor hinzugefügt werden.

Die beiden Methoden `setNegativeButton()` und `setNeutralButton()` arbeiten wie die bereits beschriebene Methode `setPositiveButton()`. Nach dem Antippen eines der drei Buttons erscheint in der TextView die zugehörige Bestätigung.

15.5.5 Eingaben

Es können auch Views in einem Objekt der Klasse `AlertDialog` dargestellt werden. Auf diese Weise kann der Benutzer genauere Informationen zu einfachen Fragestellungen liefern. Im vorliegenden Beispiel kann er Eingaben in einer EditText-View vornehmen (siehe Abbildung 15.9).

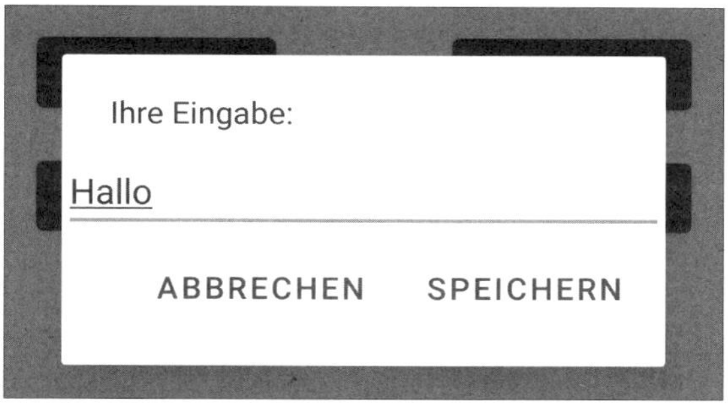

Abbildung 15.9 Eingabedialog

Es folgt der Code für den Button BUEINGABE:

```
B.buEingabe.setOnClickListener {
    val etNeu = EditText(this)
    etNeu.setText("Ihre Eingabe")

    val meldung = AlertDialog.Builder(this)
    meldung.setMessage("Ihre Eingabe:")
    meldung.setPositiveButton("Speichern") { _, _ ->
        B.tvAusgabe.text = "Eingabe: ${etNeu.text}"
    }
    meldung.setNegativeButton("Abbrechen") { _, _ ->
        B.tvAusgabe.text = "Eingabe abgebrochen"
    }
```

```
        meldung.setView(etNeu)
        meldung.show()
    }
```

Listing 15.12 Projekt »Dialoge«, Button »buEingabe«

Eine neue EditText-View wird erzeugt und mithilfe der Methode `setView()` in das Dialogfeld integriert. Nach der Betätigung des Buttons SPEICHERN wird die Eingabe übernommen.

15.6 Benachrichtigungen

Eine *Benachrichtigung* (englisch: *notification*) sendet eine kurze Information aus einer App und weist den Benutzer auf ein besonderes Ereignis hin. Sie wird häufig von Apps verwendet, die sich gerade im Hintergrund befinden.

Nach dem Auslösen erscheint sie mithilfe einer eigenen Activity in der Liste der Benachrichtigungen, zusammen mit anderen Benachrichtigungen und Systeminformationen wie zum Beispiel »Akku vollständig geladen«.

15.6.1 Die fertige App

In diesem Abschnitt wird die App *Benachrichtigung* mithilfe des gleichnamigen Projekts erstellt. Das Absenden einer Benachrichtigung erfordert umfangreiche Vorarbeiten.

Im vorliegenden Beispiel wird eine Benachrichtigung mit dem Text »Lies mich« gesandt, nachdem der Benutzer den Button SENDEN betätigt hat (siehe Abbildung 15.10 und Abbildung 15.11). Alternativ könnte die Benachrichtigung zum Beispiel durch eine zeitliche Steuerung ausgelöst werden, falls sich die App aktuell im Hintergrund befindet.

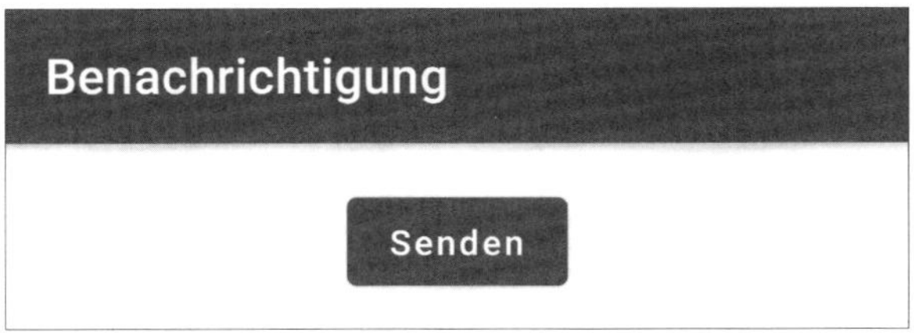

Abbildung 15.10 Auslösen der Benachrichtigung

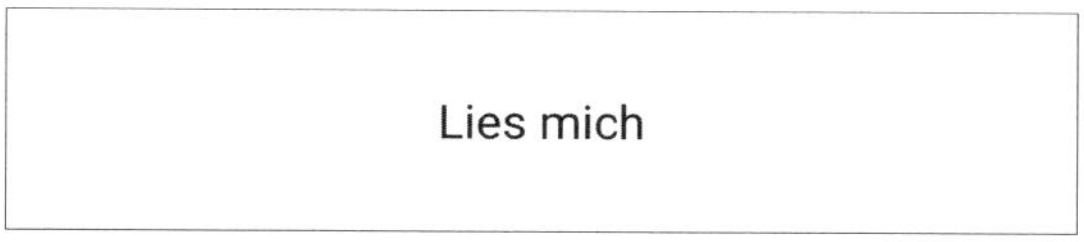

Abbildung 15.11 Benachrichtigung in der Liste

15.6.2 Activity für die Benachrichtigung

Nach dem Erzeugen des Projekts erstellen Sie für die Benachrichtigung eine zusätzliche Activity auf Basis des Templates EMPTY ACTIVITY, wie in Abschnitt 14.3.2. Sie erhält den Namen `WichtigeActivity`. Die zugehörige Layoutdatei erhält damit standardmäßig den Namen *activity_wichtig.xml*. Der Kotlin-Code in der Datei *WichtigeActivity.kt* bleibt unverändert.

Die Benachrichtigung selbst wird in einem RelativeLayout angeordnet. Dabei handelt es sich um ein älteres Layout, das einem ConstraintLayout ähnelt. Es lässt sich mit folgendem Code erstellen:

```
<?xml version="1.0" encoding="utf-8"?>
<RelativeLayout
    xmlns:android="http://schemas.android.com/apk/res/android"
    xmlns:tools="http://schemas.android.com/tools"
    android:layout_width="match_parent"
    android:layout_height="match_parent"
    tools:context=".WichtigeActivity">

    <TextView
        android:id="@+id/tvLiesMich"
        android:layout_width="wrap_content"
        android:layout_height="wrap_content"
        android:layout_centerInParent="true"
        android:text="@string/tvLiesMichString"
        android:textColor="@color/black" />

</RelativeLayout>
```

Listing 15.13 Projekt »Benachrichtigung«, Datei »activity_wichtig.xml«

Alternativ können Sie das standardmäßige ConstraintLayout auch wie folgt umwandeln: Rufen Sie das Kontextmenü auf dem Eintrag ConstraintLayout im Bereich COMPONENT TREE auf und wählen Sie den Menüpunkt CONVERT VIEW. Es erscheint ein kleines

Dialogfeld. Wählen Sie den Eintrag RELATIVELAYOUT aus und betätigen Sie den Button APPLY (siehe Abbildung 15.12). Fügen Sie anschließend eine TextView ein und weisen Sie den Eigenschaften die Werte aus Listing 15.13 zu.

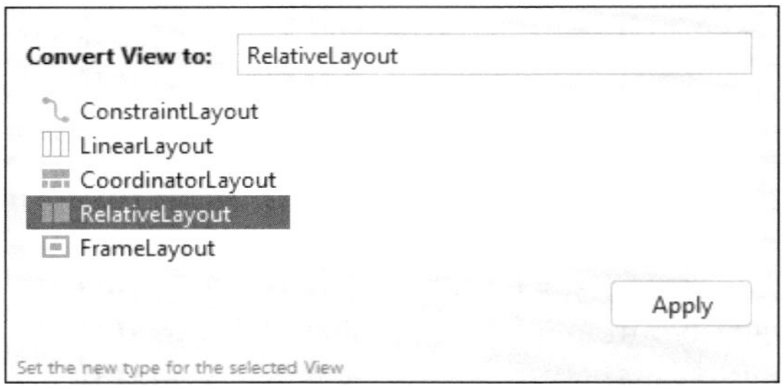

Abbildung 15.12 Umwandlung in RelativeLayout

15.6.3 Auslösen der Benachrichtigung

Die Haupt-Activity beinhaltet in einem ConstraintLayout nur ein Element, und zwar den Button SENDEN. Nachdem der Benutzer diesen betätigt hat, wird eine Benachrichtigung gesandt. Es folgt der Code der Haupt-Activity:

```
class MainActivity : AppCompatActivity() {
    private lateinit var B: ActivityMainBinding
    private lateinit var nachrichtenManager: NotificationManager

    override fun onCreate(savedInstanceState: Bundle?) {
        super.onCreate(savedInstanceState)
        B = ActivityMainBinding.inflate(layoutInflater)
        setContentView(B.root)

        nachrichtenManager = getSystemService(
            Context.NOTIFICATION_SERVICE) as NotificationManager

        B.buSenden.setOnClickListener {
            val aktionsAbsicht = Intent(this,
                WichtigeActivity::class.java)
            val aktionsInhalt = PendingIntent.getActivity(
                this, 0, aktionsAbsicht,
                PendingIntent.FLAG_UPDATE_CURRENT)
            val wichtigOberflaeche = RemoteViews(
                packageName, R.layout.activity_wichtige)
```

```
            if (Build.VERSION.SDK_INT >= 26) {
                val nachrichtenKanal = NotificationChannel(
                    "kanalID1", "nachricht",
                    NotificationManager.IMPORTANCE_HIGH)
                nachrichtenManager.createNotificationChannel(
                    nachrichtenKanal)
            }

            val nachrichtenErsteller = NotificationCompat.Builder(
                    this, "kanalID1")
                .setContent(wichtigOberflaeche)
                .setSmallIcon(R.drawable.ic_launcher_background)
                .setContentIntent(aktionsInhalt)
            val nachricht = nachrichtenErsteller.build()
            nachrichtenManager.notify(1234, nachricht)
        }
    }
}
```

Listing 15.14 Projekt »Benachrichtigung«, Datei »MainActivity.kt«

Ein Objekt der Klasse `NotificationManager` dient zur Verwaltung der Benachrichtigung. Die Methode `getSystemService()` der Klasse `Context` liefert einen Verweis auf einen Systemdienst. Die Systemdienst-Objekte haben unterschiedliche Typen, daher muss der Verweistyp mithilfe von `as` angepasst werden. Mehr zu Systemdiensten erfahren Sie in Kapitel 19.

Mithilfe eines `Intent`-Objekts wird eine Aktion vorbereitet, hier bezüglich der Activity für die Benachrichtigung. Die statische Methode `getActivity()` der Klasse `PendingIntent` erstellt ein Objekt dieser Klasse und legt weitere Einzelheiten bezüglich der auszuführenden Aktion fest. Es wird ein `RemoteViews`-Objekt erzeugt, das das Layout der Benachrichtigungs-Activity bereitstellt.

Ab der Version 26 für das Android SDK muss eine Benachrichtigung über einen eindeutigen Nachrichtenkanal gesandt werden. Dieser Kanal wird mithilfe eines `NotificationChannel`-Objekts erstellt, das anschließend mithilfe der Methode `createNotificationChannel()` der Verwaltung der Benachrichtigung hinzugefügt wird.

Ein Objekt der Klasse `NotificationCompat.Builder` dient zur Erzeugung einer Nachricht, unter anderem mithilfe des Nachrichtenkanals. Bei Geräten, die mit einem Android SDK vor Version 26 arbeiten, wird der betreffende Parameter ignoriert. Für das Objekt werden unmittelbar drei Methoden zur Konfiguration der Benachrichtigung aufgerufen:

- `setContent()` für ein `RemoteViews`-Objekt der Oberfläche
- `setSmallIcon()` für das sichtbare Icon
- `setContentIntent()` für die vorbereitete Activity

Die Methode `build()` des `NotificationCompat.Builder`-Objekts liefert ein `Notification`-Objekt: die eigentliche Nachricht. Zu guter Letzt wird dieses Objekt mithilfe der Methode `notify()` von der Verwaltung der Benachrichtigung gesandt.

15.7 Aktionsmenü

Das *Aktionsmenü*, auch *Optionsmenü* genannt, beinhaltet Aktionen, die Einfluss auf die gesamte App haben. Den Aufbau des Menüs legen Sie in einer eigenen XML-Datei fest. Sie verbinden sie mithilfe der Methode `onCreateOptionsMenu()` mit der Benutzeroberfläche der App. In der Methode `onOptionsItemSelected()` legen Sie die Aktionen fest, die ausgeführt werden, nachdem der Benutzer einen der Menüpunkte ausgewählt hat.

Die Benutzeroberfläche der App des Projekts *MenueAktion* beinhaltet ein Aktionsmenü mit einer Reihe von Einträgen und weiteren Untermenüs sowie eine TextView zu Ausgabe.

15.7.1 Aufbau des Menüs

Zunächst wird eine XML-Datei mit der Menüressource erzeugt. Rufen Sie im Projektfenster in der Ansicht Android auf dem Verzeichnis *res* das Kontextmenü auf. Wählen Sie dort den Eintrag New • Android Resource File. Im Dialogfeld New Resource File tragen Sie im Feld File Name den Namen der XML-Datei ohne Endung ein (hier: `haupt`) und wählen in der Liste Resource Type den Eintrag Menu (siehe auch Abbildung 15.13). Die restlichen Einträge ergeben sich automatisch.

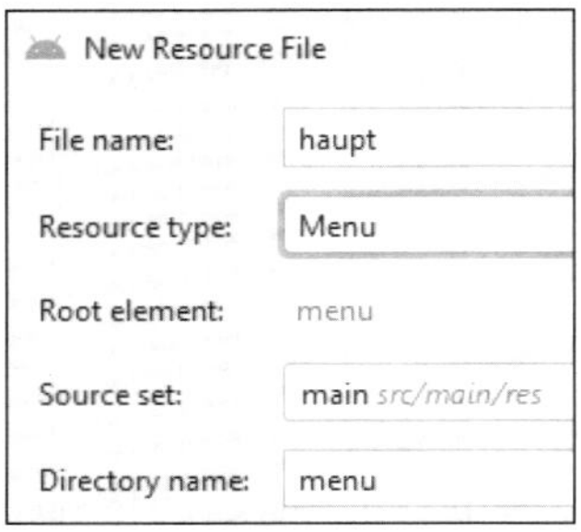

Abbildung 15.13 Neue Menüressource

Nach Betätigung des Buttons OK erscheint im Verzeichnis *res* das neue Unterverzeichnis *menu* mit der Datei *haupt.xml*. Der Inhalt des Menüs kann mithilfe des nachfolgenden XML-Codes gestaltet werden:

```
<?xml version="1.0" encoding="utf-8"?>
<menu
    xmlns:app="http://schemas.android.com/apk/res-auto"
    xmlns:android="http://schemas.android.com/apk/res/android">
    <item
            android:id="@+id/itEins"
            android:title="@string/itEinsString"
            app:showAsAction="always" />
    <item
            android:id="@+id/itZwei"
            android:title="@string/itZweiString"
            app:showAsAction="never" >
        <menu>
            <item
                    android:id="@+id/itZweiA"
                    android:icon="@drawable/magenta"
                    android:title="@string/itZweiAString" />
            <item
                    android:id="@+id/itZweiB"
                    android:title="@string/itZweiBString" >
                <menu>
                    <item
                        android:id="@+id/itZweiB1"
                        android:title="@string/itZweiB1String" />
                    <item
                        android:id="@+id/itZweiB2"
                        android:title="@string/itZweiB2String" />
                </menu>
            </item>
        </menu>
    </item>
    <item
            android:id="@+id/itDrei"
            android:title="@string/itDreiString"
            app:showAsAction="ifRoom" />
    <item
            android:id="@+id/itVier"
```

```
            android:title="@string/itVierString"
            app:showAsAction="never" />
    <item
            android:id="@+id/itFuenf"
            android:title="@string/itFuenfString"
            app:showAsAction="never" />
</menu>
```

Listing 15.15 Projekt »MenueAktion«, Datei »haupt.xml«

Es gibt drei Arten von Einträgen:

- Ein Menü steht innerhalb des Containers `<menu>...</menu>`. Das trifft auch auf das gesamte Aktionsmenü zu.
- Ein Menüeintrag ohne Untermenü wird mithilfe der Markierung `<item.../>` erzeugt.
- Ein Menüeintrag mit Untermenü ist wie folgt aufgebaut: `<item...> <menu>...</menu> </item>`.

Es kann mehrere Menüebenen geben. Im vorliegenden Beispiel besitzt der Menüeintrag `itZwei` ein Untermenü mit den Einträgen `itZweiA` und `itZweiB` (siehe Abbildung 15.14). Der letztgenannte Eintrag hat wiederum ein Untermenü mit den Einträgen `itZweiB1` und `itZweiB2`.

Das Attribut `android:id` dient der eindeutigen Identifizierung eines Eintrags. Das Attribut `android:title` beinhaltet den Text des Eintrags. Mithilfe des Attributs `android:icon` können neben den Einträgen zur Verdeutlichung auch Bilder erscheinen. Diese müssen Sie zuvor als Bildressourcen importiert haben.

Für das Erscheinen eines Eintrags ist das Attribut `app:showAsAction` verantwortlich. Es gibt unter anderem die folgenden Attributwerte:

- `always`: Der Eintrag erscheint immer als eigener Eintrag im Aktionsmenü neben dem allgemeinen Menübutton mit den drei Punkten. Das trifft in Abbildung 15.14 für den Eintrag EINS zu.

Abbildung 15.14 Aktionsmenü

- `ifRoom`: Der Eintrag erscheint nur als eigener Eintrag im Aktionsmenü, falls genügend Platz ist. Ansonsten erscheint er in dem Menü, das über den allgemeinen Menübutton mit den drei Punkten erreichbar ist. Das trifft in Abbildung 15.14 für den Eintrag DREI zu.
- `never`: Der Eintrag erscheint nur in dem Menü, das über den allgemeinen Menübutton mit den drei Punkten erreichbar ist. Betätigt man diesen, erscheint das Menü wie in Abbildung 15.15.

Wählt man im Menü den Eintrag ZWEI aus, erscheint das Untermenü wie in Abbildung 15.16. Dieses besitzt unter anderem wiederum ein Untermenü.

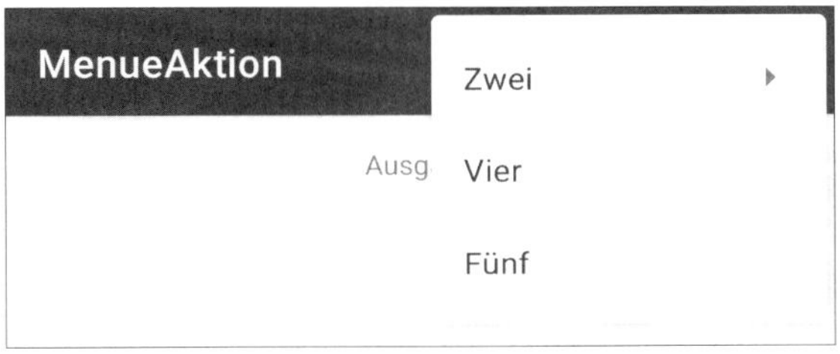

Abbildung 15.15 Nach dem Betätigen des allgemeinen Menübuttons

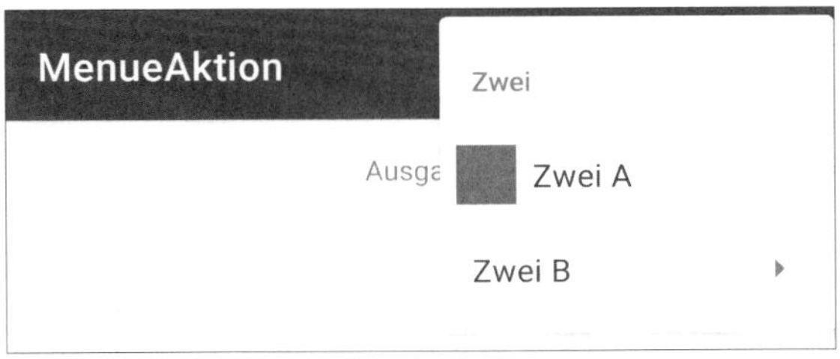

Abbildung 15.16 Nach der Auswahl des Eintrags »Zwei«

15.7.2 Bedienung des Menüs umsetzen

Es folgt der Code der Datei *MainActivity.kt*:

```
...
import android.view.Menu
import android.view.MenuItem
class MainActivity : AppCompatActivity() {
    ...
    override fun onCreate(savedInstanceState: Bundle?) { ... }
```

```
    override fun onCreateOptionsMenu(menu: Menu): Boolean {
        menuInflater.inflate(R.menu.haupt, menu)
        return true
    }

    override fun onOptionsItemSelected(
            item: MenuItem): Boolean {
        when(item.itemId) {
            R.id.itEins   -> B.tvAusgabe.text = "Eins"
            R.id.itZweiA  -> B.tvAusgabe.text = "Zwei A"
            R.id.itZweiB1 -> B.tvAusgabe.text = "Zwei B1"
            R.id.itZweiB2 -> B.tvAusgabe.text = "Zwei B2"
            R.id.itDrei   -> B.tvAusgabe.text = "Drei"
            R.id.itVier   -> B.tvAusgabe.text = "Vier"
            R.id.itFuenf  -> B.tvAusgabe.text = "Fünf"
        }
        return true
    }
}
```

Listing 15.16 Projekt »MenueAktion«, Datei »MainActivity.kt«

In der Überschreibung der Activity-Methode `onCreateOptionsMenu()` wird die Menüressource als Aktionsmenü beziehungsweise Optionsmenü der gesamten App definiert. Das geschieht durch den Aufruf der Methode `inflate()` für die Eigenschaft `menuInflater` der Klasse `MainActivity`. Die Methode `onCreateOptionsMenu()` wird automatisch einmalig aufgerufen, und zwar zum Zeitpunkt der ersten Darstellung des Aktionsmenüs.

Die Überschreibung der Activity-Methode `onOptionsItemSelected()` dient zur Zuordnung der Aktionen nach der Auswahl eines Menüeintrags. Dazu wird die Eigenschaft `itemId` des übergebenen Menüeintrags mit den eindeutigen IDs der definierten Menüeinträge verglichen.

15.8 Kontextmenüs

Den einzelnen Views einer App können Sie unterschiedliche Kontextmenüs zuordnen. Ein Kontextmenü wird aufgerufen, wenn der Benutzer seinen Finger länger auf eine View legt. Es wird in der Nähe der betreffenden View dargestellt. Sein Aufbau ähnelt dem Aufbau des Aktionsmenüs.

Als Beispiel für Views mit Kontextmenü dienen die beiden Buttons BUHILFE und BUINFO der Benutzeroberfläche des Projekts *MenueKontext*. Sie besitzen jeweils ein Kontextmenü mit einigen Einträgen. Zudem gibt es eine TextView zur Ausgabe (siehe Abbildung 15.17).

Abbildung 15.17 Zwei Buttons mit eigenen Kontextmenüs

15.8.1 Aufbau der beiden Menüs

Sie erzeugen zwei XML-Dateien als Menüressourcen. Wie Sie solche Ressourcen erstellen, wurde in Abschnitt 15.7.1 beschrieben.

Zunächst die Datei *hilfe.xml*:

```
<?xml version="1.0" encoding="utf-8"?>
<menu
    xmlns:android="http://schemas.android.com/apk/res/android">
    <item
            android:id="@+id/itHilfeEins"
            android:title="@string/itHilfeEinsString" />
    <item
            android:id="@+id/itHilfeZwei"
            android:title="@string/itHilfeZweiString" />
    <item
            android:id="@+id/itHilfeDrei"
            android:title="@string/itHilfeDreiString" />
</menu>
```

Listing 15.17 Projekt »MenueKontext«, Datei »hilfe.xml«

In Abbildung 15.18 sehen Sie das Kontextmenü nach dem Aufruf.

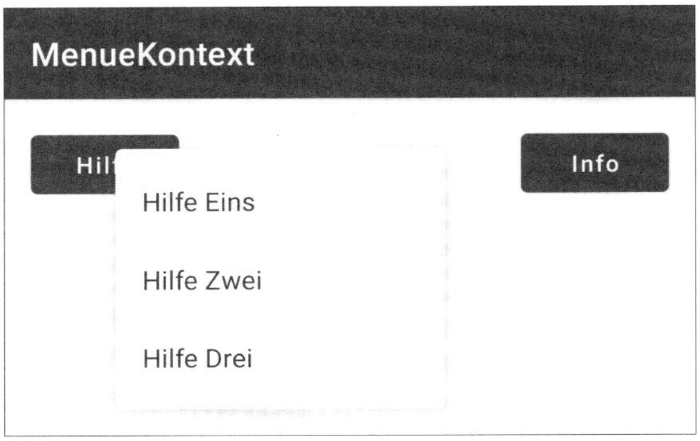

Abbildung 15.18 Kontextmenü zu Button »Hilfe«

Es folgt die Datei *info.xml*:

```
<?xml version="1.0" encoding="utf-8"?>
<menu
    xmlns:android="http://schemas.android.com/apk/res/android">
    <item
            android:id="@+id/itInfoEins"
            android:title="@string/itInfoEinsString" />
    <item
            android:id="@+id/itInfoZwei"
            android:title="@string/itInfoZweiString" />
</menu>
```

Listing 15.18 Projekt »MenueKontext«, Datei »info.xml«

In Abbildung 15.19 sehen Sie das Kontextmenü nach dem Aufruf.

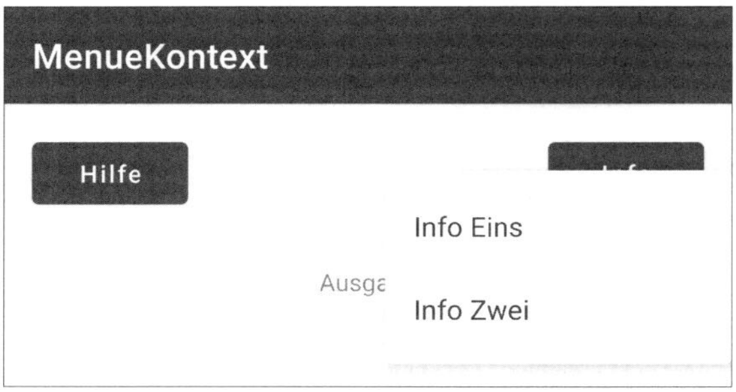

Abbildung 15.19 Kontextmenü zum Button »Info«

Beide Kontextmenüs haben hier nur einen einfachen Aufbau. Wie das Aktionsmenü kann ein Kontextmenü aber auch mehrere Ebenen haben. Es können ebenso Bilder neben den Einträgen erscheinen. Das Attribut `app:showAsAction` ist bei einem Kontextmenü nicht einsetzbar.

15.8.2 Bedienung der beiden Menüs umsetzen

So sieht der Code der Datei *MainActivity.kt* aus:

```
...
class MainActivity : AppCompatActivity() {
    ...
    override fun onCreate(savedInstanceState: Bundle?) {
        ...
        B.buHilfe.setOnCreateContextMenuListener {
            menu, view, menuInfo ->
            super.onCreateContextMenu(menu, view, menuInfo)
            menuInflater.inflate(R.menu.hilfe, menu)
        }

        B.buInfo.setOnCreateContextMenuListener {
            menu, view, menuInfo ->
            super.onCreateContextMenu(menu, view, menuInfo)
            menuInflater.inflate(R.menu.info, menu)
        }
    }

    override fun onContextItemSelected(
            item: MenuItem): Boolean {
        when(item.itemId) {
            R.id.itHilfeEins -> B.tvAusgabe.text = "Hilfe Eins"
            R.id.itHilfeZwei -> B.tvAusgabe.text = "Hilfe Zwei"
            R.id.itHilfeDrei -> B.tvAusgabe.text = "Hilfe Drei"
            R.id.itInfoEins -> B.tvAusgabe.text = "Info Eins"
            R.id.itInfoZwei -> B.tvAusgabe.text = "Info Zwei"
        }
        return true
    }
}
```

Listing 15.19 Projekt »MenueKontext«, Datei »MainActivity.kt«

Die Methode `setOnCreateContextMenuListener()` wird für beide Buttons aufgerufen. Sie dient jeweils zur Verbindung der View mit dem zugehörigen Kontextmenü. Es wird auf ein Listener-Objekt verwiesen, das das Interface `View.OnCreateContextMenuListener` implementiert.

Die Methode `onCreateContextMenu()` des Interface besitzt drei Parameter, die als Verweise dienen:

- auf das Kontextmenü, das erstellt wird
- auf die View, für die das Kontextmenü erstellt wird
- auf ein Objekt, das das Interface `ContextMenu.ContextMenuInfo` implementiert; das Objekt beinhaltet abhängig vom Typ der View zusätzliche Informationen

Das Überschreiben der Activity-Methode `onContextItemSelected()` hat dieselbe Aufgabe wie die Methode `onOptionsItemSelected()` aus Abschnitt 15.7: Sie dient zur Zuordnung der Aktionen nach der Auswahl eines Menüeintrags.

Kapitel 16
Transformationen und Animationen

Die Views auf den Benutzeroberflächen Ihrer Apps können ihre Eigenschaften während des Ablaufs dynamisch verändern.

Nicht nur in Spiel- und Trainingsprogrammen wird das Wissen über Transformationen, Animationen, Interpolatoren und die Erkennung von Kollisionen benötigt.

16.1 Transformationen

Es gibt drei Arten von Transformationen, die Sie für eine View ausführen können: die Verschiebung (Translation, Änderung der Position), die Skalierung (Änderung der Größe) und die Drehung (Rotation).

16

16.1.1 Die fertige App

In der Manifestdatei des Projekts *TransformationView* wird eingestellt, dass die App immer im Hochformat dargestellt wird (siehe Abschnitt 14.1.4).

Im Projekt selbst werden die drei genannten Transformationsarten mithilfe von drei ImageViews vorgeführt. Die Benutzeroberfläche (siehe auch Abbildung 16.1) beinhaltet ein ConstraintLayout. Darin befindet sich oben ein FrameLayout, unten wiederum ein ConstraintLayout.

Im FrameLayout sind drei ImageViews angeordnet. Das innere ConstraintLayout beinhaltet, von oben nach unten:

- eine TextView zur Ausgabe der aktuellen Transformationswerte
- sechs Buttons zur Änderung der Position der ersten ImageView entlang der x-, y- und z-Achse, jeweils in beide Richtungen
- vier Buttons zur Vergrößerung und zur Verkleinerung der zweiten ImageView in X- und in Y-Richtung

- sechs Buttons zur Drehung der dritten ImageView um die X-, Y- und Z-Achse, jeweils in beiden Drehrichtungen
- unabhängig von den Transformationen: einen Button zur Änderung der Hintergrundfarbe des FrameLayout

Die Änderung der Position in Z-Richtung entspricht einer Bewegung auf den Benutzer zu beziehungsweise vom Benutzer weg. Diese macht sich nicht perspektivisch in einer Vergrößerung oder Verkleinerung der View bemerkbar. Die Lage in Z-Richtung ist aber zu sehen, falls eine View eine andere View überlappt.

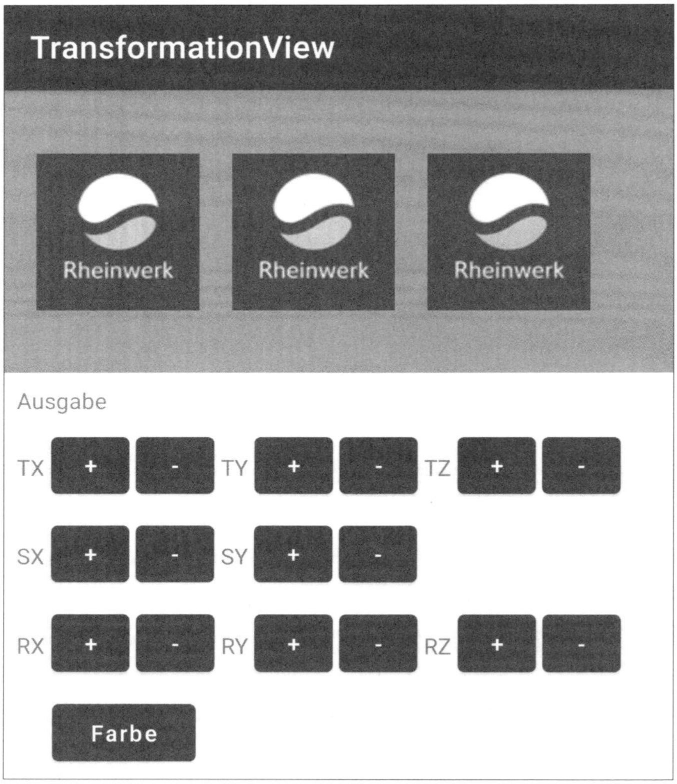

Abbildung 16.1 Transformation

16.1.2 Verschiebung

Die Position einer View setzt sich zusammen aus

- ihren Layoutwerten, also dem Abstand zum linken und zum oberen Rand des umgebenden Elements, und

- ihren Translationswerten in X-, Y- und Z-Richtung, also der Verschiebung gegenüber ihren Layoutwerten.

In Abschnitt 15.2, »Ziehen«, wurden die Views durch eine Änderung ihrer Layoutwerte mithilfe eines Objekts der Klasse `MarginLayoutParams` verschoben. In diesem Abschnitt werden die Views durch eine Änderung ihrer Translationswerte verschoben. Diese werden in den drei Eigenschaften `translationX`, `translationY` und `translationZ`, jeweils vom Datentyp `Float`, gespeichert und stehen zu Beginn auf `0`.

Es folgt der Code der Klasse `MainActivity` bezüglich der Verschiebung:

```
...
class MainActivity : AppCompatActivity() {
    private lateinit var B: ActivityMainBinding
    private var faktorDpToPx = 0.0f

    override fun onCreate(savedInstanceState: Bundle?) {
        ...
        faktorDpToPx = resources.displayMetrics.density
        B.buTXPlus.setOnClickListener{ verschieben(50, 0, 0) }
        B.buTXMinus.setOnClickListener{ verschieben(-50, 0, 0) }
        B.buTYPlus.setOnClickListener{ verschieben(0, 30, 0) }
        B.buTYMinus.setOnClickListener{ verschieben(0, -30, 0)}
        B.buTZPlus.setOnClickListener{ verschieben(0, 0, 50) }
        B.buTZMinus.setOnClickListener{ verschieben(0, 0, -50) }
        ...
    }

    private fun verschieben(xDeltaDp:Int, yDeltaDp:Int,
                            zDeltaDp:Int) {
        B.ivBildT.translationX += xDeltaDp * faktorDpToPx
        B.ivBildT.translationY += yDeltaDp * faktorDpToPx
        val x = B.ivBildT.translationX.toInt()
        val y = B.ivBildT.translationY.toInt()

        if (Build.VERSION.SDK_INT >= 21) {
            B.ivBildT.translationZ += zDeltaDp * faktorDpToPx
            val z = B.ivBildT.translationZ.toInt()
            B.tvAusgabe.text =
                "Translation X: $x px, Y: $y px, Z: $z px"
        }
        else
```

```
            B.tvAusgabe.text = "Translation X: $x px, Y: $y px"
    }
    ...
}
```

Listing 16.1 Projekt »TransformationView«, Verschiebung

Die Eigenschaft `density` (dt.: *Dichte*) ist vom Typ `Float`. Mithilfe ihres geräteabhängigen Werts können die Dimensionsangaben, die Sie im Projekt in der Einheit `dp` festgelegt haben, in Bildschirmpixel umgerechnet werden. Auf diese Weise ergibt sich eine einheitliche Benutzeroberfläche auf Geräten mit unterschiedlichen Displays.

Über die sechs Buttons wird jeweils die eigene Methode `verschieben()` aufgerufen. Ihre drei `Int`-Parameter dienen der Verschiebung mithilfe von positiven oder negativen Werten entweder in X-, in Y- oder in Z-Richtung. Die Werte haben die Einheit `dp` und werden mithilfe des Faktors in die Einheit `px` (für Pixel) umgerechnet.

Die umgerechneten Werte werden den aktuellen Translationswerten hinzugerechnet. In Abbildung 16.2 sehen Sie die neuen Translationswerte, nachdem die erste ImageView weit nach rechts, ein wenig nach oben und ein wenig auf den Benutzer zu verschoben wurde.

Mit der Eigenschaft `translationZ` können Sie erst ab der SDK-Version 21 arbeiten.

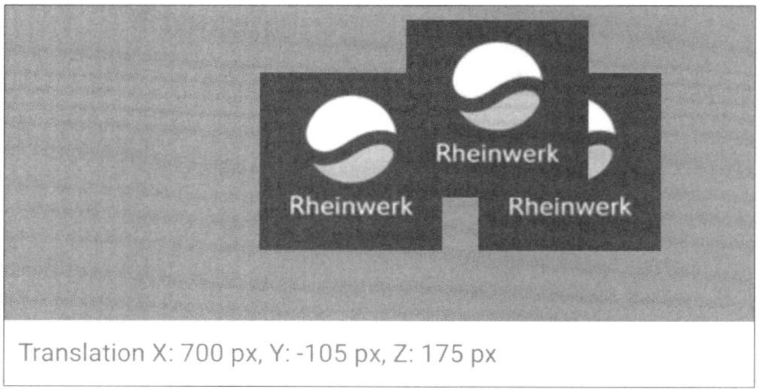

Abbildung 16.2 Translation

16.1.3 Skalierung

Die Größe einer View setzt sich zusammen aus:

- ihren Layoutwerten, also ihrer Breite und Höhe
- ihren Skalierungsfaktoren in X- und Y-Richtung, also der Größenänderung gegenüber ihren Layoutwerten

In diesem Abschnitt ändern wir die Skalierungsfaktoren. Diese werden in den beiden Eigenschaften `scaleX` und `scaleY`, jeweils vom Datentyp `Float`, gespeichert und stehen zu Beginn auf `1.0f`, wie auch beim Zoomen in Abschnitt 15.4, »Zoomen«.

Es folgt der Code der Klasse `MainActivity` bezüglich der Skalierung:

```
...
class MainActivity : AppCompatActivity() {
    ...
    override fun onCreate(savedInstanceState: Bundle?) {
        ...
        B.buSXPlus.setOnClickListener{ skalieren(0.1f, 0.0f) }
        B.buSXMinus.setOnClickListener{ skalieren(-0.1f, 0.0f)}
        B.buSYPlus.setOnClickListener{ skalieren(0.0f, 0.1f) }
        B.buSYMinus.setOnClickListener{ skalieren(0.0f, -0.1f) }
        ...
    }
    ...
    private fun skalieren(xDelta:Float, yDelta:Float) {
        B.ivBildS.scaleX += xDelta
        B.ivBildS.scaleY += yDelta
        val x = (B.ivBildS.scaleX * 10).toInt() / 10.0
        val y = (B.ivBildS.scaleY * 10).toInt() / 10.0
        B.tvAusgabe.text = "Scale X: $x, Y: $y"
    }
    ...
}
```

Listing 16.2 Projekt »TransformationView«, Skalierung

Über die vier Buttons wird jeweils die eigene Methode `skalieren()` aufgerufen. Ihre beiden `Float`-Parameter dienen der Skalierung mithilfe von positiven oder negativen Werten entweder in X- oder in Y-Richtung.

Die Werte werden den aktuellen Skalierungsfaktoren hinzugerechnet. In Abbildung 16.3 sehen Sie die Auswirkungen der neuen Skalierungsfaktoren, nachdem die zweite ImageView leicht in X-Richtung verkleinert wurde und stark in Y-Richtung vergrößert wurde.

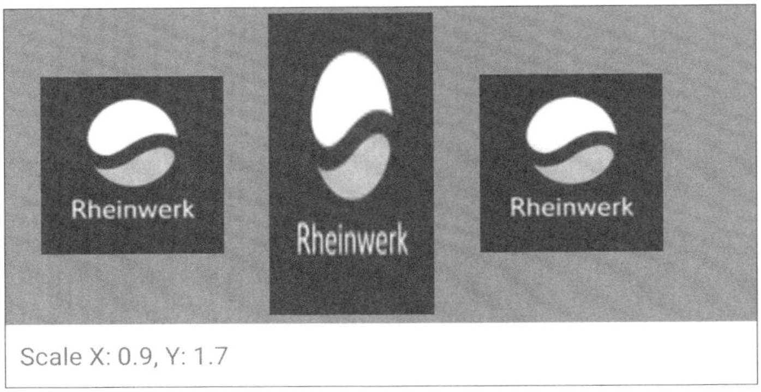

Abbildung 16.3 Skalierung

16.1.4 Drehung

In diesem Abschnitt ändern wir die Rotationswerte. Diese werden in den drei Eigenschaften `rotationX`, `rotationY` und `rotation` (ohne das `Z` für die Z-Achse) gespeichert. Es handelt sich um `Float`-Werte für die Drehwinkel in Grad um die jeweilige Achse. Sie stehen zu Beginn auf `0.0f`.

Es folgt der Code der Klasse `MainActivity` bezüglich der Drehung:

```
...
class MainActivity : AppCompatActivity() {
    ...
    override fun onCreate(savedInstanceState: Bundle?) {
        ...
        B.buRXPlus.setOnClickListener{ drehen(30.0f, 0.0f, 0.0f) }
        B.buRXMinus.setOnClickListener{ drehen(-30.0f, 0.0f, 0.0f) }
        B.buRYPlus.setOnClickListener{ drehen(0.0f, 30.0f, 0.0f) }
        B.buRYMinus.setOnClickListener{ drehen(0.0f, -30.0f, 0.0f) }
        B.buRZPlus.setOnClickListener{ drehen(0.0f, 0.0f, 10.0f) }
        B.buRZMinus.setOnClickListener{ drehen(0.0f, 0.0f, -10.0f) }
        ...
        }
    }
    ...
    private fun drehen(xDelta:Float, yDelta:Float, zDelta:Float) {
        B.ivBildR.rotationX += xDelta
        B.ivBildR.rotationY += yDelta
        B.ivBildR.rotation += zDelta
```

```
        val x = B.ivBildR.rotationX.toInt()
        val y = B.ivBildR.rotationY.toInt()
        val z = B.ivBildR.rotation.toInt()
        B.tvAusgabe.text = "Rotation X: $x, Y: $y, Z: $z"
    }
}
```

Listing 16.3 Projekt »TransformationView«, Drehung

Über die sechs Buttons wird jeweils die eigene Methode `drehen()` aufgerufen. Ihre drei `Float`-Parameter dienen der Drehung mithilfe von positiven oder negativen Werten entweder um die x-, y- oder z-Achse.

Die Werte werden den aktuellen Rotationswerten hinzugerechnet. In Abbildung 16.4 bis Abbildung 16.7 sehen Sie zunächst drei Drehungen um eine einzelne Achse, anschließend eine Drehung um alle drei Achsen.

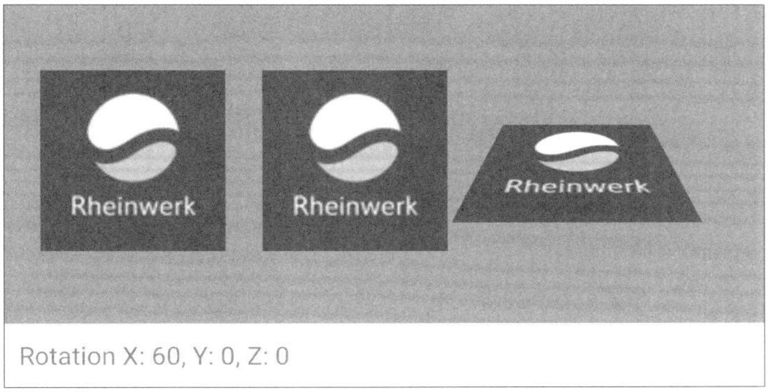

Abbildung 16.4 Drehung um die x-Achse

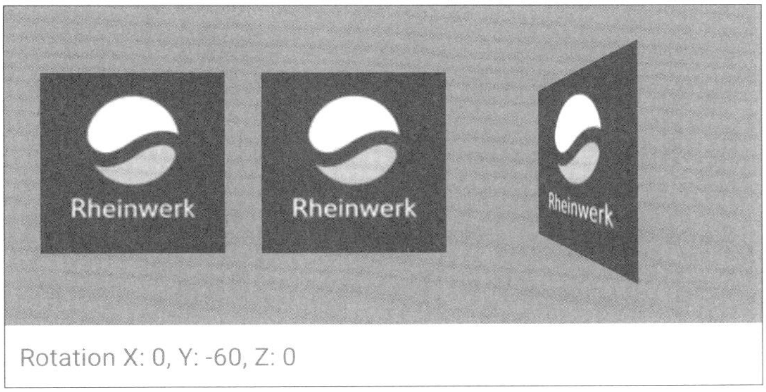

Abbildung 16.5 Drehung um die y-Achse

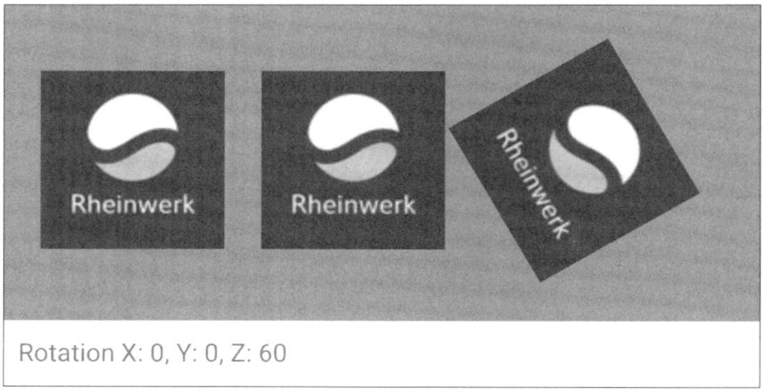

Abbildung 16.6 Drehung um die z-Achse

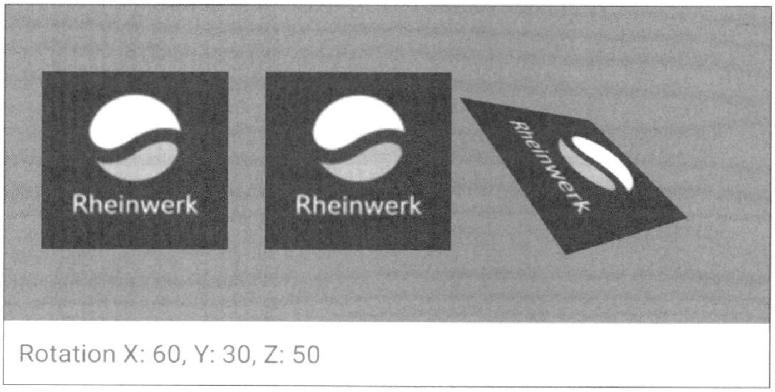

Abbildung 16.7 Drehung um alle Achsen

16.1.5 Änderung der Farbe

Es folgt der Code der Klasse `MainActivity` bezüglich der Farbänderung:

```
...
class MainActivity : AppCompatActivity() {
    ...
    override fun onCreate(savedInstanceState: Bundle?) {
        ...
        B.buFarbe.setOnClickListener {
            val farbe = ContextCompat.getColor(this, R.color.hellgrau)
            B.lyBilder.setBackgroundColor(farbe)
        }
```

```
        }
        ...
}
```

Listing 16.4 Projekt »TransformationView«, Änderung der Farbe

Zunächst übernehmen Sie mithilfe der statischen Methode `getColor()` aus der Klasse `ContextCompat` eine Farbe, die Sie in der Ressourcendatei *colors.xml* hinterlegt haben. Die Klasse stammt aus dem Paket `androidx.core.content`.

Anschließend weisen Sie diese Farbe dem FrameLayout mithilfe der Methode `setBackgroundColor()` zu.

16.2 Animationen

Sie können verschiedene Eigenschaften einer View animieren. Bei einer solchen Animation werden diese Eigenschaften über eine bestimmte Zeitdauer hinweg in kleinen Schritten verändert. Auf diese Weise entstehen Einzelbilder mit jeweils kleinen Änderungen, die insgesamt den Eindruck eines Films erwecken. In diesem Abschnitt wirkt sich die Animation auf die drei Transformationen aus Abschnitt 16.1, »Transformationen«, aus.

16.2.1 Die fertige App

Im Projekt *AnimationView* befindet sich eine ImageView innerhalb eines FrameLayout zunächst in ihrem Startzustand (siehe Abbildung 16.8). Das bedeutet, dass noch keine Transformationen ausgeführt wurden.

Nach dem Start der Animation wird die ImageView innerhalb von drei Sekunden gleichzeitig

- in X- und Y-Richtung verschoben,
- um die z-Achse gedreht und
- in X-Richtung vergrößert.

Die ImageView wird über einen vollständigen Zyklus transformiert. Die Animation läuft also nach Erreichen des Endzustands wieder rückwärts bis zum Erreichen des Startzustands. Während der Animation werden der Wert der aktuellen Translation und der Wert der aktuellen Animationszeit in zwei TextViews unterhalb des FrameLayouts angezeigt (siehe Abbildung 16.9).

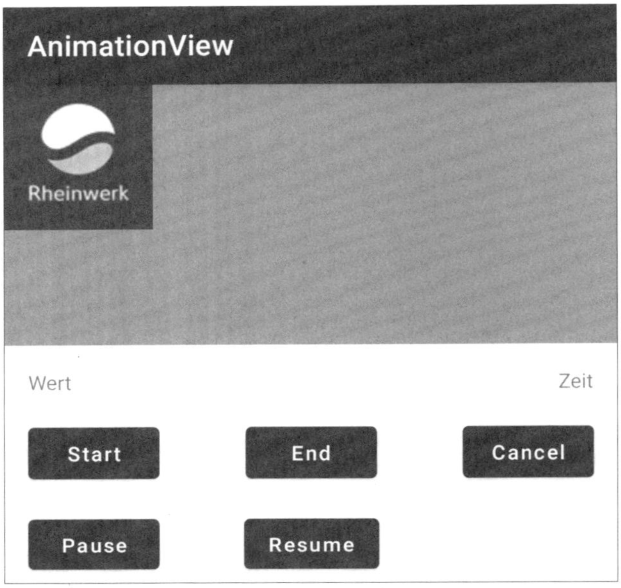

Abbildung 16.8 Animation, Startzustand

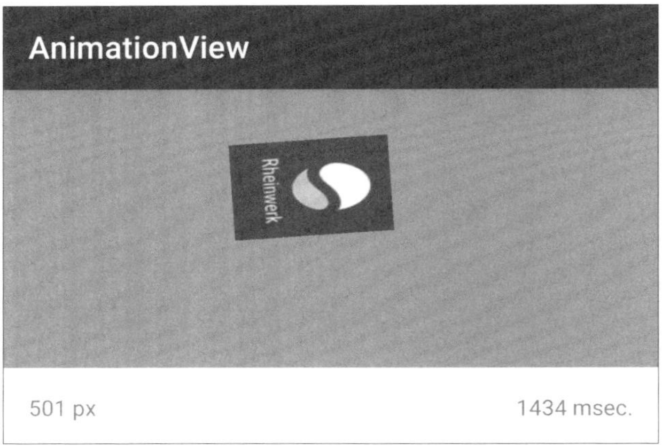

Abbildung 16.9 Animation, Ablauf

Das FrameLayout ist in einem ConstraintLayout angeordnet. Unterhalb des FrameLayout befinden sich die beiden genannten TextViews und fünf Buttons, mit deren Hilfe sich die Animation steuern lässt:

- BUSTART: Starten, hier mit einer kleinen Verzögerung
- BUEND: Beenden, mit Rückkehr zum Startzustand

- BUCANCEL: Abbrechen, ohne Rückkehr zum Startzustand
- BUPAUSE: Pausieren, mit Festhalten des aktuellen Zustands
- BURESUME: Wiederaufnahme, vom Pausenzustand aus

16.2.2 Animation erstellen

Es folgt der erste Teil der Datei *MainActivity*, in der die Animation erzeugt und konfiguriert wird:

```
...
class MainActivity : AppCompatActivity() {
    ...
    override fun onCreate(savedInstanceState: Bundle?) {
        ...
        val faktorDpToPx = resources.displayMetrics.density

        val va = ValueAnimator.ofFloat(0.0f, 300 * faktorDpToPx)
        va.startDelay = 500L
        va.duration = 3000L
        va.repeatCount = 1
        va.repeatMode = ObjectAnimator.REVERSE
        va.interpolator = LinearInterpolator()
        ...
    }
}
```

Listing 16.5 Projekt »AnimationView«, Animation erzeugen

Die statische Methode `ofFloat()` der Klasse `ValueAnimator` aus dem Paket `android.animation` liefert ein Objekt dieser Klasse. Die Methode wird mit einem Startwert und einem Endwert vom Datentyp `Float` aufgerufen. Ein `ValueAnimator`-Objekt dient dazu, einen Animationswert kontinuierlich von einem Startwert zu einem Endwert zu verändern. Die sich ändernden Transformationswerte sind von diesem Animationswert abhängig.

Zur Konfiguration der Animation werden einige Eigenschaften genutzt:

- `startDelay`: ein `Long`-Wert für die Verzögerung in Millisekunden, bevor die eigentliche Animation beginnt, Standardwert: 0
- `duration`: ein `Long`-Wert für die Dauer eines Durchlaufs der Animation in Millisekunden, Standardwert: 300

- `repeatCount`: ein `Int`-Wert für die Anzahl der Wiederholungen der Animation, Standardwert: 0. Zur Einstellung einer unendlichen Anzahl dient die Konstante `INFINITE` aus der Klasse `ObjectAnimator`, die ebenfalls aus dem Paket `android.animation` stammt.
- `repeatMode`: ein `Int`-Wert für das Verhalten nach einem Durchlauf. Er ist nur relevant, wenn `repeatCount` einen Wert ungleich 0 besitzt. Es gibt unter anderem die folgenden Werte:
  - der Standardwert für eine Wiederholung, die wieder beim Startzustand beginnt, der mithilfe der Konstanten `RESTART` aus der Klasse `ObjectAnimator` eingestellt werden kann
  - der Wert für eine Wiederholung, die vom Endzustand zurück zum Startzustand läuft, der mithilfe der Konstanten `REPEAT` aus der Klasse `ObjectAnimator` eingestellt werden kann
- `interpolator`: ein Verweis auf ein `Interpolator`-Objekt, d. h. auf das Objekt einer Klasse, die von der Klasse `BaseInterpolator` abgeleitet ist. Ein `LinearInterpolator`-Objekt sorgt für eine lineare Animation, die mit gleichbleibender Geschwindigkeit abläuft. Insgesamt gibt es zehn Klassen, die jeweils einen unterschiedlichen Verlauf einer Animation bieten. Die Klassen stammen aus dem Paket `android.view.animation`.

16.2.3 Listener für die Animation

Im zweiten Teil der Datei *MainActivity* wird das Listener-Objekt erstellt:

```
...
class MainActivity : AppCompatActivity() {
    ...
    override fun onCreate(savedInstanceState: Bundle?) {
        ...
        va.addUpdateListener { animation ->
            val av = animation.animatedValue as Float
            B.ivBild.translationX = av
            B.ivBild.translationY = av * 100 / (300 * faktorDpToPx)
            B.ivBild.rotation = av * 180 / (300 * faktorDpToPx)
            B.ivBild.scaleX = 1 - (av * 0.8f / (300 * faktorDpToPx))
            B.tvWert.text = "${av.toInt()} px"
            B.tvZeit.text = "${animation.currentPlayTime} msec."
        }
    }
}
```

Listing 16.6 Projekt »AnimationView«, Listener

Mithilfe der Methode addUpdateListener() wird auf eine anonyme Funktion verwiesen, die als Listener dient und das Interface ValueAnimator.AnimatorUpdateListener implementiert. Der Listener bemerkt das Ereignis »Ein neues Einzelbild der Animation wurde erstellt«.

Die einzige Methode des Interface ist onAnimationUpdate(). Sie besitzt einen Parameter, der auf ein Objekt der Klasse ValueAnimator verweist. Dessen Eigenschaft animatedValue entspricht dem oben beschriebenen aktuellen Animationswert, der kontinuierlich vom Startwert zum Endwert verändert wird. Der Animationswert kann abhängig von der Animation einen unterschiedlichen Typ haben. Er ist vom allgemeinen Typ Any und muss jeweils in den passenden Typ (hier: Float) umgewandelt werden.

Der Float-Wert dient jeweils als neuer Wert der Eigenschaft translationX der ImageView. Sie wird also vom Wert 0 Pixel bis zum Wert 300 Pixel verändert. Für die anderen Transformationen finden unterschiedliche Umrechnungen des Animationswerts statt. Der Wert der Eigenschaft translationY wird vom Wert 0 Pixel bis zum Wert 100 Pixel verändert. Der Winkel (Eigenschaft rotation) ändert sich von 0 Grad bis 180 Grad. Der Faktor für die Skalierung in X-Richtung (Eigenschaft scaleX) beginnt bei 1.0 und endet bei 0.2.

Nach jedem Einzelbild werden der Wert der aktuellen Translation und der Wert der aktuellen Animationszeit angezeigt. Der letztgenannte Wert entspricht dem Long-Wert der Eigenschaft currentPlayTime.

16

16.2.4 Steuerung der Animation

Es folgt der dritte und letzte Teil der Datei *MainActivity.kt*, in der die Animation mithilfe der Buttons gesteuert wird:

```
...
class MainActivity : AppCompatActivity() {
    ...
    override fun onCreate(savedInstanceState: Bundle?) {
        ...
        B.buStart.setOnClickListener {
            if(!va.isStarted)
                va.start()
        }

        B.buEnd.setOnClickListener {
            va.end()
            B.tvWert.text = "0 px"
            B.tvZeit.text = "0 msec."
```

```
        }

        B.buCancel.setOnClickListener {
            va.cancel()
        }

        B.buPause.setOnClickListener{
            if (Build.VERSION.SDK_INT >= 19)
                va.pause()
        }

        B.buResume.setOnClickListener{
            if (Build.VERSION.SDK_INT >= 19)
                va.resume()
        }
    }
}
```

Listing 16.7 Projekt »AnimationView«, Animation steuern

Die boolesche Eigenschaft `isStarted` des Objekts der Klasse `ValueAnimator` liefert die Information, ob die Animation gerade läuft. Nach Antippen der Buttons werden folgende Methoden für das Objekt aufgerufen:

- `start()`: zum Starten, falls die Animation noch nicht läuft
- `end()`: zum abrupten Beenden der Animation
- `cancel()`: zum Abbrechen ohne Rückkehr zum Startzustand
- `pause()`: zum Pausieren während das Ablaufs mit Festhalten des aktuellen Zustands
- `resume()`: zum Wiederaufnehmen vom Pausenzustand aus

Die beiden Methoden `pause()` und `resume()` können erst auf Geräten mit der Mindest-SDK-Version 19 aufgerufen werden. Ältere Geräte zeigen nach dem Betätigen der Buttons keine Reaktion.

Nach dem Aufruf der Methode `end()` wird die Animation abrupt beendet. Je nach Gerät ist anschließend der Zustand nach einem einfachen Durchlauf der Animation oder der Zustand nach einem vollständigen Durchlauf der Animation einschließlich der Wiederholung erreicht.

16.3 Interpolatoren

Es gibt insgesamt zehn Klassen für Interpolatoren, die jeweils einen unterschiedlichen Verlauf für eine Animation bieten. Zu Ihrer Verdeutlichung dient das Projekt *Animation-Interpolation*. Hier kann der Benutzer mithilfe von RadioButtons einen Interpolator auswählen (siehe auch Abbildung 16.10). Anschließend kann er eine einfache Animation mit dem betreffenden Verlauf starten.

16.3.1 Die fertige App

Die Benutzeroberfläche der Projekt-App ist mithilfe eines ConstraintLayout aufgebaut, das ein FrameLayout mit einer ImageView, eine vertikale RadioGroup mit zehn Radio-Buttons und einen Button beinhaltet.

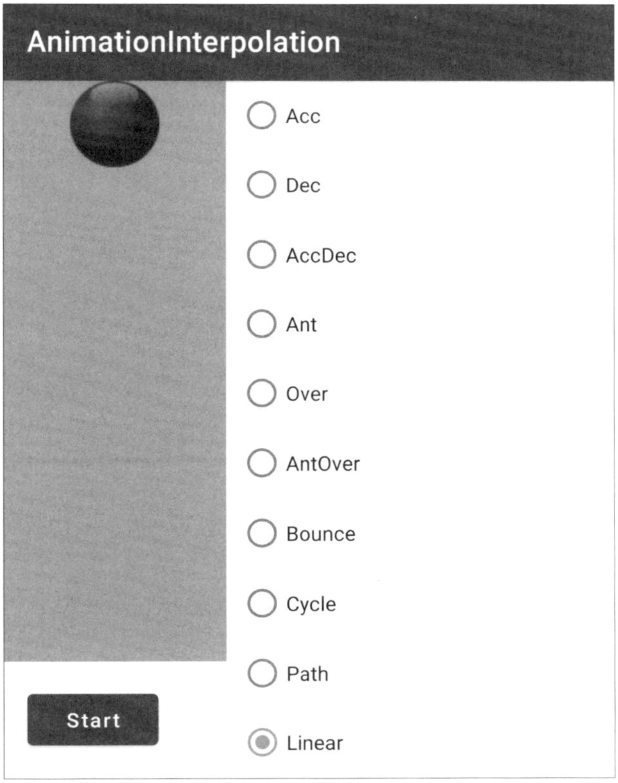

Abbildung 16.10 Verschiedene Interpolatoren

Bei der Animation bewegt sich die Kugel innerhalb von drei Sekunden von 0 dp bis 340 dp in Y-Richtung. Die Animation wird einmal wiederholt als Rücklauf vom Endzustand zum Startzustand, außer bei Verwendung der Klasse CycleInterpolator. Der Wert der Eigenschaft repeatCount steht standardmäßig auf 1. Nur für den CycleInterpolator wird er auf 0 gesetzt.

16.3.2 Auswahl des Interpolators

Es folgt der Code der Klasse MainActivity:

```
...
class MainActivity : AppCompatActivity() {
    ...
    override fun onCreate(savedInstanceState: Bundle?) {
        ...
        val faktorDpToPx = resources.displayMetrics.density

        val va = ValueAnimator.ofFloat(0.0f, 340 * faktorDpToPx)
        va.interpolator = LinearInterpolator()
        va.duration = 3000L
        va.repeatMode = ObjectAnimator.REVERSE
        va.repeatCount = 1
        va.addUpdateListener { animation ->
            B.ivBild.translationY = animation.animatedValue as Float
        }

        B.buStart.setOnClickListener{
            if(!va.isStarted)
                va.start()
        }

        val pfad = Path()
        pfad.lineTo(0.4f, 0.05f)
        pfad.moveTo(0.4f, 0.5f)
        pfad.lineTo(1.0f, 1.0f)

        B.rgInterpolator.setOnCheckedChangeListener {_, checkedId ->
            va.repeatCount = 1
            when (checkedId) {
                B.rbAcc.id -> va.interpolator = AccelerateInterpolator()
```

```
                B.rbDec.id -> va.interpolator = DecelerateInterpolator()
                B.rbAccDec.id -> va.interpolator =
                    AccelerateDecelerateInterpolator()
                B.rbAnt.id -> va.interpolator = AnticipateInterpolator()
                B.rbOver.id -> va.interpolator = OvershootInterpolator()
                B.rbAntOver.id -> va.interpolator =
                    AnticipateOvershootInterpolator()
                B.rbBounce.id -> va.interpolator = BounceInterpolator()
                B.rbCycle.id -> {
                    va.repeatCount = 0
                    va.interpolator = CycleInterpolator(1.0f)
                }
                B.rbPath.id -> if (Build.VERSION.SDK_INT >= 21)
                    va.interpolator = PathInterpolator(pfad)
                B.rbLinear.id -> va.interpolator = LinearInterpolator()
            }
        }
    }
}
```

Listing 16.8 Projekt »AnimationInterpolation«

Der Aufbau des `ValueAnimator`-Objekts ähnelt dem aus dem vorherigen Abschnitt und wird hier nicht mehr erläutert. Die verschiedenen Interpolatoren werden in den nachfolgenden Abschnitten beschrieben.

16.3.3 Aufbau der Pfad-Interpolation

Die Klasse `PathInterpolator` kann erst auf Geräten ab der SDK-Version 21 genutzt werden. Bei älteren Geräten erfolgt nach dem Betätigen des RadioButton mit der Aufschrift PATH keine Umschaltung des Interpolators. Daher löst der Button START die zuvor eingestellte Animation aus.

Zum Erstellen eines Objekts der Klasse `PathInterpolator` wird ein Objekt der Klasse `Path` benötigt. Mithilfe eines solchen Objekts und der beiden Methoden `lineTo()` und `moveTo()` wird der Verlauf einer Funktion *y(x)* definiert, ähnlich wie mit einem Zeichenstift in einer Zeichnung. Beide Funktionen besitzen die `Float`-Parameter x und y.

Der Wert von x steht für den Anteil der Zeit an der Gesamtzeit der Animation (hier: 3 Sekunden) von 0.0 bis 1.0. Der Wert von y steht für den Anteil des Verlaufs am Gesamtverlauf der Animation (hier: ein Weg von 340 dp), ebenfalls von 0.0 bis 1.0.

Die einzelnen Teile des Pfads des vorliegenden Beispiels:

- Als Erstes wird mithilfe der Methode `lineTo()` eine Linie zum Punkt 0.4 / 0.05 gezogen. Das ergibt einen linearen Verlauf der Animation über eine Zeit von 1.2 sec (= 0.4 × 3 sec) und einen Weg von 17 dp (= 0.05 × 340 dp).
- Anschließend erfolgt mithilfe der Methode `moveTo()` ein Sprung zum Punkt 0.4 / 0.5. Das bedeutet: innerhalb von 0.0 sec (= 0.4 – 0.4) ein Weg von 153 dp (= (0.5 – 0.05) × 340 dp).
- Als Letztes folgt mithilfe der Methode `lineTo()` wieder eine Linie, diesmal zum Punkt 1.0 / 1.0, also ein Weg von 170 dp (= (1.0 – 0.5) × 340 dp) in einer Zeit von 1.8 sec (= (1.0 – 0.4) × 3 sec).

16.3.4 Weitere Interpolatoren

Das Objekt der Klasse `AccelerateInterpolator` sorgt für einen langsamen Start mit einer gleichmäßigen Beschleunigung auf dem Hinweg und für einen schnellen Start mit einer gleichmäßigen Verlangsamung auf dem Rückweg. Umgekehrt sorgt das Objekt der Klasse `DecelerateInterpolator` für eine gleichmäßige Verlangsamung auf dem Hinweg und für eine gleichmäßige Beschleunigung auf dem Rückweg. Mithilfe des Objekts der Klasse `AccelerateDecelerateInterpolator` wird auf der ersten Hälfte des Hinwegs und des Rückwegs beschleunigt und auf der zweiten Hälfte jeweils verlangsamt.

Bei dem Objekt der Klasse `AnticipateInterpolator` erfolgt auf dem Hinweg zunächst eine Bewegung in die Gegenrichtung: Es wird Schwung geholt, wie beim Abschuss der Kugel eines Flipperautomaten. Anschließend wird gleichmäßig beschleunigt. Auf dem Rückweg schießt die Kugel kurz über das Ziel hinaus und kommt erst dann zur Ruhe. Das Objekt der Klasse `OvershootInterpolator` sorgt umgekehrt dafür, dass die Kugel auf dem Hinweg kurz über das Ziel hinausschießt und auf dem Rückweg zunächst Schwung geholt wird. Mithilfe des Objekts der Klasse `AnticipateOvershootInterpolator` wird sowohl auf dem Hinweg als auch auf dem Rückweg jeweils Schwung geholt und kurz über das Ziel hinausgeschossen.

Das Objekt der Klasse `BounceInterpolator` lässt die Kugel gleichmäßig beschleunigen und am Ende des Hinwegs mehrmals aufprallen (engl.: *to bounce*), bevor sie zur Ruhe kommt. Auf dem Rückweg wird durch mehrmaliges Aufprallen Schwung geholt. Anschließend verlangsamt sich die Kugel bis zum Ziel.

Der Verlauf beim Objekt der Klasse `CycleInterpolator` lässt sich am besten ohne Wiederholung verdeutlichen. Er entspricht dem einer Sinuskurve. Die Kugel bewegt sich zunächst (im positiven Teil der Sinuskurve) innerhalb des FrameLayout vom Startzustand über den Endzustand wieder bis zum Startzustand. Anschließend bewegt sie sich (im negativen Teil der Sinuskurve) vollständig oberhalb des FrameLayout wiederum vom Startzustand über den (negativen) Endzustand zurück bis zum Startzustand.

16.4 Kollisionen

Eine View kann eine andere View teilweise überlappen. Findet eine solche Überlappung während einer Animation statt, kann der Beginn der Überlappung als Kollision der beiden Views interpretiert werden. Das könnte eine Aktion zur Folge haben. Zum Beispiel könnte die Kollision bei einer Spiele-App als ein Treffer interpretiert werden, der dem Spieler zu Punkten verhilft.

16.4.1 Die fertige App

Im Projekt *AnimationKollision* gibt es zwei ImageViews und einen Button in einem FrameLayout. Die obere ImageView `ivBildEins` bewegt sich mithilfe einer Animation nach unten, bis sie mit der unteren ImageView `ivBildZwei` kollidiert (siehe auch Abbildung 16.11). Mithilfe eines Objekts der Klasse `Rect` wird die Kollision erkannt. Als Folge wird die Animation beendet.

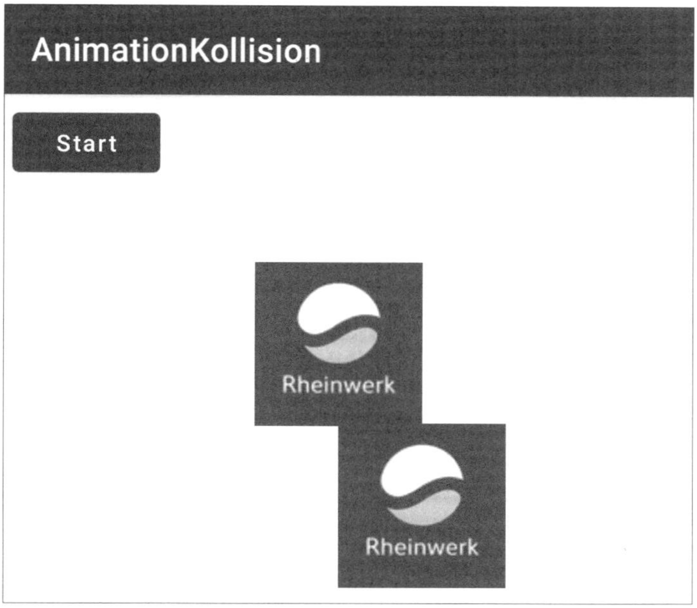

Abbildung 16.11 Kollision der beiden Views

16.4.2 Layout der Views

Beim Layout der beiden ImageViews müssen Sie darauf achten, dass jeweils die tatsächliche Breite und Höhe des dargestellten Bilds eingestellt werden, wie nachfolgend zu sehen:

```
...
    <ImageView
        android:id="@+id/ivBildEins"
        app:srcCompat="@drawable/rheinwerk"
        android:layout_width="@dimen/ivRheinwerkBreite"
        android:layout_height="@dimen/ivRheinwerkHoehe" ... />

    <ImageView
        android:id="@+id/ivBildZwei"
        app:srcCompat="@drawable/rheinwerk"
        android:layout_width="@dimen/ivRheinwerkBreite"
        android:layout_height="@dimen/ivRheinwerkHoehe" ... />
...
```

Listing 16.9 Projekt »AnimationKollision«, Layout der Views

Die beiden Werte `ivRheinwerkBreite` und `ivRheinwerkHoehe` der Attribute `layout_width` und `layout_height` sind als Dimensions-Ressourcen in der Datei *dimens.xml* mit jeweils 100 dp notiert. Die verwendete Bilddatei *rheinwerk.png* hat eine Größe von 100 × 100 Pixeln.

Die Werte werden bei der Erstellung des `Rect`-Objekts benötigt, mit dessen Hilfe die Kollision erkannt werden kann. Der Wert der üblichen Konstanten `wrap_content` für die beiden Attribute entspricht –2 und ist dafür nicht geeignet.

16.4.3 Der Ablauf für die Kollision

Es folgt der Code der Klasse `MainActivity`:

```
...
class MainActivity : AppCompatActivity() {
    ...
    override fun onCreate(savedInstanceState: Bundle?) {
        ...
        val faktorDpToPx = resources.displayMetrics.density
        val rectZwei = rechteck(B.ivBildZwei)
```

```
        val va = ValueAnimator.ofFloat(0.0f, 300 * faktorDpToPx)
        va.duration = 3000L
        va.interpolator = LinearInterpolator()
        va.addUpdateListener { animation ->
            val av = animation.animatedValue as Float
            B.ivBildEins.translationY = av
            val rectEins = rechteck(B.ivBildEins)
            if(rectEins.intersect(rectZwei))
                va.cancel()
        }

        B.buStart.setOnClickListener{
            if(!va.isStarted)
                va.start()
        }
    }

    private fun rechteck(v: View): Rect {
        val posPx = v.layoutParams as ViewGroup.MarginLayoutParams
        val grPx = v.layoutParams
        return Rect(
                (posPx.leftMargin + v.translationX).toInt(),
                (posPx.topMargin + v.translationY).toInt(),
                (posPx.leftMargin + v.translationX +
                        grPx.width).toInt(),
                (posPx.topMargin + v.translationY +
                        grPx.height).toInt())
    }
}
```

Listing 16.10 Projekt »AnimationKollision«, Ablauf für die Kollision

Für die ImageViews werden mithilfe der eigenen Methode rechteck() mehrfach Objekte der Klasse Rect erstellt. Ein Rect-Objekt stellt ein umgebendes Rechteck der jeweiligen ImageView an der aktuellen Position dar. Für ein Rect-Objekt kann die Methode intersect() aufgerufen werden. Sie liefert die Information, ob sich die Fläche eines Rechtecks mit der Fläche eines anderen Rechtecks überschneidet. Auf diese Weise wird eine Kollision der ImageViews erkannt.

16

Schauen wir uns zunächst die Methode `rechteck()` an:

Die Eigenschaft `layoutParams` der ImageView ist ein Objekt der Klasse `ViewGroup.LayoutParams`. Es wird zunächst in ein Objekt der Klasse `ViewGroup.MarginLayoutParams` umgewandelt. Aus diesem Objekt lassen sich die Positionswerte `leftMargin` und `topMargin` gewinnen.

Anschließend werden aus der Eigenschaft `layoutParams` die Größenwerte `width` und `height` ermittelt.

In der Methode `rechteck()` wird ein Konstruktor für das `Rect`-Objekt verwendet, der vier `Int`-Werte erwartet:

- `left`: Abstand der linken Kante des Rechtecks vom linken Rand des umgebenden Elements. Er entspricht dem Wert `leftMargin` der ImageView.
- `top`: Abstand der oberen Kante des Rechtecks vom oberen Rand des umgebenden Elements. Er entspricht dem Wert `topMargin` der ImageView.
- `right`: Abstand der rechten Kante des Rechtecks vom linken Rand des umgebenden Elements. Er entspricht dem Wert `leftMargin` der ImageView, dem die Breite (`width`) der ImageView hinzuaddiert wird.
- `bottom`: Abstand der unteren Kante des Rechtecks vom oberen Rand des umgebenden Elements. Er entspricht dem Wert `topMargin` der ImageView, dem die Höhe (`height`) der ImageView hinzuaddiert wird.

Zu den Werten für `left` und `right` werden noch die aktuellen Werte für die Translation in X-Richtung hinzuaddiert, zu den Werten für `top` und `bottom` noch die aktuellen Werte für die Translation in Y-Richtung.

Die zweite ImageView bewegt sich nicht. Alle Werte für die Translation in X- und in Y-Richtung liegen immer bei 0. Das `Rect`-Objekt für die zweite ImageView wird daher nur einmal erstellt.

Die erste ImageView bewegt sich mithilfe der Animation mit gleichbleibender Geschwindigkeit in drei Sekunden um 300 dp nach unten. Bei jedem Einzelbild der Animation hat die erste ImageView eine andere Position. Es wird jeweils ein neues `Rect`-Objekt erstellt. Gibt es eine Überschneidung mit dem `Rect`-Objekt der zweiten ImageView, wird die Animation abgebrochen.

Kapitel 17
App-Daten speichern

Vor dem Beenden einer App sollten eingegebene oder ermittelte Daten gespeichert werden.

Benötigen Sie bestimmte Daten dauerhaft und möchten Sie diese Daten bei mehreren Aufrufen einer App lesen oder verändern, müssen Sie sie im Speicher des Geräts ablegen.

Im Standardfall stehen die gespeicherten Daten nur der betreffenden App zur Verfügung. Sie können nicht von außerhalb der App gelesen oder verändert werden.

In diesem Kapitel werden Ihnen drei Möglichkeiten vorgestellt:

- Speicherung von einzelnen Schlüssel-Wert-Paaren in einer Datei.
- Speicherung von längeren Texten in einer Textdatei.
- Strukturierte Speicherung mithilfe einer SQLite-Datenbank.

17

17.1 Schlüssel-Wert-Paare

Möchten Sie nur einzelne Informationen speichern, zum Beispiel die Konfigurationsdaten einer App, ist die Nutzung des Interface `SharedPreferences` zu empfehlen. Es ermöglicht Ihnen einen einfachen lesenden und schreibenden Zugriff auf Dateien einer App, in der Schlüssel-Wert-Paare (siehe auch Abschnitt 7.3, »Maps«) gespeichert sind.

Die Methode `getPreferences()` arbeitet mit einer einzelnen Datei, die nur innerhalb einer einzelnen Activity genutzt werden kann. Die Methode `getSharedPreferences()` arbeitet mit mehreren Dateien, die innerhalb aller Activitys einer App genutzt werden können.

Das Projekt *SpeichernPraeferenzen* zeigt Ihnen die letztgenannte Möglichkeit. Die Benutzeroberfläche der App beinhaltet die vier Buttons BUSCHREIBEN, BULESEN, BULOESCHENEINZELN und BULOESCHENALLE sowie eine TextView zur Ausgabe (siehe Abbildung 17.1).

Abbildung 17.1 Schreiben und Lesen von Schlüssel-Wert-Paaren

17.1.1 Schreiben von Daten

Es folgt die Klasse `MainActivity` mit demjenigen Teil des Codes, der nach dem Antippen des Buttons BUSCHREIBEN durchlaufen wird:

```
...
class MainActivity : AppCompatActivity() {
    ...
    override fun onCreate(savedInstanceState: Bundle?) {
        ...
        val speicher = this.getSharedPreferences(
                "daten.pr", Context.MODE_PRIVATE)

        B.buSchreiben.setOnClickListener {
            val schreiber = speicher.edit()
            schreiber.putInt("z", 42)
            schreiber.putFloat("x", 47.11f)
            schreiber.putString("t", "Hallo Welt")
            if(!schreiber.commit())
                B.tvAusgabe.text = "Problem beim Schreiben"
        }
    }
}
```

Listing 17.1 Projekt »SpeichernPraeferenzen«, Schreiben der Daten

Zunächst wird mithilfe der Methode `getSharedPreferences()` ein Verweis auf ein `Shared-Preferences`-Objekt erstellt. Er ermöglicht einen zentralen Zugriff auf eine Datei, in der

Schlüssel-Wert-Paare gespeichert werden können. Als Dateimodus zum Öffnen der Datei wird der Standardwert genutzt: die Konstante `Context.MODE_PRIVATE`. Mit diesem Wert wird dafür gesorgt, dass nur innerhalb der App auf die Datei zugegriffen werden kann.

Nach dem Antippen des Buttons BUSPEICHERN wird für das `SharedPreferences`-Objekt die Methode `edit()` aufgerufen. Sie erstellt einen Verweis auf ein `SharedPreferences.Editor`-Objekt, mit dessen Hilfe die Daten für das `SharedPreferences`-Objekt geschrieben werden.

Die Methode `putInt()` des Editor-Objekts erstellt ein Schlüssel-Wert-Paar, das aus einem `String`-Wert und einem `Int`-Wert besteht. Die Methoden `putFloat()` und `putString()` erstellen Schlüssel-Wert-Paare, die aus einem `String`-Wert und einem `Float`-Wert beziehungsweise einem weiteren `String`-Wert bestehen.

Die Methode `commit()` führt die Speicherung der Schlüssel-Wert-Paare durch. Ist ein Schlüssel bereits vorhanden, wird der zugehörige Wert überschrieben. Der Rückgabewert der Methode liefert die Information, ob die Speicherung erfolgreich war

17.1.2 Lesen von Daten

Es folgt der Code nach dem Antippen des Buttons BULESEN:

```
B.buLesen.setOnClickListener {
    try {
        val z = if (speicher.contains("z"))
            speicher.getInt("z", 0) else -1
        val x = if (speicher.contains("x"))
            speicher.getFloat("x", 0.0f) else -1.0f
        val t = if (speicher.contains("t"))
            speicher.getString("t", "") else "(Kein String)"
        B.tvAusgabe.text = "$z $x $t"
    }
    catch(ex:Exception) {
        B.tvAusgabe.text = ex.toString()
    }
}
```

Listing 17.2 Projekt »SpeichernPraeferenzen«, Lesen der Daten

Die Methode `getInt()` liefert den Wert eines Schlüssel-Wert-Paares mit einem `Int`-Wert. Ist der Schlüssel nicht vorhanden, wird der Standardwert aus dem zweiten Parameter der Methode geliefert. Die Methoden getFloat() und getString() machen das Gleiche für Float-Werte beziehungsweise String-Werte.

Verweist der Schlüssel auf einen Wert eines Datentyps, der nicht passend zur aufrufenden get-Methode umgewandelt werden kann, kommt es zu einer Ausnahme des Typs java.lang.ClassCastException.

Die Methode contains() wird nur aufgerufen, falls Sie für den Fall, dass ein Schlüssel nicht vorhanden ist, Aktionen auslösen möchten.

In Abbildung 17.1 sehen Sie die Ausgabe in der TextView nach dem Schreiben der Schlüssel-Wert-Paare und dem anschließenden Lesen.

17.1.3 Löschen von Daten

Es folgt der Code für die beiden Buttons BULOESCHENEINZELN und BULOESCHENALLE:

```
B.buLoeschenEinzeln.setOnClickListener {
    val schreiber = speicher.edit()
    schreiber.remove("x")
    if(!schreiber.commit())
        B.tvAusgabe.text = "Problem beim Löschen"
}

B.buLoeschenAlle.setOnClickListener {
    val schreiber = speicher.edit()
    schreiber.clear()
    if(!schreiber.commit())
        B.tvAusgabe.text = "Problem beim Löschen"
}
```

Listing 17.3 Projekt »SpeichernPraeferenzen«, Löschen der Daten

Die Methode remove() dient dem Löschen des angegebenen Schlüssel-Wert-Paars, die Methode clear() zum Löschen aller Schlüssel-Wert-Paare.

17.2 Textdatei

In der App des Projekts *SpeichernTextdatei* kann der Benutzer Daten mithilfe eines Objekts der Klasse OutputStreamWriter dauerhaft in einer Textdatei speichern, die nur für diese App zu erreichen ist. Umgekehrt können die Inhalte der Textdatei mithilfe eines

Objekts der Klasse `InputStreamReader` gelesen werden. Nach dem Lesen werden sie in einer TextView ausgegeben. Die Benutzeroberfläche der App beinhaltet die fünf Buttons BUSCHREIBEN, BUANHAENGEN, BULEEREN, BULESENGESAMT und BULESENZEILEN sowie die TextView (siehe Abbildung 17.2).

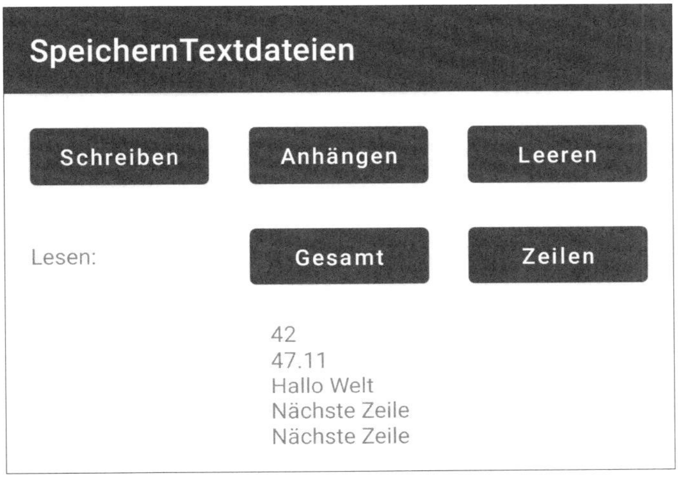

Abbildung 17.2 Textdatei, Schreiben und Lesen

17.2.1 Schreiben in die Datei

Es folgt die Klasse `MainActivity` mit dem Teil des Codes, der nach dem Antippen des Buttons BUSCHREIBEN durchlaufen wird:

```
...
class MainActivity : AppCompatActivity() {
    ...
    override fun onCreate(savedInstanceState: Bundle?) {
        ...
        B.buSchreiben.setOnClickListener {
            val z = 42
            val x = 47.11
            val t = "Hallo Welt"
            val datei = openFileOutput("daten.txt", Context.MODE_PRIVATE)
            val schreiber = OutputStreamWriter(datei)
            schreiber.write("$z\n$x\n$t\n")
            schreiber.close()
            datei.close()
```

```
            B.tvAusgabe.text = "Geschrieben"
        }
        ...
    }
}
```

Listing 17.4 Projekt »SpeichernTextdateien«, Schreiben der Daten

Die Klasse `OutputStreamWriter` stammt aus dem Paket `java.io`. Nach dem Antippen des Buttons BUSCHREIBEN wird die Textdatei *daten.txt* mithilfe der Methode `openFileOutput()` zum Schreiben geöffnet. Existiert die Textdatei nicht, wird sie neu erzeugt. Die Methode liefert einen Verweis (hier: `datei`) auf ein Objekt der Klasse `FileOutputStream` zurück. Es ermöglicht das Speichern eines Datenstroms in die geöffnete Textdatei.

Der zweite Parameter steht für den Öffnungsmodus. Auch hier wird dafür gesorgt, dass nur innerhalb der App auf die Textdatei zugegriffen werden kann. Der Wert `Context.MODE_PRIVATE` bewirkt, dass die Textdatei, falls vorhanden, überschrieben wird.

Als Nächstes wird ein Objekt der Klasse `OutputStreamWriter` erzeugt (hier: `schreiber`). Es dient während des Speicherns des Datenstroms zur Umwandlung der Zeichenströme aus der Eingabe in die Byteströme für die Datei.

Die Methode `write()` setzt einen String in den Datenstrom. Der Aufruf `schreiber.close()` ruft zunächst intern die Methode `flush()` zum Speichern des Datenstroms in die Textdatei auf und schließt ihn anschließend. Der Aufruf `datei.close()` schließt die geöffnete Textdatei.

17.2.2 Anhängen am Ende der Datei

Es folgt der Code nach Antippen des Buttons BUANHAENGEN:

```
B.buAnhaengen.setOnClickListener {
    val datei = openFileOutput("daten.txt", Context.MODE_APPEND)
    val schreiber = OutputStreamWriter(datei)
    schreiber.write("Nächste Zeile\n")
    schreiber.close()
    datei.close()

    B.tvAusgabe.text = "Angehängt"
}
```

Listing 17.5 Projekt »SpeichernTextdateien«, Anhängen der Daten

Der Öffnungsmodus wird diesmal mithilfe der Konstanten `Context.MODE_APPEND` festgelegt. Sie bewirkt, dass die Methode `write()` an das Ende der Datei schreibt, der neue Inhalt also angehängt wird.

17.2.3 Leeren der Datei

Der Button BULEEREN dient zum Leeren der Textdatei mithilfe einer leeren Zeichenkette:

```
B.buLeeren.setOnClickListener {
    val datei = openFileOutput("daten.txt", Context.MODE_PRIVATE)
    val schreiber = OutputStreamWriter(datei)
    schreiber.write("")
    schreiber.close()
    datei.close()

    B.tvAusgabe.text = "Geleert"
}
```

Listing 17.6 Projekt »SpeichernTextdateien«, Leeren der Datei

17.2.4 Inhalt in Zeichenkette speichern

Es folgt die Klasse `MainActivity` mit dem Teil des Codes, der nach dem Antippen des Buttons BULESENGESAMT durchlaufen wird:

```
B.buLesenGesamt.setOnClickListener {
    var ausgabe = ""
    try {
        val datei = openFileInput("daten.txt")
        val leser = InputStreamReader(datei)
        ausgabe = leser.readText()
        if (ausgabe.isEmpty())
            ausgabe = "(Datei ist leer)"
        leser.close()
        datei.close()
    }
    catch(ex:Exception) {
        ausgabe = "(Fehler beim Lesen)"
    }
    B.tvAusgabe.text = ausgabe
}
```

Listing 17.7 Projekt »SpeichernTextdateien«, Inhalt in Zeichenkette

Die Textdatei *daten.txt* wird mithilfe der Methode `openFileInput()` zum Lesen geöffnet. Die Methode liefert einen Verweis (hier: `datei`) auf ein Objekt der Klasse `FileInputStream` zurück. Dieses Objekt ermöglicht das Lesen eines Datenstroms aus der geöffneten Textdatei.

Als Nächstes wird ein Objekt der Klasse `InputStreamReader` erzeugt (hier: `leser`). Die Klasse stammt ebenfalls aus dem Paket `java.io`. Das Objekt dient während des Lesens des Datenstroms zur Umwandlung der gelesenen Byteströme in die auszugebenden Zeichenströme.

Die Methode `readText()` liest den vollständigen Inhalt der Textdatei und liefert ihn als String zurück. Der Aufruf `leser.close()` schließt den Datenstrom, der Aufruf `datei.close()` die geöffnete Textdatei.

In Abbildung 17.2 sehen Sie den Inhalt der Datei in der TextView, nachdem einmal geschrieben und zweimal angehängt wurde.

17.2.5 Inhalt in Liste speichern

Zur Betrachtung der einzelnen Zeilen der Textdatei tippt der Benutzer den Button BULESENZEILEN an. Es folgt der Code:

```
B.buLesenZeilen.setOnClickListener {
    var ausgabe = ""
    try {
        val datei = openFileInput("daten.txt")
        val leser = InputStreamReader(datei)
        val liste = leser.readLines()
        ausgabe += "Anzahl: ${liste.size}\n"
        for(x in liste.indices)
            ausgabe += "$x: ${liste[x]}\n"
        leser.close()
        datei.close()
    }
    catch(ex:Exception) {
        ausgabe = "(Fehler beim Lesen)"
    }
    B.tvAusgabe.text = ausgabe
}
```

Listing 17.8 Projekt »SpeichernTextdateien«, Inhalt in Liste

Die Methode `readLines()` liefert ein Objekt der Klasse `List<String>`. Sie beinhaltet die einzelnen Zeilen der Datei, jeweils ohne Zeilenumbruch. Hier werden die Anzahl der Zeilen sowie die einzelnen Zeilen mit Nummer und Inhalt ausgegeben (siehe Abbildung 17.3).

Abbildung 17.3 Textdatei, einzelne Zeilen

17.3 SQLite-Datenbank

Mithilfe einer Datenbank können Sie große Datenmengen strukturiert verwalten. Diese können gespeichert, gelesen, gefiltert, sortiert, verändert und gelöscht werden.

17.3.1 Datenbanksprache SQL

Die Abkürzung *SQL* steht für *Structured Query Language*. SQL ist eine strukturierte Abfragesprache, mit deren Hilfe Datenbankabfragen ausgeführt werden können.

Es gibt zwei Typen von Abfragen:

- Abfragen mit dem SQL-Befehl `SELECT` zur Auswahl von Daten
- Aktionsabfragen mit den SQL-Befehlen:
  - `UPDATE` zum Ändern von Daten
  - `DELETE` zum Löschen von Daten
  - `INSERT` zum Hinzufügen von Daten

Schlüsselwörter der Sprache SQL werden gemäß allgemeiner Konvention großgeschrieben, um sie leichter vom Rest der SQL-Anweisung unterscheiden zu können.

Eine SQL-basierte Datenbank besteht aus einer oder mehreren Datenbanktabellen. In einer Datenbanktabelle stehen mehrere Datensätze. Die einzelnen Datensätze können Sie mit Objekten derselben Klasse vergleichen: Sie besitzen dieselben Eigenschaften (= Datenbankfelder), jeweils mit unterschiedlichen Werten.

Die Tabellen einer Datenbank sind mithilfe von Relationen untereinander verbunden. Man spricht in diesem Zusammenhang auch von einem relationalen Datenbanksystem.

In diesem Abschnitt zur Nutzung einer SQL-Datenbank kann nur ein kleiner Einblick in die vielfältigen Möglichkeiten der Sprache SQL geboten werden.

17.3.2 Datenbanksystem SQLite

Bei *SQLite* handelt es sich um ein weitverbreitetes, SQL-basiertes Datenbanksystem. Es kann als vereinfachter Ersatz für ein komplexes, serverbasiertes Datenbankmanagementsystem dienen. Jede Datenbank wird bei SQLite in einer einzelnen Datei abgespeichert.

SQLite ist ein datentyploses System. Sie haben hierdurch den Vorteil, keine Datentypen angeben zu müssen – allerdings entfallen im Gegenzug einige automatische Kontrollmöglichkeiten. Ist es also wichtig, Daten des richtigen Typs zu verwenden, müssen Sie dies durch zusätzlichen Code kontrollieren.

In SQLite können Sie Datentypen für die einzelnen Datenbankfelder empfehlen. Diese Datenbankfelder haben anschließend eine Affinität zu dem empfohlenen Datentyp. Sie sind nicht vorgeschrieben, erleichtern aber unter anderem die Kompatibilität zu anderen SQL-basierten Datenbanksystemen.

Eine Ausnahme innerhalb des datentyplosen Systems bildet der Datentyp `INTEGER PRIMARY KEY AUTOINCREMENT`. Auf einem Datenbankfeld dieses Datentyps liegt der *Primärschlüssel*. Das ist ein eindeutiger Wert, mit dessen Hilfe die einzelnen Datensätze voneinander unterschieden werden. Die Eigenschaft `AUTOINCREMENT` bewirkt, dass die Werte der einzelnen Datensätze für dieses Datenbankfeld aus direkt aufeinanderfolgenden ganzen Zahlen bestehen.

17.3.3 Die fertige App

In der App des Projekts *SpeichernDatenbanken* arbeitet der Benutzer mit einer SQLite-Datenbank, die nur eine einzelne Datenbanktabelle mit insgesamt drei Datenbankfeldern besitzt. Darin werden fiktive Ergebnisse verschiedener Benutzer einer Spiele-App in einer Highscore-Tabelle gespeichert und in absteigender Sortierung dargestellt (siehe auch Abbildung 17.4).

Jeder Datensatz der Datenbanktabelle `highscore` besitzt die Datenbankfelder `id`, `vorname` und `wert`. Das Datenbankfeld `id` ist vom Typ `INTEGER PRIMARY KEY AUTOINCREMENT`. Für die beiden anderen Datenbankfelder werden die Datentypen `TEXT` (für Zeichenketten) beziehungsweise `INTEGER` (für ganze Zahlen) empfohlen.

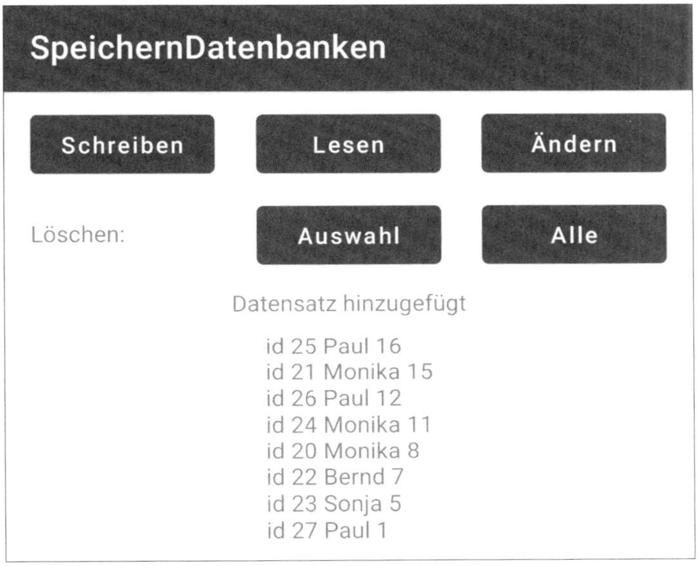

Abbildung 17.4 Tabelle

Die Benutzeroberfläche der App beinhaltet neben fünf Buttons die beiden TextViews `tvAusgabe` zur Anzeige von Meldungen und `tvDaten` zur Anzeige von Daten aus der Datenbank. Mithilfe der fünf Buttons werden verschiedene Auswahl- und Aktionsabfragen durchgeführt:

- buLesen: Lesen aller Datensätze der Datenbanktabelle und Darstellung in der TextView `tvDaten` in absteigender Sortierung.
- buSchreiben: Hinzufügen eines neuen Datensatzes mit zufällig ausgewählten Werten.
- buAendern: Ändern aller Datensätze, die eine bestimmte Bedingung erfüllen.
- buLoeschenAuswahl: Löschen aller Datensätze, die eine bestimmte Bedingung erfüllen.
- buLoeschenAlle: Löschen aller Datensätze.

Nach jeder Aktionsabfrage wird der aktuelle Inhalt der Datenbanktabelle erneut ausgegeben.

17.3.4 Aufbau der Datenbankklasse

Für die Erzeugung und den Zugriff auf eine SQLite-Datenbank benötigen Sie eine eigene Klasse, die von der abstrakten Klasse `SQLiteOpenHelper` abgeleitet ist. Es folgt der Code der hier verwendeten Klasse `DatenbankKlasse` in der Datei *DatenbankKlasse.kt*:

```
class DatenbankKlasse(context: Context):
        SQLiteOpenHelper(context, "highscore.db", null, 1) {
    override fun onCreate(db: SQLiteDatabase) {
        db.execSQL("CREATE TABLE [highscore]" +
                " ([id] INTEGER PRIMARY KEY AUTOINCREMENT NOT NULL," +
                "[vorname] TEXT NOT NULL, [wert] INTEGER NOT NULL)")
    }
    override fun onUpgrade(db: SQLiteDatabase,
        versionAlt: Int, versionNeu: Int) {}
}
```

Listing 17.9 Projekt »SpeichernDatenbanken«, Datenbankklasse

Bei der Erzeugung eines Objekts der Klasse `DatenbankKlasse` in der Klasse `MainActivity` wird ein Verweis auf das `Context`-Objekt der Klasse `MainActivity` übergeben. Insgesamt werden vier Parameter an den Konstruktor der Klasse `SQLiteOpenHelper` weitergereicht:

- der erwähnte Verweis auf das `Context`-Objekt
- der Name der SQLite-Datenbankdatei (hier: *highscore.db*)
- ein Verweis auf ein `CursorFactory`-Objekt (wird hier nicht benötigt, daher darf es ein Null-Verweis sein)
- eine erste Versionsnummer (hier: die Zahl 1)

In der Klasse, die von der abstrakten Klasse abgeleitet wird, müssen zwei Methoden überschrieben werden:

- In der Methode `onCreate()` wird dafür gesorgt, dass mindestens eine Datenbanktabelle erzeugt wird, falls noch keine vorhanden ist.
- In der Methode `onUpgrade()` würden Anweisungen durchgeführt werden, die bei einem Upgrade der Datenbank auf eine neue Version durchgeführt werden.

Die Methode `onCreate()` erhält automatisch einen Verweis auf ein Objekt der Klasse `SQLiteDatabase`. Über diesen Verweis kann in der Methode auf die Datenbank zugegriffen werden.

Mithilfe der Methode execSQL() wird eine SQL-Anweisung in einer Zeichenkette zur Ausführung an die Datenbanktabelle übergeben. Die Methode execSQL() ist nur für SQL-Anweisungen gedacht, die kein Ergebnis zurückliefern, dazu später mehr.

Die SQL-Anweisung CREATE TABLE erstellt eine Datenbanktabelle mit dem angegebenen Namen (hier: highscore) in rechteckigen Klammern. In runden Klammern folgt eine Liste der Datenbankfelder. Diese stehen jeweils in rechteckigen Klammern, gefolgt vom empfohlenen Datentyp. Das optionale Attribut NOT NULL sorgt dafür, dass ein Datensatz nicht ohne einen Wert für das betreffende Datenbankfeld erzeugt werden kann.

17.3.5 Schreiben eines Datensatzes

Es folgt die Klasse MainActivity mit dem Teil des Codes, der nach dem Antippen des Buttons BUSCHREIBEN durchlaufen wird:

```
...
class MainActivity : AppCompatActivity() {
    private lateinit var B: ActivityMainBinding
    private val datenbank = DatenbankKlasse(this)
    override fun onCreate(savedInstanceState: Bundle?) {
        ...
        val arVorname =
                arrayOf("Sonja", "Bernd", "Monika", "Paul")
        B.buSchreiben.setOnClickListener {
            val schreiber = datenbank.writableDatabase
            val datensatz = ContentValues()
            val ausgabe:String

            datensatz.put("vorname", arVorname.random())
            datensatz.put("wert", Random.nextInt(20))
            ausgabe = if(schreiber.insert(
                    "highscore", null, datensatz) == -1L)
                        "Fehler beim Hinzufügen"
                    else
                        "Datensatz hinzugefügt"

            B.tvAusgabe.text = ausgabe
            schreiber.close()
            lesen()
        }
        ...
```

```
    }

    override fun onStop() {
        super.onStop()
        datenbank.close()
    }
}
```

Listing 17.10 Projekt »SpeichernDatenbanken«, Schreiben

Es wird ein neues Objekt der Datenbankklasse erstellt, wie oben in Abschnitt 17.3.4 beschrieben. Der Verweis auf das Objekt (hier: `datenbank`) steht als Eigenschaft in der gesamten Activity-Klasse zur Verfügung. In der Methode `onCreate()` wird ein Array für die Auswahl eines »zufälligen« Spielernamens erzeugt.

Nach dem Antippen des Buttons BUSCHREIBEN wird mithilfe der Eigenschaft `writableDatabase` ein Verweis auf ein Objekt der Klasse `SQLiteDatabase` (hier: `schreiber`) geliefert, das Schreibvorgänge auf der betreffenden SQLite-Datenbank ermöglicht. Beim ersten Abruf der Eigenschaft werden die in Abschnitt 17.3.4 genannten Methoden `onCreate()` und `onUpdate()` der Datenbankklasse durchlaufen.

Als Nächstes wird ein Objekt der Klasse `ContentValues` erstellt (hier: `datensatz`). Es handelt sich intern um eine Map (siehe Abschnitt 7.3, »Maps«) zur Speicherung eines Datensatzes. Mithilfe der Methode `put()` werden dem Datensatz Schlüssel-Wert-Paare hinzugefügt. Der erste Parameter ist der Schlüssel, also der Name des Datenbankfelds. Der zweite Parameter ist ein Wert des passenden Datentyps. Die Werte für die Datenbankfelder `vorname` und `wert` werden hier per Zufallsgenerator erzeugt. Der Wert für das Datenbankfeld `id` wurde bei der Erstellung des Datensatzes dank des Attributs `AUTOINCREMENT` automatisch erzeugt.

Mithilfe der SQL-Anweisung `INSERT` können Sie einer Datenbanktabelle einen (oder mehrere) neue Datensätze hinzufügen. In der Klasse `SQLiteDatabase` wird die Methode `insert()` zur Durchführung dieser Aktion angeboten. Sie ist auch in der Lage, eine Korrektur vorzunehmen, falls es fehlerhafte oder unvollständige Daten gibt:

- Der erste Parameter der Methode ist der Name der Datenbanktabelle.
- Mithilfe des zweiten Parameters könnten Sie zum Beispiel das Hinzufügen eines leeren Datensatzes verhindern. Das ist hier nicht notwendig, daher darf dieser Parameter ein Null-Verweis sein.
- Als dritter Parameter folgt die Map, die den neuen Datensatz (oder die neuen Datensätze) beinhaltet.
- War das Hinzufügen nicht erfolgreich, wird der `Long`-Wert –1 zurückgeliefert.

Ausgegeben wird eine Information über den Verlauf der Aktion. Die Verbindung zum Schreiber-Objekt der Klasse SQLiteDatabase wird mithilfe der Methode close() wieder geschlossen. Die Methode lesen() wird zur Ausgabe einer sortierten Liste aller Datensätze aufgerufen. Sie wird im Rahmen des folgenden Abschnitt 17.3.6 beschrieben.

Die Methode onStop() ist Teil des Lebenszyklus einer Activity. Sie wird durchlaufen, wenn die Activity beendet wird. Die Verbindung zum Objekt der Datenbankklasse wird dann mithilfe der Methode close() geschlossen.

In Abbildung 17.4 sehen Sie die beiden Ausgaben nach dem Schreiben eines Schlüssel-Wert-Paares, also dem Hinzufügen eines weiteren Datensatzes.

17.3.6 Lesen aller Datensätze

Es folgt die Klasse MainActivity mit dem Teil des Codes, der nach dem Antippen des Buttons BULESEN durchlaufen wird:

```
...
class MainActivity : AppCompatActivity() {
    ...
    override fun onCreate(savedInstanceState: Bundle?) {
        ...
        B.buLesen.setOnClickListener {
            B.tvAusgabe.text = ""
            lesen()
            B.tvAusgabe.text = "Alle Datensätze gelesen"
        }
        ...
    }

    private fun lesen() {
        val leser = datenbank.readableDatabase
        var daten = ""

        val ergebnis = leser.rawQuery(
                "SELECT * FROM highscore ORDER BY wert DESC", null)
        if (ergebnis.count == 0)
            daten += "(Keine Datensätze)"
        else {
            while(ergebnis.moveToNext()) {
                var x = ergebnis.getColumnIndex("id")
```

```
                val id = if(x == -1) 0 else ergebnis.getInt(x)
                x = ergebnis.getColumnIndex("vorname")
                val vorname = if(x == -1) "" else ergebnis.getString(x)
                x = ergebnis.getColumnIndex("wert")
                val wert = if(x == -1) 0 else ergebnis.getInt(x)
                daten += "id $id $vorname $wert\n"
            }
        }

        B.tvDaten.text = daten
        ergebnis.close()
        leser.close()
    }
    ...
}
```

Listing 17.11 Projekt »SpeichernDatenbanken«, Lesen

Zur Ausgabe einer sortierten Liste aller Datensätze wird die Methode `lesen()` aufgerufen. Die Eigenschaft `readableDatabase` liefert einen Verweis auf ein Objekt der Klasse `SQLiteDatabase` (hier: `leser`), das Lesevorgänge auf der betreffenden SQLite-Datenbank ermöglicht.

Für das Leser-Objekt wird die Methode `rawQuery()` zur Durchführung einer SQL-Anweisung aufgerufen.

Der erste Parameter der Methode `rawQuery()` ist der Text der SQL-Anweisung, hier zur Abfrage von Datensätzen. Der Rückgabewert ist ein Objekt der Klasse `android.database.Cursor` (hier: `ergebnis`). Dieses Cursor-Objekt verweist auf den Beginn einer Reihe von Datensätzen, in denen das Ergebnis der Abfrage steht. Das Ergebnis der Abfrage sind diejenigen Datensätze, die der Abfrage genügen.

Die SQL-Anweisung `SELECT * FROM highscore` würde alle Datensätze zurückliefern, standardmäßig aufsteigend sortiert nach dem Inhalt des Datenbankfelds, auf dem der Primärschlüssel liegt (hier: `id`). Der Zusatz `ORDER BY wert` sorgt stattdessen für eine aufsteigende Sortierung nach dem Inhalt des Datenbankfelds `wert`. Der weitere Zusatz `DESC` (engl.: *descending*, dt.: *absteigend*) führt zu einer absteigenden Sortierung.

Die SQL-Anweisung `SELECT * FROM highscore WHERE wert > 10` würde mithilfe des `WHERE`-Filters nur noch diejenigen Datensätze liefern, bei denen der Inhalt des Datenbankfelds `wert` größer als 0 ist.

Der zweite Parameter der Methode rawQuery(), kann Parameter für die SQL-Anweisung enthalten, die an der Stelle von eingebetteten Fragezeichen in die SQL-Anweisung eingebaut werden könnten. Das passiert hier nicht, daher wird ein Null-Verweis übergeben.

Die Eigenschaft count des Cursor-Objekts beinhaltet die Anzahl der Datensätze im Ergebnis. Liefert die Abfrage kein Ergebnis, zum Beispiel aufgrund eines WHERE-Filters, der alle vorhandenen Datensätze ausschließt, erfolgt eine passende Ausgabe.

In unserem Fall liefert sie ein Ergebnis. Die Methode moveToNext() bewegt den Cursor beim ersten Aufruf zum ersten Datensatz, bei den folgenden Aufrufen zum jeweils nächsten Datensatz. Gibt es keinen weiteren Datensatz mehr, liefert die Methode den Wert false zurück. Auf diese Weise wird eine while-Schleife zum Durchlauf aller Datensätze gesteuert.

Die Methode getColumnIndex() liefert einen Int-Wert mit der Nummer des Datenbankfelds, das den angegebenen Namen besitzt. Die Nummerierung beginnt bei 0. Gibt es kein Datenbankfeld mit dem angegebenen Namen, wird –1 zurückgeliefert. Die Methode getInt() liefert den Inhalt des Datenbankfelds mit der angegebenen Nummer als Int-Wert. Für die anderen Datentypen gibt es entsprechende Methoden, wie zum Beispiel getString(), die den Inhalt als Wert des betreffenden Datentyps liefern.

Die Daten aus dem Abfrageergebnis werden gesammelt und in der TextView tvDaten ausgegeben (siehe Abbildung 17.4). Die Verbindungen zum Cursor-Objekt und zum Leser-Objekt der Klasse SQLiteDatabase werden jeweils mithilfe der Methode close() wieder geschlossen.

17.3.7 Ändern von Datensätzen

Es folgt der Code nach dem Antippen des Buttons BUAENDERN:

```
B.buAendern.setOnClickListener{
    val schreiber = datenbank.writableDatabase
    val datensatz = ContentValues()

    datensatz.put("wert", 22)
    val anzahl = schreiber.update(
            "highscore", datensatz, "vorname='Bernd'", null)
    val ausgabe = "Anzahl geändert: $anzahl"

    B.tvAusgabe.text = ausgabe
```

```
    schreiber.close()
    lesen()
}
```

Listing 17.12 Projekt »SpeichernDatenbanken«, Ändern

Die Änderung sieht wie folgt aus: Bei allen Datensätzen, bei denen im Datenbankfeld `vorname` der Wert »Bernd« eingetragen ist, wird der Wert des Datenbankfelds `wert` auf 22 geändert.

Das Schreiber-Objekt und der neue Datensatz werden erzeugt, wie oben in Abschnitt 17.3.5 beschrieben. Mithilfe der Methode `put()` werden dem `ContentValues`-Objekt diejenigen Datenbankfelder mit ihrem neuen Wert hinzugefügt, die aktualisiert werden. Hier ist es nur das Datenbankfeld `wert`.

Mithilfe der SQL-Anweisung `UPDATE` kann der Inhalt eines Datensatzes oder mehrerer Datensätze geändert werden. Die entsprechende SQL-Anweisung würde lauten:

```
UPDATE highscore SET wert = 22 WHERE vorname = 'Bernd'
```

In der Klasse `SQLiteDatabase` wird die Methode `update()` zur Durchführung einer Änderungsaktion angeboten. Sie ist auch in der Lage, eine Korrektur vorzunehmen, falls es fehlerhafte oder unvollständige Daten gibt:

- Der erste Parameter der Methode ist der Name der Datenbanktabelle.
- Als zweiter Parameter folgt das `ContentValues`-Objekt, das die zu ändernden Datenbankfelder mit ihren neuen Werten beinhaltet.
- Als dritter Parameter folgt der `WHERE`-Filter, also die Auswahl der Datensätze, die geändert werden.
- Der vierte Parameter kann Parameter für die SQL-Anweisung enthalten, die an der Stelle von eingebetteten Fragezeichen in die SQL-Anweisung eingebaut werden könnten. Das erfolgt hier nicht, daher wird ein Null-Verweis übergeben.

Als Rückgabewert wird die Anzahl der geänderten Datensätze geliefert. Diese Anzahl wird ausgegeben (siehe Abbildung 17.5).

Die Verbindung zum Schreiber-Objekt der Klasse `SQLiteDatabase` wird mithilfe der Methode `close()` wieder geschlossen. Als Letztes wird der neue Inhalt der Datenbanktabelle gelesen und ausgegeben.

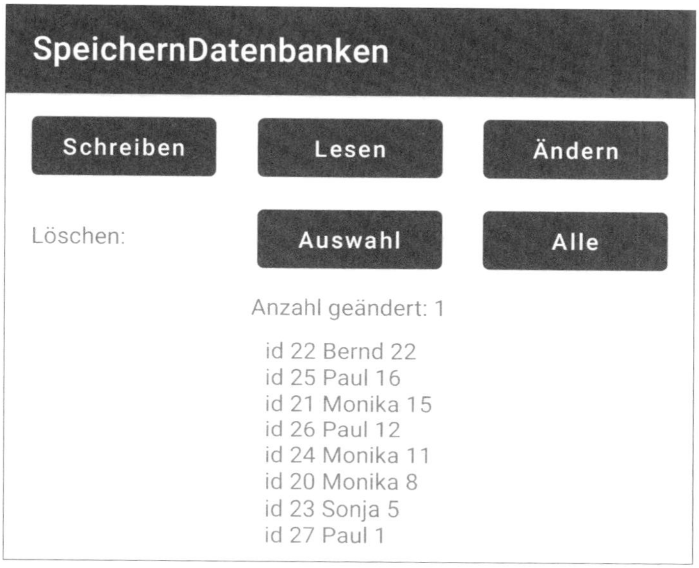

Abbildung 17.5 Datensätze, geändert

17.3.8 Löschen von Datensätzen

Es folgt der Code nach dem Antippen eines der beiden Buttons buLoeschenAuswahl beziehungsweise buLoeschenAlle:

```
B.buLoeschenAuswahl.setOnClickListener {
    val schreiber = datenbank.writableDatabase

    val anzahl = schreiber.delete(
            "highscore", "wert > 10", null)
    val ausgabe = "Anzahl gelöscht: $anzahl"

    B.tvAusgabe.text = ausgabe
    schreiber.close()
    lesen()
}

B.buLoeschenAlle.setOnClickListener {
    val schreiber = datenbank.writableDatabase

    val anzahl = schreiber.delete("highscore", "", null)
    val ausgabe = "Anzahl gelöscht: $anzahl"
```

```
    B.tvAusgabe.text = ausgabe
    schreiber.close()
    lesen()
}
```

Listing 17.13 Projekt »SpeichernDatenbanken«, Löschen

Nach dem Antippen des Buttons BULOESCHENAUSWAHL werden alle Datensätze gelöscht, bei denen im Datenbankfeld `wert` ein Wert steht, der größer als 10 ist. Der Aufbau ähnelt demjenigen aus Abschnitt 17.3.7. Nachfolgend werden nur die Unterschiede erläutert.

Es wird kein neuer Datensatz erzeugt. Die SQL-Anweisung würde lauten: `DELETE highscore WHERE wert > 10`. Um das auszuführen, wird die Methode `delete()` angeboten. Es werden die bereits bekannten Parameter übermittelt: Name der Datenbanktabelle, `WHERE`-Filter und die Parameter für die SQL-Anweisung. Als Rückgabewert wird die Anzahl der gelöschten Datensätze geliefert (siehe Abbildung 17.6).

Abbildung 17.6 Datensätze, Auswahl gelöscht

Nach dem Antippen des Buttons BULOESCHENALLE werden alle Datensätze gelöscht (siehe Abbildung 17.7). Eine solche Anweisung sollten Sie mit Vorsicht durchführen. Die SQL-Anweisung würde lauten: `DELETE highscore`. Der zweite Parameter der Methode `delete()` für den `WHERE`-Filter ist in diesem Fall eine leere Zeichenkette.

Abbildung 17.7 Datensätze, alle gelöscht

Kapitel 18

Sensoren und Audio

In Android-Geräten sind in unterschiedlichem Maße Sensoren eingebaut. Diese liefern Daten zur Bewegung, zur Position oder zur Umgebung.

Die Daten der Sensoren von Android-Geräten können Sie in Ihren Apps anzeigen und auswerten. Zum Beispiel können Sie sie als Bewegungen eines Spielers in einer Spiele-App interpretieren und auf diese Weise unterschiedliche Aktionen auslösen. Zudem können Sie in Ihren Apps das Abspielen von Audiodateien ermöglichen.

18.1 Sensoren für die Lage

Im Projekt *SensorenLage* werden die Daten der drei nachfolgend beschriebenen Sensoren gemessen und angezeigt, falls sie auf dem jeweils genutzten Gerät vorhanden sind:

- Der Sensor für die lineare Beschleunigung (engl.: *accelerometer*) reagiert, wenn der Benutzer das Gerät »plötzlich« in eine beliebige Richtung bewegt. Diese Beschleunigung hat einen bestimmten Betrag und eine bestimmte Richtung. Der Sensor liefert die Werte für die Anteile des Betrags in X-, Y- und Z-Richtung. Bei einer Bewegung mit gleichmäßiger Geschwindigkeit tritt keine Beschleunigung auf und der Sensor reagiert nicht.
- Der Sensor für die Dreh-Beschleunigung (engl.: *gyroscope*) reagiert, wenn der Benutzer das Gerät »plötzlich« um eine beliebige Achse dreht. Diese Dreh-Beschleunigung hat einen bestimmten Betrag und eine bestimmte Richtung. Der Sensor liefert die Werte für die Anteile des Betrags um die x-, y- und z-Achse. Bei einer Drehung mit gleichmäßiger Geschwindigkeit tritt keine Dreh-Beschleunigung auf und der Sensor reagiert nicht.
- Das Magnetfeld der Erde hat an jedem Ort einen bestimmten Betrag und eine bestimmte Richtung. Der Sensor für das Magnetfeld (engl.: *magnetometer*) liefert die Werte für die Anteile des Betrags in X-, Y- und Z-Richtung. Bewegt der Benutzer das Gerät in eine beliebige Richtung oder dreht der Benutzer das Gerät um eine beliebige Achse, ändern sich die Anteile unmittelbar. Das gilt unabhängig davon, ob die Bewegung gleichmäßig oder beschleunigt erfolgt.

Beim Erfassen von Sensordaten sollten Sie darauf achten, Ressourcen zu sparen. Befindet sich die App beim Durchlauf ihres Lebenszyklus (siehe auch Abschnitt 14.2) im Hintergrund, sollten keine Sensordaten erfasst werden. Die Registrierung der Listener der Sensorereignisse wird daher erst ausgeführt, wenn die App nach dem Start oder nach einer Pause in den Vordergrund tritt. Sobald die App in den Hintergrund tritt, werden die Listener wieder deregistriert.

18.1.1 Die fertige App

In der Manifestdatei des Projekts wird eingestellt, dass die App immer im Hochformat angezeigt wird (siehe Abschnitt 14.1.4).

In Abbildung 18.1 sehen Sie die fertige App auf einem realen Gerät, das bereits vor dem Start der App vor Ihnen auf dem Tisch liegt. Es handelt sich um die Situation nach dem Start ohne Bewegung oder Beschleunigung durch den Benutzer. Der Aufbau umfasst insgesamt zwölf TextViews.

Im oberen Teil stehen die Werte für die lineare Beschleunigung in der Einheit m/s^2. Für jede der drei Richtungen wird zunächst der bisher ermittelte Betrag des Maximalwerts für diesen Start der App ausgegeben, gefolgt vom aktuellen Wert.

Es gibt die folgenden Richtungen:

- X: nach links oder rechts auf dem Tisch
- Y: nach hinten oder vorne auf dem Tisch
- Z: vom Tisch angehoben oder zum Tisch gesenkt

Im vorliegenden Fall wirkt die Erdbeschleunigung mit einem Wert von 9,81 m/s^2 in Z-Richtung. Die Namen der vier TextViews für diesen Bereich sind `tvAcc`, `tvAccX`, `tvAccY` und `tvAccZ`.

Im mittleren Teil stehen die Werte für die Beträge der Dreh-Beschleunigung in der Einheit rad/s^2. Die Einheit rad steht für den Winkel im Bogenmaß. Der Wert pi (= 3,1415926...) entspricht dabei einem Winkel von 180 Grad.

Ausgangspunkt ist wieder das reale Gerät, das vor Ihnen auf dem Tisch liegt. Es gibt die folgenden Drehrichtungen:

- Um die x-Achse: Sie kippen das Gerät auf dem Tisch über die Oberkante von sich weg oder über die Unterkante auf sich zu.
- Um die y-Achse: Sie kippen das Gerät über die rechte Kante oder über die linke Kante.
- Um die z-Achse: Sie drehen das auf dem Tisch liegende Gerät.

Abbildung 18.1 Lagesensoren

Die Namen der vier TextViews für diesen Bereich sind `tvGyr`, `tvGyrX`, `tvGyrY` und `tvGyrZ`.

Im unteren Teil stehen die Werte für die X-, Y- und Z-Anteile des Betrags des Magnetfelds in Mikro-Tesla. 1 Mikro-Tesla entspricht 10^{-6} Tesla. Tesla ist die Einheit für die magnetische Flussdichte. 1 Tesla entspricht 1 Vs/m^2. Die Namen der vier TextViews für diesen Bereich sind `tvMag`, `tvMagX`, `tvMagY` und `tvMagZ`.

18.1.2 Virtuelle und reale Sensoren

Sie können die App auch auf dem virtuellen Gerät starten. In diesem Fall befindet sich das Gerät auf der Ebene des Bildschirms. Es »steht also vor Ihnen« und die Erdbeschleunigung wirkt in Y-Richtung.

Betätigen Sie in der Bedienleiste, die neben dem virtuellen Gerät erscheint, das unterste Symbol mit den drei Punkten, erscheint das Dialogfeld EXTENDED CONTROLS. Wählen Sie den Menüpunkt VIRTUAL SENSORS, haben Sie auf der Registerkarte DEVICE POSE die Möglichkeit, das virtuelle Gerät mithilfe von zwei Optionsbuttons und drei Schiebereglern zu drehen oder zu bewegen (siehe Abbildung 18.2).

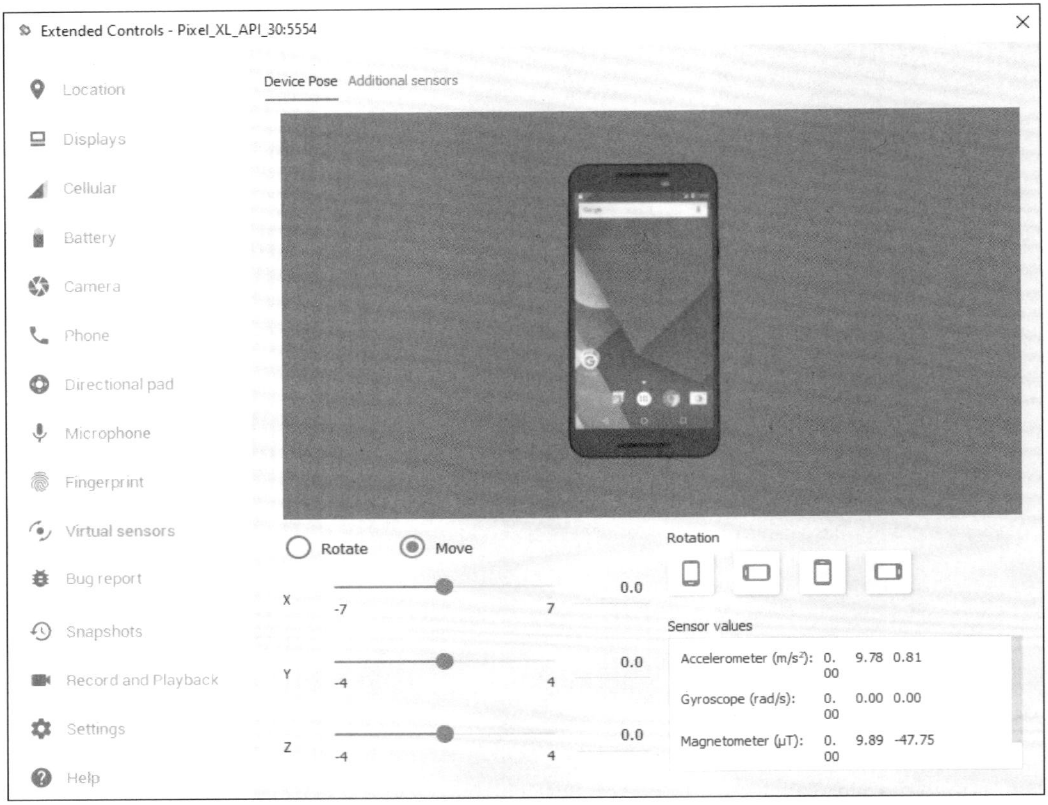

Abbildung 18.2 Virtuelle Sensoren, Lage des Geräts

Führen Sie einige gleichmäßige oder beschleunigte Bewegungen oder Drehungen aus. Beobachten Sie dabei die Auswirkungen

- bei der Darstellung des virtuellen Geräts,
- bei den Sensorwerten auf dem virtuellen Gerät und
- auf dem Dialogfeld EXTENDED CONTROLS.

Ein Tipp: Möchten Sie das Gerät wieder in die Ausgangslage bringen, klicken Sie einmal auf den entsprechenden Schieberegler und drücken die Pfeiltasten nach links oder rechts. Auf diese Weise lassen sich die Bewegungen und Drehungen langsamer und kontrollierter ausführen.

Die Bewegungen und Drehungen haben Einfluss auf alle gemessenen Werte. Ein Beispiel: Eine Beschleunigung in X-Richtung ändert den Ort des Geräts und damit das an diesem Ort gemessene Magnetfeld.

Sie können die drei Komponenten des Magnetfelds auch direkt auf der Registerkarte ADDITIONAL SENSORS des Menüpunkts VIRTUAL SENSORS des Dialogfelds EXTENDED CONTROLS eingeben beziehungsweise einstellen (siehe Abbildung 18.3).

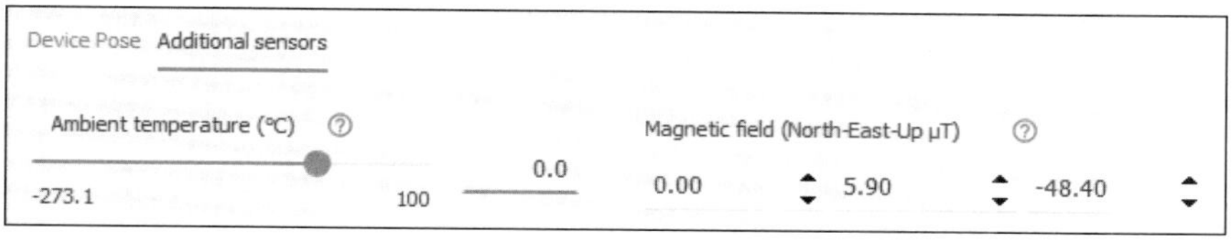

Abbildung 18.3 Virtuelle Sensoren, weitere

18.1.3 Lineare Beschleunigung

Es folgt derjenige Teil des Codes in der Datei *MainActivity.kt*, der für die Messung und Darstellung der linearen Beschleunigung benötigt wird:

```
...
class MainActivity : AppCompatActivity() {
    private lateinit var B: ActivityMainBinding
    private lateinit var sMan: SensorManager
    private var accSensor: Sensor? = null
    private lateinit var accHorcher: SensorEventListener

    override fun onCreate(savedInstanceState: Bundle?) {
        ...
        sMan = getSystemService(
                Context.SENSOR_SERVICE) as SensorManager
        accSensor =
                sMan.getDefaultSensor(Sensor.TYPE_ACCELEROMETER)
        if(accSensor == null)
            B.tvAcc.text = "Kein Sensor für lineare Beschleunigung"

        var accXMax = 0.0f
        var accYMax = 0.0f
        var accZMax = 0.0f

        accHorcher = object:SensorEventListener{
```

```
            override fun onSensorChanged(event: SensorEvent?) {
                if (event == null) return

                val accX = (event.values[0].absoluteValue * 10).toInt() / 10.0f
                val accY = (event.values[1].absoluteValue * 10).toInt() / 10.0f
                val accZ = (event.values[2].absoluteValue * 10).toInt() / 10.0f

                accXMax = max(accX, accXMax)
                accYMax = max(accY, accYMax)
                accZMax = max(accZ, accZMax)

                B.tvAccX.text = "X: $accXMax / $accX"
                B.tvAccY.text = "Y: $accYMax / $accY"
                B.tvAccZ.text = "Z: $accZMax / $accZ"
            }

            override fun onAccuracyChanged(
                    sensor: Sensor?, accuracy: Int) {}
        }
    }

    override fun onPause() {
        super.onPause()
        sMan.unregisterListener(accHorcher)
    }

    override fun onResume() {
        super.onResume()
        sMan.registerListener(accHorcher,
                accSensor, SensorManager.SENSOR_DELAY_NORMAL)
    }
}
```

Listing 18.1 Projekt »SensorenLage«, lineare Beschleunigung

Die Beschreibung des Codes ist recht ausführlich. Allerdings ist der Ablauf bei den anderen Sensoren ähnlich.

Die Variable sMan kann hier auf ein Objekt der Klasse SensorManager verweisen. Ein solches Objekt ermöglicht den Zugriff auf alle Sensoren des Geräts. Die Methode getSystemService() der Klasse Context liefert einen Verweis auf einen Systemdienst. Die Systemdienst-Objekte haben unterschiedliche Typen, daher muss der Verweistyp angepasst werden.

Die Variable accSensor kann hier auf ein Objekt der Klasse Sensor verweisen. Ein solches Objekt repräsentiert einen einzelnen Sensor. Die Methode getDefaultSensor() der Klasse SensorManager liefert einen Verweis auf den Standardsensor für den angegebenen Typ. Der Typ kann mithilfe einer Int-Konstanten aus der Klasse Sensor angegeben werden, hier: TYPE_ACCELEROMETER. Die Anzahl und Art der Sensoren der Geräte unterscheidet sich. Besitzt das aktuelle Gerät keinen Sensor des angegebenen Typs, erfolgt eine entsprechende Ausgabe.

Die Variable accHorcher kann hier auf ein Listener-Objekt verweisen, das das Interface SensorEventListener mit den beiden Methoden onSensorChanged() und onAccuracyChanged() implementiert. Die Methode onSensorChanged() wird jedes Mal aufgerufen, wenn der Sensor neue Daten liefert. Die Methode onAccuracyChanged() wird nur dann aufgerufen, wenn sich die Genauigkeit des Sensors ändert.

An die Methode onSensorChanged() wird ein Verweis auf ein Objekt der Klasse SensorEvent übergeben, das alle Informationen zu dem aktuellen Ereignis beinhaltet. Die gemessenen Werte stehen in der Eigenschaft values. Dabei handelt es sich um ein Float-Array. Die Anzahl und die Anordnung der Elemente des Arrays hängen vom Typ des Sensors ab.

Im Fall des Sensors für lineare Beschleunigung befinden sich in den ersten drei Elementen des Arrays die aktuellen Werte für die Anteile in X-, Y- und Z-Richtung. Diese Werte werden mit den bisher gemessenen Maximalwerten verglichen, die zum Start der App auf den Wert 0 gesetzt wurden. Für jede Richtung wird das neue Maximum ermittelt, und zwar aus dem aktuellen Wert und dem bisherigen Maximum. Das neue Maximum wird zusammen mit dem aktuellen Wert ausgegeben.

Wie bereits erläutert, werden Ressourcen gespart. In der Methode onResume() wird die Registrierung des Listeners für die Sensorereignisse durchgeführt. Die Methode wird nur dann aufgerufen, wenn die App nach dem Start oder nach einer Pause in den Vordergrund tritt. Die Registrierung geschieht mithilfe der Methode registerListener().

Sie erwartet drei Parameter: einen Verweis auf den Listener, einen Verweis auf den Sensor und einen Int-Wert für die Verzögerung beziehungsweise den Zeitraum zwischen den einzelnen Messungen. Die Int-Konstante SENSOR_DELAY_NORMAL aus der Klasse SensorManager steht für den Standardwert und genügt für viele Anwendungsfälle.

In der Methode onPause() wird der Listener wieder deregistriert. Die Methode wird jedes Mal aufgerufen, wenn die App in den Hintergrund tritt. Die Registrierung geschieht mithilfe der Methode unregisterListener(), die einen Verweis auf den Listener benötigt.

Ohne diese Vorgehensweise, bei der Ressourcen eingespart werden, würden die Listener die Ereignisse permanent erfassen. Die Anzeige würde sich allerdings erst ändern, wenn die App wieder in den Vordergrund tritt.

18.1.4 Dreh-Beschleunigung

Es folgt der zusätzliche Teil des Codes in der Datei *MainActivity.kt*, der für die Messung und Darstellung der Dreh-Beschleunigung benötigt wird:

```
...
class MainActivity : AppCompatActivity() {
    ...
    private var gyrSensor: Sensor? = null
    private lateinit var gyrHorcher: SensorEventListener

    override fun onCreate(savedInstanceState: Bundle?) {
        ...
        gyrSensor =
                sMan.getDefaultSensor(Sensor.TYPE_GYROSCOPE)
        if(gyrSensor == null)
            B.tvGyr.text = "Kein Sensor für Drehbeschleunigung"

        var gyrXMax = 0.0f
        var gyrYMax = 0.0f
        var gyrZMax = 0.0f

        gyrHorcher = object:SensorEventListener {
            override fun onSensorChanged(event: SensorEvent?) {
                if (event == null) return

                val gyrX = (event.values[0].absoluteValue * 10).toInt() / 10.0f
                val gyrY = (event.values[1].absoluteValue * 10).toInt() / 10.0f
                val gyrZ = (event.values[2].absoluteValue * 10).toInt() / 10.0f

                gyrXMax = max(gyrX, gyrXMax)
                gyrYMax = max(gyrY, gyrYMax)
                gyrZMax = max(gyrZ, gyrZMax)

                B.tvGyrX.text = "X: $gyrXMax / $gyrX"
                B.tvGyrY.text = "Y: $gyrYMax / $gyrY"
                B.tvGyrZ.text = "Z: $gyrZMax / $gyrZ"
```

```
            }

            override fun onAccuracyChanged(
                    sensor: Sensor?, accuracy: Int) {}
        }
    }

    override fun onPause() {
        ...
        sMan.unregisterListener(gyrHorcher)
    }

    override fun onResume() {
        ...
        sMan.registerListener(gyrHorcher,
                gyrSensor, SensorManager.SENSOR_DELAY_NORMAL)
    }
}
```

Listing 18.2 Projekt »SensorenLage«, Dreh-Beschleunigung

Der Ablauf ähnelt demjenigen aus Abschnitt 18.1.3. Das Objekt der Klasse SensorManager gibt es nur einmal für alle Sensoren. Die Variable gyrSensor repräsentiert den Standardsensor für die Dreh-Beschleunigung (TYPE_GYROSCOPE). Die Variable gyrHorcher verweist auf das Listener-Objekt.

Das Objekt der Klasse SensorEvent beinhaltet unter anderem die Werte für die Anteile der Drehung um die x-, y- und z-Achse. Ermittlung und Ausgabe der Maximalwerte und der aktuellen Werte sind gleichartig aufgebaut, ebenso Registrierung und Deregistrierung des Listeners.

18.1.5 Magnetfeld

Es folgt der zusätzliche Teil des Codes in der Datei *MainActivity.kt*, der für die Messung und Darstellung des Magnetfelds benötigt wird:

```
...
class MainActivity : AppCompatActivity() {
    ...
    private var magSensor: Sensor? = null
    private lateinit var magHorcher: SensorEventListener
```

```
override fun onCreate(savedInstanceState: Bundle?) {
    ...
    magSensor =
            sMan.getDefaultSensor(Sensor.TYPE_MAGNETIC_FIELD)
    if(magSensor == null)
        B.tvGyr.text = "Kein Sensor für Magnetfeld"

    var magXMax = 0.0f
    var magYMax = 0.0f
    var magZMax = 0.0f

    magHorcher = object:SensorEventListener{
        override fun onSensorChanged(event: SensorEvent?) {
            if (event == null) return

            val magX = (event.values[0].absoluteValue * 10).toInt() / 10.0f
            val magY = (event.values[1].absoluteValue * 10).toInt() / 10.0f
            val magZ = (event.values[2].absoluteValue * 10).toInt() / 10.0f

            magXMax = max(magX, magXMax)
            magYMax = max(magY, magYMax)
            magZMax = max(magZ, magZMax)

            B.tvMagX.text = "X: $magXMax / $magX"
            B.tvMagY.text = "Y: $magYMax / $magY"
            B.tvMagZ.text = "Z: $magZMax / $magZ"
        }

        override fun onAccuracyChanged(
                sensor: Sensor?, accuracy: Int) {}
    }
}

override fun onPause() {
    ...
    sMan.unregisterListener(magHorcher)
}

override fun onResume() {
    ...
```

```
        sManregisterListener(magHorcher,
                magSensor, SensorManager.SENSOR_DELAY_NORMAL)
    }
}
```

Listing 18.3 Projekt »SensorenLage«, Magnetfeld

Der Ablauf ähnelt ebenso demjenigen aus Abschnitt 18.1.3. Die Variable `magSensor` repräsentiert den Standardsensor für das Magnetfeld (`TYPE_MAGNETIC_FIELD`). Die Variable `magHorcher` verweist auf das Listener-Objekt.

Das Objekt der Klasse `SensorEvent` beinhaltet unter anderem die Werte für die Anteile des Magnetfelds in X-, Y- und Z-Richtung. Im Unterschied zum Ablauf bei den anderen Sensoren werden keine Maximalwerte ermittelt.

18.2 Sensoren für die Umgebung

Im Projekt *SensorenUmgebung* werden die Daten von fünf weiteren Sensoren gemessen und angezeigt, falls sie auf dem betreffenden Gerät vorhanden sind. Sie messen die Beleuchtungsstärke, die Temperatur, den Luftdruck, die relative Luftfeuchtigkeit und die Nähe eines anderen Gegenstands oder Körpers zum Gerät.

18.2.1 Die fertige App

18

In Abbildung 18.4 sehen Sie die fertige App mit einigen typischen Werten im virtuellen Gerät. Der Aufbau umfasst die fünf TextViews tvLicht, tvTemperatur, tvDruck, tvFeuchte und tvNaehe.

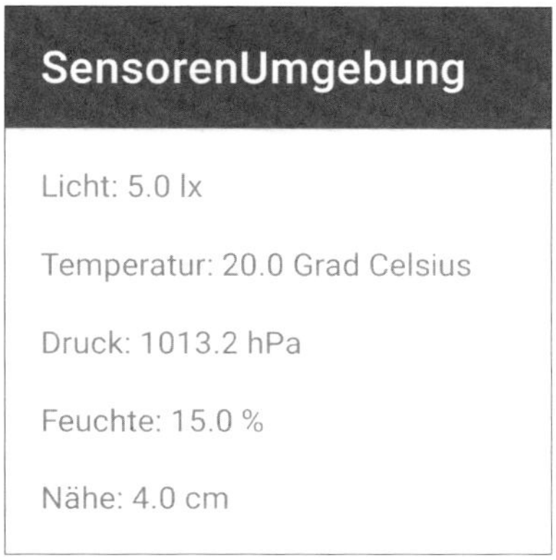

Abbildung 18.4 Umgebungssensoren

Die Beleuchtungsstärke wird in der Einheit Lux (Zeichen: lx) angegeben und entspricht der Lichtstärke (Einheit: Lumen, Zeichen: lm), die auf eine bestimmte Fläche wirkt. 1 lx entspricht 1 lm/m^2.

Die Temperatur wird in Grad Celsius angegeben.

Der Luftdruck wird in Hektopascal (Zeichen: hPa) angegeben und entspricht der Gewichtskraft (Einheit: Newton, Zeichen: N) der Luft, die auf eine bestimmte Fläche wirkt. Druck wird in der Einheit Pascal (Zeichen: Pa) gemessen. 1 Pa entspricht 1 N/m^2. 1 hPa ist 100 Pa. Der Normdruck der Luft auf Meereshöhe beträgt 1.013,25 hPa = 1.013,25 mbar = 1,01325 bar. Bar (Zeichen: bar) ist ebenfalls eine verbreitete Einheit für den Druck, der Luftdruck wird auch häufig in Millibar (Zeichen: mbar) angegeben.

Die Luftfeuchtigkeit entspricht dem Anteil des Wasserdampfs in der Luft. Abhängig von den aktuellen Werten für Temperatur und Druck kann Luft nur eine bestimmte maximale Menge an Wasserdampf aufnehmen. Die relative Luftfeuchtigkeit wird in % angegeben und entspricht der Menge des Wasserdampfs, verglichen mit der maximal möglichen Menge.

Der Nähesensor stellt den Abstand eines anderen Gegenstands oder Körpers in cm fest, der sich in der Nähe des Geräts befindet. Er dient zum Beispiel dazu, die Auswirkungen von versehentlichen Berührungen zu vermeiden, wenn das Gerät beim Telefonieren an das Ohr gehalten wird.

18.2.2 Virtuelle und reale Sensoren

Starten Sie die App in einem virtuellen Gerät. Über den Menüpunkt VIRTUAL SENSORS des Dialogfelds EXTENDED CONTROLS gelangen Sie zur Registerkarte ADDITIONAL SENSORS (siehe Abbildung 18.5). Dort können Sie eigene Werte einstellen und die Auswirkungen im virtuellen Gerät betrachten.

Nach dem Start der App in einem realen Gerät können Sie feststellen, welche Sensoren es besitzt. Bewegen Sie es relativ zu einer Lichtquelle, ändert sich der Wert für die Lichtstärke. Viele Nähesensoren sind nur in der Lage, zwei Werte anzuzeigen, zum Beispiel die Folgenden:

- 8,0 cm: Kein Körper oder Gegenstand ist nahe am Gerät.
- 0,0 cm: Ein Körper oder Gegenstand ist nahe am Gerät.

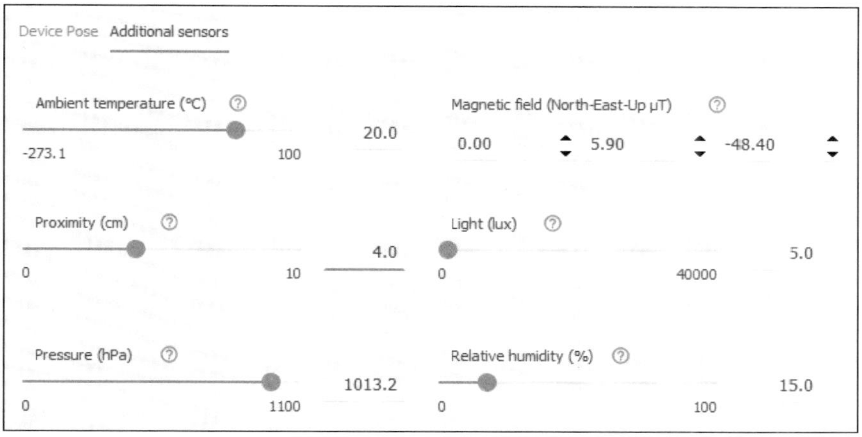

Abbildung 18.5 Virtuelle Sensoren, weitere

18.2.3 Programm

Es folgt der Code in der Datei *MainActivity.kt*:

```
...
class MainActivity : AppCompatActivity() {
    ...
    private lateinit var sMan: SensorManager
    private lateinit var horcher: SensorEventListener

    private var licht: Sensor? = null
    private var temperatur: Sensor? = null
    private var druck: Sensor? = null
    private var feuchte: Sensor? = null
    private var naehe: Sensor? = null

    override fun onCreate(savedInstanceState: Bundle?) {
        ...
        sMan = getSystemService(
                Context.SENSOR_SERVICE) as SensorManager

        licht = sMan.getDefaultSensor(Sensor.TYPE_LIGHT)
        if (licht == null)
            B.tvLicht.text = "Kein Lichtsensor"
```

```
temperatur = sMan.getDefaultSensor(
        Sensor.TYPE_AMBIENT_TEMPERATURE)
if (temperatur == null)
    B.tvTemperatur.text = "Kein Sensor für Temperatur"

druck = sMan.getDefaultSensor(
        Sensor.TYPE_PRESSURE)
if (druck == null)
    B.tvDruck.text = "Kein Sensor für Druck"

feuchte = sMan.getDefaultSensor(
        Sensor.TYPE_RELATIVE_HUMIDITY)
if (feuchte == null)
    B.tvFeuchte.text = "Kein Sensor für Feuchte"

naehe = sMan.getDefaultSensor(
        Sensor.TYPE_PROXIMITY)
if (naehe == null)
    B.tvNaehe.text = "Kein Sensor für Nähe"

horcher = object:SensorEventListener {
    override fun onSensorChanged(event: SensorEvent) {
        when(event.sensor?.type) {
            Sensor.TYPE_LIGHT -> {
                val licht = (event.values[0] * 10).toInt() / 10.0f
                B.tvLicht.text = "Licht: $licht lx"
            }
            Sensor.TYPE_AMBIENT_TEMPERATURE -> {
                val temp = (event.values[0] * 10).toInt() / 10.0f
                B.tvTemperatur.text = "Temperatur: $temp Grad Celsius"
            }
            Sensor.TYPE_PRESSURE -> {
                val druck = (event.values[0] * 10).toInt() / 10.0f
                B.tvDruck.text = "Druck: $druck hPa"
            }
            Sensor.TYPE_RELATIVE_HUMIDITY -> {
                val feuchte = (event.values[0] * 10).toInt() / 10.0f
                B.tvFeuchte.text = "Feuchte: $feuchte %"
            }
            Sensor.TYPE_PROXIMITY -> {
```

```
                    val naehe = (event.values[0] * 10).toInt() / 10.Cf
                    B.tvNaehe.text = "Nähe: $naehe cm"
                }
            }
        }

        override fun onAccuracyChanged(
                sensor: Sensor?, accuracy: Int) {
        }
    }
}

override fun onPause() {
    super.onPause()
    sMan.unregisterListener(horcher)
}

override fun onResume() {
    super.onResume()
    sMan.registerListener(horcher, licht,
            SensorManager.SENSOR_DELAY_NORMAL)
    sMan.registerListener(horcher, temperatur,
            SensorManager.SENSOR_DELAY_NORMAL)
    sMan.registerListener(horcher, druck,
            SensorManager.SENSOR_DELAY_NORMAL)
    sMan.registerListener(horcher, feuchte,
            SensorManager.SENSOR_DELAY_NORMAL)
    sMan.registerListener(horcher, naehe,
            SensorManager.SENSOR_DELAY_NORMAL)
}
}
```

Listing 18.4 Projekt »SensorenUmgebung«

Es gibt viele Parallelen zum Projekt *SensorenLage*. Auch im Projekt *SensorenUmgebung* wird Folgendes benötigt:

- ein Objekt der Klasse `SensorManager`
- ein Objekt zur Implementierung des Interface `SensorEventListener`
- ein Objekt der Klasse `Sensor` für jeden Sensor

Die Typen für die Standardsensoren der verschiedenen Umgebungswerte werden mithilfe von `Int`-Konstanten angegeben:

- Licht: `TYPE_LIGHT`
- Temperatur: `TYPE_AMBIENT_TEMPERATURE`
- Luftdruck: `TYPE_PRESSURE`
- relative Luftfeuchtigkeit: `TYPE_RELATIVE_HUMIDITY`
- Nähe: `TYPE_PROXIMITY`

Die Ereignisse aller Sensoren können auch, wie im vorliegenden Fall, mithilfe eines gemeinsamen Listener-Objekts verarbeitet werden. Dazu ist eine Fallunterscheidung anhand der `Int`-Untereigenschaft `type` der Eigenschaft `sensor` des Objekts der Klasse `SensorEvent` notwendig. Der gemessene Sensorwert entspricht jeweils dem ersten Element des `Float`-Arrays `values`. In der Methode `onResume()` wird das Listener-Objekt für alle fünf Sensoren registriert. In der Methode `onPause()` wird das Listener-Objekt deregistriert.

18.3 Audiodateien abspielen

Die Klasse `MediaPlayer` aus dem umfangreichen *Android-Multimedia-Framework* ermöglicht unter anderem das Abspielen von Audio- und Videodateien, die Sie in Ihrem Projekt als Ressourcen angelegt haben. Einen kleinen Ausschnitt aus der großen Vielfalt an Möglichkeiten erläutere ich Ihnen in diesem Abschnitt mithilfe des Projekts *SystemAudio*.

18.3.1 Die fertige App

In Abbildung 18.6 sehen Sie die fertige App. Im oberen Bereich können Sie mithilfe des Buttons BUEINFACH einen Abspielvorgang für eine Audiodatei des Typs WAV starten. Sie können diesen sehr einfachen Abspielvorgang mehrfach parallel starten, ihn aber weder unterbrechen noch beenden. Für eine kurze Audioausgabe, zum Beispiel nach einem Ereignis in einem Spiel, ist diese Vorgehensweise jedoch bereits geeignet.

Im unteren Bereich wird es ein wenig komfortabler. Sie haben zunächst mithilfe der beiden RadioButtons RBGITARRE und RBENDE die Auswahl zwischen zwei Audiodateien des Typs WAV beziehungsweise MP3.

Nach Betätigung des Buttons BUSTART wird der Abspielvorgang für die betreffende Audiodatei gestartet, falls sie nicht bereits abgespielt wird.

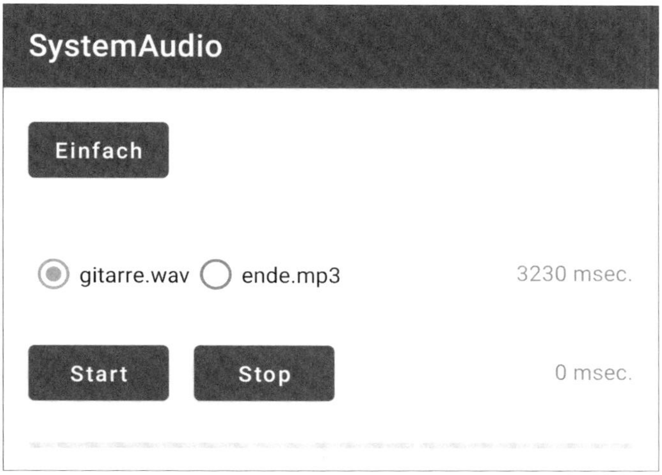

Abbildung 18.6 Audiodateien abspielen

Während des Abspielvorgangs wird der Abspielfortschritt, also die aktuelle zeitliche Position bezüglich der Gesamtdauer der Audiodatei, in der horizontalen ProgressBar PBAUSGABE und in der TextView TVAUSGABE mithilfe einer Textausgabe verdeutlicht (siehe auch Abbildung 18.7).

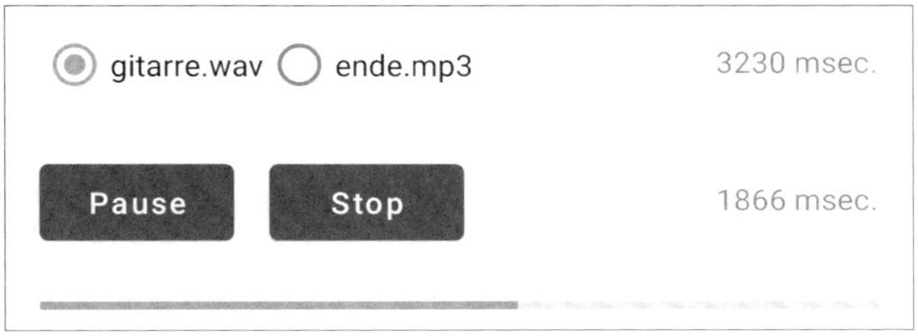

Abbildung 18.7 Abspielen gestartet

Außerdem wechseln die Funktion und die Aufschrift des Buttons BUSTART während des Abspielvorgangs, und zwar von START zu PAUSE (siehe ebenfalls Abbildung 18.7). Durch erneute Betätigung des Buttons BUSTART können Sie den Abspielvorgang nun pausieren lassen.

Während der Pause wechseln wiederum die Funktion und die Aufschrift des Buttons BUSTART, und zwar von PAUSE zu WEITER (siehe Abbildung 18.8). Durch Betätigung des Buttons BUSTART wird nun der Abspielvorgang an der Stelle fortgesetzt, an der er zuvor unterbrochen wurde.

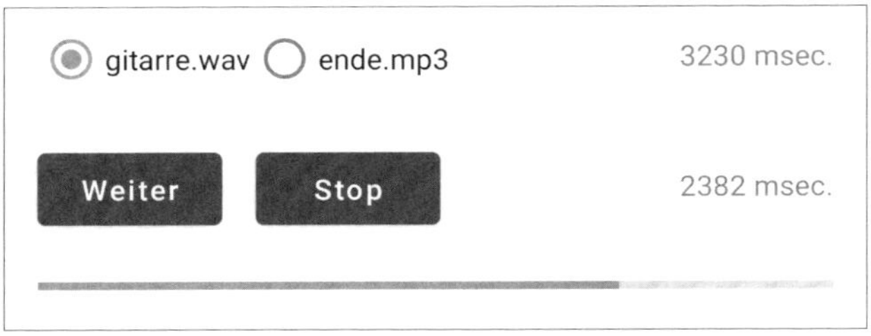

Abbildung 18.8 Abspielen pausiert

Nach Betätigung des Buttons BUSTOP wird der Abspielvorgang unmittelbar beendet, auch während einer Pause.

18.3.2 Audioressourcen

Die notwendigen Audiodateien werden dem Projekt als Ressourcen hinzugefügt, bevor Sie sie nutzen können.

Zuvor muss dafür ein neues Verzeichnis für *Raw-Ressourcen* angelegt werden. Öffnen Sie dazu im Projektfenster in der Ansicht ANDROID auf dem Eintrag *app/res* (siehe auch Abbildung 18.10) das Kontextmenü.

Wählen Sie darin NEW • ANDROID RESOURCE DIRECTORY. Im Dialogfeld NEW RESOURCE DIRECTORY wählen Sie in der Liste RESOURCE TYPE den Eintrag `raw` aus. Der Eintrag im Feld DIRECTORY NAME wechselt dann automatisch ebenfalls zu `raw` (siehe Abbildung 18.9). Durch Betätigung des Buttons OK wird das neue Verzeichnis *raw* angelegt.

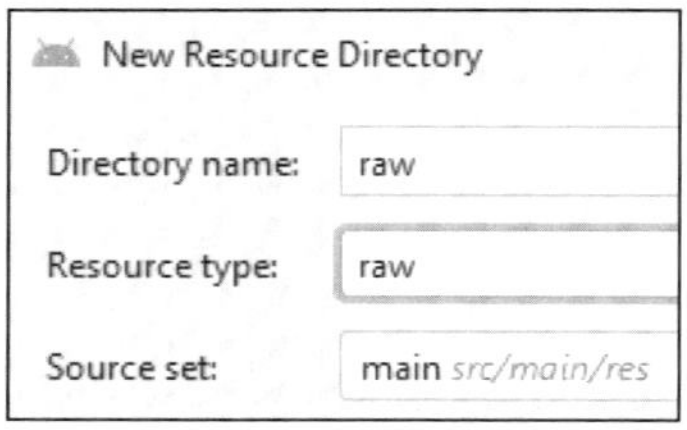

Abbildung 18.9 Neues Ressourcenverzeichnis anlegen

Die Dateinamen von Ressourcendateien sollten nur aus Kleinbuchstaben bestehen. Kopieren Sie die erste Audiodatei *gitarre.wav* aus dem Hilfsverzeichnis *_Ressourcen* in die Zwischenablage. Öffnen Sie das Kontextmenü auf dem Eintrag *app/res/raw*. Fügen Sie die Audiodatei mithilfe des Menüpunkts PASTE in das neue Verzeichnis ein. Mit der zweiten Audiodatei *ende.mp3* verfahren Sie ebenso. Anschließend sieht es im Projektfenster aus wie in Abbildung 18.10.

Abbildung 18.10 Raw-Ressourcen

18.3.3 Einfaches Abspielen

Es folgt der Code der Datei *MainActivity.kt*, der für das einfache Abspielen benötigt wird:

```
...
class MainActivity : AppCompatActivity() {
    ...
    override fun onCreate(savedInstanceState: Bundle?) {
        ...
        buEinfach.setOnClickListener {
            val mpEinfach = MediaPlayer.create(this, R.raw.gitarre)
            mpEinfach.start()
        }
    }
}
```

Listing 18.5 Projekt »SystemAudio«, einfaches Abspielen

Nach dem Betätigen des Buttons BUEINFACH wird mithilfe der Methode `create()` ein `MediaPlayer`-Objekt erzeugt und es wird ein Verweis darauf geliefert. Der zweite Parameter der Methode `create()` verweist auf die Ressource aus dem Verzeichnis *raw*, die dem Projekt zuvor hinzugefügt wurde. Die Methode `start()` startet den Abspielvorgang.

Zeigt der Editor einen Fehler beim Zugriff auf die neuen Ressourcen an, können Sie das Projekt mithilfe des Menüpunkts FILE • SYNC PROJECT WITH GRADLE FILES synchronisieren und es mithilfe des Menüpunkts BUILD • CLEAN PROJECT bereinigen.

18.3.4 Komfortables Abspielen

Der aktuelle Zustand eines Abspielvorgangs kann anhand eines umfangreichen Statusdiagramms verdeutlicht werden. Mehr dazu erfahren Sie in der Android-Dokumentation:

https://developer.android.com/reference/android/media/MediaPlayer

In diesem Diagramm werden die verschiedenen Zustände und die Übergänge zwischen den Zuständen, die sogenannten Transitionen, wiedergegeben.

Im vorliegenden Projekt wird für das komfortable Abspielen ein eigenes, stark vereinfachtes Modell mit lediglich drei Zuständen verwendet.

Es folgt der erste Teil des zugehörigen Codes der Datei *MainActivity.kt*:

```
...
class MainActivity : AppCompatActivity() {
    ...
    override fun onCreate(savedInstanceState: Bundle?) {
        ...
        var mp = MediaPlayer()
        var status = 0
        val steuerung = Handler(Looper.getMainLooper())
        var resId = R.raw.gitarre

        B.pbAusgabe.max = 100

        val ereignis = object:Runnable {
            override fun run() {
                B.tvGesamt.text = "${mp.duration} msec."
                B.tvAktuell.text = "${mp.currentPosition} msec."
                B.pbAusgabe.progress =
                        100 * mp.currentPosition / mp.duration

                if(mp.isPlaying)
                    steuerung.postDelayed(this, 500L)
                else {
                    B.buStart.text = "Start"
                    status = 0
                    B.pbAusgabe.progress = 0
                }
            }
```

```
        }

        B.rgDatei.setOnCheckedChangeListener { _, checkedId ->
            resId = if(checkedId == B.rbGitarre.id)
                R.raw.gitarre else R.raw.ende
        }
        ...
    }
}
```

Listing 18.6 Projekt »SystemAudio«, komfortables Abspielen, Teil 1 von 2

Die Variable mp verweist auf ein neu erzeugtes MediaPlayer-Objekt, das mithilfe der Buttons gestartet, pausiert, fortgesetzt und gestoppt werden kann. Die Variable status repräsentiert den Zustand des Abspielvorgangs und bestimmt die Aufschrift des Buttons mithilfe der folgenden Int-Werte:

- 0: Abspielvorgang ist nicht gestartet, Buttonaufschrift START
- 1: Abspielvorgang ist gestartet, Buttonaufschrift PAUSE
- 2: Abspielvorgang pausiert, Buttonaufschrift WEITER

Die fortlaufende Anzeige des Abspielfortschritts in der horizontalen ProgressBar und in der TextView wird mithilfe einer zeitlichen Steuerung realisiert (siehe Abschnitt 13.5). Alle 0,5 Sekunden wird ein Ereignis erzeugt und der zugehörige Code durchlaufen. Dazu werden ein Handler-Objekt, ein Looper-Objekt und ein Runnable-Objekt benötigt. In der Variablen resId wird die ID der Audioressource gespeichert, die abgespielt wird. Zu Beginn entspricht ihr Wert der Startauswahl innerhalb der RadioGroup.

Die Variable ereignis verweist auf das Runnable-Objekt. Die Eigenschaft duration des MediaPlayer-Objekts beinhaltet den Wert der gesamten Dauer des Abspielvorgangs in Millisekunden, die Eigenschaft currentPosition den Wert der aktuellen Position innerhalb des Abspielvorgangs. Der aktuelle Anteil wird für die Anzeige in der ProgressBar berechnet.

Anhand der booleschen Eigenschaft isPlaying des MediaPlayer-Objekts kann erkannt werden, ob der Abspielvorgang noch aktiv ist oder bereits beendet ist. Ist er noch aktiv, wird das Ereignis nach 0,5 Sekunden erneut erzeugt. Nach dem Ende des Abspielvorgangs werden die Buttonaufschrift, der Status und die beiden Fortschrittsanzeigen zurückgesetzt.

Mithilfe der Methode setOnCheckedChangeListener() wird auf ein Listener-Objekt verwiesen, das die Betätigung eines der beiden RadioButtons innerhalb der RadioGroup bemerkt. Nach Abfrage der ID des betätigten RadioButton wird die Variable `resId` entsprechend geändert.

Es folgt der zweite Teil des Codes, der für das komfortable Abspielen benötigt wird:

```
...
class MainActivity : AppCompatActivity() {
    ...
    override fun onCreate(savedInstanceState: Bundle?) {
        ...
        B.buStart.setOnClickListener {
            if(status == 0) {
                mp.release()
                mp = MediaPlayer.create(this, resId)
                mp.start()
                steuerung.postDelayed(ereignis, 0L)
                B.buStart.text = "Pause"
                status = 1
            }

            else if(status == 1) {
                mp.pause()
                steuerung.removeCallbacks(ereignis)
                B.buStart.text = "Weiter"
                status = 2
            }

            else if(status == 2) {
                mp.start()
                steuerung.postDelayed(ereignis, 0L)
                B.buStart.text = "Pause"
                status = 1
            }
        }

        B.buStop.setOnClickListener {
            mp.stop()
            steuerung.removeCallbacks(ereignis)
            B.buStart.text = "Start"
            status = 0
            B.tvAktuell.text = "0 msec."
```

```
            B.pbAusgabe.progress = 0
        }
    }
}
```

Listing 18.7 Projekt »SystemAudio«, komfortables Abspielen, Teil 2 von 2

Nach Betätigung des Buttons BUSTART wird anhand des Werts der Variablen `status` zwischen den drei möglichen Zuständen unterschieden.

- Zustand 0: Ist der Abspielvorgang (noch) nicht gestartet, wird zunächst die Methode `release()` aufgerufen. Sie dient zur Freigabe derjenigen Audioressource, die im vorherigen Abspielvorgang genutzt wurde. Falls zu viele Audioressourcen parallel im Einsatz sind, kann es zu einer Ausnahme kommen. Wie beim einfachen Abspielen werden die Methoden `create()` und `start()` aufgerufen. Die zeitliche Steuerung für die Fortschrittsanzeige wird mithilfe der Methode `postDelayed()` unmittelbar gestartet. Die Buttonaufschrift und der Status wechseln.
- Zustand 1: Ist der Abspielvorgang gestartet, wird die Methode `pause()` zum Pausieren des Abspielvorgangs aufgerufen. Die zeitliche Steuerung für die Fortschrittsanzeige wird mithilfe der Methode `removeCallbacks()` unterbrochen. Die Buttonaufschrift und der Status wechseln wiederum.
- Zustand 2: Pausiert der Abspielvorgang, führt der Aufruf der Methode `start()` zur Fortsetzung des Abspielvorgangs an der Stelle, an der er zuvor unterbrochen wurde. Die zeitliche Steuerung für die Fortschrittsanzeige wird wieder aufgenommen. Die Buttonaufschrift und der Status wechseln erneut.

Nach Betätigung des Buttons BUSTOP wird der Abspielvorgang mithilfe der Methode `stop()` unmittelbar beendet. Die zeitliche Steuerung für die Fortschrittsanzeige wird abgebrochen. Die beiden Fortschrittsanzeigen werden zurückgesetzt. Die Buttonaufschrift und der Status werden in den Startzustand versetzt.

Kapitel 19
Systemdienste

Systemdienste und Berechtigungen stellen den Kontakt zu anderen Apps und weiteren Eigenschaften von Android-Geräten her.

Die Apps in diesem Kapitel ermöglichen den Zugriff auf Systemdienste, die automatische Berechtigungen oder die Zustimmung des Benutzers bzw. der Benutzerin erfordern. Sie lernen, wie Sie den Standort ermitteln und anzeigen, mit einer eigenen App Kontakte hinzufügen und Termine im Kalender eintragen.

19.1 Einzelne Systemberechtigung

Erfordert der Ablauf einer App den Zugriff auf einen bestimmten Teil des Android-Systems, muss zuvor die zugehörige Systemberechtigung (auch kurz: Berechtigung oder Recht) erteilt werden. Ohne eine solche Berechtigung läuft die App nur unvollständig oder gar nicht.

Für eine »normale« Berechtigung, zum Beispiel für den Zugriff auf die Vibrationsfunktion, reicht ein Eintrag in der Manifestdatei zur Erteilung aus. Bei einer »gefährlichen« Berechtigung, wie zum Beispiel dem Zugriff auf den Standortdienst, die Kamera, den Kalender, die Kontakte oder den Audiorecorder, muss der Benutzer zustimmen.

Anhand des Projekts *RechteEinzeln* erläutere ich Ihnen in diesem Abschnitt den Ablauf einer normalen Berechtigung (für die Vibrationsfunktion) und einer gefährlichen Berechtigung (für die Kamera). Die App beinhaltet nur eine TextView zur Ausgabe der Ergebnisse. Bitte beachten Sie: Hier geht es nur um die Berechtigung für den Zugriff, nicht um die Nutzung.

19.1.1 Die fertige App

Beim allerersten Start der App (auf einem realen deutschsprachigen Gerät) wird festgestellt, dass die Zustimmung für den Zugriff auf die gefährliche Berechtigung noch nicht vorliegt. Daher wird sie in einem eigenen Dialogfeld angefordert (siehe Abbildung 19.1).

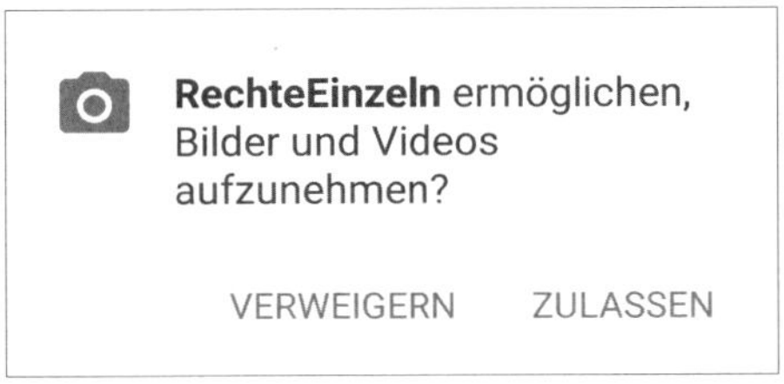

Abbildung 19.1 Zustimmung angefordert

Verweigert der Benutzer die Zustimmung, wird das in der zweiten Zeile der TextView angezeigt (siehe Abbildung 19.2). Das Dialogfeld erscheint beim nächsten Start der App erneut.

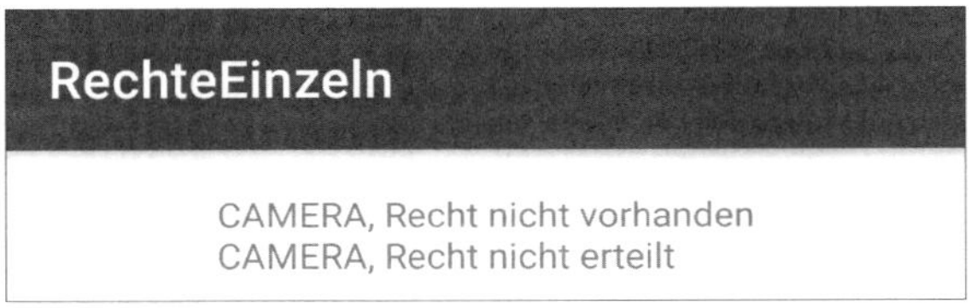

Abbildung 19.2 Zustimmung verweigert

Erteilt der Benutzer die Zustimmung, erfolgt eine andere Ausgabe (siehe Abbildung 19.3).

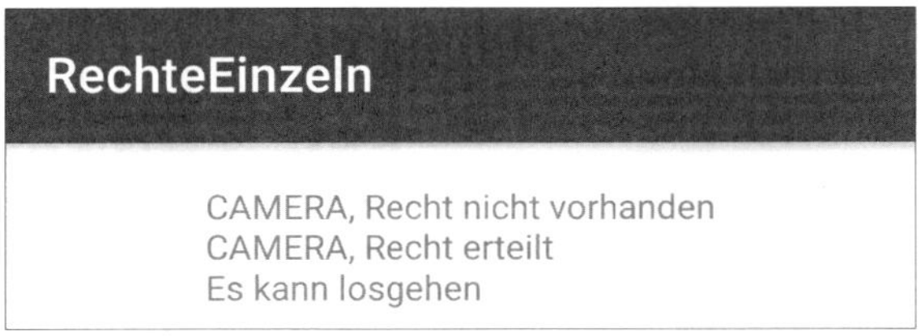

Abbildung 19.3 Zustimmung erteilt

Hat der Benutzer die Zustimmung bereits einmal erteilt, ist die Prüfung bei einem weiteren Start der App erfolgreich (siehe Abbildung 19.4).

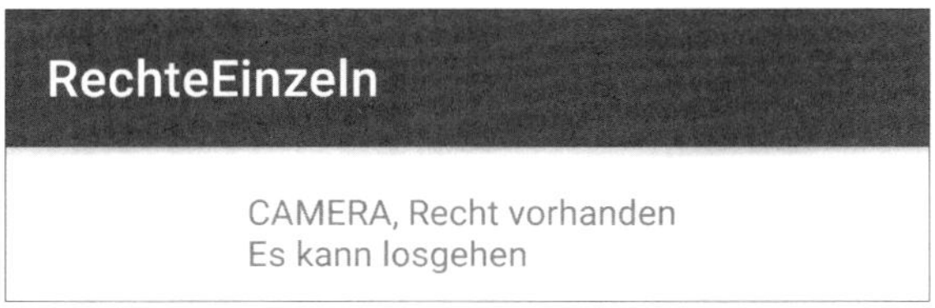

Abbildung 19.4 Zustimmung bereits vorhanden

Sie können die Berechtigungen für eine App in den Einstellungen des Geräts verändern, zum Beispiel zum Testen in diesem Projekt. Über den ANWENDUNGSMANAGER (siehe Abbildung 19.5) gelangen Sie zur ANWENDUNGSINFO (siehe Abbildung 19.6), in der die Berechtigungen angezeigt werden. Sie können diese dann in den BERECHTIGUNGEN (siehe Abbildung 19.7) der App einstellen.

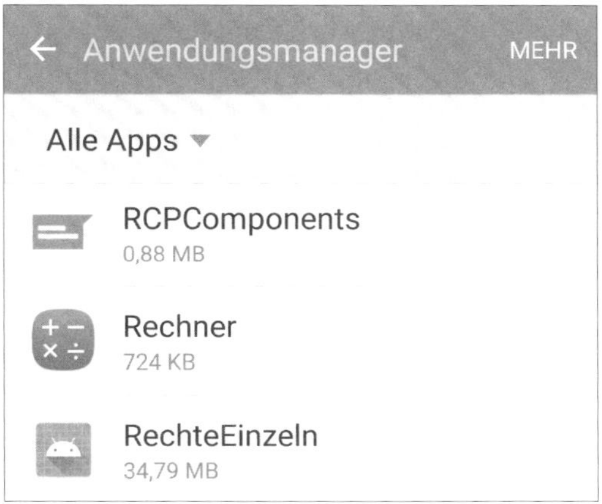

Abbildung 19.5 Anwendungsmanager

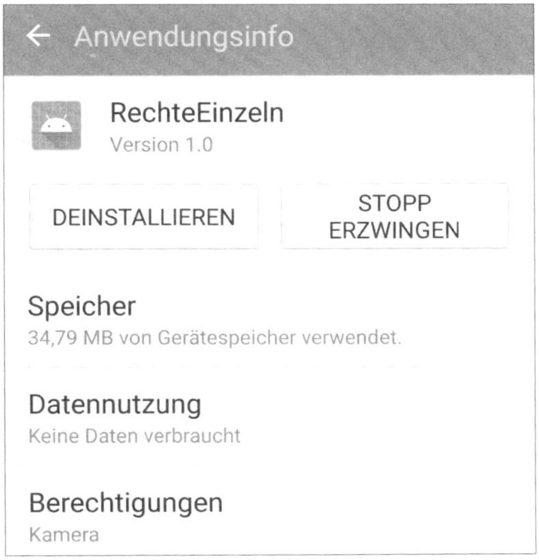

Abbildung 19.6 Anwendungsinfo

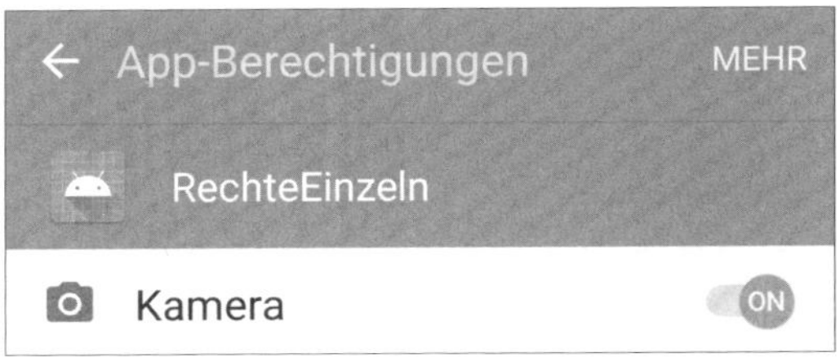

Abbildung 19.7 App-Berechtigungen

19.1.2 Manifestdatei

Es sind zusätzliche Einträge in der Manifestdatei erforderlich (siehe auch Abschnitt 11.3.6). Tragen Sie für jede Berechtigung eine eigene Zeile ein:

```
<?xml version="1.0" encoding="utf-8"?>
<manifest
    ...
    <uses-permission android:name="android.permission.CAMERA"/>
    <uses-permission android:name="android.permission.VIBRATE"/>
    <application ... </application>
</manifest>
```

Listing 19.1 Projekt »RechteEinzeln«, Datei »AndroidManifest.xml«

Es handelt sich um XML-Markierungen des Typs `uses-permission`. Ohne diese Einträge ist die jeweilige Berechtigung nicht vorhanden und kann, im Fall einer gefährlichen Berechtigung, auch nicht vom Benutzer angefordert werden.

19.1.3 Prüfen und anfordern

Im ersten Teil des Codes der Datei *MainActivity.kt* wird geprüft, ob die Berechtigung bereits vorliegt. Ist das nicht der Fall, wird die Zustimmung vom Benutzer angefordert:

```
...
import android.content.pm.PackageManager.PERMISSION_GRANTED
import android.Manifest
import androidx.core.app.ActivityCompat
const val KONSTANTE_CAMERA = 111
class MainActivity : AppCompatActivity(),
        ActivityCompat.OnRequestPermissionsResultCallback {
    private lateinit var B: ActivityMainBinding
```

```
    private var ausgabe = ""

    override fun onCreate(savedInstanceState: Bundle?) {
        ...
        val rechtCamera = ActivityCompat.checkSelfPermission(
                    this, Manifest.permission.CAMERA)

        if(rechtCamera == PERMISSION_GRANTED) {
            ausgabe = "CAMERA, Recht vorhanden\n"
            aktionenCamera()
        }
        else {
            ausgabe = "CAMERA, Recht nicht vorhanden\n"
            ActivityCompat.requestPermissions(this,
                    arrayOf(Manifest.permission.CAMERA),
                    KONSTANTE_CAMERA)
        }
    }
    ...
}
```

Listing 19.2 Projekt »RechteEinzeln«, prüfen und anfordern

Zum Vergleich mit einer erfolgten oder verweigerten Zustimmung wird die `Int`-Systemkonstante `PERMISSION_GRANTED` aus der Klasse `PackageManager` des Pakets `android.content.pm` benötigt. In der Klasse `permission` innerhalb der Klasse `android.Manifest` finden sich `String`-Systemkonstanten zur Unterscheidung der verschiedenen Berechtigungen. Die Klasse `ActivityCompat` aus dem Paket `androidx.core.app` bietet Methoden zum Prüfen von Berechtigungen und zum Anfordern der Zustimmung des Benutzers bzw. der Benutzerin.

Die eigene `Int`-Konstante `KONSTANTE_CAMERA` wird zur Identifizierung einer bestimmten Anforderung eingesetzt.

Die Klasse `MainActivity` muss das folgende Interface implementieren: `ActivityCompat.OnRequestPermissionsResultCallback`.

In der Methode `onCreate()` wird die statische Methode `checkSelfPermission()` der Klasse `ActivityCompat` aufgerufen. Sie prüft bezüglich des aktuellen Kontexts, ob eine bestimmte Berechtigung bereits vorhanden ist. Die gesuchte Berechtigung wird als zweiter Parameter der Methode angegeben. Der Rückgabewert ist vom Typ `Boolean`.

Dieser Rückgabewert wird anschließend genutzt, um

- entweder mithilfe der eigenen Methode `aktionenCamera()` die eigentlichen Abläufe zur Nutzung der Kamera zu starten
- oder mithilfe der Methode `requestPermissions()` die fehlende Berechtigung anzufordern. Der zweite Parameter dieser Methode beinhaltet einen Verweis auf einen Array, der die benötigten Berechtigungen beinhaltet. Der dritte Parameter dient zur Unterscheidung der verschiedenen Anforderungen mithilfe der zuvor definierten Konstanten.

19.1.4 Antworten auswerten

Im zweiten Teil des Codes der Datei *MainActivity.kt* werden die angeforderten Antworten ausgewertet:

```
...
class MainActivity : AppCompatActivity(),
        ActivityCompat.OnRequestPermissionsResultCallback {
    ...
    override fun onRequestPermissionsResult(
            requestCode: Int,
            permissions: Array<out String>,
            grantResults: IntArray) {
        if(requestCode == KONSTANTE_CAMERA
                && grantResults.isNotEmpty()
                && grantResults[0] == PERMISSION_GRANTED) {
            ausgabe += "CAMERA, Recht erteilt\n"
            aktionenCamera()
        }
        else {
            ausgabe += "CAMERA, Recht nicht erteilt"
            B.tvAusgabe.text = ausgabe
        }
    }

    private fun aktionenCamera() {
        ausgabe += "Es kann losgehen"
        B.tvAusgabe.text = ausgabe
    }
}
```

Listing 19.3 Projekt »RechteEinzeln«, Antworten auswerten

Die Methode `onRequestPermissionsResult()` wird zur Implementierung des Interface `ActivityCompat.OnRequestPermissionsResultCallback` benötigt. Der erste Parameter dieser Methode dient zur Unterscheidung der unterschiedlichen Anforderungen. Der zweite Parameter beinhaltet das Array mit den angeforderten Berechtigungen. Der dritte Parameter beinhaltet ein gleichartig aufgebautes Array mit den zugehörigen Zustimmungen (beziehungsweise Ablehnungen).

Handelt es sich um die richtige Anforderung, ist das Array mit den Zustimmungen (beziehungsweise Ablehnungen) nicht leer und ist im ersten Array-Element eine Zustimmung gespeichert, wird das betreffende Recht erteilt, und es wird wiederum die Methode `aktionenCamera()` aufgerufen. Trifft diese kombinierte Bedingung nicht zu, wurde das betreffende Recht vom Benutzer nicht erteilt.

Hinweise

Vor dem Abfragen eines bestimmten Array-Elements wird geprüft, ob das Array nicht leer ist. Ansonsten könnte es zu einem Abbruch der App kommen. Die Reihenfolge der mithilfe des Operators && kombinierten Bedingungen ist also wichtig. Ist das Array leer, wird die letzte Bedingung nicht mehr geprüft (siehe auch Abschnitt 2.6.4, »Logische Operatoren«).

Zum besseren Verständnis wird nach der Ablehnung einer Berechtigung im vorliegenden Beispiel eine Textmeldung angezeigt: »CAMERA, Recht nicht erteilt«. Im Normalfall sollte die App aber nach der Ablehnung beendet werden. Zu diesem Zweck könnte im `else`-Teil der obigen Verzweigung die Methode `finish()` aufgerufen werden.

19.2 Mehrere Systemberechtigungen

Viele Apps erfordern mehrere Systemberechtigungen. Sie müssen alle in der Manifestdatei eingetragen sein. Die App kann erst dann erfolgreich laufen, wenn der Benutzer bei allen gefährlichen Berechtigungen zugestimmt hat.

Das Projekt *RechteGemeinsam* in diesem Abschnitt verdeutlicht Ihnen den Ablauf für eine normale Berechtigung (für die Vibrationsfunktion) und für fünf gefährliche Berechtigungen für den Zugriff auf den Standortdienst, die Kamera, den Kalender, die Kontakte und den Audiorecorder. Auch hier geht es nur um die Berechtigungen, nicht um die Nutzung.

19.2.1 Die fertige App

Beim allerersten Start der App wird festgestellt, dass noch keine der fünf Berechtigungen vorliegt. Daher werden sie in fünf aufeinanderfolgenden Dialogfeldern angefordert. In Abbildung 19.8 sehen Sie als Beispiel die erste Anforderung, nämlich diejenige für den Standortdienst.

Abbildung 19.8 Zustimmung angefordert

Wurden zum Beispiel nur zwei der fünf Zustimmungen gegeben, reicht das noch nicht aus, damit die App läuft (siehe Abbildung 19.9).

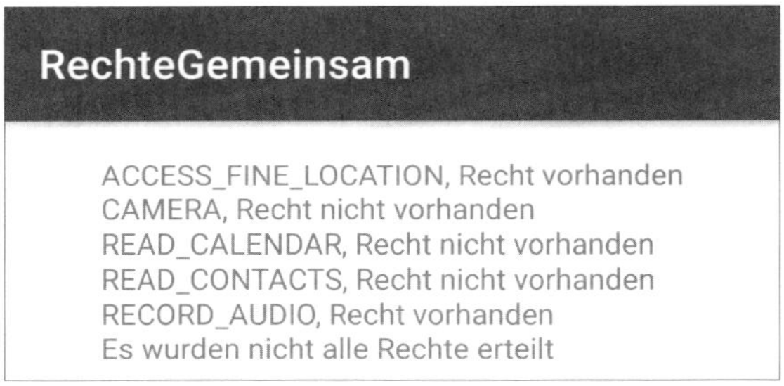

Abbildung 19.9 Berechtigungen teilweise vorhanden

In den Anwendungsinfos zur App sehen Sie die Berechtigungen und ihren jeweiligen Status (siehe Abbildung 19.10).

Beim nächsten Start der App erscheinen die drei Dialogfelder für die drei fehlenden Zustimmungen erneut. In Abbildung 19.11 sehen Sie als Beispiel die Anforderung für die Kamera.

Erteilt der Benutzer bei diesem Start alle fehlenden Zustimmungen, erscheint die Erfolgsmeldung (siehe Abbildung 19.12).

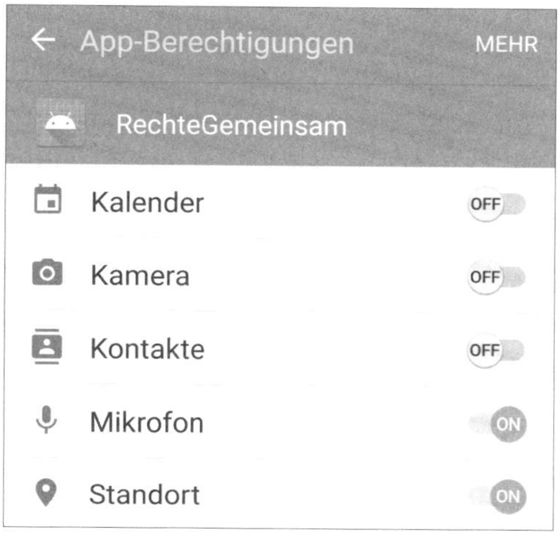

Abbildung 19.10 Aktuelle Berechtigungen

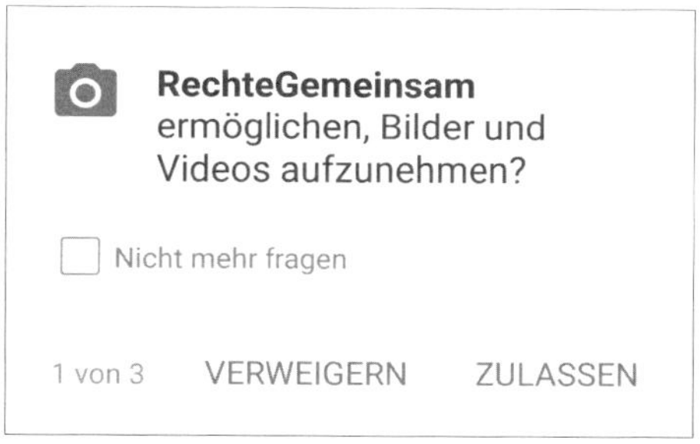

Abbildung 19.11 Zustimmung erneut angefordert

Abbildung 19.12 Alle Berechtigungen erteilt

19.2.2 Manifestdatei

In der Manifestdatei werden alle Berechtigungen eingetragen, wie Sie anhand des nachfolgenden Codeausschnitts erkennen:

```
<?xml version="1.0" encoding="utf-8"?>
<manifest ... >
    <uses-permission
        android:name="android.permission.ACCESS_FINE_LOCATION"/>
    <uses-permission
        android:name="android.permission.CAMERA"/>
    <uses-permission
        android:name="android.permission.READ_CALENDAR"/>
    <uses-permission
        android:name="android.permission.READ_CONTACTS"/>
    <uses-permission
        android:name="android.permission.RECORD_AUDIO"/>
    <uses-permission
        android:name="android.permission.VIBRATE"/>
    <application ... </application>
</manifest>
```

Listing 19.4 Projekt »RechteGemeinsam«, Datei »AndroidManifest.xml«

19.2.3 Prüfen und anfordern

Es folgt der erste Teil des Codes der Datei *MainActivity.kt*:

```
...
const val KONSTANTE_GEMEINSAM = 222
class MainActivity : AppCompatActivity(),
        ActivityCompat.OnRequestPermissionsResultCallback {
    ...
    private val rechteArray = arrayOf(
            Manifest.permission.ACCESS_FINE_LOCATION,
            Manifest.permission.CAMERA,
            Manifest.permission.READ_CALENDAR,
            Manifest.permission.READ_CONTACTS,
            Manifest.permission.RECORD_AUDIO)

    private val rechteStringArray = arrayOf(
            "ACCESS_FINE_LOCATION", "CAMERA",
```

```
            "READ_CALENDAR", "READ_CONTACTS",
            "RECORD_AUDIO")

    private var ausgabe = ""

    override fun onCreate(savedInstanceState: Bundle?) {
        super.onCreate(savedInstanceState)
        B = ActivityMainBinding.inflate(layoutInflater)
        setContentView(B.root)

        var alleRechte = true
        for(berechtigung in rechteArray) {
            if(ActivityCompat.checkSelfPermission(
                            this, berechtigung) != PERMISSION_GRANTED) {
                alleRechte = false
                break
            }
        }

        if(!alleRechte)
            ActivityCompat.requestPermissions(
                    this, rechteArray, KONSTANTE_GEMEINSAM)
        else {
            ausgabe += "Alle Rechte sind vorhanden\n"
            aktionenAlle()
        }
    }
    ...
}
```

Listing 19.5 Projekt »RechteGemeinsam«, prüfen und anfordern

Es werden dieselben zusätzlichen Klassen wie in Abschnitt 19.1.3, »Prüfen und anfordern«, importiert. Die eigene Int-Konstante zur Identifizierung der Anforderung heißt diesmal KONSTANTE_GEMEINSAM.

Die String-Systemkonstanten und die Namen der Berechtigungen werden in gleichartig aufgebauten Arrays gespeichert, um die Prüfung und die jeweils zugehörige Abfrage zu erleichtern. Die Methode checkSelfPermission() wird innerhalb einer Schleife zur Prüfung aller Berechtigungen mehrmals aufgerufen.

Liegt mindestens eine der Berechtigungen nicht vor, wird die `Boolean`-Variable `alleBerechtigungen` auf `false` gesetzt. In diesem Fall wird die Methode `requestPermissions()` aufgerufen, die alle fünf Berechtigungen prüft und dabei die jeweils fehlenden Zustimmungen anfordert. Anderenfalls wird die eigene Methode `aktionenAlle()` aufgerufen, um die Abläufe der App zu starten.

19.2.4 Antworten auswerten

Es folgt der zweite Teil des Codes der Datei *MainActivity.kt*:

```
...
class MainActivity : ... {
    ...
    override fun onRequestPermissionsResult(
            requestCode: Int,
            permissions: Array<out String>,
            grantResults: IntArray) {
        var rechteZaehler = 0
        if(requestCode == KONSTANTE_GEMEINSAM
                && grantResults.isNotEmpty()) {
            for(i in grantResults.indices) {
                if (grantResults[i] == PERMISSION_GRANTED) {
                    ausgabe += rechteStringArray[i] +
                            ", Recht vorhanden\n"
                    rechteZaehler++
                }
                else
                    ausgabe += rechteStringArray[i] +
                            ", Recht nicht vorhanden\n"
            }
        }

        if(rechteZaehler == grantResults.size) {
            ausgabe += "Alle Rechte wurden erteilt\n"
            aktionenAlle()
        }
        else {
            ausgabe += "Es wurden nicht alle Rechte erteilt"
            B.tvAusgabe.text = ausgabe
        }
```

```
    }

    private fun aktionenAlle() {
        ausgabe += "Es kann losgehen"
        B.tvAusgabe.text = ausgabe
    }
}
```

Listing 19.6 Projekt »RechteGemeinsam«, Antworten auswerten

In der Methode `onRequestPermissionsResult()` werden alle fünf Berechtigungen innerhalb einer Schleife geprüft. Liegt die jeweilige Berechtigung bereits vor beziehungsweise wurde aktuell die Zustimmung gegeben, erscheint bezüglich dieser Berechtigung eine Erfolgsmeldung, ansonsten eine Fehlermeldung. Im Erfolgsfall wird zudem der zentrale Zähler `alleRechte` um 1 erhöht.

Entspricht der Zählerstand nach dem Ende der Schleife der Anzahl der Anforderungen, liegen alle Berechtigungen vor, und es wird auch hier die Methode `aktionenAlle()` aufgerufen. Ist der Zählerstand geringer, erscheint die entsprechende Fehlermeldung.

19.3 Standort ermitteln

Sie können den Standort eines Geräts mithilfe von GPS-Signalen oder mithilfe eines Netzwerks ermitteln. Das vorliegende Projekt *SystemStandort* umfasst eine Reihe von Elementen, die Sie bereits kennen:

- Die passende Systemberechtigung muss vorhanden sein.
- Wie bei den Sensoren wird ein Systemservice benötigt.
- Ebenso wie bei den Sensoren wird auf die Einsparung von Ressourcen geachtet, falls die App nicht aktiv ist.
- Das Listener-Objekt, das einen Wechsel des Standorts bemerkt, muss ein Interface mit insgesamt vier Methoden implementieren.

Im Projekt *SystemStandort* in diesem Abschnitt wird der Standort eines Geräts alle zwei Sekunden ermittelt und ausgegeben. Zur Kontrolle der App können Sie auch ein reales Gerät verwenden. Die EXTENDED CONTROLS des virtuellen Geräts bieten aber ebenfalls die Möglichkeit, Standortdaten einzustellen und zu messen.

19.3.1 Die fertige App

Im vorliegenden Beispiel wird die App im virtuellen Gerät gestartet. Auf der Registerkarte LOCATIONS der EXTENDED CONTROLS des virtuellen Geräts kann ein virtueller Standort des Geräts eingestellt werden.

Zu diesem Zweck wird zunächst ein Punkt auf der Karte markiert. Anschließend kann der Punkt benannt und gespeichert werden und erscheint in der Liste SAVED POINTS. Nach der Auswahl eines Punkts in dieser Liste und der Betätigung des Buttons SET LOCATION wird der Punkt zum virtuellen Standort des Geräts. Hier handelt es sich um den Standort des Rheinwerk Verlags in Bonn mit den Werten 50.7172 für den Breitengrad und 7.1537 für den Längengrad (siehe Abbildung 19.13).

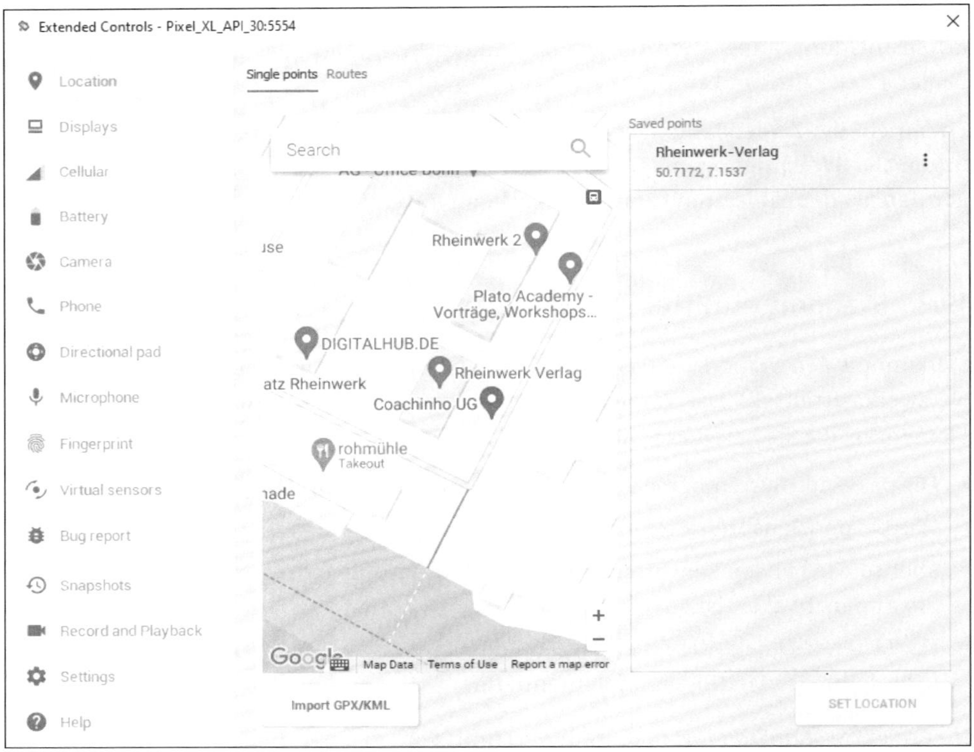

Abbildung 19.13 Extended controls, Location

Beim ersten Aufruf der App gibt der Benutzer seine Zustimmung zum Zugriff auf den Standortdienst. Anschließend werden alle zwei Sekunden die Standortdaten in dezimaler Form ausgegeben (siehe Abbildung 19.14). Nach dem Start auf einem realen Gerät kann es ein paar Sekunden dauern, bis die ersten Standortdaten erscheinen.

Abbildung 19.14 Standortdaten

19.3.2 Manifestdatei

In der Manifestdatei wird die Berechtigung eingetragen:

```
<?xml version="1.0" encoding="utf-8"?>
<manifest ... >
    <uses-permission
        android:name="android.permission.ACCESS_FINE_LOCATION" />
    <uses-feature
        android:name="android.hardware.location.gps" />
    <uses-feature
        android:name="android.hardware.location.network" />
    <application ... </application>
</manifest>
```

Listing 19.7 Projekt »SystemStandort«, Datei »AndroidManifest.xml«

Für die Nutzung auf einem Gerät ab API-Level 21 müssen zusätzliche XML-Markierungen des Typs `uses-feature` erfolgen. Mit ihrer Hilfe wird gekennzeichnet, dass die Hardwareeigenschaften des Geräts für eine Standortbestimmung mithilfe von GPS oder des (Mobilfunk- oder WLAN-)Netzwerks genutzt werden.

19.3.3 Berechtigungen

Es folgt der erste Teil des Codes der Datei *MainActivity.kt*:

```
...
const val KONSTANTE_LOCATION = 123
class MainActivity : AppCompatActivity(),
        ActivityCompat.OnRequestPermissionsResultCallback {
    private lateinit var B: ActivityMainBinding

    private lateinit var lis:LocationListener
```

```
    private lateinit var man:LocationManager
    private var ausgabe = ""

    override fun onCreate(savedInstanceState: Bundle?) {
        ...
        if(ActivityCompat.checkSelfPermission(this,
                    Manifest.permission.ACCESS_FINE_LOCATION) !=
                PERMISSION_GRANTED)
            ActivityCompat.requestPermissions(this,
                    arrayOf(Manifest.permission.ACCESS_FINE_LOCATION),
                    KONSTANTE_LOCATION)
        else
            standortDaten()
    }

    override fun onRequestPermissionsResult(
            requestCode: Int,
            permissions: Array<out String>,
            grantResults: IntArray) {
        if(requestCode == KONSTANTE_LOCATION &&
                grantResults.isNotEmpty() &&
                grantResults[0] == PERMISSION_GRANTED)
            standortDaten()
        else
            B.tvAusgabe.text = "Kein Recht für Standortdaten erteilt"
    }
    ...
}
```

Listing 19.8 Projekt »SystemStandort«, Berechtigungen

Es folgen zwei Verweise auf Objekte, die erst später initialisiert und genutzt werden: zum einen ein Listener-Objekt, das mithilfe des Interface `LocationListener` aus dem Paket `android.location` erzeugt wird, zum anderen ein Objekt der Klasse `LocationManager` aus demselben Paket.

Zunächst erfolgt die Prüfung (und gegebenenfalls die Anforderung) für den Zugriff auf den Standort mithilfe der Methoden `checkSelfPermission()`, `requestPermissions()` und `onRequestPermissionsResult()` sowie der Konstanten `KONSTANTE_LOCATION`. Liegt die Berechtigung vor, wird die eigene Methode `standortDaten()` aufgerufen (siehe nächster Abschnitt).

19.3.4 Standortdaten ermitteln

Es folgt die eigene Methode standortDaten() in der Klasse MainActivity:

```
private fun standortDaten() {
    ausgabe += "Recht erteilt, gleich geht es los\n"
    B.tvAusgabe.text = ausgabe
    man = getSystemService(
            Context.LOCATION_SERVICE) as LocationManager

    lis = LocationListener { location ->
        val lt = (location.latitude * 1e4).toInt() / 1e4
        val ln = (location.longitude * 1e4).toInt() / 1e4
        ausgabe += "B: $lt, L: $ln\n"
        B.tvAusgabe.text = ausgabe
    }
}
```

Listing 19.9 Projekt »SystemStandort«, Standortdaten ermitteln

Die Methode getSystemService() der Klasse Context liefert einen Verweis auf den gewünschten Systemdienst, hier als Verweis auf ein LocationManager-Objekt. Die Variable lis verweist auf ein Objekt, das das Interface LocationListener implementiert.

Die Methode onLocationChanged() wird bei einem Update der Standortdaten aufgerufen. Die Definition »Was ist ein Standort-Update?« wird bei der Registrierung des LocationManagers in der Methode onResume() festgelegt (siehe nächster Abschnitt). Die Methode onLocationChanged() erhält bei jedem Aufruf einen Verweis auf ein Location-Objekt mit den aktuellen Daten des Standorts und gibt diese Daten aus.

19.3.5 Ressourcen sparen

Ist die App nicht aktiv, werden keine Standortdaten ermittelt, damit Ressourcen gespart werden. Es folgen die eigenen Methoden onResume() und onPause() in der Klasse MainActivity:

```
override fun onResume() {
    super.onResume()
    if (ActivityCompat.checkSelfPermission(this,
            Manifest.permission.ACCESS_FINE_LOCATION) ==
                PERMISSION_GRANTED) {
        man.requestLocationUpdates(
```

```
                LocationManager.GPS_PROVIDER, 2000, 0f, lis)
    }
}

override fun onPause() {
    super.onPause()
    if (ActivityCompat.checkSelfPermission(
            this, Manifest.permission.ACCESS_FINE_LOCATION) ==
                PERMISSION_GRANTED) {
        man.removeUpdates(lis)
    }
}
```

Listing 19.10 Projekt »SystemStandort«, Ressourcen sparen

In der Methode `onResume()` wird der Listener mithilfe der Methode `requestLocationUpdates()` registriert, falls die Berechtigung vorliegt.

Beim ersten Parameter der Methode handelt es sich um den Typ des Location-Providers:

- entweder für GPS-Daten (`String`-Konstante `GPS_PROVIDER`)
- oder für Daten aus dem Mobilfunk- oder WLAN-Netzwerk (`String`-Konstante `NETWORK_PROVIDER`).

Mithilfe des zweiten Parameters wird die Mindestzeit in Millisekunden zwischen zwei Updates der Standortdaten festgelegt. Der dritte Parameter dient der Festlegung des Mindestabstands in Metern, der für ein Update der Standortdaten benötigt wird. Der vierte Parameter verweist auf das Listener-Objekt, dessen Methode `onLocationChanged()` bei einem Update der Standortdaten aufgerufen wird.

In der Methode `onPause()` wird der Listener mithilfe der Methode `removeUpdates()` deregistriert, falls die Berechtigung vorliegt.

19.4 Content-Provider

Mithilfe eines Content-Providers können Daten zwischen Apps ausgetauscht werden. In der eigenen App *SystemKontakt*, die wir in diesem Abschnitt erstellen werden, kann der Benutzer Name, Mobilnummer und E-Mail-Adresse einer Person eintragen.

Diese Daten werden mithilfe eines Content-Providers zur System-App *Kontakte* gesandt und dort gespeichert. Zudem hat der Benutzer die Möglichkeit, diese System-App aus der eigenen App direkt aufzurufen, um sich die eingetragenen Kontakte anzeigen zu lassen.

19.4.1 Die fertige App

Beim Start der App *SystemKontakt* wird der Benutzer aufgefordert, seine Zustimmung zum Zugriff auf die Kontakte zu erteilen (siehe Abbildung 19.15). Erteilt er sie nicht, wird die App unmittelbar beendet.

Abbildung 19.15 Zustimmung angefordert

Die Benutzeroberfläche der App beinhaltet drei EditText-Views zur Eingabe und zwei Buttons (siehe Abbildung 19.16).

Abbildung 19.16 Kontaktdaten, Formular

Der Benutzer trägt die Daten des Kontakts ein (siehe Abbildung 19.17) und betätigt den Button HINZUFÜGEN. Dank der verschiedenen Werte für die Eigenschaft `android:inputType` (`text`, `phone` beziehungsweise `textEmailAddress`) wird zur Eingabe in den einzelnen EditText-Views die jeweils passende Tastatur eingeblendet (siehe auch Abschnitt 12.1).

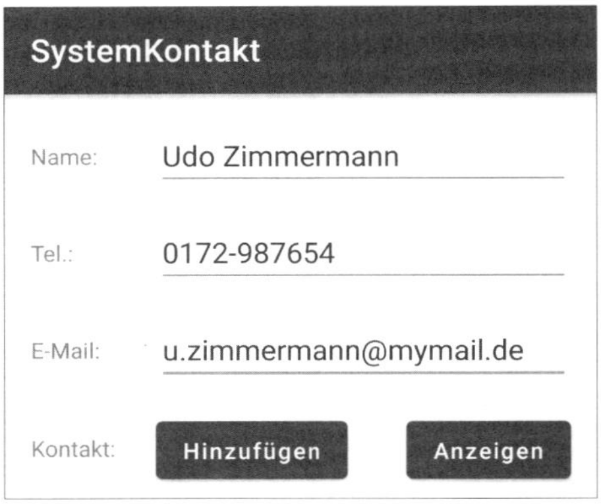

Abbildung 19.17 Kontaktdaten eingetragen

Der neue Kontakt wird hinzugefügt und es wird automatisch die System-App *Kontakte* aufgerufen. Dann erscheint der neu hinzugefügte Kontakt in der Liste der Kontakte (siehe Abbildung 19.18).

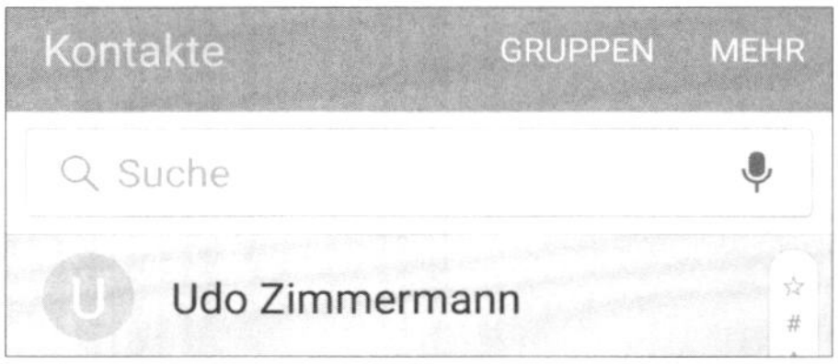

Abbildung 19.18 Kontaktdaten, Liste

Nach Auswahl des Listeneintrags werden seine Daten angezeigt (siehe Abbildung 19.19).

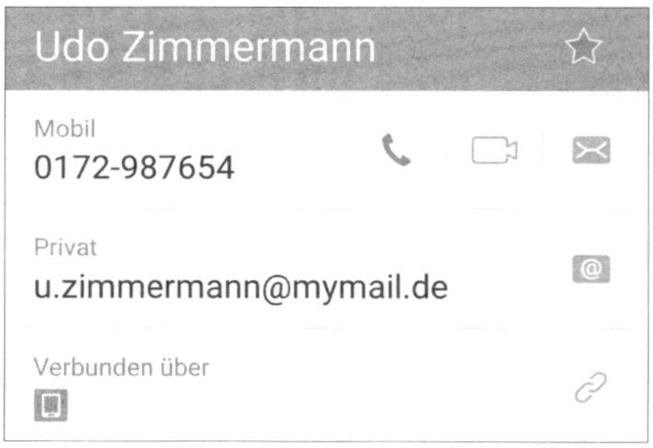

Abbildung 19.19 Kontaktdaten, gespeichert

Durch zweimaliges Betätigen des Zurück-Buttons gelangt man wieder zur eigenen App *SystemKontakt*. Über den Button ANZEIGEN wird direkt die System-App *Kontakte* angezeigt, ohne dass vorher ein neuer Kontakt eingetragen wurde.

19.4.2 Manifestdatei

In der Manifestdatei werden die Berechtigungen zum Lesen und Schreiben von Kontakten eingetragen:

```
<?xml version="1.0" encoding="utf-8"?>
<manifest ... >
    <uses-permission
        android:name="android.permission.READ_CONTACTS"/>
    <uses-permission
        android:name="android.permission.WRITE_CONTACTS"/>
    <application ... </application>
</manifest>
```

Listing 19.11 Projekt »SystemKontakt«, Datei »AndroidManifest.xml«

19.4.3 Berechtigungen

Es folgt derjenige Teil des Codes in der Datei *MainActivity.kt*, der zur Erlangung der Berechtigungen dient:

```
...
const val KONSTANTE_KONTAKT = 123
class MainActivity : AppCompatActivity(),
        ActivityCompat.OnRequestPermissionsResultCallback {
    ...
    override fun onCreate(savedInstanceState: Bundle?) {
        ...
        if(ActivityCompat.checkSelfPermission(this,
                Manifest.permission.WRITE_CONTACTS) !=
                    PERMISSION_GRANTED)
            ActivityCompat.requestPermissions(this,
                    arrayOf(Manifest.permission.WRITE_CONTACTS),
                    KONSTANTE_KONTAKT)
        ...
    }
```

```
    override fun onRequestPermissionsResult(
            requestCode: Int,
            permissions: Array<out String>,
            grantResults: IntArray) {
        if(requestCode == KONSTANTE_KONTAKT &&
                grantResults.isNotEmpty() &&
                grantResults[0] != PERMISSION_GRANTED)
            finish()
    }
    ...
}
```

Listing 19.12 Projekt »SystemKontakt«, Berechtigungen

Es genügt, die Zustimmung zum Schreiben von Kontakten zu erlangen. Sie beinhaltet die Zustimmung zum Lesen von Kontakten. Wird in der Methode `onRequestPermissionsResult()` festgestellt, dass die Zustimmung nicht gegeben wurde, wird die App unmittelbar beendet.

19.4.4 Kontaktliste anzeigen

Es folgt derjenige Teil des Codes in der Datei *MainActivity.kt*, der zur Anzeige der Kontaktliste dient:

```
...
class MainActivity : ... {
    ...
    override fun onCreate(savedInstanceState: Bundle?) {
        ...
        B.buAnzeigen.setOnClickListener {
            kontaktlisteAnzeigen() }
        ...
    }
    ...
    private fun kontaktlisteAnzeigen() {
        val kontakteActivity =
                Intent(Intent.ACTION_VIEW, Contacts.CONTENT_URI)
        startActivity(kontakteActivity)
    }
}
```

Listing 19.13 Projekt »SystemKontakt«, Kontaktliste anzeigen

Nach dem Betätigen des Buttons BUANZEIGEN wird die Methode kontaktlisteAnzeigen() aufgerufen. Ähnlich wie in Abschnitt 14.3, »Mehrere Activitys«, wird zum Start einer anderen Activity zunächst ein Intent-Objekt angelegt. Anschließend wird die andere Activity mithilfe der Methode startActivity() aufgerufen.

Der Unterschied: In Abschnitt 14.3 wird eine selbst definierte Activity aufgerufen, in diesem Abschnitt eine System-App. Dabei wird ein anderer Konstruktor der Klasse Intent mit anderen Parametern genutzt. Der String-Wert Intent.ACTION_VIEW für den ersten Parameter legt fest, dass Daten einer App angezeigt werden. Mithilfe des zweiten Parameters wird die betreffende App ausgewählt, hier die System-App *Kontakte* anhand des Eintrags Contacts.CONTENT_URI.

19.4.5 Kontakt hinzufügen

Es folgt der Teil des Codes in der Datei *MainActivity.kt*, der zum Hinzufügen eines Kontakts mithilfe eines Content-Providers dient:

```
...
class MainActivity : ... {
    ...
    override fun onCreate(savedInstanceState: Bundle?) {
        ...
        B.buHinzufuegen.setOnClickListener {
            val cpoListe = ArrayList<ContentProviderOperation>()

            // Eintrag in Kontaktliste
            val kontaktId = 0
            var cpob = ContentProviderOperation.
                newInsert(RawContacts.CONTENT_URI)
            cpob.withValue(RawContacts.ACCOUNT_TYPE, null)
            cpob.withValue(RawContacts.ACCOUNT_NAME, null)
            var cpo = cpob.build()
            cpoListe.add(cpo)

            // Name
            cpob = ContentProviderOperation.
                newInsert(Data.CONTENT_URI)
            cpob.withValueBackReference(
                    Data.RAW_CONTACT_ID, kontaktId)
            cpob.withValue(Data.MIMETYPE,
                    StructuredName.CONTENT_ITEM_TYPE)
```

```
            cpob.withValue(StructuredName.DISPLAY_NAME,
                    B.etAnzeigeName.text.toString())
            cpo = cpob.build()
            cpoListe.add(cpo)

            // Mobilnummer
            cpob = ContentProviderOperation.
                newInsert(Data.CONTENT_URI)
            cpob.withValueBackReference(
                    Data.RAW_CONTACT_ID, kontaktId)
            cpob.withValue(Data.MIMETYPE,
                    Phone.CONTENT_ITEM_TYPE)
            cpob.withValue(Phone.NUMBER,
                    B.etTelefonMobil.text.toString())
            cpob.withValue(Phone.TYPE, Phone.TYPE_MOBILE)
            cpo = cpob.build()
            cpoListe.add(cpo)

            // E-Mail-Adresse
            cpob = ContentProviderOperation.
                newInsert(Data.CONTENT_URI)
            cpob.withValueBackReference(
                    Data.RAW_CONTACT_ID, kontaktId)
            cpob.withValue(Data.MIMETYPE,
                    Email.CONTENT_ITEM_TYPE)
            cpob.withValue(Email.ADDRESS,
                    B.etEMailHome.text.toString())
            cpob.withValue(Email.TYPE, Email.TYPE_HOME)
            cpo = cpob.build()
            cpoListe.add(cpo)

            contentResolver.applyBatch(AUTHORITY, cpoListe)
            kontaktlisteAnzeigen()
        }
    }
    ...
}
```

Listing 19.14 Projekt »SystemKontakt«, Kontakt hinzufügen

Die Erstellung eines neuen Kontakts umfasst eine Reihe von einzelnen Operationen eines Content-Providers. Nach Betätigen des Buttons BUHINZUFUEGEN wird eine leere ArrayList für Verweise auf Objekte der Klasse `ContentProviderOperation` erstellt. In der ArrayList werden die einzelnen Operationen zunächst gesammelt, bevor sie am Ende zusammenhängend ausgeführt werden.

Für jeden neuen Kontakt wird ein Eintrag in der Tabelle `RawContacts` angelegt. Für die einzelnen Daten eines Kontakts (Name, Mobilnummer, E-Mail-Adresse) werden jeweils Einträge in der Tabelle `Data` angelegt. Der Bezug zwischen den Einträgen in den beiden Tabellen wird über eine eindeutige ID erstellt.

Ein Objekt der Klasse `ContentProviderOperation.Builder` wird mithilfe der Methode `newInsert()` erzeugt und bietet Methoden zum Erstellen einer Content-Provider-Operation. Die Methode `withValueBackReference()` stellt den Bezug zwischen den Einträgen in den Tabellen `RawContacts` und `Data` über die eindeutige ID her.

Die Methode `withValue()` sorgt dafür,

- dass die Daten aus den Eingabefeldern mit den passenden Datentypen kombiniert werden, damit jeweils die passende Eingabetastatur eingeblendet wird, und
- dass die Daten in den richtigen Komponenten eines Eintrags der System-App *Kontakte* eingetragen werden.

Die Methode `build()` erzeugt ein Objekt der Klasse `ContentProviderOperation`. Die Methode `add()` fügt einen Verweis auf dieses Objekt der ArrayList hinzu. Die Methode `applyBatch()` führt die Operationen für alle Objekte der ArrayList aus.

19.5 Daten vorbereiten

In diesem Abschnitt werden in der eigenen App *SystemKalender* die Daten für einen Termin erzeugt. Mit diesen Daten wird die System-App *Kalender* aufgerufen. Der Benutzer muss die vorbereiteten Daten nur noch bestätigen.

Das Projekt ist wesentlich einfacher aufgebaut als das vorherige. Die App *SystemKalender* benötigt weder Berechtigungen noch Ressourcen noch eine eigene Benutzeroberfläche. Sie erstellen also eine Standard-App, wie zum Beispiel für das Projekt *HalloWelt*.

Anschließend wird nur der Code der Datei *MainActivity.kt* geändert:

```
...
class MainActivity : AppCompatActivity() {
    override fun onCreate(savedInstanceState: Bundle?) {
```

```
        ...
        val ev = Intent(Intent.ACTION_INSERT, Events.CONTENT_URI)
        ev.putExtra(Events.TITLE, "Treffen mit Interessenten")
        ev.putExtra(Events.DESCRIPTION, "Präsentation vorbereiten")
        ev.putExtra(Events.EVENT_LOCATION, "Bonn")

        val k = Calendar.getInstance()
        k.set(2021, 11, 20, 15, 30)
        ev.putExtra(CalendarContract.EXTRA_EVENT_BEGIN_TIME, k.time.time)
        k.set(2021, 11, 20, 16, 15)
        ev.putExtra(CalendarContract.EXTRA_EVENT_END_TIME, k.time.time)

        startActivity(ev)
        finish()
    }
}
```

Listing 19.15 Projekt »SystemKalender«

Nach dem Start der App wird, ähnlich wie in Abschnitt 14.3, »Mehrere Activitys«, zunächst ein `Intent`-Objekt angelegt. Der `String`-Wert `Intent.ACTION_INSERT` für den ersten Parameter legt fest, dass Daten bei einer App eingefügt werden. Mithilfe des zweiten Parameters wird die betreffende App ausgewählt, hier *Events* für die System-App *Calendar*.

Mithilfe der Methode `putExtra()` (siehe Abschnitt 14.3.4, »Haupt-Activity«) werden Daten im `Intent`-Objekt gespeichert. Der erste Parameter der Methode ist eine Zeichenkette, die als eindeutiger Name der hinzugefügten Daten dient. Hier werden die nachfolgenden Namen genutzt, die für die System-App *Calendar* vorgegeben sind:

- `Events.TITLE`: Bezeichnung für den Termin
- `Events.DESCRIPTION`: Notizen für den Termin
- `Events.LOCATION`: Ort für den Termin
- `CalendarContract.EXTRA_EVENT_BEGIN_TIME`: Beginn des Termins
- `CalendarContract.EXTRA_EVENT_END_TIME`: Ende des Termins

Als zweiter Parameter werden die Daten selbst angegeben. Bei den ersten drei Einträgen handelt es sich um Zeichenketten. Bei den letzten beiden Einträgen werden `Long`-Werte mit einer Zeitangabe erwartet, wie sie die Eigenschaft `time` eines `Date`-Objekts zur Verfügung stellt.

Die andere Activity wird mithilfe der Methode `startActivity()` aufgerufen und die eigene App wird mithilfe der Methode `finish()` beendet. Nach dem Start der App *System-Kalender* erscheint die System-App *Calendar* wie in Abbildung 19.20. Nach dem Speichern wird der Termin in der System-App eingetragen.

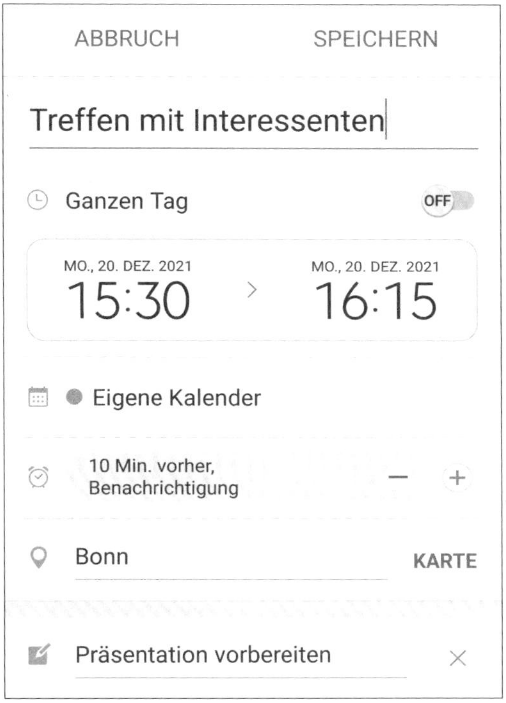

Abbildung 19.20 Vorbereitete Daten

Kapitel 20
Beispielprojekte

Zum Abschluss gibt es einen Streifzug durch das Repertoire: Ein Rechentrainer und zwei Spiele-Apps zeigen die verschiedenen Features im Zusammenspiel.

Die Beispielprojekte in diesem Kapitel zeigen, wie die verschiedenen Elemente, die Sie in diesem Buch kennengelernt haben, in einem größeren Projekt verknüpft werden.

20.1 Rechentrainer »BruchTraining«

Das Projekt *BruchTraining* beinhaltet ein Trainingsprogramm zur Bruchrechnung mit drei Schwierigkeitsgraden (kurz: Levels).

Es dient als Beispiel für das Zusammenspiel vieler Elemente, die Sie bereits kennen, nachdem sie alle Themen bis einschließlich Abschnitt 12.4 bearbeitet haben, wie zum Beispiel Verzweigungen, Schleifen, Arrays, Funktionen und RadioGroups.

20.1.1 Die fertige App

Zur Verdeutlichung wird zunächst die fertige App erläutert. Nach dem Start der App erscheint die Benutzeroberfläche mit einer RadioGroup, zwei Buttons und drei TextViews (siehe Abbildung 20.1). Mithilfe der RadioButtons aus der RadioGroup kann eines der drei Level LEICHT (Standardwert), MITTEL oder SCHWER ausgewählt werden.

Im Level *Leicht* wird nach dem Betätigen des Buttons AUFGABE ein Bruch angezeigt, der eine ganze Zahl ergibt. Der Bruchstrich wird durch einen Divisionsstrich zwischen Zähler und Nenner dargestellt.

Der Benutzer rechnet, im Kopf oder auf dem Papier, die ganze Zahl aus, die das Ergebnis der Aufgabe darstellt. Nach dem Betätigen des Buttons ERGEBNIS erscheint das richtige Ergebnis, mit dem der Benutzer sein eigenes Ergebnis vergleicht (siehe Abbildung 20.2).

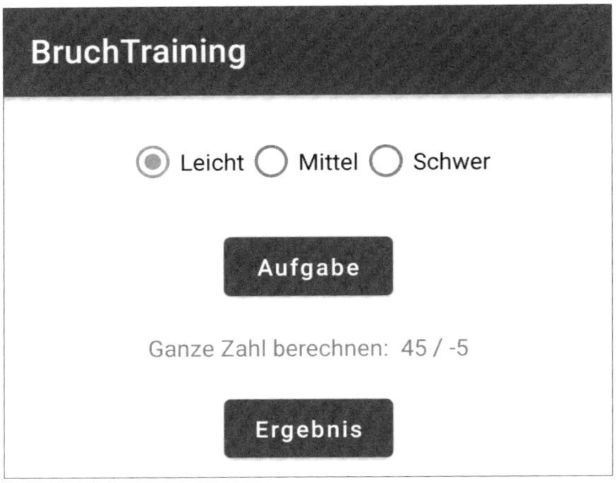

Abbildung 20.1 Leichte Aufgabe

Stellt der Benutzer fest, dass er zum Beispiel 20 leichte Aufgaben richtig lösen konnte, kann er auf das nächste Level wechseln.

Abbildung 20.2 Leichte Aufgabe mit Ergebnis

Im Level *Mittel* soll der Benutzer einen Bruch auf das kleinstmögliche Ergebnis kürzen. Der zu kürzende Bruch wird nach dem Betätigen des Buttons AUFGABE angezeigt. In Abbildung 20.3 sehen Sie dazu ebenfalls ein Beispiel, und zwar bereits nach der Ausgabe des Ergebnisses.

Im Level *Schwer* werden nach dem Betätigen des Buttons AUFGABE zwei Brüche angezeigt, die der Benutzer entweder miteinander addieren, subtrahieren, dividieren oder multiplizieren soll. Das Ergebnis soll er zudem anschließend kürzen. In Abbildung 20.4 sehen Sie ebenso ein Beispiel zusammen mit dem Ergebnis.

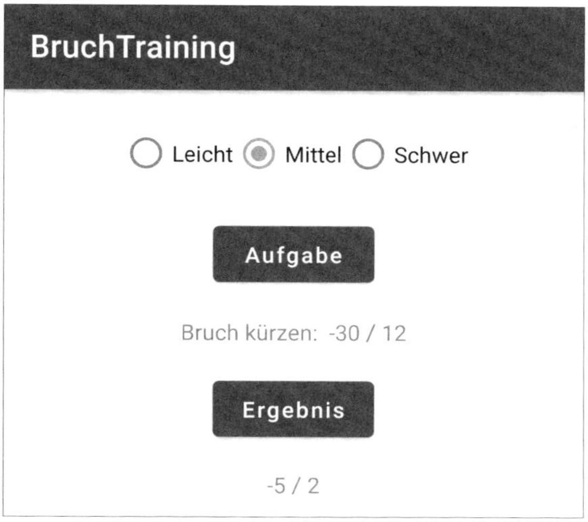

Abbildung 20.3 Mittelschwere Aufgabe mit Ergebnis

Abbildung 20.4 Schwere Aufgabe mit Ergebnis

Wie Sie sehen, können sowohl der Zähler als auch der Nenner der vorkommenden Brüche positiv oder negativ sein.

20.1.2 Leichte Aufgabe

Es folgt der Teil der Datei *MainActivity.kt* für die leichte Aufgabe:

```
...
class MainActivity : AppCompatActivity() {
    ...
    override fun onCreate(savedInstanceState: Bundle?) {
        ...
        var ergw = 0
        ...
        B.buAufgabe.setOnClickListener {
            when (B.rgLevel.checkedRadioButtonId) {
                B.rbLeicht.id -> {
                    ergw = (-10 .. 10).random()
                    var an = 0
                    while (an == 0)
                        an = (-10 .. 10).random()
                    val az = ergw * an

                    B.tvAufgabe.text = "Ganze Zahl berechnen:  $az / $an"
                    B.tvErgebnis.text = ""
                }
                ...
            }
        }

        B.buErgebnis.setOnClickListener {
            if(B.rbLeicht.isChecked)
                B.tvErgebnis.text = "$ergw"
            else { ... }
        }
    }
}
```

Listing 20.1 Projekt »BruchTraining«, leichte Aufgabe

Die Variable ergw beinhaltet die ganze Zahl, die das Ergebnis darstellt, das der Benutzer zum Vergleich mit seinem eigenen Ergebnis verwendet.

Nach dem Betätigen des Buttons BUAUFGABE wird der ausgewählte Schwierigkeitsgrad mithilfe einer when-Verzweigung ermittelt. Im Fall »Leicht« wird ein Bruch erzeugt und als Aufgabe angezeigt, der eine ganze Zahl ergibt. Diese ganze Zahl soll vom Benutzer berechnet werden.

Der Zufallsgenerator liefert ganze Zahlen für das Ergebnis und den Nenner des Bruchs. Der Zähler des Bruchs wird dann mithilfe einer Multiplikation ermittelt. Ein Beispiel: Das zufällig ermittelte Ergebnis 3 und der zufällig ermittelte Nenner 5 ergeben den Zähler 15. Für den Benutzer wird also die Aufgabe 15 / 5 ermittelt und ausgegeben. Er soll das Ergebnis 3 berechnen.

Bei dem eingestellten Bereich von –10 bis 10 kann der Zufallsgenerator auch den Wert 0 liefern. Mithilfe einer `while`-Schleife wird dafür gesorgt, dass der Wert für den Nenner nicht 0 ist, weil eine Division durch 0 mathematisch nicht erlaubt ist.

Nach dem Betätigen des Buttons BUERGEBNIS erscheint das Ergebnis.

20.1.3 Mittelschwere Aufgabe

Es folgt der Teil der Datei *MainActivity.kt*, der für die mittelschwere Aufgabe hinzukommt:

```
...
class MainActivity : AppCompatActivity() {
    ...
    private var ergz = 0
    private var ergn = 0
    private val prob = intArrayOf(2, 2, 2, 2, 3, 3, 3, 5, 5, 7)
    private val prim = intArrayOf(2, 3, 5, 7)

    override fun onCreate(savedInstanceState: Bundle?) {
        ...
        B.buAufgabe.setOnClickListener {
            when (B.rgLevel.checkedRadioButtonId) {
                B.rbLeicht.id -> { ... }
                B.rbMittel.id -> {
                    ergz = produkt(3)
                    ergn = produkt(3)
                    B.tvAufgabe.text = "Bruch kürzen:  $ergz / $ergn"
                    B.tvErgebnis.text = ""
                }
                ...
            }
        }
```

```
        B.buErgebnis.setOnClickListener {
            if(B.rbLeicht.isChecked)
                B.tvErgebnis.text = "$ergw"
            else {
                kuerzen()
                if (ergn == 1)
                    B.tvErgebnis.text = "$ergz"
                else
                    B.tvErgebnis.text = "$ergz / $ergn"
            }
        }
    }

    private fun produkt(anzahl:Int):Int
    {
        var wert = 1
        for(i in 1 .. anzahl)
            wert *= prob.random()
        return if((0 .. 1).random() == 0) wert else -wert
    }

    private fun kuerzen() {
        for(i in prim.indices)
            while(ergz%prim[i] == 0 && ergn%prim[i] == 0) {
                ergz /= prim[i]
                ergn /= prim[i]
            }

        if(ergn < 0) {
            ergz = -ergz
            ergn = -ergn
        }
    }
}
```

Listing 20.2 Projekt »BruchTraining«, mittelschwere Aufgabe

Die Variablen ergz und ergn beinhalten den Zähler und den Nenner des gekürzten Bruchs. Mit diesem Bruch vergleicht der Benutzer das Ergebnis seiner eigenen Berechnung.

Das `Int`-Array `prim` beinhaltet als Elemente die vier kleinsten Primzahlen. Primzahlen können nur durch sich selbst und durch 1 geteilt werden. Sie werden zum Kürzen des Bruchs benötigt, mehr dazu später.

Das `Int`-Array `prob` beinhaltet zehn Elemente. Dabei handelt es sich ebenfalls um die vier kleinsten Primzahlen, allerdings mit unterschiedlicher Wahrscheinlichkeit (engl.: *probability*): Die 2 kommt zum Beispiel viermal vor, die 7 nur einmal.

Nach dem Betätigen des Buttons BUAUFGABE werden Zähler und Nenner eines Bruchs jeweils mithilfe der Funktion `produkt()` erzeugt. Der Bruch wird als Aufgabe angezeigt.

Die Funktion `produkt()` liefert mithilfe des Zufallsgenerators einen Wert. Die `for`-Schleife wird dreimal durchlaufen. Bei jedem Durchlauf wird einer der unterschiedlich wahrscheinlichen Werte aus dem Array `prob` ermittelt. Die drei Werte werden miteinander multipliziert. Anschließend wird das Vorzeichen des ermittelten Produkts gesetzt. Liefert der Zufallsgenerator eine 0, bleibt das Produkt positiv. Liefert er eine 1, wird das Produkt mit –1 multipliziert. Der positive oder negative Wert wird zurückgeliefert.

Nach dem Betätigen des Buttons BUERGEBNIS wird zunächst die Funktion `kuerzen()` aufgerufen. Darin werden Zähler und Nenner so lange durch 2 dividiert, wie der Rest der Division 0 ist, die Division also eine ganze Zahl ergibt. Anschließend werden sie auf dieselbe Weise durch 3 dividiert, dann durch 5, dann durch 7. Da Zähler und Nenner nur Produkte aus diesen vier Zahlen sind, ergibt sich am Ende der gekürzte Wert.

Ist das Ergebnis ein negativer Bruch, soll das Vorzeichen im Zähler stehen. Sind sowohl Zähler als auch Nenner negativ, soll der Bruch in den entsprechenden positiven Bruch umgewandelt werden. Ist also der Nenner negativ, werden Zähler und Nenner mit –1 multipliziert. Zwei Beispiele: Aus 4 / –3 wird –4 / 3, aus –4 / –3 wird 4 / 3.

Hat der Nenner den Wert 1, wird das Ergebnis als ganze Zahl und nicht als Bruch angezeigt.

20.1.4 Schwere Aufgabe

Es folgt der Teil der Datei *MainActivity.kt*, der für die schwere Aufgabe hinzukommt:

```
...

class MainActivity : AppCompatActivity() {
    ...
    override fun onCreate(savedInstanceState: Bundle?) {
        ...
        val ops = charArrayOf('+', '-', '*', '/')
```

```
        B.buAufgabe.setOnClickListener {
            when (B.rgLevel.checkedRadioButtonId) {
                B.rbLeicht.id -> { ... }
                B.rbMittel.id -> { ... }
                else -> {
                    val az = produkt(2)
                    val an = produkt(2)
                    val bz = produkt(2)
                    val bn = produkt(2)
                    val op = ops.random()

                    B.tvAufgabe.text =
                        "Ergebnis-Bruch berechnen:  $az/$an  $op  $bz/$bn"
                    B.tvErgebnis.text = ""

                    when (op) {
                        '+' -> {
                            ergz = az * bn + an * bz
                            ergn = an * bn
                        }
                        '-' -> {
                            ergz = az * bn - an * bz
                            ergn = an * bn
                        }
                        '*' -> {
                            ergz = az * bz
                            ergn = an * bn
                        }
                        '/' -> {
                            ergz = az * bn
                            ergn = an * bz
                        }
                    }
                }
            }
        }
        ...
    }
    ...
}
```

Listing 20.3 Projekt »BruchTraining«, schwere Aufgabe

Das Char-Array ops beinhaltet als Elemente vier einzelne Zeichen, nämlich die Operatoren für die vier verschiedenen Berechnungen. Einzelne Zeichen sind vom Datentyp Char und müssen innerhalb von einfachen Hochkommata geschrieben werden. Die Funktion charArrayOf() dient zur Erstellung eines Char-Arrays. Zeichen und Zeichenketten werden in Abschnitt 6.3 ausführlich erläutert.

Nach dem Betätigen des Buttons BUAUFGABE werden Zähler und Nenner der beiden Brüche, nennen wir sie A und B, jeweils mithilfe der bereits beschriebenen Funktion produkt() erzeugt. Der Bruch A hat den Zähler az und den Nenner an, der Bruch B den Zähler bz und den Nenner bn. Die vier Werte sind jeweils das Produkt aus zwei zufälligen Zahlen. Der Operator für die Aufgabe wird ebenfalls per Zufallsgenerator erzeugt. Anschließend wird die Aufgabe in der Form A <Operator> B angezeigt. Der Ergebnis-Bruch soll vom Benutzer berechnet werden.

Mithilfe einer when-Verzweigung wird das Ergebnis in Abhängigkeit von dem Operator gemäß den Regeln der Bruchrechnung ermittelt. Auch hier beinhalten die Variablen ergz und ergn den Zähler und den Nenner des Ergebnisses.

Nach dem Betätigen des Buttons BUERGEBNIS wird das Ergebnis gekürzt. Das Vorzeichen und die Ausgabe werden angepasst, wie im vorherigen Abschnitt beschrieben.

20.2 Reaktionsspiel »Quadrate«

Das Projekt Quadrate beinhaltet ein Reaktionsspiel. Es dient als Beispiel für das Zusammenspiel vieler Elemente, die Sie bereits kennen, nachdem sie alle Themen bis einschließlich Abschnitt 14.1 bearbeitet haben, wie zum Beispiel FrameLayouts, dynamisch veränderliche Benutzeroberflächen, eine Zeitmessung und zeitliche Steuerungen.

Es wird ein Quadrat in einer Zielfarbe angezeigt, die immer wieder wechselt. Der Benutzer muss innerhalb einer begrenzten Zeit so viele Quadrate wie möglich antippen, die die aktuelle Zielfarbe besitzen. Die Quadrate erscheinen für kurze Zeit, an zufälligen Orten und in zufälligen Farben.

20.2.1 Die fertige App

Zur Verdeutlichung wird zunächst die fertige App erläutert. Nach dem Start der App erscheint die Benutzeroberfläche mit dem FrameLayout flGesamt, das die ImageView ivZiel mit einem farbigen Quadrat oben links, die TextView tvPunkte für den aktuellen Punktestand oben in der Mitte und die TextView tvZeit für die verbleibende Spielzeit rechts oben beinhaltet (siehe Abbildung 20.5).

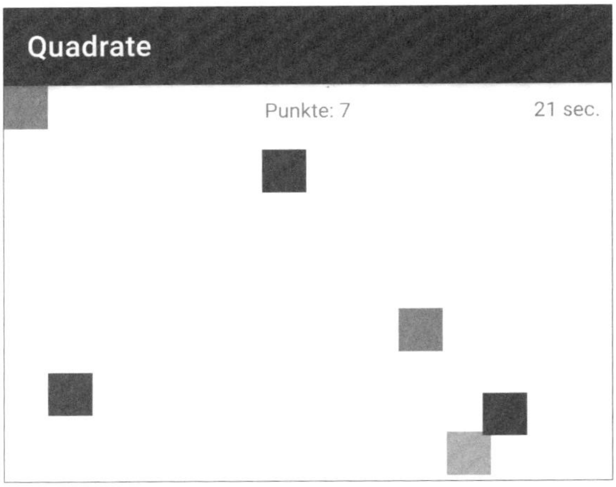

Abbildung 20.5 Reaktionsspiel »Quadrate«

Alle 0,5 Sekunden erscheint ein weiteres Quadrat in einer ImageView an einer zufällig ausgewählten Stelle der Benutzeroberfläche. Die Farbe des Quadrats wird zufällig aus insgesamt sechs Farben ausgewählt. Jedes Quadrat ist für fünf Sekunden sichtbar, dann verschwindet es wieder. Der Benutzer muss innerhalb von 60 Sekunden so viele Quadrate wie möglich antippen und dabei Pluspunkte erlangen. Ein angetipptes Quadrat verschwindet unmittelbar.

Tippt er ein Quadrat an, das die aktuelle Zielfarbe hat, erhält er einen Pluspunkt. Die aktuelle Zielfarbe wird durch das erste Quadrat oben links vorgegeben. Tippt er allerdings ein Quadrat an, das eine der anderen Farben hat, erhält er einen Minuspunkt. Alle fünf Sekunden wechselt die Zielfarbe.

20.2.2 Überblick

Zu Verdeutlichung zunächst ein Überblick. Im Programm gibt es insgesamt vier voneinander unabhängige zeitliche Steuerungen, die jeweils mithilfe eines `Handler`-Objekts und eines `Runnable`-Objekts gestaltet werden:

- Die Objekte `neuHandler` und `neuObjekt` sorgen dafür, dass alle 0,5 Sekunden ein neues Quadrat erscheint.
- Die Objekte `loeschHandler` und `loeschObjekt` bewirken, dass jedes Quadrat fünf Sekunden nach seinem Erscheinen gelöscht wird.
- Die Objekte `zielHandler` und `zielObjekt` sorgen dafür, dass alle fünf Sekunden die Zielfarbe wechselt.

- Die Objekte `zeitHandler` und `zeitObjekt` bewirken, dass einmal pro Sekunde die Anzeige der verbleibenden Spielzeit aktualisiert wird und dass das Spiel nach 60 Sekunden endet.

Zu Beginn zeigt die ImageView ein rotes Quadrat, das mithilfe der Bildressource *rot.png* erstellt wird. Die sechs Dateien *rot.png*, *gelb.png*, *gruen.png*, *blau.png*, *cyan.png* und *ocker.png* müssen Sie dem Projekt zuvor als Bildressourcen hinzugefügt haben.

20.2.3 Programmrahmen

Es folgt der Rahmen des Programms in der Datei *MainActivity.kt*. Einige Teile des Programms habe ich zur besseren Übersicht in die nachfolgenden Abschnitte ausgelagert.

```
...
import android.os.Handler
import android.os.Looper
import android.widget.FrameLayout
import android.widget.ImageView
import java.util.Calendar
import kotlin.random.Random

class MainActivity : AppCompatActivity() {
    override fun onCreate(savedInstanceState: Bundle?) {
        ...
        val farbeArray = intArrayOf(
            R.drawable.rot, R.drawable.gelb,
            R.drawable.gruen, R.drawable.blau,
            R.drawable.cyan, R.drawable.ocker)
        var farbeZiel = R.drawable.rot
        var ziel = ivZiel
        val zeitStart = Calendar.getInstance().time.time
        var spielAktiv = true
        val breite = resources.displayMetrics.widthPixels
        val hoehe = resources.displayMetrics.heightPixels
        var punkte = 0
        ...
    }
}
```

Listing 20.4 Projekt »Quadrate«, Programmrahmen

Zur Auswahl der Farbe der hinzugefügten Quadrate werden die Bildressourcen in einem Array abgelegt. Es handelt sich um ein `Int`-Array, da die einzelnen Ressourcen jeweils einem Int-Wert entsprechen. In der Variablen farbeZiel wird die Zielfarbe, also die Bildressource des aktuellen Ziels, gespeichert. Die Variable ziel dient als Verweis auf die ImageView oben links, in der das aktuelle Ziel dargestellt wird.

Der Zeitpunkt des Spielstarts wird in der Variablen zeitStart gespeichert. Mithilfe der booleschen Variablen spielAktiv wird dafür gesorgt, dass nach Ablauf der 60 Sekunden keine Punkte mehr gezählt werden.

In den beiden Variablen breite und hoehe werden die gerätespezifischen Maße des FrameLayout gespeichert, das die gesamte Benutzeroberfläche der App ausfüllt. In Abhängigkeit von diesen Maßen wird die Position der neuen ImageViews zufällig festgelegt.

20.2.4 Neues Quadrat erzeugen

Es folgt der Programmausschnitt zur Erzeugung eines neuen Quadrats, der in dem obigen Programmrahmen eingebettet ist:

```
val neuHandler = Handler(Looper.getMainLooper())
val neuObjekt = object:Runnable {
    override fun run() {
        val ivNeu = ImageView(this@MainActivity)
        val farbe = farbeArray.random()
        ivNeu.tag = farbe
        ivNeu.setImageResource(farbe)

        val lp = FrameLayout.LayoutParams(
            FrameLayout.LayoutParams.WRAP_CONTENT,
            FrameLayout.LayoutParams.WRAP_CONTENT)
        lp.leftMargin = (Random.nextDouble(0.05, 0.8)
                * breite).toInt()
        lp.topMargin = (Random.nextDouble(0.05, 0.8)
                * hoehe).toInt()
        ivNeu.layoutParams = lp
        B.flGesamt.addView(ivNeu)

        ivNeu.setOnClickListener {
            B.flGesamt.removeView(ivNeu)
            if(spielAktiv) {
                punkte += if (ivNeu.tag == farbeZiel) 1 else -1
                B.tvPunkte.text = "Punkte: $punkte"
            }
```

```
        }

        val loeschHandler = Handler(Looper.getMainLooper())
        val loeschObjekt = object:Runnable {
            override fun run() {
                B.flGesamt.removeView(ivNeu)
            }
        }
        loeschHandler.postDelayed(loeschObjekt, 5000L)
        neuHandler.postDelayed(this, 500L)
    }
}
neuHandler.postDelayed(neuObjekt, 500L)
```

Listing 20.5 Projekt »Quadrate«, neues Quadrat erzeugen

Bei jedem Ereignis des `Runnable`-Objekts `neuObjekt` wird ein neues Objekt des Typs `ImageView` erzeugt.

Die Angabe `this@MainActivity` verweist auf den Kontext der Haupt-Activity. Die Angabe `this`, die an dieser Stelle auf das aktuelle `Runnable`-Objekt verweist, würde hier nicht genügen.

Der Zufallsgenerator liefert eine der Ressourcen aus dem Array. Sie wird der ImageView als Tag zugewiesen, damit die Ressource eines angetippten Quadrats ermittelt werden kann. Zudem sorgt sie beim Aufruf der Methode `setImageResource()` dafür, dass die zugehörige Ressourcen-Datei in der ImageView erscheint.

Ein neues `LayoutParams`-Objekt wird angelegt, um die Größe und die Position der ImageView festzulegen. Die Eigenschaften `leftMargin` und `topMargin` des `LayoutParams`-Objekts dienen zur Erstellung eines Abstands zum linken beziehungsweise oberen Rand, also zur Platzierung auf der Benutzeroberfläche. Die Abstände werden mithilfe des Zufallsgenerators in Abhängigkeit von der Breite und der Höhe des Displays des aktuell genutzten Geräts ermittelt. Das `LayoutParams`-Objekt wird der Eigenschaft `layoutParams` der ImageView als neuer Wert für das Layout zugewiesen. Die ImageView wird dem FrameLayout mithilfe der Methode `addView()` hinzugefügt.

Vergessen Sie nicht, in der Manifestdatei einzustellen, dass die App immer im Hochformat läuft.

Nach einem Tipp auf die ImageView wird sie mithilfe der Methode `removeView()` wieder aus dem FrameLayout entfernt. Stimmen die aktuelle Zielfarbe und die Farbe des angetippten Quadrats überein, wird ein Pluspunkt gezählt, ansonsten ein Minuspunkt.

Beim Ereignis des Runnable-Objekts loeschObjekt wird die ImageView ebenfalls mithilfe der Methode removeView() aus dem FrameLayout gelöscht. Das betreffende Ereignis findet einmalig fünf Sekunden nach Erzeugung der ImageView statt.

Das erste Quadrat wird 0,5 Sekunden nach dem Start der App erzeugt. Nach Erzeugung eines neuen Quadrats wird 0,5 Sekunden später wieder das nächste Quadrat erzeugt.

20.2.5 Zielfarbe ändern

Es folgt der Programmausschnitt zur Änderung der Zielfarbe, der in dem obigen Programmrahmen eingebettet ist:

```
val zielHandler = Handler(Looper.getMainLooper())
val zielObjekt = object:Runnable {
    override fun run() {
        val farbeZielAlt = farbeZiel
        while(farbeZielAlt == farbeZiel)
            farbeZiel = farbeArray.random()

        B.flGesamt.removeView(ziel)

        ziel = ImageView(this@MainActivity)
        ziel.setImageResource(farbeZiel)
        val lp = FrameLayout.LayoutParams(
                FrameLayout.LayoutParams.WRAP_CONTENT,
                FrameLayout.LayoutParams.WRAP_CONTENT)
        ziel.layoutParams = lp
        B.flGesamt.addView(ziel)

        zielHandler.postDelayed(this, 5000L)
    }
}
zielHandler.postDelayed(zielObjekt, 5000L)
```

Listing 20.6 Projekt »Quadrate«, Zielfarbe ändern

Bei jedem Ereignis des Runnable-Objekts zielObjekt wird zunächst die alte Zielfarbe gespeichert. Per Zufallsgenerator wird eine neue Zielfarbe bestimmt. Die while-Schleife sorgt dafür, dass sie sich von der alten Zielfarbe unterscheidet.

Die ImageView mit der alten Zielfarbe wird mithilfe der Methode removeView() aus dem FrameLayout gelöscht. Eine neue ImageView mit der neuen Zielfarbe wird erzeugt. Das

LayoutParams-Objekt benötigt keine eigene Positionsangabe, da die ImageView ohne eine solche Angabe automatisch oben links liegt. Die ImageView wird dem FrameLayout hinzugefügt.

Die erste neue Zielfarbe wird fünf Sekunden nach dem Start der App bestimmt. Nach dem Setzen der neuen Zielfarbe wird fünf Sekunden später wieder eine neue Zielfarbe bestimmt.

20.2.6 Zeitanzeige aktualisieren

Es folgt der Programmausschnitt zur Aktualisierung der Zeitanzeige, der in dem obigen Programmrahmen eingebettet ist:

```
val zeitHandler = Handler(Looper.getMainLooper())
val zeitObjekt = object:Runnable {
    override fun run() {
        val zeitAktuell = Calendar.getInstance().time.time
        val zeitDifferenz = zeitAktuell - zeitStart
        val zeitAusgabe = 60 - zeitDifferenz / 1000
        B.tvZeit.text = "$zeitAusgabe sec."

        if(zeitDifferenz > 60000L) {
            spielAktiv = false
            neuHandler.removeCallbacks(neuObjekt)
            zielHandler.removeCallbacks(zielObjekt)
        }
        else
            zeitHandler.postDelayed(this, 1000L)
    }
}
zeitHandler.postDelayed(zeitObjekt, 1000L)
```

Listing 20.7 Projekt »Quadrate«, Zeitanzeige aktualisieren

Bei jedem Ereignis des Runnable-Objekts zeitObjekt wird der aktuelle Zeitpunkt gespeichert. Die Zeitdifferenz zwischen dem aktuellen Zeitpunkt und dem Startzeitpunkt des Spieles wird ermittelt. Es handelt sich um eine Angabe in Millisekunden, aus der die verbleibende Spielzeit in Sekunden berechnet und angezeigt wird.

Ist die Spielzeit abgelaufen, wird die boolesche Variable spielAktiv auf false gesetzt, damit keine weiteren Punkte mehr gezählt werden. Es wird dafür gesorgt, dass keine weiteren ImageViews hinzugefügt werden und die Zielfarbe nicht mehr geändert wird

20

Ist die Spielzeit noch nicht abgelaufen, wird die Zeitanzeige eine Sekunde später wieder aktualisiert. Der erste Aufruf der Aktualisierung erfolgt eine Sekunde nach Spielstart.

20.3 Reaktionsspiel »Zoo«

Das Projekt *Zoo* beinhaltet ein weiteres Reaktionsspiel. Es dient als Beispiel für das Zusammenspiel vieler bereits bekannter Elemente, wie zum Beispiel einer zeitlichen Steuerung, einer Gestensteuerung, einer Zeitmessung und einer dynamischen Positionierung.

Die Benutzeroberfläche beinhaltet nur drei Elemente: eine ProgressBar zur Anzeige der verbleibenden Spielzeit, eine TextView zur Anzeige der erreichten Punktzahl und ein farbiges Quadrat, das mithilfe eines FrameLayout-Elements gebildet wird (siehe Abbildung 20.6).

Abbildung 20.6 Reaktionsspiel »Zoo«

Das farbige Quadrat wechselt mit steigender Geschwindigkeit seine Position auf dem Bildschirm und seine Farbe. Der Benutzer muss innerhalb von 30 Sekunden möglichst viele Punkte gewinnen. Er erhält einen Pluspunkt, wenn er auf dem Quadrat eine Wischbewegung in der richtigen Richtung ausführt, aber einen Minuspunkt, wenn es die falsche Richtung ist. Rote Quadrate müssen nach links gewischt werden, gelbe Quadrate nach oben, grüne Quadrate nach rechts und blaue Quadrate nach unten.

Den Code dieses Projekts finden Sie in den Materialien zum Buch. Eine Analyse des Aufbaus wird Ihnen nach den vielen Beispielen in diesem Buch keine Probleme bereiten.

Anhang

Anhang A
Virtuelle Geräte verwalten

Ein virtuelles Gerät läuft neben dem Android Studio in einer eigenen Anwendung auf Ihrem Entwicklungs-PC und ähnelt einem realen Gerät in Aussehen, Bedienung und Verhalten.

Haben Sie noch kein virtuelles Gerät (engl.: *android virtual device*, kurz: AVD) erstellt, muss dies zunächst mithilfe des *AVD Manager* von Android Studio gemacht werden, wie es in Abschnitt 10.4.1 beschrieben wird. Die Verwaltung von virtuellen Geräten wird in diesem Abschnitt erläutert.

Allgemein empfehle ich Ihnen, mithilfe des AVD Manager mehrere virtuelle Geräte zu erstellen, die jeweils individuell konfiguriert sind. Dadurch haben Sie die Möglichkeit, Ihre Apps in verschiedenen Android-Versionen beziehungsweise auf Bildschirmen mit unterschiedlichen Größen und Auflösungen zu testen.

Es gibt zwei Möglichkeiten, den AVD Manager aufzurufen:

- Haben Sie kein Projekt geöffnet, rufen Sie ihn über den Eintrag AVD MANAGER in der Liste CONFIGURE auf. Diese Liste finden Sie rechts unten auf dem Startbildschirm von Android Studio.
- Haben Sie bereits ein Projekt geöffnet, rufen Sie ihn über den Menüpunkt TOOLS • AVD MANAGER auf.

Es erscheint das Dialogfeld ANDROID VIRTUAL DEVICE MANAGER • YOUR VIRTUAL DEVICES mit einer Liste der virtuellen Geräte (siehe Abbildung A.1).

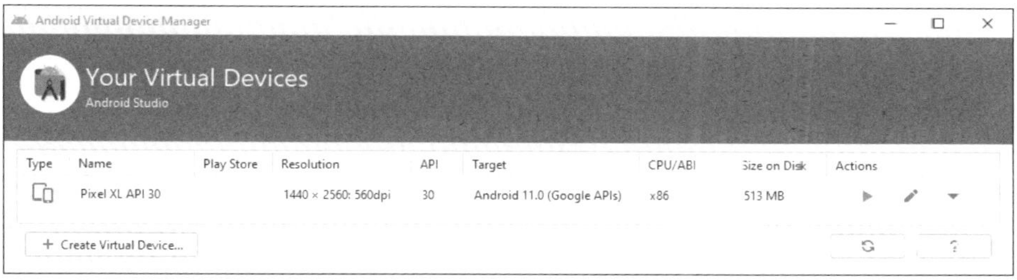

Abbildung A.1 Virtuelle Geräte, Liste

In den ersten Spalten des Listeneintrags werden die Eigenschaften des virtuellen Geräts angezeigt.

In der Spalte ACTIONS bieten sich Ihnen mehrere Möglichkeiten:

- Über das Stiftsymbol rufen Sie das Dialogfeld VIRTUAL DEVICE CONFIGURATION • ANDROID VIRTUAL DEVICE (AVD) zur Änderung der Einstellungen des virtuellen Geräts auf. Hier können Sie die eingestellte Konfiguration und den Namen des virtuellen Geräts bestätigen oder verändern. Über die beiden Buttons mit der Bezeichnung CHANGE... könnten Sie Änderungen an der gewählten Hardware oder an der gewählten Android-Version vornehmen.
- Über den schwarzen Pfeil nach unten rufen Sie ein kleines Menü auf (siehe Abbildung A.2), in dem Sie das virtuelle Gerät unter anderem
  - kopieren (DUPLICATE),
  - wie ein reales Gerät in seinen Startzustand zurückversetzen (WIPE DATA) und
  - löschen (DELETE) können.
- Über den grünen Pfeil nach rechts starten Sie das virtuelle Gerät, ohne unmittelbar eine App zu starten. Das ist vor Beginn der Tests Ihrer Projekte zu empfehlen, damit keine Probleme beim gleichzeitigen Start des virtuellen Geräts und einer App auftreten können.

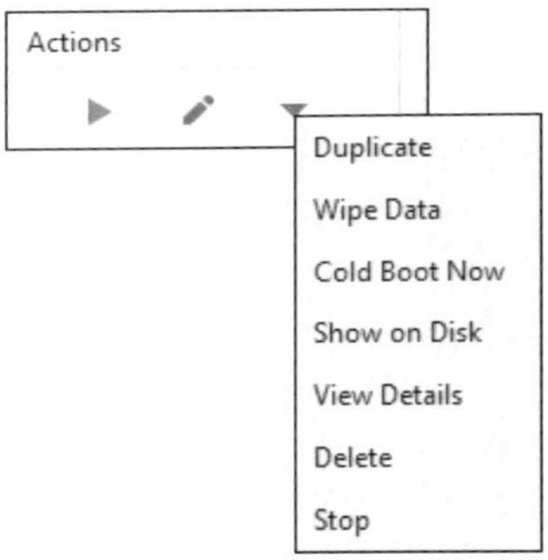

Abbildung A.2 Virtuelle Geräte, Menü in Spalte »Actions«

Sollte die Neuinstallation einer aktuell in Entwicklung befindlichen App auf dem virtuellen Gerät nicht erfolgreich sein, können Sie das virtuelle Gerät mithilfe des Menüpunkts WIPE DATA in den Startzustand zurückversetzen. Damit löschen Sie unter anderem alle installierten Apps und ihre Daten. Hilft auch das nicht, könnten Sie das virtuelle Gerät mithilfe des Menüpunkts DELETE löschen und es anschließend mit wenigen Klicks wieder neu erzeugen.

Anhang B
App veröffentlichen

Zur Installation und Veröffentlichung Ihrer App erstellen Sie ein Android Package.

Sie können Ihre App auf Ihrer eigenen Website veröffentlichen oder über den *Google Play Store*. In beiden Fällen ist es notwendig, zur Vorbereitung eine Installationsdatei mit der Endung *.apk* zu erstellen. Die Abkürzung *APK* steht für *Android Package*.

Das Android Studio ermöglicht Ihnen die Erstellung einer solchen APK-Datei mit oder ohne Signatur. Bei der *Signatur* handelt es sich um eine elektronische Unterschrift, die zur eindeutigen Identifizierung einer App benötigt wird. Sie ist auch Voraussetzung für die Veröffentlichung der App im Google Play Store.

B.1 APK-Datei ohne Signatur

In diesem Abschnitt erläutere ich Ihnen die Methode zur Erstellung einer einfachen APK-Datei ohne Signatur. Öffnen Sie das Projekt, hier: *Zoo*. Nach dem Aufruf des Menüpunkts Build • Build Bundle(s) / APK(s) • Build APK(s) wird die APK-Datei erstellt. Nach kurzer Zeit wird Ihnen die erfolgreiche Erstellung angezeigt (siehe Abbildung B.1).

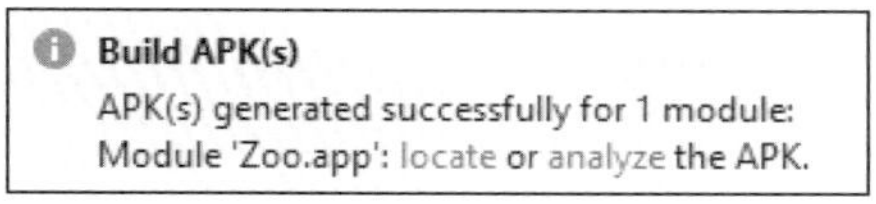

Abbildung B.1 App veröffentlichen, APK ohne Signatur erstellt

Über den Link Locate gelangen Sie zum Unterverzeichnis *app/build/outputs/apk/debug* Ihres Projektverzeichnisses, in dem die neu erstellte Installationsdatei *app-debug.apk* liegt. Laden Sie sie auf eine Website hoch und benennen Sie sie um, zum Beispiel in *hallowelt.apk*. Die Installation einer APK-Datei auf einem Zielgerät wird in Abschnitt B.3 beschrieben.

B.2 APK-Datei mit Signatur

Dieser Abschnitt stellt Ihnen die Methode zur Erstellung einer APK-Datei mit Signatur vor. Öffnen Sie das Projekt, hier ebenfalls *Zoo*. Rufen Sie den Menüpunkt BUILD • GENERATE SIGNED BUNDLE / APK auf. Es erscheint das Dialogfeld GENERATE SIGNED BUNDLE OR APK (siehe Abbildung B.2). Dabei handelt es sich um das erste Dialogfeld eines Assistenten, der Sie durch die Erstellung führt.

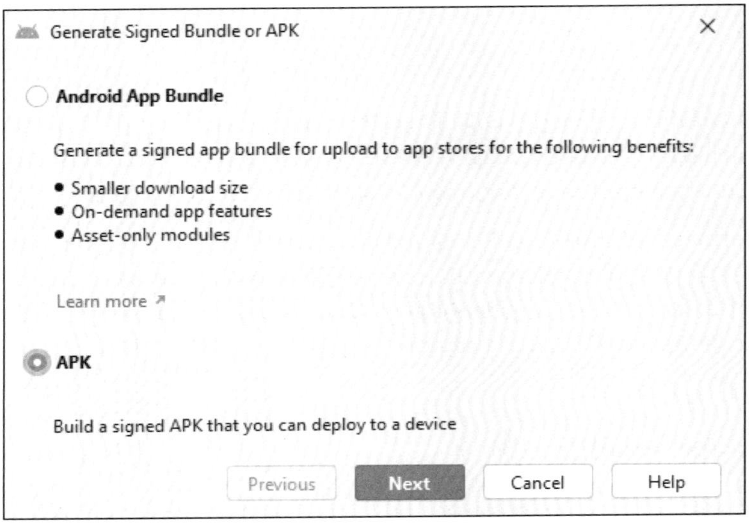

Abbildung B.2 App veröffentlichen, Auswahl der Option »APK«

Nach Auswahl der Option APK und einem Klick auf den Button NEXT haben Sie die Möglichkeit, einen eindeutigen *Key* (dt.: *Schlüssel*) für Ihre App anzulegen und ihn in einem *Key Store* (dt.: *Schlüsselspeicher*) auf Ihrem Entwicklungsrechner zu speichern (siehe Abbildung B.3).

Falls Sie noch keinen Key Store haben: Betätigen Sie zur Anlage den Button CREATE NEW. Es erscheint das Dialogfeld NEW KEY STORE, das Sie in Abbildung B.4 sehen.

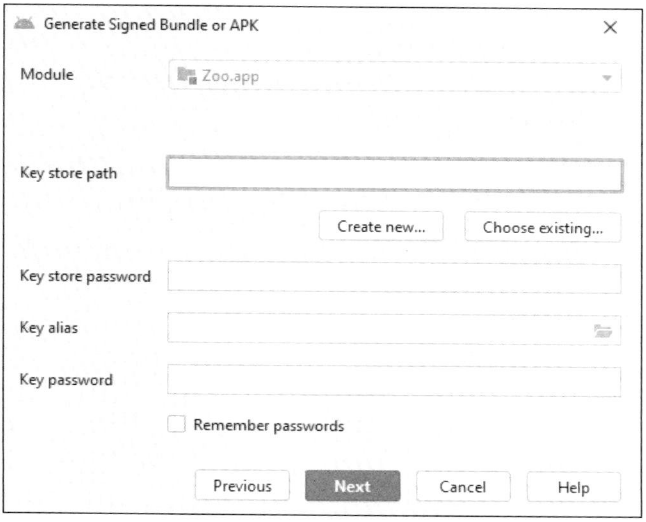

Abbildung B.3 App veröffentlichen, vor Anlage eines Key Store

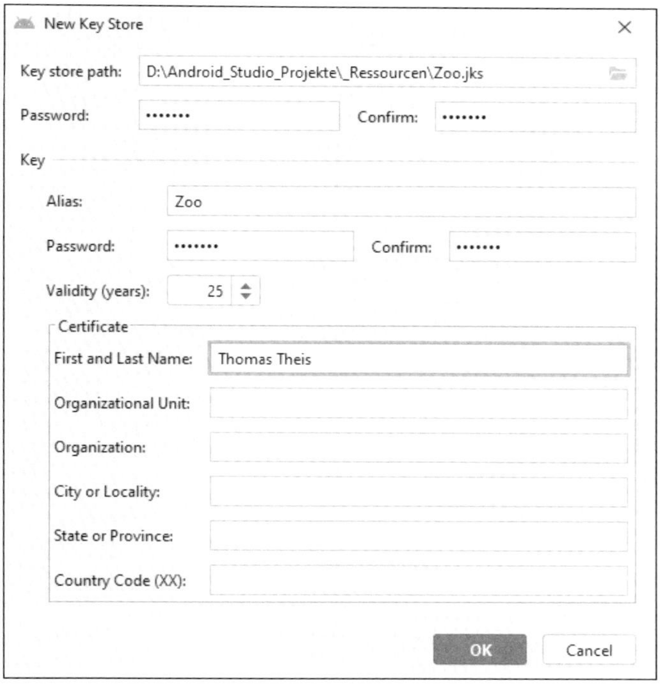

Abbildung B.4 App veröffentlichen, Anlage eines Key Store

Im Feld KEY STORE PATH wählen Sie einen Pfad und einen Namen für Ihre Key-Store-Datei mit der Endung *jks* aus beziehungsweise tragen beides ein. Geben Sie das Passwort für Ihren Key Store doppelt ein und merken Sie sich dieses. Tragen Sie für Ihren Key einen passenden Alias ein sowie (im einfachsten Fall) dasselbe Passwort.

Nach der Betätigung des Buttons OK kehren Sie zum vorherigen Dialogfeld zurück. Es ist nunmehr mit den Einträgen für den Key Store und den Key gefüllt (siehe Abbildung B.5).

Nach der Betätigung des Buttons NEXT folgt das letzte Dialogfeld des Assistenten (siehe Abbildung B.6).

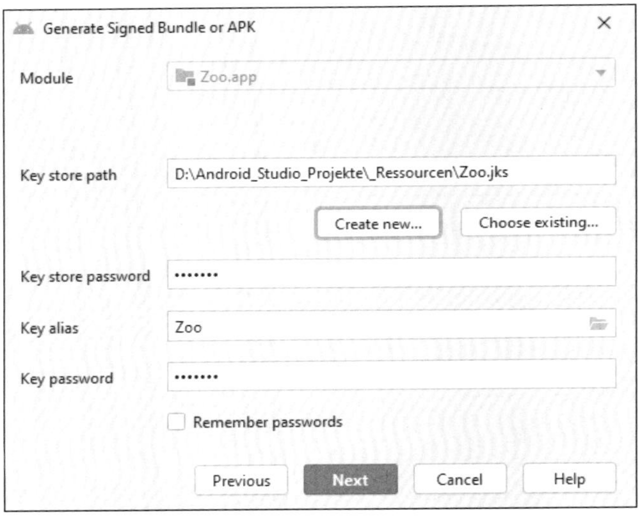

Abbildung B.5 App veröffentlichen, nach Anlage eines Key Store

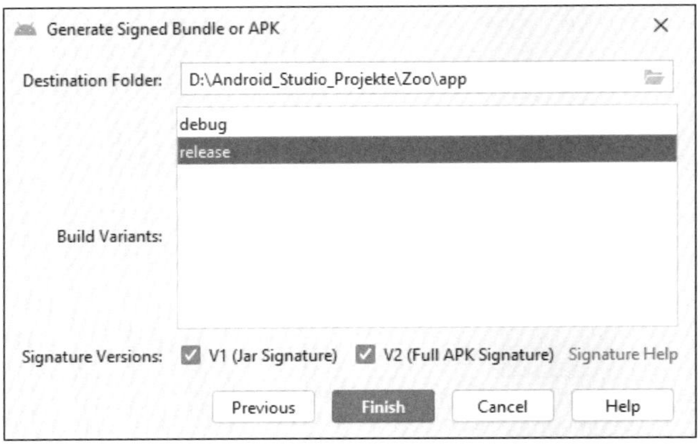

Abbildung B.6 App veröffentlichen, Auswahl der Signaturen

Sie bestätigen den Pfad für Ihre APK-Datei und wählen die Release-Version aus (siehe auch Abschnitt 5.11). Markieren Sie beide Versionen der Signatur, damit sie von möglichst vielen Geräten erkannt werden kann. Nach der Bestätigung mithilfe des Buttons FINISH wird die APK-Datei erstellt. Nach einiger Zeit sehen Sie die erfolgreiche Erstellung (siehe Abbildung B.7).

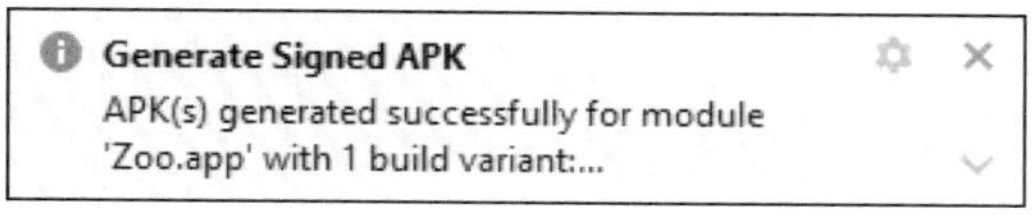

Abbildung B.7 App veröffentlichen, APK mit Signatur erstellt

Über den Link LOCATE gelangen Sie zum Unterverzeichnis *app/release* Ihres Projektverzeichnisses, in dem die neu erstellte Installationsdatei *app-release.apk* liegt. Laden Sie sie auf eine Website hoch und benennen Sie sie um, zum Beispiel in *hallowelt.apk*. Die Installation einer APK-Datei auf einem Zielgerät wird im nächsten Abschnitt beschrieben.

B.3 Installation der App

Während der direkten Durchführung eines Downloads einer APK-Datei von einer Website und während der anschließenden Installation der App erscheinen einige Sicherheitswarnungen für den Benutzer, da er die App nicht aus dem Google Play Store installiert.

Der Benutzer ruft die APK-Datei, die Sie ohne (siehe Abschnitt B.1) oder mit Signatur (siehe Abschnitt B.2) erstellt haben, über den Browser desjenigen Geräts auf, auf dem sie installiert werden soll. Er gibt dort also eine Adresse ein wie:

http://www.meinewebsite.de/meineapps/zoo.apk

Im Standardfall lädt der Browser Dateien mit der Endung *.apk* nach der Zulassung des Zugriffs (siehe Abbildung B.8) herunter.

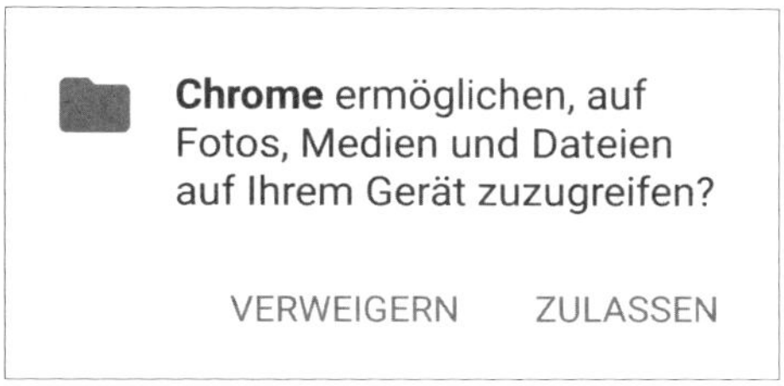

Abbildung B.8 Download für Browser zulassen

Nach dem Herunterladen kann der Benutzer die heruntergeladene Datei öffnen (siehe Abbildung B.9).

Abbildung B.9 Öffnen der Datei nach dem Herunterladen

Zum Öffnen wird der PAKET-INSTALLER gewählt (siehe Abbildung B.10).

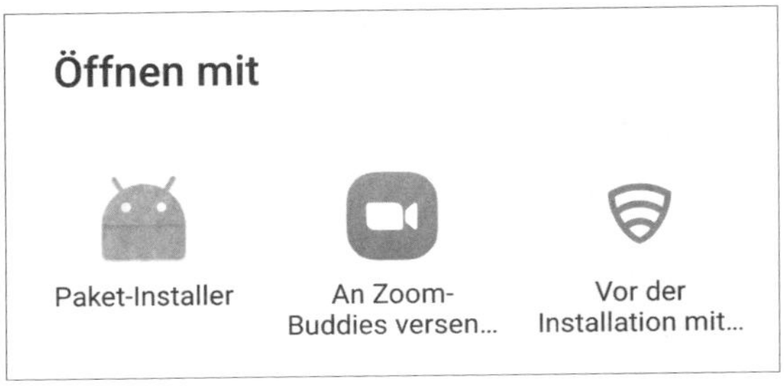

Abbildung B.10 Mit Paket-Installer öffnen

Normalerweise werden Apps aus dem Google Play Store installiert. Aus Gründen der Sicherheit ist auf dem Gerät des Benutzers bzw. der Benutzerin standardmäßig keine Installation einer App aus einer fremden Quelle gestattet (siehe Abbildung B.11). Zunächst muss also eine Änderung in den EINSTELLUNGEN vorgenommen werden.

Abbildung B.11 Installation zunächst vom Gerät gesperrt

Es ist zu empfehlen, Installationen aus fremden Quellen jeweils nur einzeln zuzulassen (siehe Abbildung B.12).

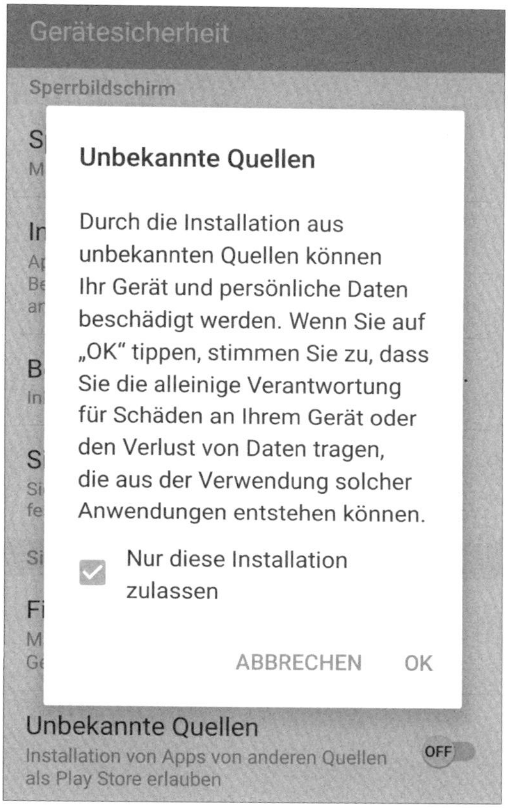

Abbildung B.12 Installation einmalig zulassen

Es folgt die Rückfrage, ob man jetzt installieren möchte (siehe Abbildung B.13). Sie können dies im unteren Bereich derselben Seite machen (siehe Abbildung B.14).

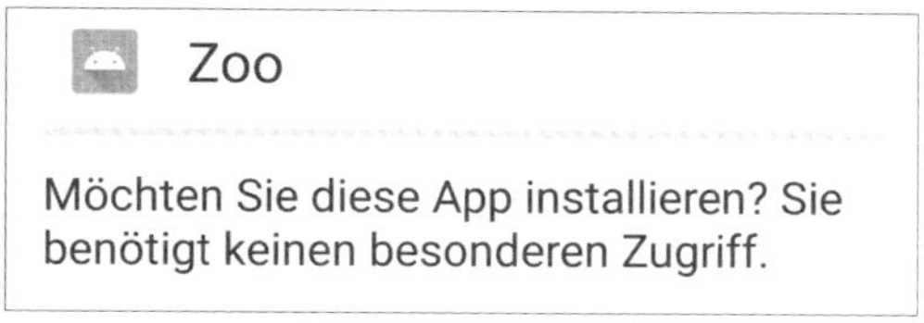

Abbildung B.13 Rückfrage, oberer Teil

Abbildung B.14 Rückfrage, unterer Teil

Aus Gründen der Sicherheit lässt auch die App *Play Protect* standardmäßig keine Installation einer App von unbekannten Entwicklerinnen und Entwicklern zu (siehe Abbildung B.15). Falls Sie die App installieren möchten, müssen Sie den Link Trotzdem installieren wählen.

Abbildung B.15 Installation von Play Protect zunächst blockiert

Play Protect bietet nach der Installation die zusätzliche Möglichkeit, die App hochzuladen und scannen zu lassen (siehe Abbildung B.16).

Zu guter Letzt kann der Benutzer die installierte App starten.

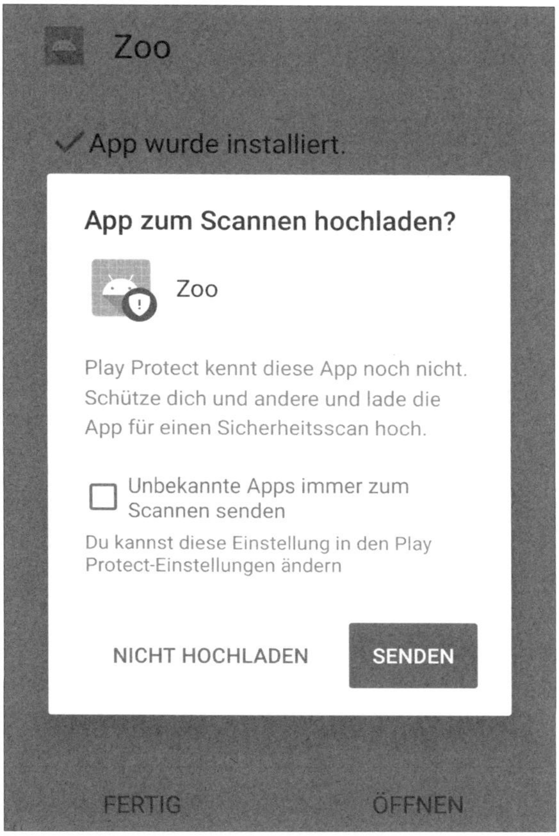

Abbildung B.16 Scannen durch Play Protect möglich

B.4 App verkaufen

Nachdem Sie mithilfe der Informationen aus dem Abschnitt B.2 eine APK-Datei mit Signatur erzeugt haben, müssen Sie sich an mehreren Stellen bei Google registrieren. Anschließend können Sie Ihre App in den Google Play Store hochladen und für den Verkauf sorgen.

Eine ausführliche Beschreibung des Vorgangs finden Sie zum Beispiel bei Ionos (1&1) unter der folgenden Adresse:

https://www.ionos.de/digitalguide/websites/web-entwicklung/die-eigene-app-entwickeln-android-app-veroeffentlichen

Bei Google selbst finden Sie eine umfangreiche deutschsprachige Checkliste für eine erfolgreiche Markteinführung Ihrer App unter der folgenden Adresse:

https://developer.android.com/distribute/best-practices/launch/launch-checklist?hl=de

Anhang C
Installationen unter Ubuntu Linux

Die Installationen von IntelliJ IDEA und Android Studio unter Ubuntu Linux und die jeweilige Erstellung eines ersten Projekts werden erläutert.

In diesem Abschnitt beschreibe ich die Installationen der beiden im August 2021 aktuellen Entwicklungsumgebungen IntelliJ IDEA Community von JetBrains in der Version 2021.2 und Android Studio von Google in der Version 2020.3.1 unter Ubuntu Linux. Zudem wird die Erstellung eines ersten Projekts erläutert. Ein besonderer Wert wird auf die Unterschiede zu den entsprechenden Vorgängen unter Windows (siehe Abschnitt 1.3 und Abschnitt 10.1) gelegt. Weitere Erläuterungen finden Sie gegebenenfalls dort.

C.1 IntelliJ IDEA

Über die Adresse *https://www.jetbrains.com/de-de/idea* kommen Sie zu der Seite, auf der Sie IntelliJ IDEA herunterladen können. Dort finden Sie im Bereich COMMUNITY den Button HERUNTERLADEN (siehe Abbildung C.1).

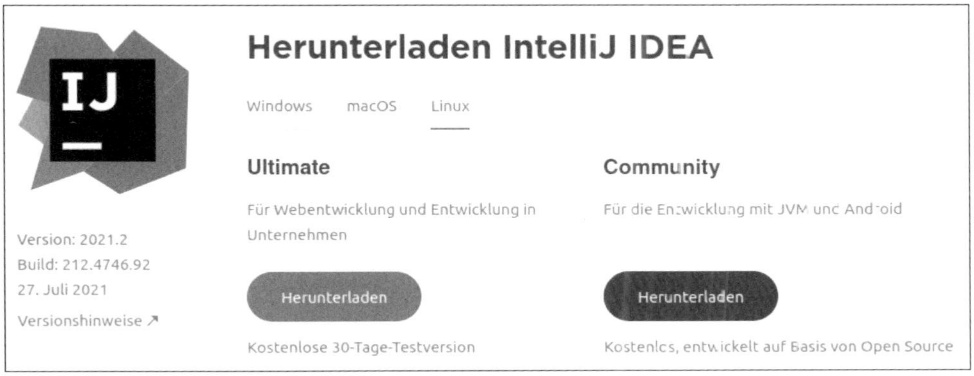

Abbildung C.1 IntelliJ IDEA herunterladen

Speichern Sie die Installationsdatei auf Ihrem PC (siehe Abbildung C.2).

Abbildung C.2 Installationsdatei speichern

Nach einem Doppelklick auf die komprimierte Installationsdatei in der Dateiverwaltung sehen Sie als Inhalt das Verzeichnis *idea-IC-212.4746.92* (siehe Abbildung C.3). Die Nummer 212.4746.92 im Namen des Verzeichnisses ändert sich mit jedem Release.

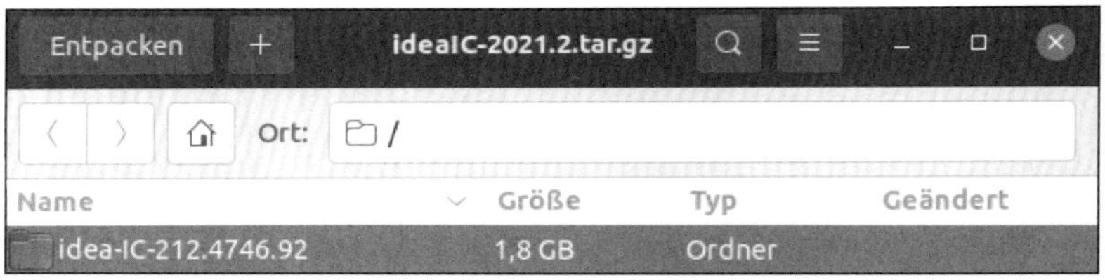

Abbildung C.3 Inhalt der komprimierten Installationsdatei

Nach dem Entpacken der Installationsdatei an einen Ort Ihrer Wahl finden Sie im Verzeichnis *idea-IC-212.4746.92* die Datei *Install-Linux-Tar.txt*. Sie beinhaltet Hinweise zur Installation.

Der wichtigste Hinweis: Öffnen Sie ein Terminal, wechseln Sie in das Unterverzeichnis *idea-IC-212.4746.92/bin* und starten Sie die Installation (und später auch IntelliJ IDEA) über den folgenden Befehl:

```
./idea.sh
```

Sie können die Firma JetBrains bei der Weiterentwicklung von IntelliJ IDEA unterstützen (siehe Abbildung C.4).

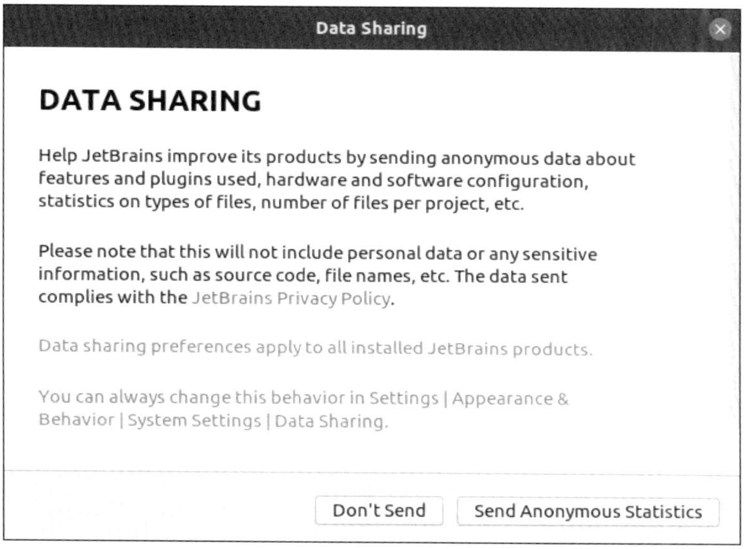

Abbildung C.4 JetBrains unterstützen

Nach der Installation erscheint die Startseite von IntelliJ IDEA (siehe Abbildung C.5). Über den Menüpunkt Customize gelangen Sie auf eine Seite, auf der Sie verschiedene Einstellungen vornehmen können. Ich habe in der Liste Color Theme den Eintrag IntelliJ Light für eine helle Darstellung gewählt.

Links unten können Sie über das Menü Einstellungen, erkennbar am Zahnradsymbol, den Menüpunkt Check for Updates aufrufen, um Ihr IntelliJ IDEA auf den neuesten Stand zu bringen. Das sollten Sie unmittelbar nach der Installation auf jeden Fall durchführen. Nach einem Update starten Sie IntelliJ IDEA neu.

Zum Erzeugen des ersten Projekts betätigen Sie auf der Startseite von IntelliJ IDEA den Button New Project. Im Dialogfeld New Project (siehe Abbildung C.6) wählen Sie auf der linken Seite den Eintrag Kotlin aus. Als Name des Projekts habe ich »HalloWelt« gewählt. Der Name des Verzeichnisses wird entsprechend eingestellt. Wir starten mit Konsolen-Projekten, daher wird Console Application als Project Template gewählt. Als Build System genügt uns IntelliJ.

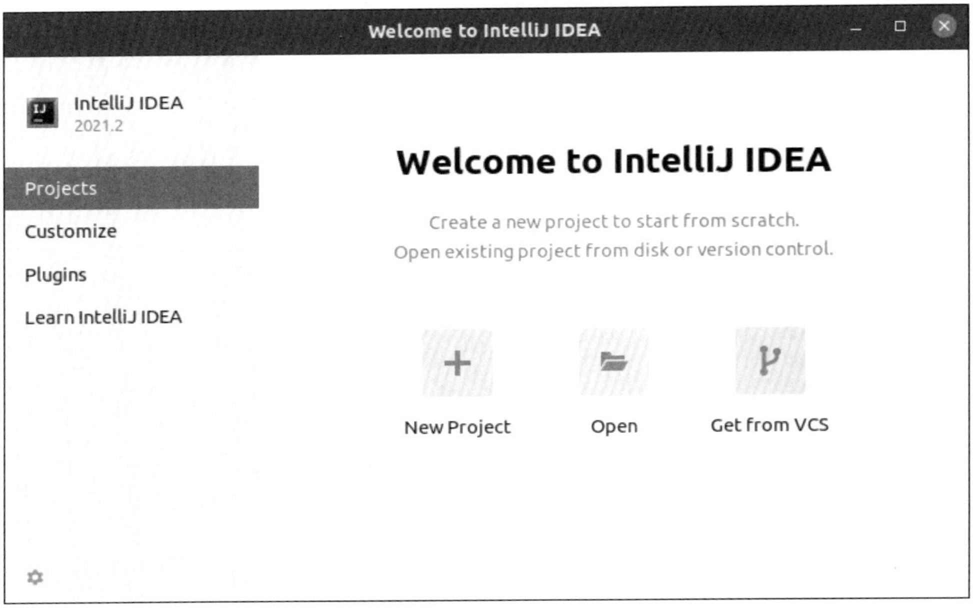

Abbildung C.5 Startseite von IntelliJ IDEA

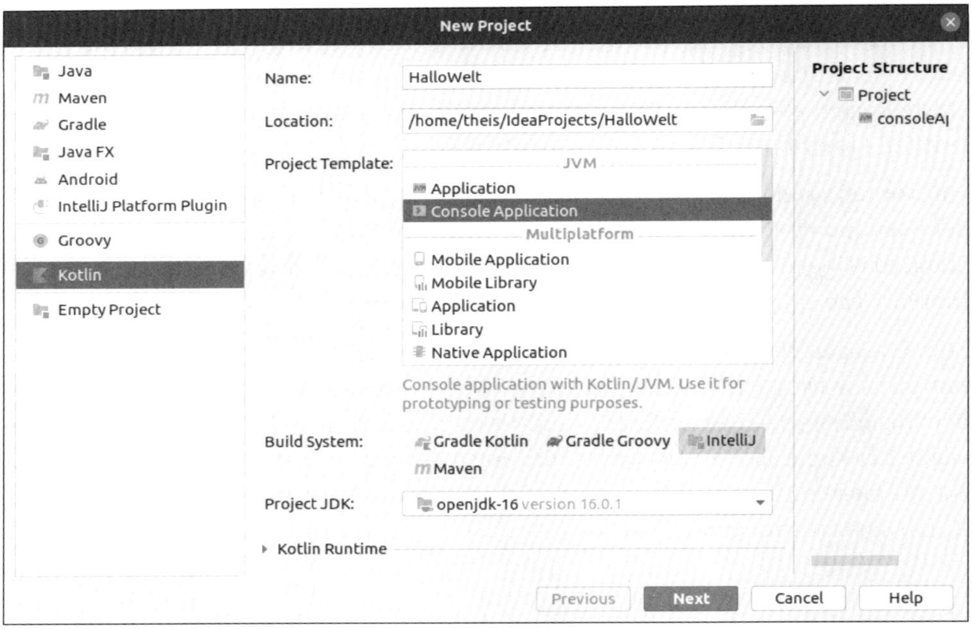

Abbildung C.6 Projekt konfigurieren

In der Liste PROJECT JDK wird zunächst der Eintrag DOWNLOAD JDK gewählt. Im Dialogfeld DOWNLOAD JDK kann die vorgeschlagene Auswahl ORACLE OPEN JDK bestätigt werden (siehe Abbildung C.7). Nach dem Herunterladen und Installieren des JDK sieht es anschließend aus wie in Abbildung C.6.

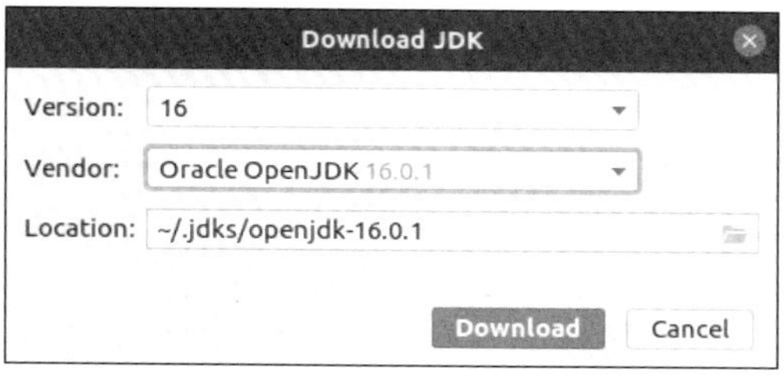

Abbildung C.7 Herunterladen eines JDK

Nach dem Betätigen der Buttons NEXT und FINISH wird das Projekt erstellt (siehe Abbildung C.8). Bei diesem ersten Projekt wird eine längere Phase der Konfiguration und Synchronisation durchlaufen. Das ist während dieser Zeit an der Anzeige rechts unten zu erkennen.

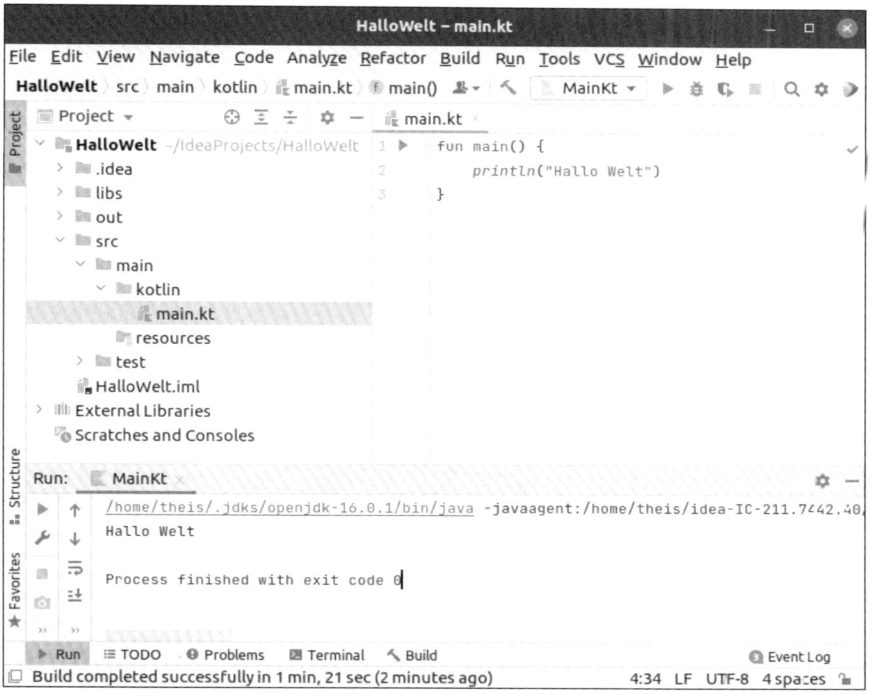

Abbildung C.8 Erstes Projekt »HalloWelt«

Der Code wird wie folgt geändert (siehe auch Abbildung C.8):

```
fun main() {
    println("Hallo Welt")
}
```

Listing C.1 Projekt »HalloWelt«, Datei »main.kt«

Nach dem Betätigen des Menüpunkts Run • Run und des Eintrags MainKt wird das Programm übersetzt und gestartet. Die Ausgabe des Programms sehen Sie ebenfalls in Abbildung C.8.

Starten Sie später IntelliJ IDEA wie folgt: Öffnen Sie ein Terminal, wechseln Sie in das Unterverzeichnis *idea-IC-211.7442.40/bin* und geben Sie den folgenden Befehl ein:

```
./idea.sh
```

C.2 Android Studio

Über die Adresse *https://developer.android.com/studio* können Sie das Android Studio herunterladen. Dort finden Sie den Button Download Android Studio (siehe Abbildung C.9).

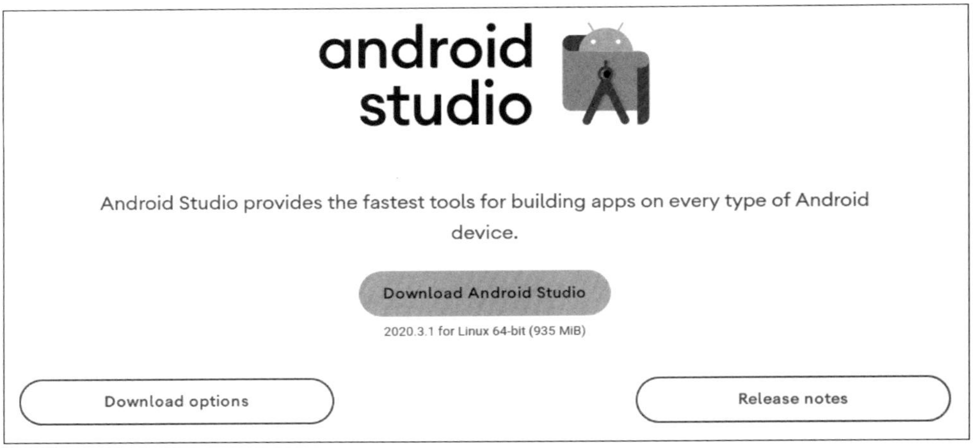

Abbildung C.9 Android Studio herunterladen

Speichern Sie die Installationsdatei auf Ihrem PC (siehe Abbildung C.10).

Abbildung C.10 Installationsdatei speichern

Nach einem Doppelklick auf die komprimierte Installationsdatei in der Dateiverwaltung sehen Sie als Inhalt das Verzeichnis *android-studio* (siehe Abbildung C.11).

Abbildung C.11 Inhalt der komprimierten Installationsdatei

Nach dem Entpacken der Installationsdatei an einen Ort Ihrer Wahl finden Sie im Verzeichnis *android-studio* die Datei *Install-Linux-Tar.txt*. Sie beinhaltet Hinweise zur Installation.

Der wichtigste Hinweis: Öffnen Sie ein Terminal, wechseln Sie in das Unterverzeichnis *android-studio/bin* und starten Sie die Installation (und später auch das Android Studio) über den folgenden Befehl:

```
./studio.sh
```

Während der Installation haben Sie die Möglichkeit:

- das Android SDK herunterzuladen und zu installieren,
- gegebenenfalls Einstellungen aus einer früheren Installation von Android Studio zu übernehmen,

- die Firma Google bei der Weiterentwicklung von Android Studio zu unterstützen und
- zur Verbesserung der Performance der virtuellen Geräte zusätzlich das Softwarepaket *KVM* zu installieren, falls Ihr Entwicklungsrechner dafür geeignet ist.

Nach der Installation erscheint die Startseite von Android Studio. Links unten können Sie über das Menü EINSTELLUNGEN, erkennbar am Zahnradsymbol, den Menüpunkt CHECK FOR UPDATES aufrufen, um Ihr Android Studio auf den neuesten Stand zu bringen. Das sollten Sie unmittelbar nach der Installation auf jeden Fall durchführen. Nach einem Update starten Sie Android Studio neu.

Zum Erzeugen eines ersten Projekts betätigen Sie auf der Startseite von Android Studio den Button NEW PROJECT. Nach Auswahl der Kategorie PHONE AND TABLET und der Vorlage EMPTY ACTIVITY gelangen Sie zum Dialogfeld NEW PROJECT. Hier geben Sie den Namen Ihres ersten Projekts ein, zum Beispiel »HalloWelt« (siehe Abbildung C.12).

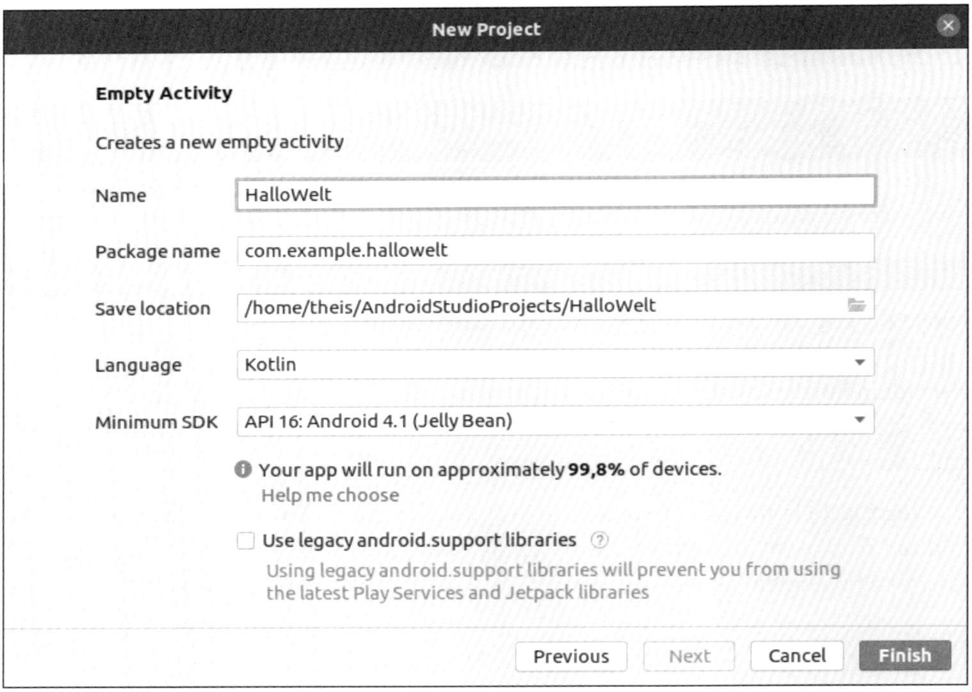

Abbildung C.12 Projekt konfigurieren

Nach der Synchronisierung erscheint Ihr erstes Projekt *HalloWelt* im Android Studio (siehe Abbildung C.13).

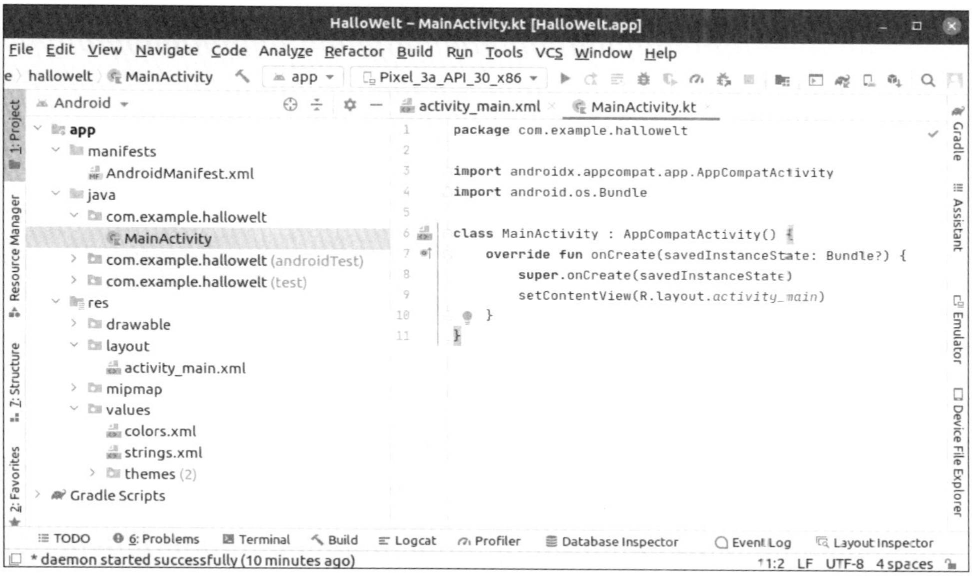

Abbildung C.13 Erstes Projekt »HalloWelt«

Starten Sie später das Android Studio wie folgt: Öffnen Sie ein Terminal, wechseln Sie in das Unterverzeichnis *android-studio/bin* und geben Sie den folgenden Befehl ein:

```
./studio.sh
```

Anhang D
Installationen unter macOS

Die Installationen von IntelliJ IDEA und Android Studio unter macOS und die jeweilige Erstellung eines ersten Projekts werden erläutert.

In diesem Abschnitt beschreibe ich die Installationen der beiden im August 2021 aktuellen Entwicklungsumgebungen IntelliJ IDEA Community von JetBrains in der Version 2021.2 und Android Studio von Google in der Version 2020.3.1 unter macOS. Zudem wird die Erstellung eines ersten Projekts erläutert. Ein besonderer Wert wird auf die Unterschiede zu den entsprechenden Vorgängen unter Windows (siehe Abschnitt 1.3 und Abschnitt 10.1) gelegt. Weitere Erläuterungen finden Sie gegebenenfalls dort.

D.1 IntelliJ IDEA

Über die Adresse *https://www.jetbrains.com/de-de/idea* kommen Sie zu der Seite, auf der Sie IntelliJ IDEA herunterladen können. Dort finden Sie im Bereich COMMUNITY den Button HERUNTERLADEN für den jeweiligen CPU-Typ Ihres Mac (siehe Abbildung D.1).

Abbildung D.1 IntelliJ IDEA herunterladen

Speichern Sie die Installationsdatei auf Ihrem PC. Nach einem Doppelklick auf die Datei vom Typ *dmg* öffnet sich ein neues Laufwerk (siehe Abbildung D.2).

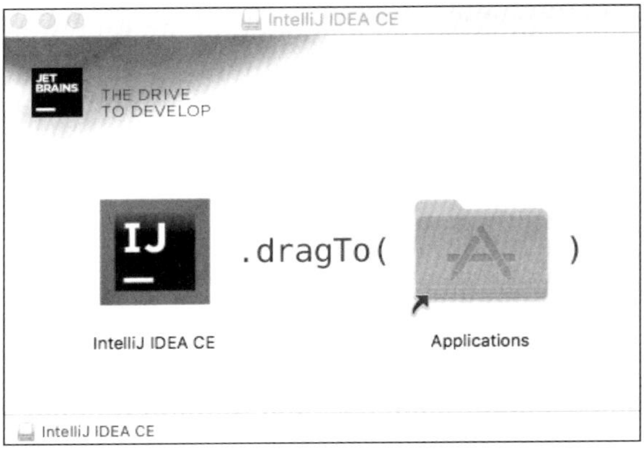

Abbildung D.2 Neues Laufwerk

Sie ziehen das Symbol INTELLIJ-IDEA-CE auf die Verknüpfung zum Verzeichnis *Programme* (engl.: *Applications*). Dort finden Sie später das Programm IntelliJ IDEA. Die Installation beginnt mit einer Sicherheitsabfrage, da die zu installierende Software nicht aus dem *Apple Store* stammt (siehe Abbildung D.3).

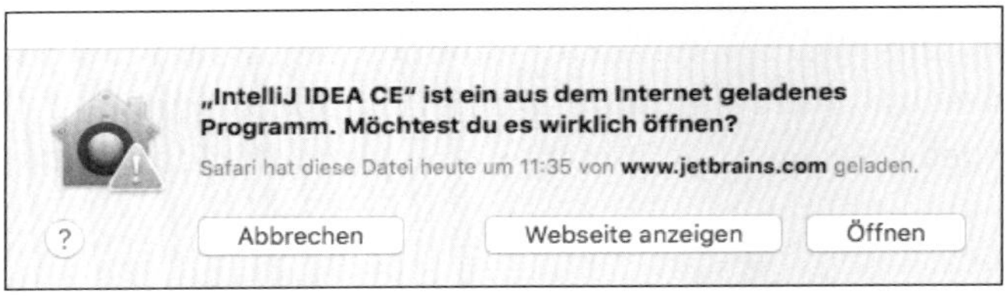

Abbildung D.3 Sicherheitsabfrage

Nach der Installation erscheint die Startseite von IntelliJ IDEA (siehe Abbildung D.4). Über den Menüpunkt CUSTOMIZE gelangen Sie auf eine Seite, auf der Sie verschiedene Einstellungen vornehmen können. Ich habe in der Liste COLOR THEME den Eintrag INTELLIJ LIGHT für eine helle Darstellung gewählt.

Zum Erzeugen des ersten Projekts betätigen Sie auf der Startseite von IntelliJ IDEA den Button NEW PROJECT. Im Dialogfeld NEW PROJECT (siehe Abbildung D.5) wählen Sie auf der linken Seite den Eintrag KOTLIN aus. Als Name des Projekts habe ich »HalloWelt« gewählt. Der Name des Verzeichnisses wird entsprechend eingestellt. Wir starten mit Konsolen-Projekten, daher wird CONSOLE APPLICATION als PROJECT TEMPLATE gewählt. Als BUILD SYSTEM genügt uns INTELLIJ.

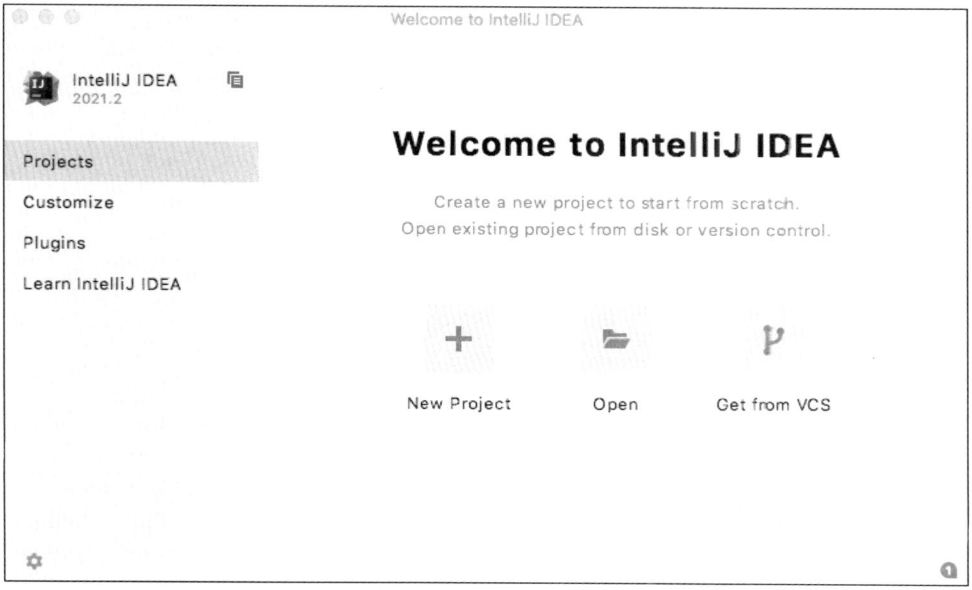

Abbildung D.4 Startseite von IntelliJ IDEA

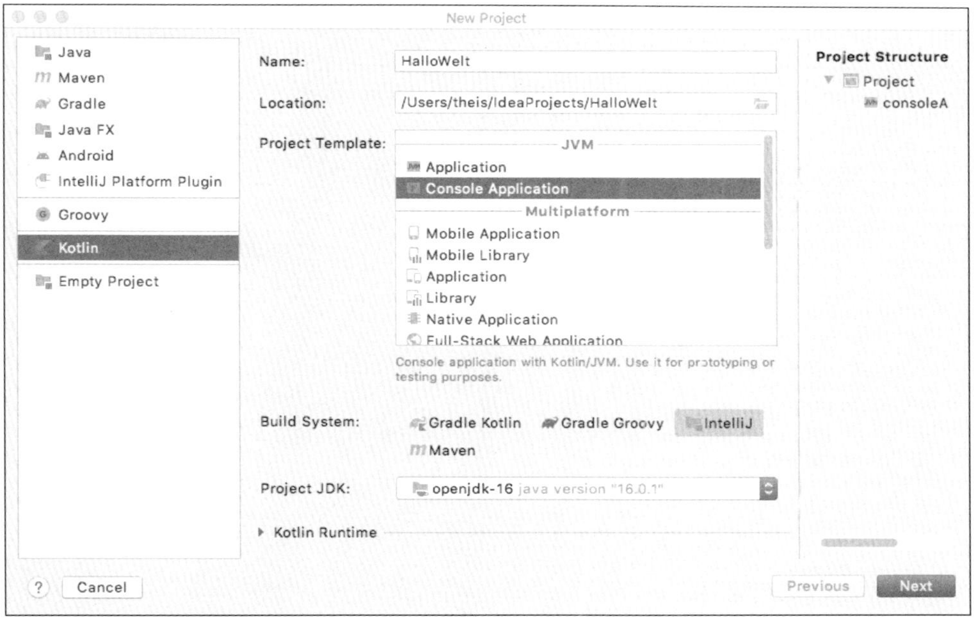

Abbildung D.5 Projekt konfigurieren

In der Liste PROJECT JDK wird zunächst der Eintrag DOWNLOAD JDK gewählt. Im Dialogfeld DOWNLOAD JDK kann die vorgeschlagene Auswahl ORACLE OPEN JDK bestätigt werden (siehe Abbildung D.6). Nach dem Herunterladen und Installieren des JDK sieht es anschließend aus wie in Abbildung D.5.

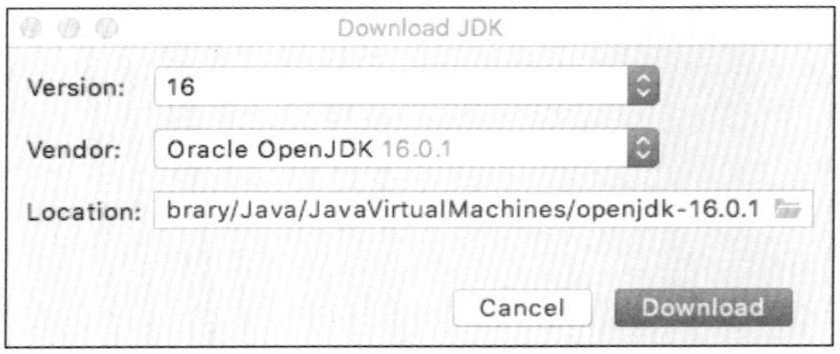

Abbildung D.6 JDK herunterladen

Nach dem Betätigen der Buttons NEXT und FINISH wird das Projekt erstellt (siehe Abbildung D.7). Bei diesem ersten Projekt wird eine längere Phase der Konfiguration und Synchronisation durchlaufen. Das ist während dieser Zeit an der Anzeige rechts unten zu erkennen.

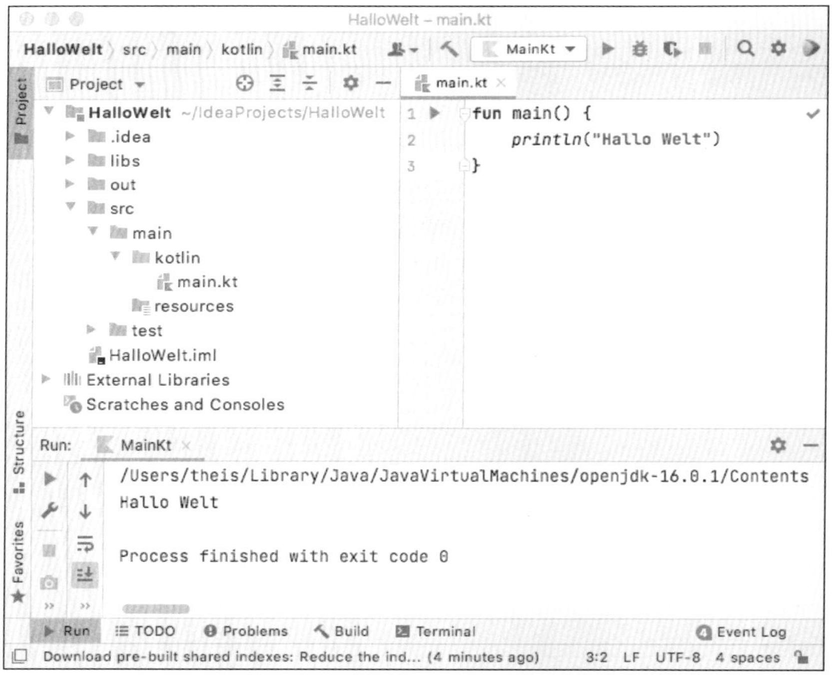

Abbildung D.7 Erstes Projekt »HalloWelt«

Der Code wird wie folgt geändert (siehe auch Abbildung D.7):

```
fun main() {
    println("Hallo Welt")
}
```

Listing D.1 Projekt »HalloWelt«, Datei »main.kt«

Nach dem Betätigen des Menüpunkts RUN • RUN MAINKT wird das Programm übersetzt und gestartet. Die Ausgabe des Programms sehen Sie ebenfalls in Abbildung D.7.

D.2 Android Studio

Sie können das Android Studio über die Registerkarte DOWNLOAD unter der Adresse *https://developer.android.com/studio* herunterladen. Dort finden Sie den Button DOWNLOAD ANDROID STUDIO (siehe Abbildung D.8).

Abbildung D.8 Android Studio herunterladen

Speichern Sie die Installationsdatei auf Ihrem PC. Führen Sie anschließend einen Doppelklick auf dieser Datei aus. Es öffnet sich ein neues Laufwerk (siehe Abbildung D.9).

Sie ziehen das Android-Studio-Symbol auf die Verknüpfung zum Verzeichnis *Programme* (engl.: *Applications*). Dort finden Sie später das Programm Android Studio. Die Installation beginnt mit einer Sicherheitsabfrage, da die zu installierende Software nicht aus dem *Apple Store* stammt (siehe Abbildung D.10).

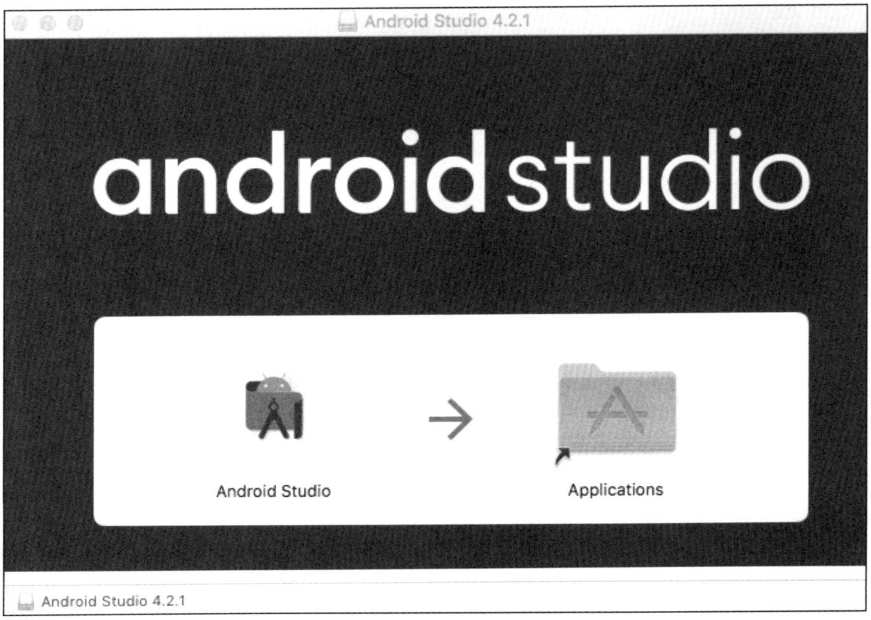

Abbildung D.9 Neues Laufwerk

Abbildung D.10 Sicherheitsabfrage

Während der Installation haben Sie die Möglichkeit:

- das Android SDK herunterzuladen und zu installieren,
- gegebenenfalls Einstellungen aus einer früheren Installation von Android Studio zu übernehmen und
- die Firma Google bei der Weiterentwicklung von Android Studio zu unterstützen.

Nach der Installation erscheint die Startseite von Android Studio. Links unten können Sie über das Menü EINSTELLUNGEN, erkennbar am Zahnradsymbol, den Menüpunkt CHECK FOR UPDATES aufrufen, um Ihr Android Studio auf den neuesten Stand zu bringen. Das sollten Sie unmittelbar nach der Installation auf jeden Fall durchführen. Nach einem Update starten Sie Android Studio neu.

Zum Erzeugen eines ersten Projekts betätigen Sie auf der Startseite von Android Studio den Button NEW PROJECT. Nach Auswahl der Kategorie PHONE AND TABLET und der Vorlage EMPTY ACTIVITY gelangen Sie zum Dialogfeld NEW PROJECT. Hier geben Sie den Namen Ihres ersten Projekts ein, zum Beispiel »HalloWelt« (siehe Abbildung D.11).

Abbildung D.11 Projekt konfigurieren

Nach der Synchronisierung erscheint Ihr erstes Projekt *HalloWelt* im Android Studio (siehe Abbildung D.12).

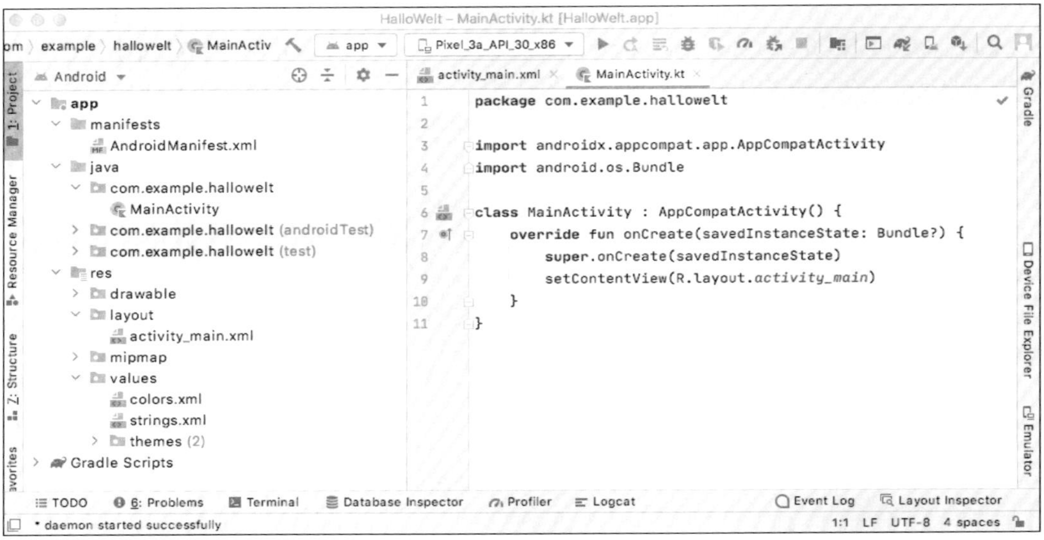

Abbildung D.12 Erstes Projekt »HalloWelt«

Anhang E
Weiterführende Links

Im Internet finden Sie u.a. die Kotlin-Sprachreferenz und die Dokumentation für Entwickler.

Zu guter Letzt erhalten Sie einige Links zu interessanten Webseiten:

- zur Kotlin-Sprachreferenz: *https://kotlinlang.org/docs/home.html*
- zum Kotlin-Playground: *https://play.kotlinlang.org*
- zur Dokumentation für die Entwicklerinnen und Entwickler von Android-Apps mit Kotlin: *https://developer.android.com/kotlin*
- zum Entwicklerblog: *https://android-developers.googleblog.com*

Index

A

B

C

D

E

H

I

N

O

P

Q

R

S

T

U

V

Erweitern Sie Ihr Kotlin-Wissen – umfassend und praxisnah!

Ob mobile Apps oder Backend-Entwicklung, ob objektorientierte Paradigmen oder funktionale Programmierung: Kotlin vereint die Stärken der beliebtesten Programmiersprachen. Michael Kofler gibt Ihnen auf über 800 Seiten einen tiefen Einblick in die Sprachfeatures mit zahlreichen Beispielen. Kapitel für Kapitel lernen Sie auch fortgeschrittene Features von Kotlin kennen: Koroutinen, Frameworks wie z. B. Ktor für die Backend-Entwicklung, funktionale Programmierung und mehr. So entwickeln Sie zeitgemäße, robuste Software!

823 Seiten, gebunden, 49,90 Euro, ISBN 978-3-8362-7277-3

https://www.rheinwerk-verlag.de/4980

Modernes App-Design für iOS und Android

Erleben Sie den gesamten Gestaltungsprozess einer modernen App von der Konzeption bis zum benutzerfreundlichen Design. Lernen Sie, welche Schriften, welche Farben und welche Stile auf kleinen Bildschirmen funktionieren. Machen Sie sich mit Designprinzipien vertraut und gestalten Sie Icons und Navigationsmenüs im Sinne guter Usability. Dieses Handbuch stellt Ihnen alle Aspekte eines effektiven Design-Workflows vor und bietet Profitipps von echten App-Designern.

680 Seiten, gebunden, 39,90 Euro, ISBN 978-3-8362-7050-2

www.rheinwerk-verlag.de/4905